SABINE LIPPERT

EVOLUTION DER PERLE

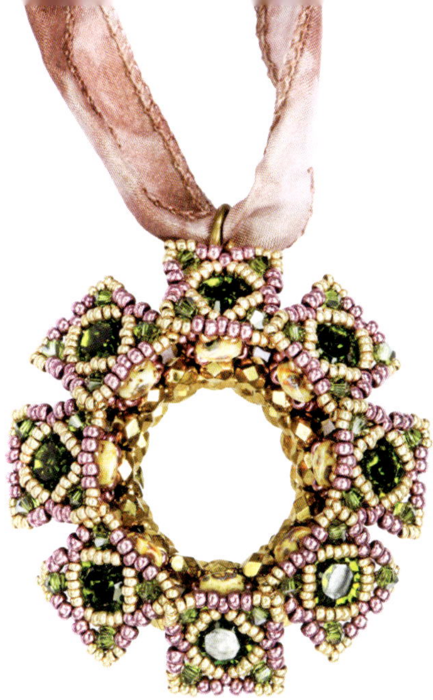

SABINE LIPPERT

EVOLUTION DER PERLE

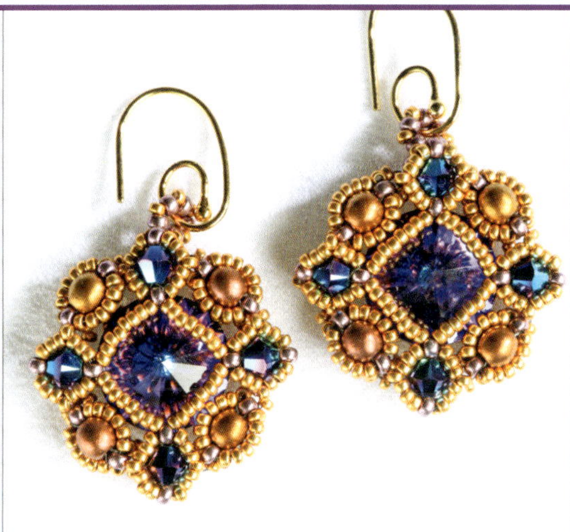

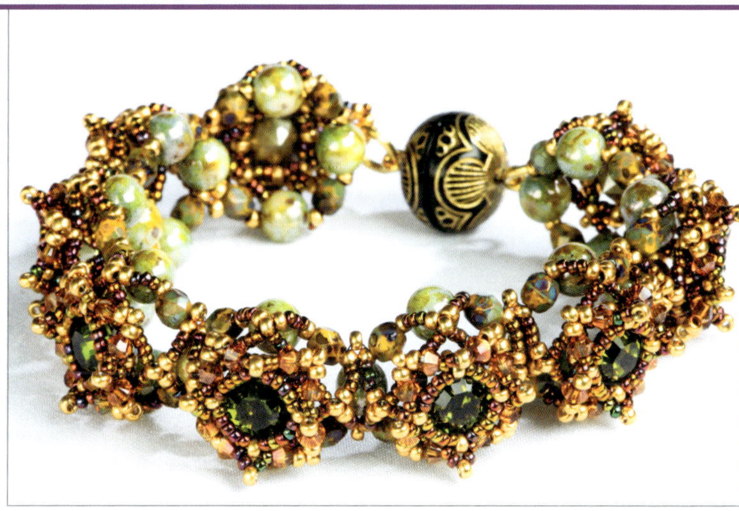

Neue Techniken im Peyote-Stich und Right Angle Weave

crea non

Originally published under the title: SABINE LIPPERT'S BEADWORK EVOLUTION by Lark Crafts, an imprint of Sterling Publishing Co., Inc., 387 Park Avenue South, New York, NY 10016, USA

Creanon
Claudia Schumann
Kopernikusstr. 27
50126 Bergheim-Gewerbepark
www.Creanon.de

ISBN: 978-3-940577-24-5

Übersetzung: Claudia Schumann
Technisches Lektorat der Originalausgabe: Claudia Schumann
Technisches Lektorat der Übersetzung: Heiko Radermacher
Korrektorat: Nina Tießen

Gedruckt in Deutschland

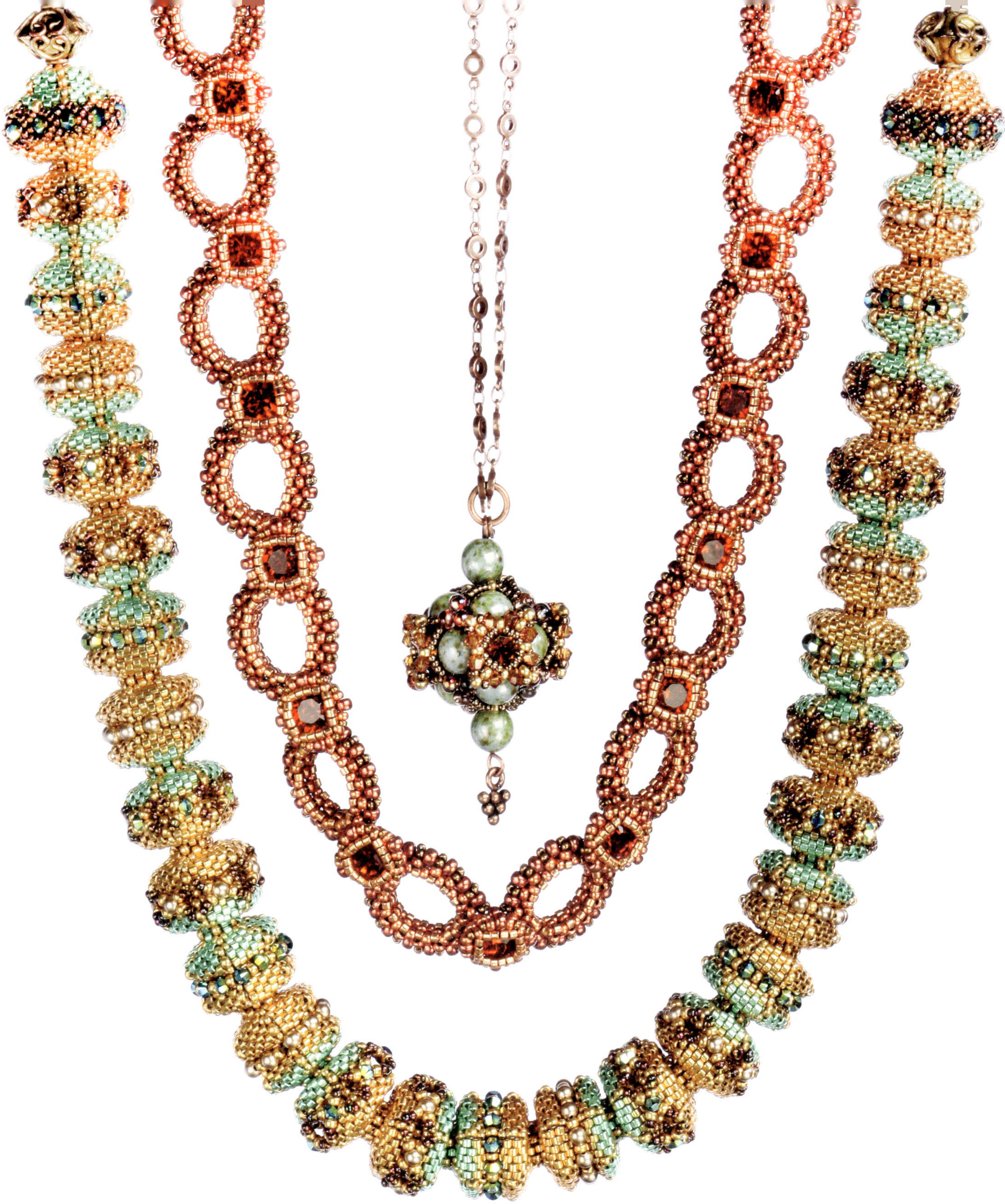

INHALT

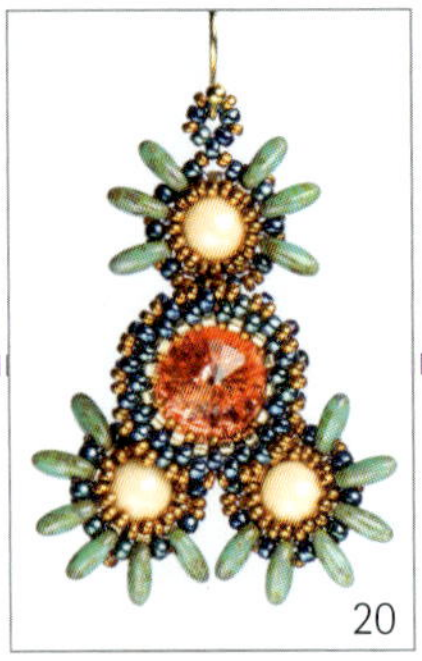
20

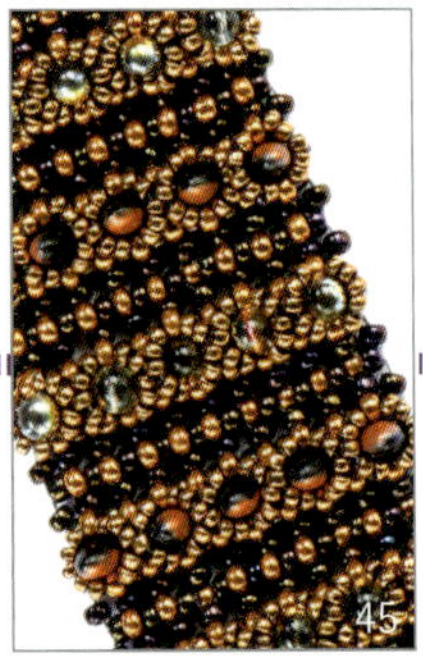
45

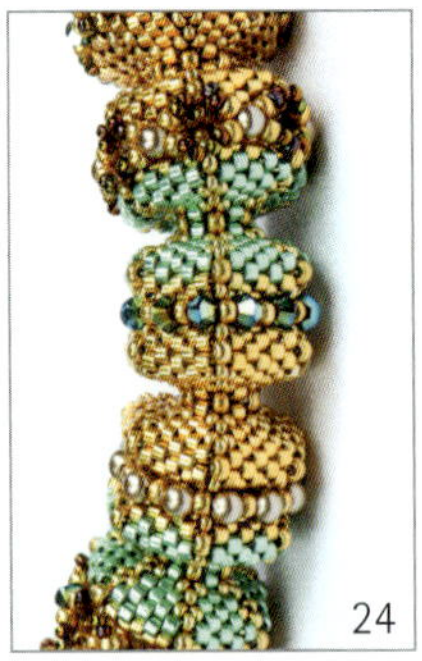
24

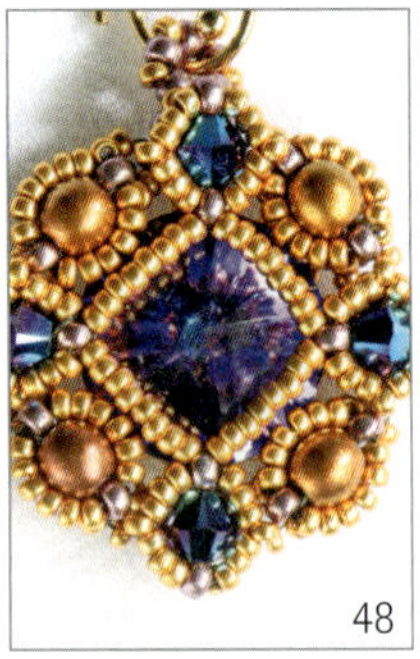
48

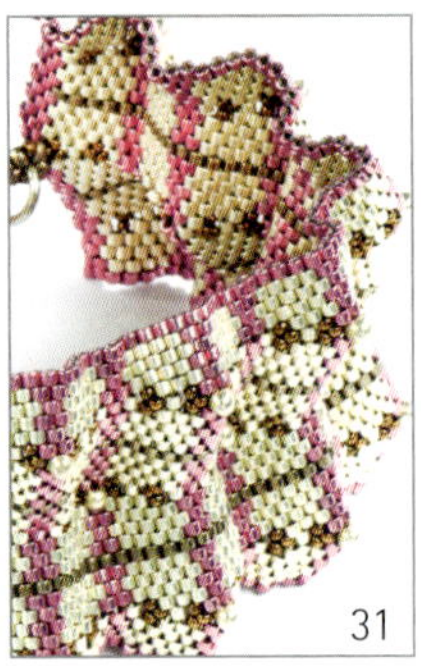
31

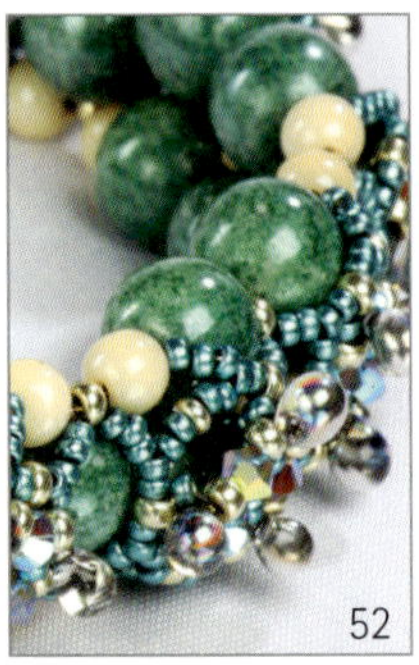
52

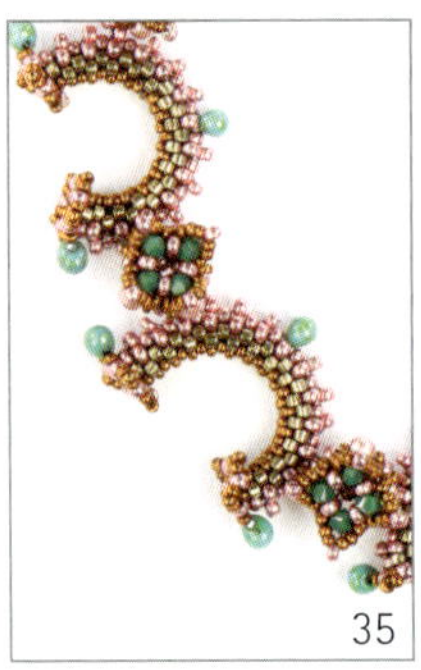
35

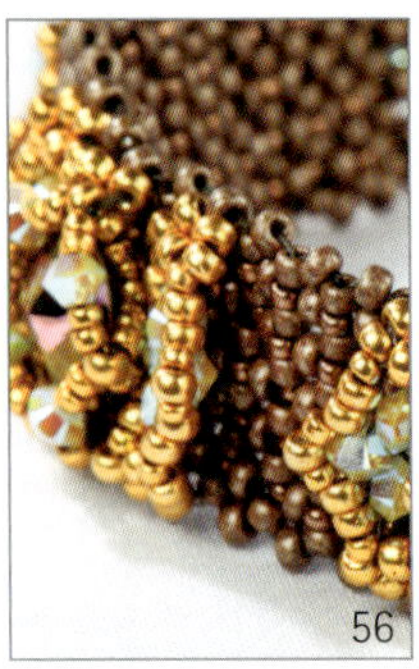
56

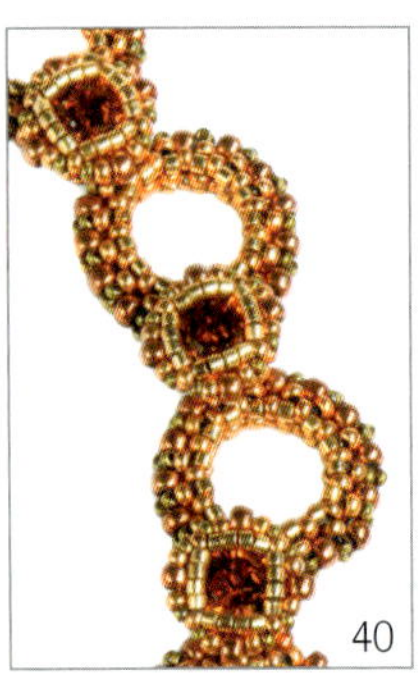
40

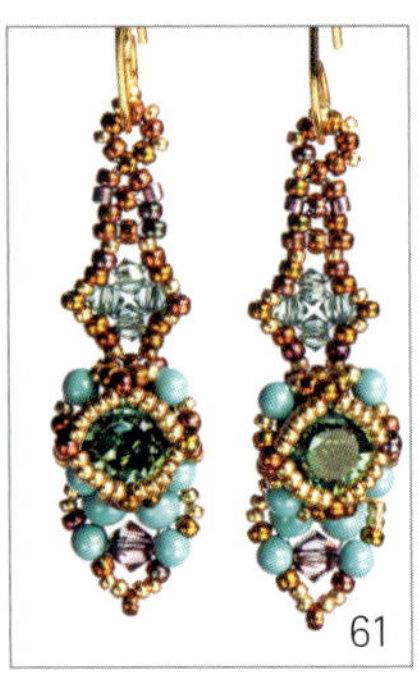
61

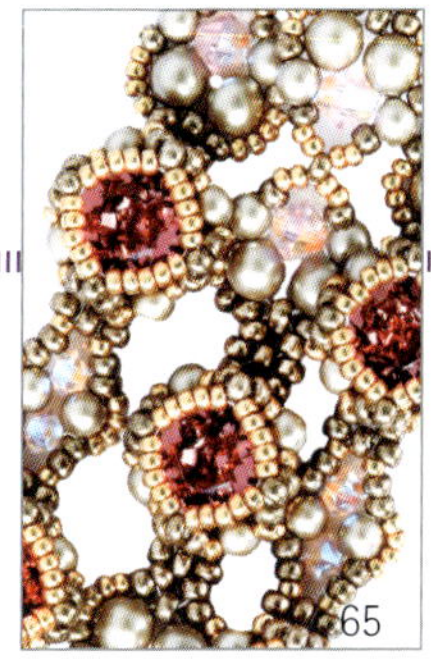
65

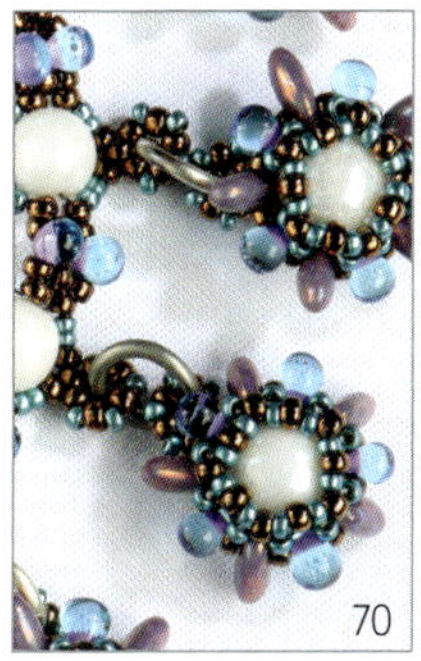
70

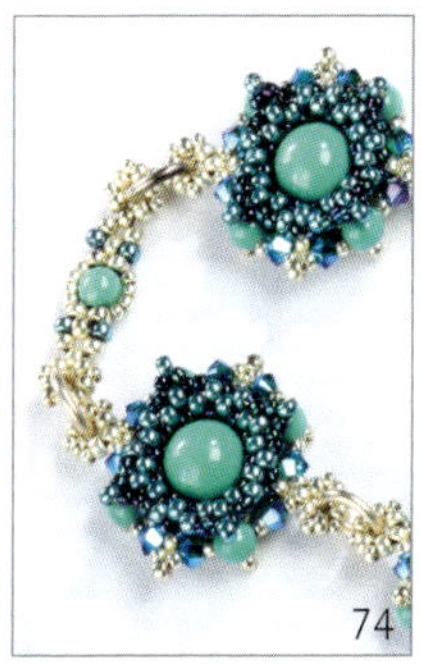
74

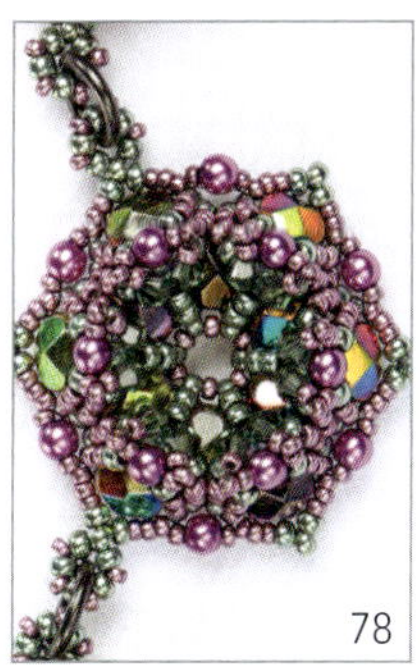
78

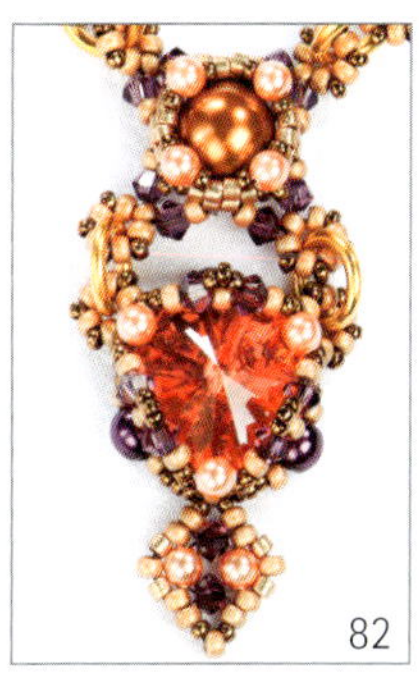
82

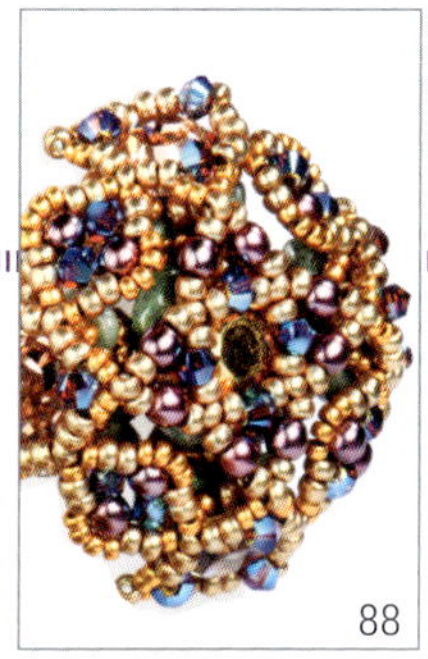
88

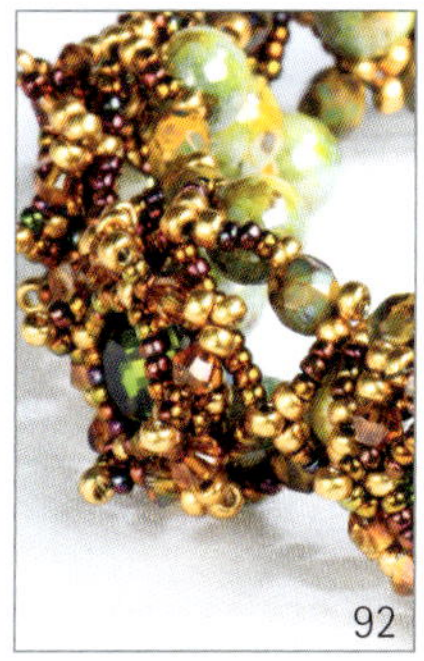
92

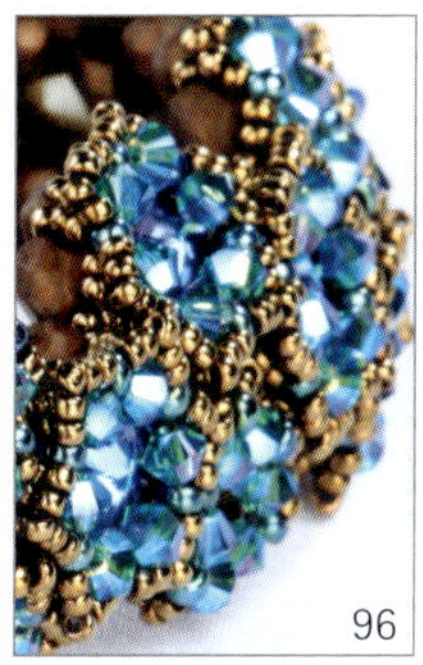
96

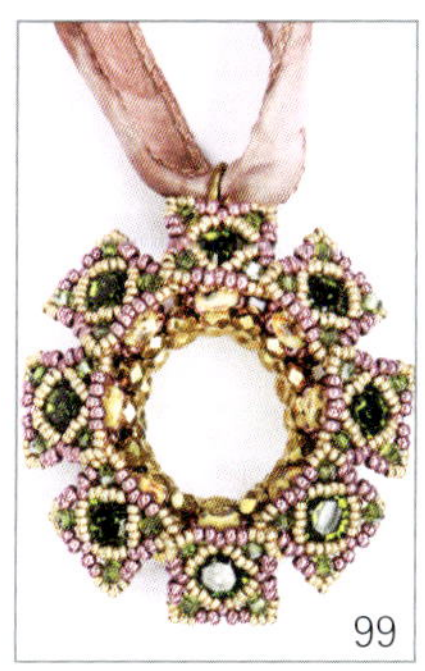
99

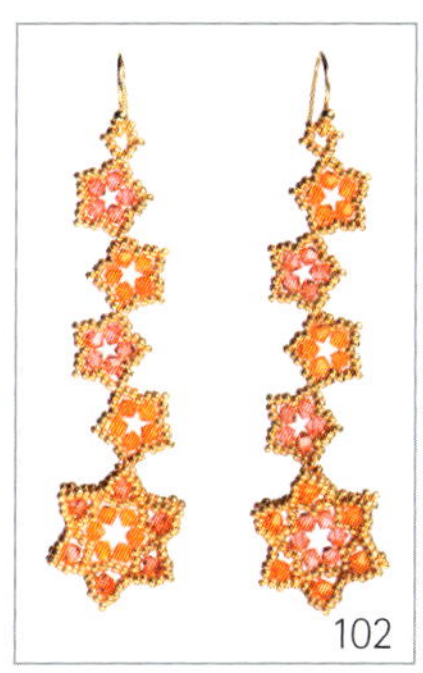
102

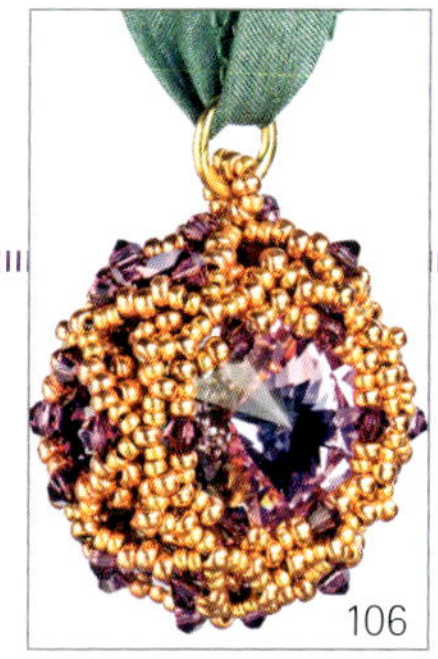
106

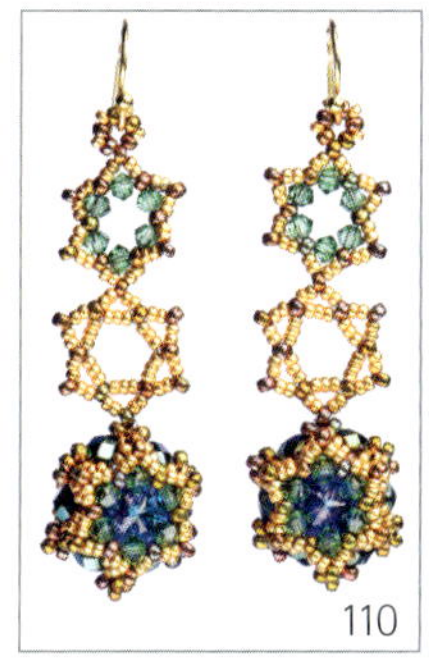
110

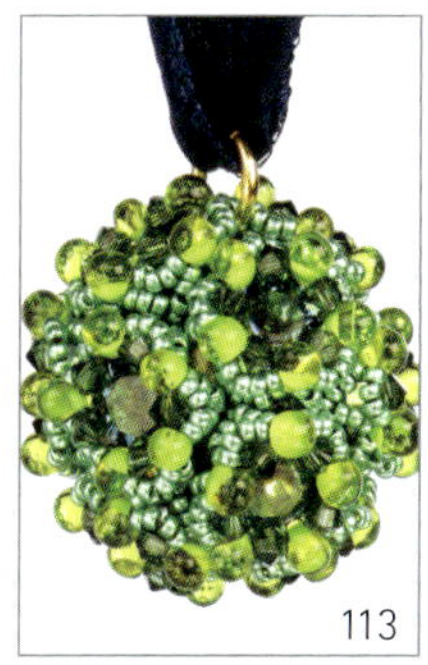
113

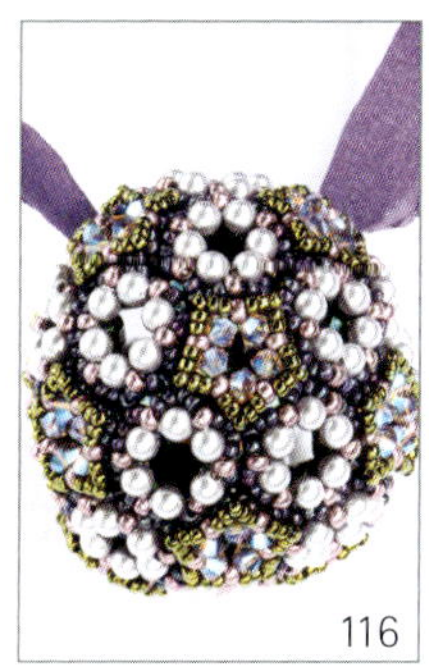
116

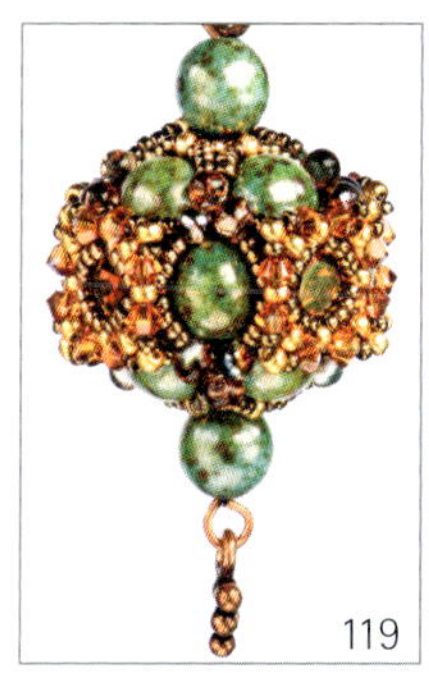
119

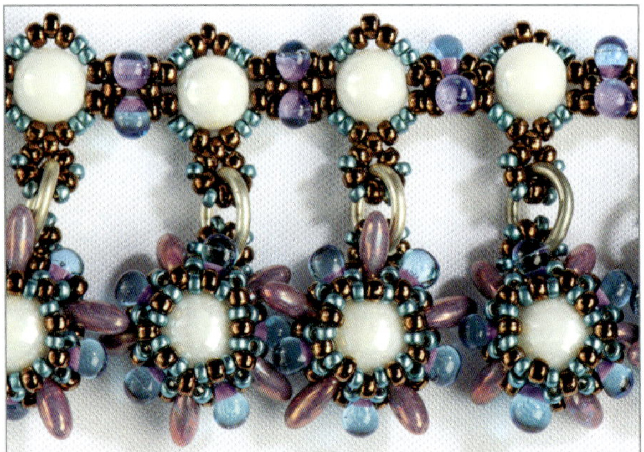

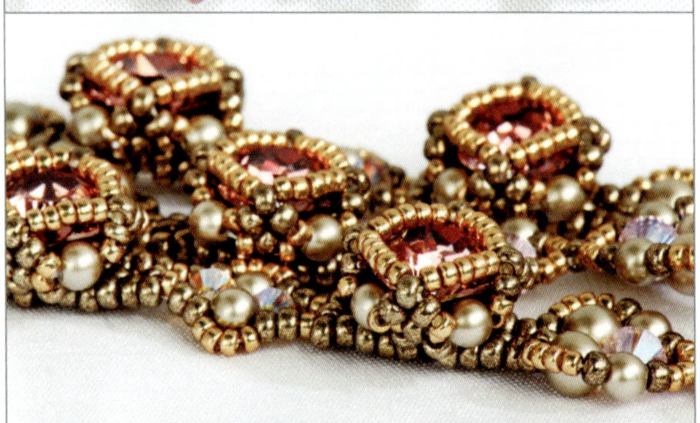

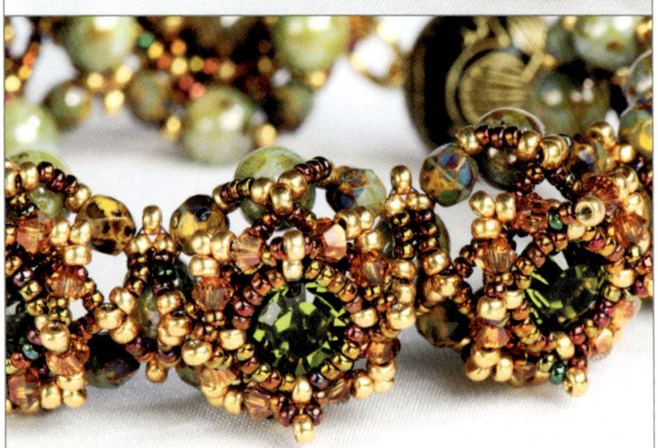

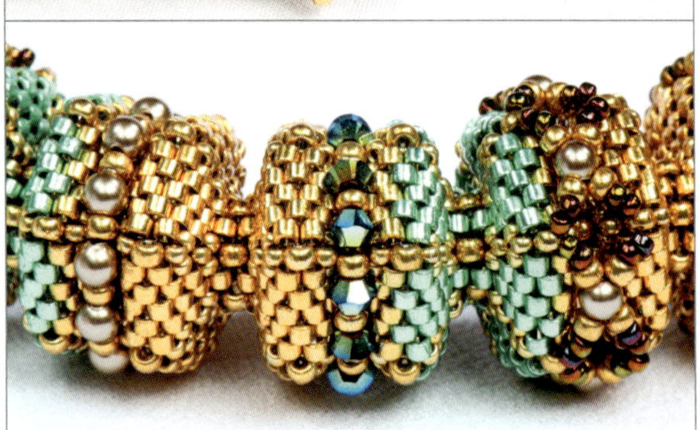

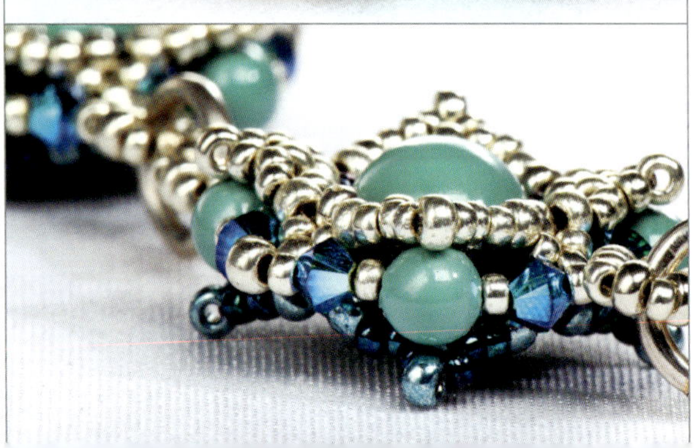

EINLEITUNG

Das Wort „Evolution“ mag im Zusammenhang mit der Herstellung von Schmuck etwas merkwürdig anmuten, da Perlen keine lebenden Organismen sind. Warum also verwende ich das Wort? Natürlich entwickeln sich Perlen nicht, aber die Art, in der wir sie verwenden, kann evolutionär sein. Wie Mutter Natur arrangieren wir eine Vielzahl von Formen und präsentieren verschiedenste Arrangements. Und genau wie Mutter Natur finden wir heraus, welche Veränderungen funktionieren und welche nicht.

Viele neue Designs, die wir bewundern, sehen sich auf den ersten Blick ähnlich. Bei einem zweiten, genaueren Blick jedoch, stellen wir subtile Unterschiede fest. Nehmen Sie sich die Zeit und untersuchen Sie die Variationen der Konstruktion, Technik, Farbe und des Designs. Dabei wird klar, dass jede Perlenkünstlerin ihren eigenen Stil hat. Es treten neue Ideen hervor, wir beeinflussen uns alle gegenseitig und profitieren von den Experimenten der anderen Fädlerinnen. Die Kooperation zwischen Perlenkünstlerinnen und den Herstellern der Perlen bringt uns kontinuierlich neue Formen, unterschiedliche Techniken und qualitativ hochwertigere Perlen und Zubehör. Die gesamte Welt der Perlen ist ständig in Bewegung.

In diesem Buch möchte ich Ihnen die Welt der kleinen Veränderungen eröffnen – diese kleinen, cleveren Varianten, die die Dinge einfacher, hübscher und ansprechender machen oder einfach nur den gewohnten Pfad verlassen.

Vor einiger Zeit hatte ich eine Kursteilnehmerin, die Probleme mit dem Right-Angle-Weave und einen Fehler in ihrer Perlenarbeit hatte. Nachdem ich mir angeschaut hatte, was passiert war, fing ich an, darüber nachzudenken. Ihr Fehler war bei diesem Projekt wirklich ein Fehler, aber dieser Irrtum würde bei einem neuen Projekt eine hervorragende Basis abgeben, wie Sie bei den Ohrringen „Marrakech“ auf Seite 48 sehen werden.

Mit anderen Worten: Ein Fehler ist nicht immer ein Fehler; er kann der Beginn einer völlig neuen Welt sein! Lassen Sie uns also den Pfad der erfolgreichen Evolution aus Versuch und Irrtum begehen und herausfinden, welche Fehler in der unbegrenzten Welt der Perlen konstruktiv sind und welche nicht.

PERLEN, WERKZEUGE UND HILFSMITTEL

"So viele Perlen, so wenig Zeit!"

Dieser Ausspruch im Titel ist in der Perlenwelt sehr gut bekannt. Wir können ihn aber auch leicht abändern und sagen „So viele Perlenformen, so wenig Zeit!". In den vergangenen Jahren hat die Perlenwelt davon profitiert, dass eine Vielzahl an Perlen und Zubehör nun in der ganzen Welt erhältlich ist. Jedoch kann diese Unmenge manchmal zur Verwirrung beitragen, besonders bei der Definition einer Perle. Wenn ich zum Beispiel über Rundperlen spreche, bezeichnen andere sie als Perle oder Druckperle. Viele Fädlerinnen verwenden das Wort Delica für eine Zylinderperle. Und während für einige eine Perle mit Silbereinzug eine Rocaille ist, ist es für mich eine Saatperle. Daher folgt ein kurzer Überblick.

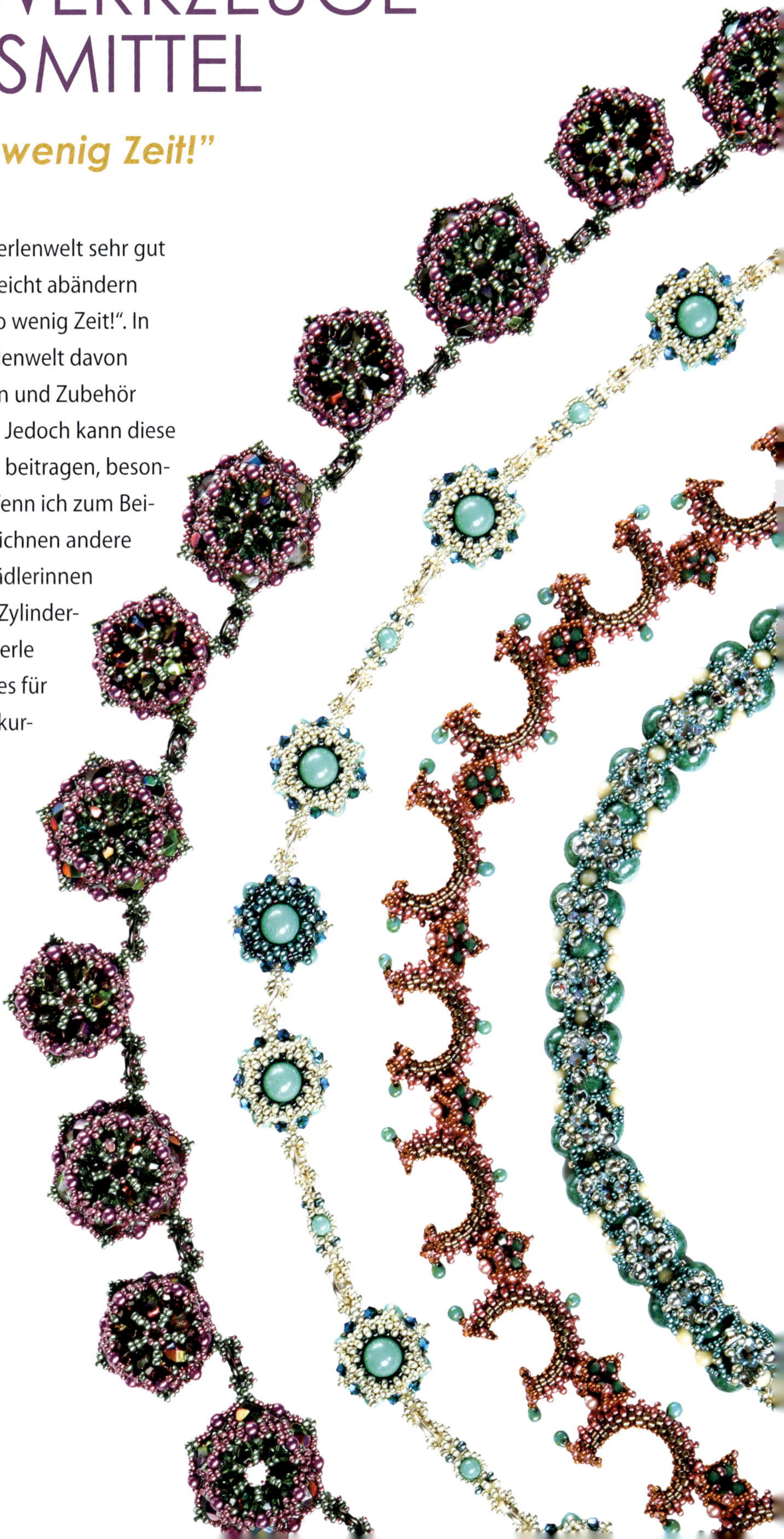

Saatperlen

Saatperlen sind kleine Perlen, die in vielen Ländern hergestellt werden. Die von mir in diesem Buch verwendeten Techniken verlangen nach Perlen guter Qualität, besonders wenn es um die Gleichförmigkeit in der Größe der Perle geht.

Runde Saatperlen, welche in Europa auch oft Rocailles genannt werden, gibt es in der Größe 15/0 bis 6/0 und größer. Diese werden im Buch Saatperlen oder Perlen genannt. Je höher die Zahl, desto kleiner die Perle; 6/0 Perlen sind also größer als 15/0 Perlen.

Außerdem werden Sie kleine Perlen finden, die eine zylindrische Form haben. Diese sind als Delica des Herstellers Miyuki oder als Treasure oder Aiko des Herstellers Toho bekannt. Sie werden im Buch Zylinderperlen genannt.

Ich empfehle japanische Perlen von Miyuki oder Toho, aber auch diese beiden Hersteller haben ihre Vor- und Nachteile.

Die Perlen von Miyuki, vor allem die kleinen Perlen, sind besonders gut für winzige Verzierungen geeignet. Die 15/0 Saatperlen des Herstellers Toho sind in ihrer Form etwas mehr zylindrisch als die von Miyuki, haben aber auch ein größeres Fädelloch und sind somit für Techniken wie das Häkeln mit Perlen oder den flachen Peyote-Stich geeigneter. Nach meiner Erfahrung und den vielen Kursen, die ich gegeben habe, sind Perlen mit Silbereinzug oftmals größer und in ihrer Form zylindrischer als andere Perlen. Dies kann zu Problemen führen, wenn Sie die Anleitungen nacharbeiten.

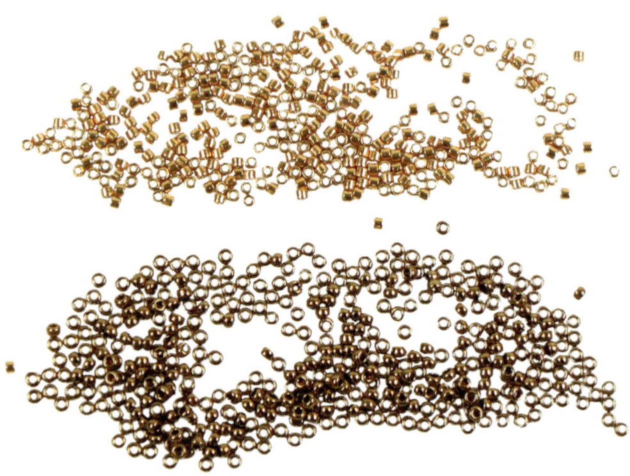

Rundperlen

Es hört sich fast zu einfach an, aber eine Rundperle ist jede Art von Perle, die eine runde Form hat. Egal, ob sie eine Glaswachsperle oder eine Glasperle mit einem Regenbogenüberzug ist. Viele nennen diese Perlen aufgrund ihrer Herstellungsweise Druck- oder Pressperlen. Aber da ich die Perlen am liebsten nach ihrer Form benenne, ist bei mir eine Rundperle immer eine runde Perle, egal, aus welchem Material sie besteht (Metall-, Kristall- oder Glaswachsperle). Rundperlen können Sie in vielen Größen, beginnend ab 2 mm, finden.

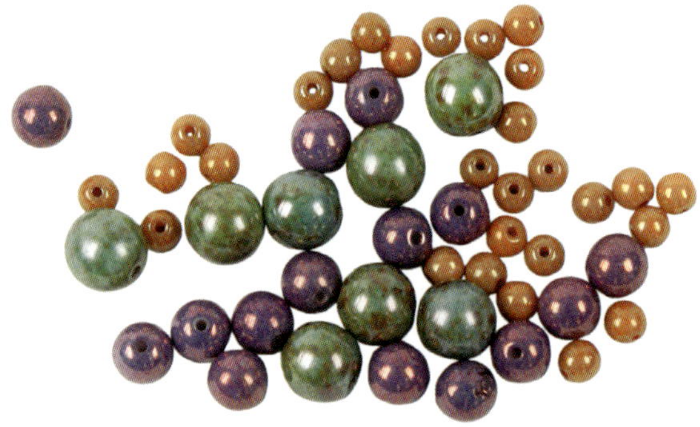

Kristallperlen

Es gibt zwei verschiedene Hauptformen von Kristallperlen. Zum einen Doppelkegel, benannt nach ihrer Form: Zwei geschliffene Kegel, an ihrer Basis zusammengefügt. Doppelkegel gibt es in verschiedenen Größen, die größte Farbauswahl gibt es in den Größen 3 mm bis 6 mm. Die andere Hauptform ist in ihrer Form runder und hat mehr Facetten.

Sie können Kristalle von diversen Herstellern bekommen; manche sind teurer als andere. Es zahlt sich jedoch nicht immer aus, hier zu sparen. Qualitativ hochwertige Kristalle haben einen zusätzlichen Schliff am Fädelloch und dafür wird Ihnen Ihr Faden dankbar sein. Runde Kristallperlen können eine glitzernde Alternative zu Rundperlen darstellen. Aber seien Sie vorsichtig – jede Rose hat Dornen und diese runden Kristallperlen, besonders die preisgünstigeren Marken, können den Faden zerschneiden.

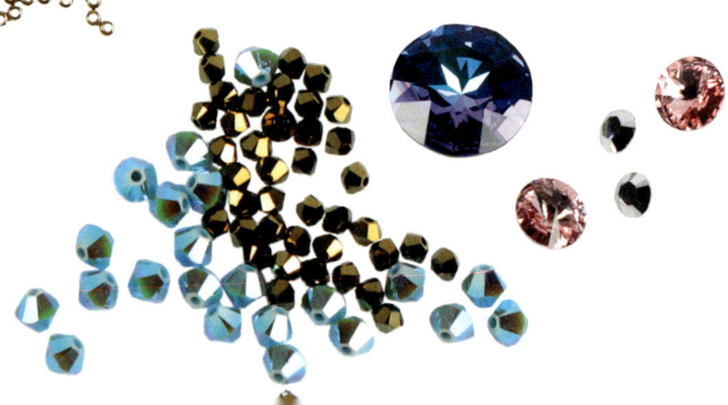

Rivoli und Chatons

Kristalle spielen in meinen Perlenarbeiten inzwischen eine fundamentale Rolle. Es gibt immer einen großen Lacher in meinen Kursen, wenn ich erzähle, dass ich anfangs nur mit Saatperlen gearbeitet habe und kein Interesse an Kristallen hatte. Ich fand sie ein wenig zu „bling-bling".

Nun, lassen Sie uns einfach sagen, dass ich meine Meinung seitdem geändert habe. Es gibt jedoch derart viele verschiedene Kristallsteinformen, dass ich mein Hauptaugenmerk auf Rivoli und Chatons gelegt habe.

Ein Rivoli ist ein runder Kristallstein mit einer facettierten Ober- und Unterseite; beide Seiten des Steins sind identisch. Es gibt sie in vielen Größen, von 8 mm (manchmal auch als Steingröße SS39 bezeichnet) bis zu 18 mm, in Schritten von 2 mm. Ein Chaton seinerseits hat eine facettierte Oberseite mit einer flachen Mittelfläche und eine spitze Rückseite. Er sieht ein wenig wie ein klassischer Diamantschliff aus. Die größte Farbauswahl finden Sie in der Größe 8 mm (SS39).

Diese Kristallsteine können auf der Rückseite foliert sein, was das Glitzern auf der Vorderseite verstärkt. Unfolierte Rivoli und Chatons sind blasser, können jedoch interessante Effekte hervorbringen, besonders bei Ohrringen, da dann das Licht hindurchfallen kann.

Feuerpolierte Glasschliffperlen

Diese Perlen haben eine ovale Form und viele Facetten. Man kann sagen, dass sie sich irgendwo zwischen einer Rundperle und einem Doppelkegel ansiedeln. Es gibt sie in unzähligen Farben, Überzügen und Veredelungen. Sie eignen sich perfekt für das Right-Angle-Weave und als Basis für eine geometrische Struktur. Es ist oftmals schade, sie mit anderen Perlen zu bedecken, da ihre Farben so schön sein können. Normalerweise haben feuerpolierte Glasschliffperlen die Größen 3 mm, 4 mm oder 6 mm. Es gibt noch größere Perlen, diese werden aber eher für Aufreiharbeiten verwendet.

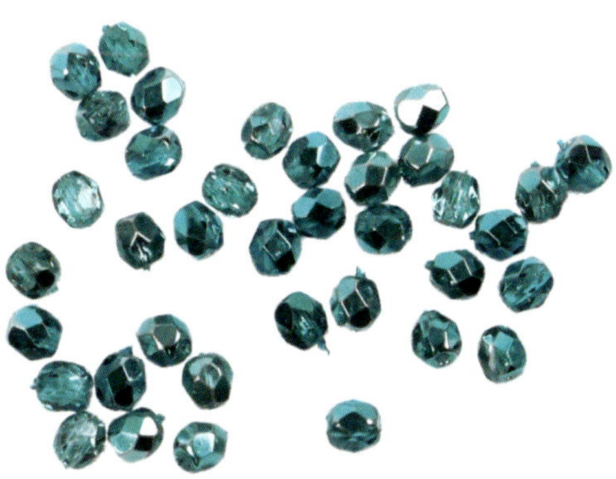

Sonderformen

In letzter Zeit sind sehr viele neue Formen auf den Markt gekommen, besonders aus Tschechien, und es ist immer interessant zu beobachten, wie diese neuen Formen die Kreativität der Fädlerinnen aus aller Welt beflügeln. Denken Sie nur an den großen Boom der Spikes oder der Doppellochperlen (auch bekannt als SuperDuo oder Twin beads). Eine Sache, die ich besonders an den tschechischen Perlen schätze, sind die vielen verschiedenen Überzüge, die angeboten werden. Dies macht das Perlenangebot so interessant.

Hinweis: Leider sind manche der Namen dieser Perlen, wie SuperDuo, namensrechtlich nicht geschützt, sodass Perlen desselben Namens in der Form leicht abweichen können. Dies kann zu großen Verwirrungen führen, besonders wenn Anleitungen nachgearbeitet werden, die nach einer ganz bestimmten Größe verlangen.

2012 fühlte ich mich sehr geehrt, denn eine von mir entworfene Perlenform wurde von einem tschechischen Hersteller auf den Markt gebracht – die Rizo. Dies ist eine lange Tropfenperlen, in der Form eines Reiskorns. Sie ist seither eine Erweiterung meines Perlensortiments (siehe auch „Beaded Charms" auf Seite 70 oder „Tips and Tops" auf Seite 45).

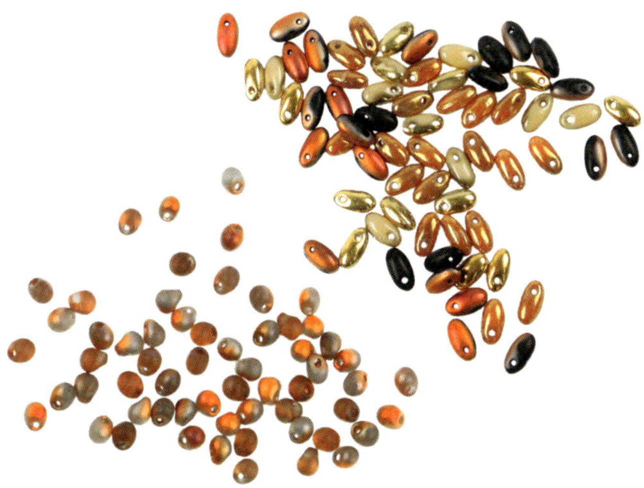

Faden

Diskussionen über die Vorlieben beim Faden können leidenschaftlich werden, da viele Fädlerinnen felsenfest bei ihrer Überzeugung bleiben. Aber eigentlich gibt es nur eine einzige Regel: Der Faden, mit dem Sie gut arbeiten können, ist der richtige! Als ich mit dem Fädeln begann, bevorzugte ich einen mehrfaserigen Nylonfaden (wie OneG oder K.O.). Inzwischen ist aber FireLine zu meinem Standardfaden geworden; ein geflochtener Faden mit einem Überzug.

FireLine gibt es auf Spulen in diversen Stärken. Die Zahl der Pounds (oder Kilos) zeigt die Reißfestigkeit an, wobei das FireLine der Farbe Crystal grundsätzlich dicker als die Farbe Smoke ist. Das bedeutet, dass ein 6 lb Faden der Farbe Crystal dicker als ein 6 lb Faden der Farbe Smoke ist.

Versuchen Sie, das FireLine mindestens viermal durch eine 15/0 Perle zu fädeln, bevor Sie den Faden für ein Projekt verwenden. Wenn Ihnen dies gelingt, hat Ihr Faden die richtige Stärke.

Nadeln

Die Nadeln, die ich verwende, führen ein hartes Leben. Ich tendiere dazu, sie zu verbiegen, und daher ist es wichtig, Nadeln guter Qualität zu verwenden. Ich habe mich gefragt, warum ich so viele Nadeln verbiege und dann bemerkt, dass es an der Art liegt, wie ich die Nadel halte. Es gibt die „Zwei-Finger-Fädlerinnen", die die Nadel zwischen Zeigefinger und Daumen halten und kaum Probleme mit verbogenen Nadeln haben. Und dann gibt es die „Drei-Finger-Fädlerinnen", die ihre Nadel zusätzlich mit dem Mittelfinger halten. Ich muss mit der Tatsache leben, dass ich eine „Drei-Finger-Fädlerin" bin und somit hochqualitative Nadeln, wie die des Herstellers Tulip, verwenden muss.

Schere

Mein Vater sagte immer: „Spare nicht beim Werkzeug". Aber wenn Sie mit FireLine arbeiten, macht die Schere hier die Ausnahme. Dieser Faden macht jedes Schneidewerkzeug stumpf. Verwenden Sie also einen Fadenschmelzer oder eine preisgünstige Schere, die Sie öfter ersetzen können. Wenn Sie mit Nylonfaden arbeiten, können Sie mit einer guten Schere exakter arbeiten.

Zangen

Hier trifft die Regel meines Vaters voll zu. Sie können keine schöne Öse in einen Nietstift biegen oder einen Biegering öffnen, wenn die Spitzen Ihrer Zange Einkerbungen von der letzten Arbeit aufweisen. Ein komplettes Zangenset für wenig Geld wird Ihnen keine guten Dienste leisten – geben Sie lieber mehr für eine bessere Qualität aus. Außerdem empfehle ich Ihnen, die Zangen nicht online einzukaufen. Es ist besser, sie einmal in der Hand zu halten und auszuprobieren, um zu sehen, ob sie gut in der Hand liegen.

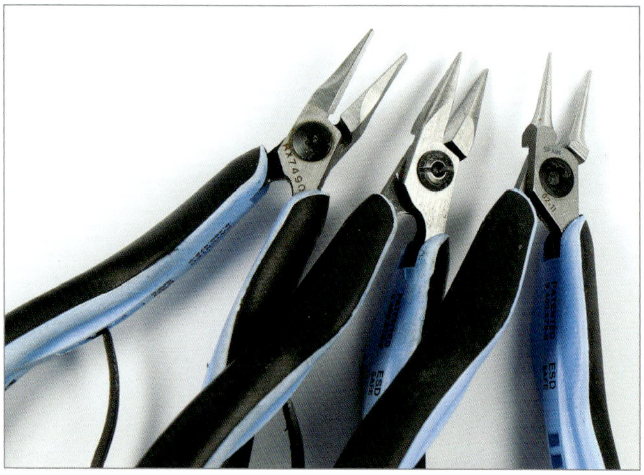

Nützliche Helferlein

Wenn Sie an einem Perlentreffen, besonders in dem Teil Deutschlands, in dem ich lebe, teilnehmen, werden Sie vielleicht meinen, dass Gummibärchen das wichtigste Zusatzmittel für Fädlerinnen sind (und da stimme ich voll zu). Sie sind gut für die Nerven und hinterlassen keine klebrigen Finger wie andere Süßigkeiten. Aber neben den Süßwaren gibt es viele andere kleine Helferlein, die Ihnen Ihr Perlenleben erleichtern können. Die meisten muss man nicht besitzen, aber es ist schön, sie zu haben.

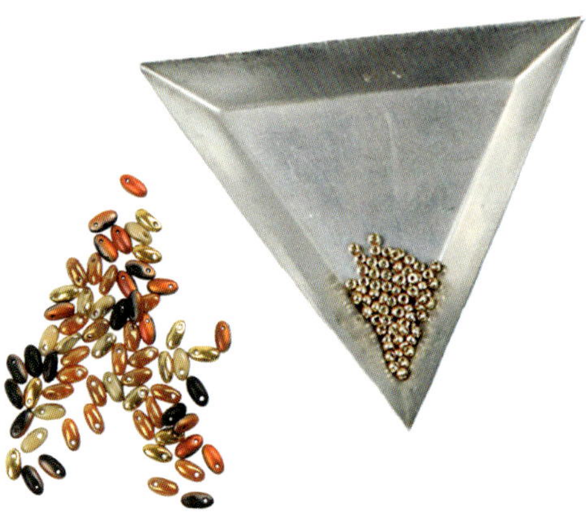

Ich mag die kleinen Metalldreiecke, um meine Perlen aufzunehmen. Diese haben lange Seiten, um eine große Anzahl Perlen gleichzeitig aufzunehmen und auch Spitzen, um einzelne Perlen auszusortieren.

Fadenschmelzer sind besonders hilfreich, wenn Sie Ihre Schere bei der Arbeit mit FireLine schonen wollen.

Ob Sie eine Perlenmatte oder ein Perlenbrett bevorzugen, ist eine persönliche Entscheidung, auch hier gilt: Verwenden Sie das, womit Sie am besten arbeiten können. Viele Fädlerinnen benutzen einfache Perlenmatten, Moosgummiplatten oder gefaltete Handtücher. Ich bevorzuge eine bestimmte Art Perlenbrett, welches auch noch stapelbar ist: Das „Bead on it"-Board. Neben der Tatsache, dass diese besonders stabil sind, können Sie Ihre Nadel in den Rand stecken und sie sehen dazu auch noch hervorragend aus. Ich liebe sie!

Verschlüsse

Verschlüsse sind ebenfalls eine Sache des persönlichen Geschmacks. Manche Fädlerinnen möchten ein komplett gefädeltes Schmuckstück und arbeiten ihre eigenen Verschlüsse aus Perlen. Andere nähen fertige Verschlüsse an ihre Perlenarbeit. Ich bevorzuge eine Technik, die es mir erlaubt, den Verschluss einfach auszutauschen. Metallschließen, die nicht aus Sterlingsilber oder Gold hergestellt wurden, laufen vielleicht schnell an und müssen dann ausgetauscht werden. Ihre komplette Perlenarbeit kann beim Austausch in Mitleidenschaft gezogen werden, wenn Sie den Verschluss eingefädelt haben. Verschlüsse sind klassische „Jagd- und Sammel-Artikel" - wenn Sie einen sehen der Ihnen gefällt, kaufen Sie ihn!

Bevor das Fädeln beginnt

Manchmal können Fadenläufe in Grafiken zu viel sein und verwirren. Daher habe ich keine doppelten Fadenläufe eingezeichnet. Wenn Sie also im Text auf einen doppelten Fadenlauf stoßen, der in der Grafik so nicht eingezeichnet ist, dient das der besseren Übersicht. Doppelte Fadenläufe sind gerade bei Netzstücken sehr hilfreich, da beim Aufschritt zur nächsten Reihe leicht die Fadenspannung verloren gehen kann. Durch das zweite Hindurchfädeln können Sie Ihre Fadenspannung viel besser halten.

Peyote-Stich

Der gerade Peyote-Stich

Der gerade Peyote-Stich ist das Fundament für das Verständnis des ungeraden Peyote-Stichs, der in diesem Buch häufig vorkommt. Stellen Sie sich eine waagerechte Backsteinwand vor, die um 90° gedreht wird, sodass sie senkrecht steht. Dies sieht dann aus wie das Muster dieses Stichs.

Nehmen Sie eine gerade Anzahl an Perlen auf (Grafik 1). Da Sie gleich an jeder zweiten Position eine Perle hinzufügen, wird diese erste Reihe als Reihe 1 und 2 gezählt.

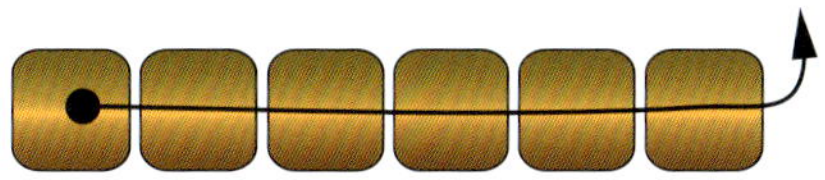

Grafik 1

Wenden Sie, wie die Grafik 2 zeigt, fügen Sie eine Perle hinzu, überspringen Sie die erste Perle der Vorreihe und fädeln Sie durch die folgende Perle. Wiederholen Sie dies bis zum Ende der Reihe.

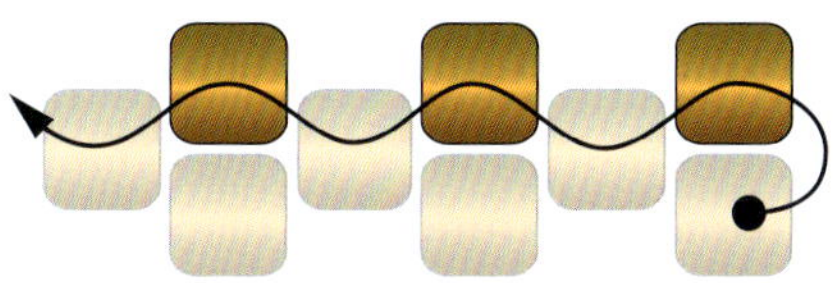

Grafik 2

Die folgenden Reihen werden genauso gearbeitet. Nach der dritten Reihe wird jede zweite Perle höher als die Nachbarperle aus der Perlenarbeit herausstehen – dies sind die Perlen, durch die Sie weiter fädeln.

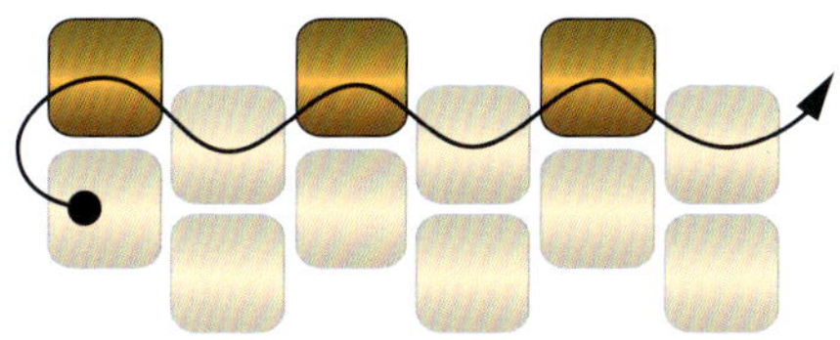

Grafik 3

Der ungerade Peyote-Stich

Der ungerade Peyote-Stich ist etwas schwieriger, jedoch die Mühe wert.

Nehmen Sie eine ungerade Anzahl Perlen auf, diese bilden wieder die Reihe 1 und 2. Wenden Sie, nehmen Sie eine Perle auf, überspringen Sie die erste Perle der letzten Reihe und fädeln Sie durch die folgende Perle. An der letzten Position können Sie nicht einfach eine Perle hinzufügen, da keine weitere Perle folgt, durch die Sie fädeln könnten. Fädeln Sie also stattdessen durch die letzten beiden Perlen der Vorreihe (Grafik 4).

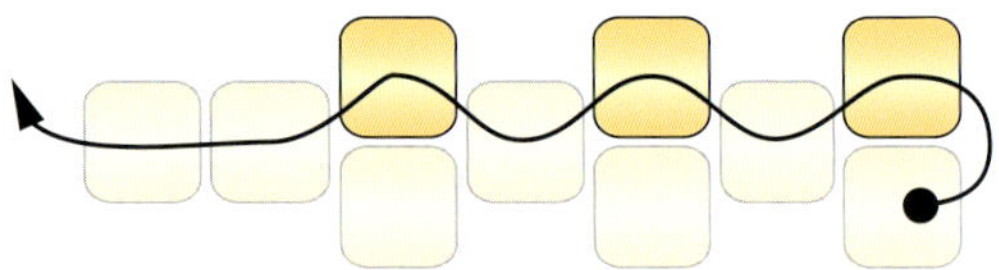

Grafik 4

Nehmen Sie eine Perle auf, überspringen Sie die erste Perle der Vorreihe, fädeln Sie dann durch die nächsten beiden Perlen der Vorreihe (nicht durch die Perle, die Sie als Vorletztes hinzugefügt haben; siehe Grafik 5).

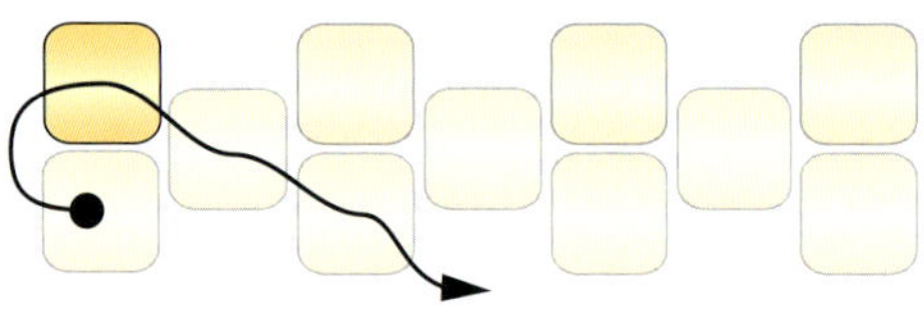

Grafik 5

Nachdem die letzte Perle der Reihe nun hinzugefügt wurde, müssen Sie nur noch an die richtige Startposition für die nächste Reihe gelangen. Fädeln Sie dafür in Richtung des Endes der Reihe durch die Perle über der Perle, aus der Ihr Faden kommt, und wie in Schritt 1 weiter durch die letzten drei Perlen (die Perle, die Sie in Schritt 1 hinzugefügt haben und die letzten beiden Perlen der Basisreihe (Reihe 1 und 2)).

Nun können Sie durch die erste Perle fädeln und sind in der richtigen Startposition für die nächste Reihe. Am anderen Ende wird die Wende wie beim geraden Peyote-Stich gearbeitet. An diesem Ende muss die Wende immer wie gezeigt gearbeitet werden (Grafik 6).

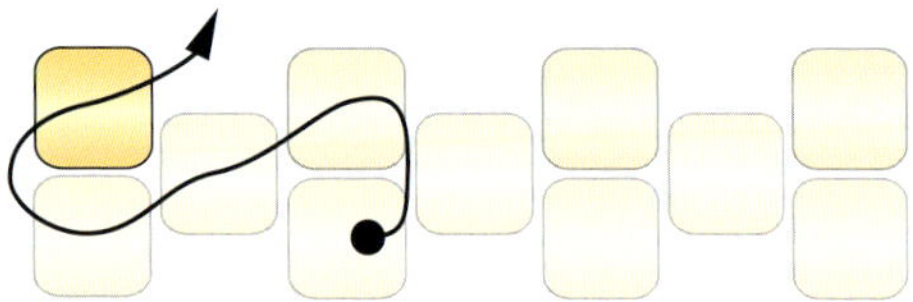

Grafik 6

Peyote "zippen"

Das Zippen (Zusammenfädeln) formt ein flaches Stück Peyote in eine nahtlose Röhre. Arbeiten Sie einen flachen Streifen in der Peyote-Technik und achten Sie darauf, dass Sie eine gerade Anzahl an Reihen haben. Rollen Sie den Streifen zusammen, sodass sich die Enden berühren. Wie Grafik 7 zeigt, verhalten sich die beiden Enden wie bei einem Reißverschluss, mit Zähnchen, die genau in die Lücken passen. Mit der Nadel aus der Endperle an einem Ende kommend, fädeln Sie durch die Endperle am anderen Ende des Streifens. Fädeln Sie nun abwechselnd durch die Perlen an beiden Seiten, bis Sie das Ende der Röhre erreicht haben. Um auch die letzte Perle zu verbinden, fädeln Sie durch die gegenüberliegende Perle.

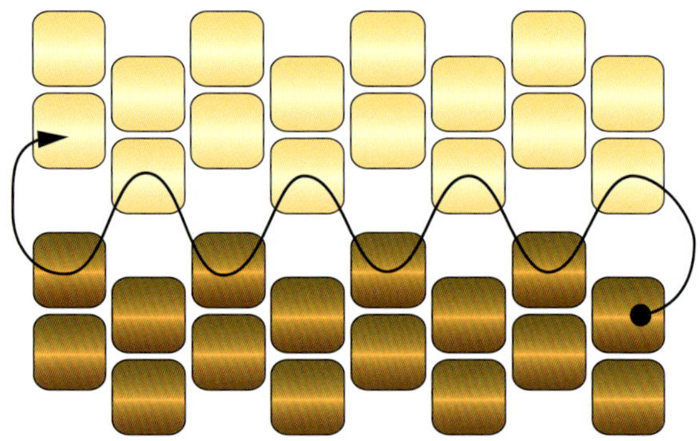

Grafik 7

Kreisförmiger Peyote-Stich

Dieser wandelbare Stich öffnet uns die Möglichkeiten für Perlenarbeiten jeder Form.

Nehmen Sie eine gerade Anzahl an Perlen auf (hier sind es 16) und formen Sie einen Kreis, indem Sie nochmals durch die zuerst aufgenommene Perle fädeln. Obwohl einige Fädlerinnen hier einen Knoten arbeiten, mache ich das nicht. In meinen Augen ist die perfekte Fadenlänge schlecht abzuschätzen und wenn Sie mit der nächsten Runde beginnen, müssen Sie jede zweite Perle nach unten verschieben (wie beim normalen Peyote-Stich), sodass der Faden dann in einer Zick-Zack-Linie verläuft. Wenn Sie den Knoten zu fest angezogen haben, bleiben die Perlen der ersten Runde auf gleicher Höhe und die folgenden Runden werden nicht besonders ordentlich aussehen. Wenn Sie den Knoten zu locker gemacht haben, werden Lücken entstehen. Lassen Sie einen Fadenrest von ca. 20 cm übrig, dies erlaubt Ihnen, den Anfangskreis später entweder zu straffen oder zu lockern (Grafik 8).

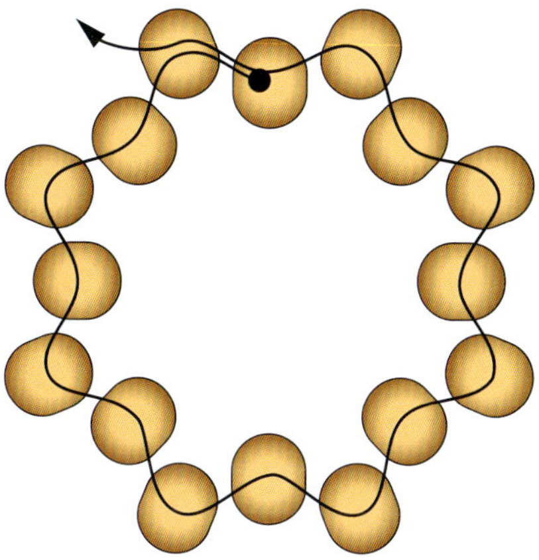

Grafik 8

Nehmen Sie eine Perle auf, überspringen Sie eine Perle des Basiskreises und fädeln Sie durch die folgende Perle. Wiederholen Sie dies, bis Sie zum Ende der Runde gelangen. Hier fädeln Sie durch die in diesem Schritt zuerst hinzugefügte Perle – dies wird Aufschritt genannt. Den Aufschritt müssen Sie arbeiten, um an die richtige Startposition für die nächste Runde zu gelangen (Grafik 9).

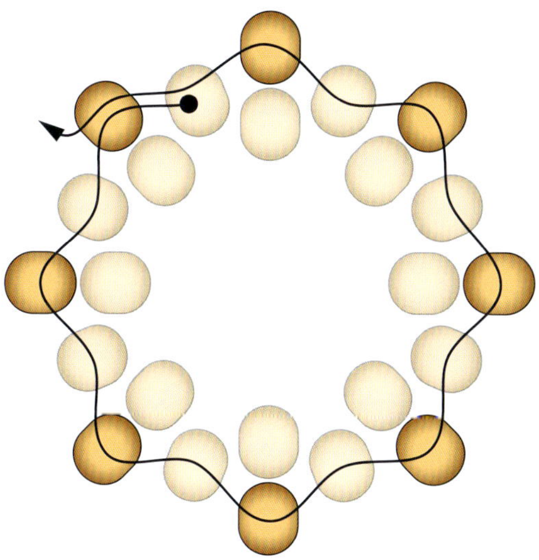

Grafik 9

Wie Sie sehen können, zieht sich der Startpunkt wie eine Spirale um die Perlenarbeit. Bei jedem Aufschritt gehen Sie eine Perle weiter herum.

Zwei-Perlen-Peyote

Es gibt eine schneller zu arbeitende Variante des Peyote-Stichs. Dafür fädeln Sie nicht nur jeweils eine Perle in jede Position, sondern zwei oder drei gleichzeitig. Diese Anzahl Perlen wird wie eine einzige Perle behandelt. Achten Sie nur darauf, immer die gleiche Anzahl Perlen hinzuzufügen.

Peyote Zu- und Abnahmen

Wenn Sie die Anzahl der Perlen erhöhen möchten, können Sie in eine oder mehr Lücken zwei Perlen einsetzen (in Grafik 10 befinden sich in jeder zweiten Lücke zwei Perlen).

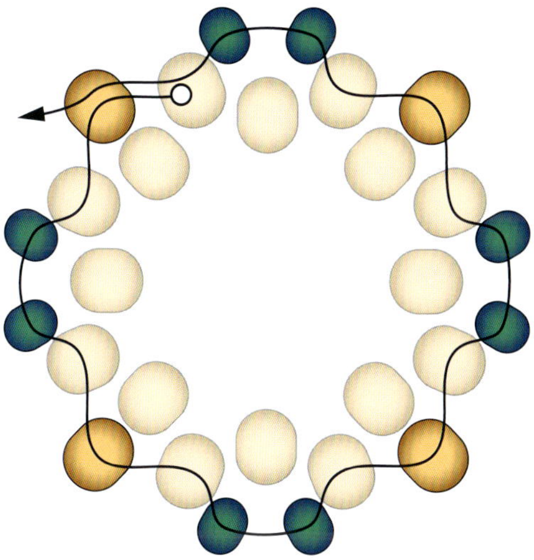

Grafik 10

In der nächsten Runde fügen Sie je eine Perle in jede Lücke und zwischen das Perlenpaar ebenfalls eine Perle (Grafik 11).

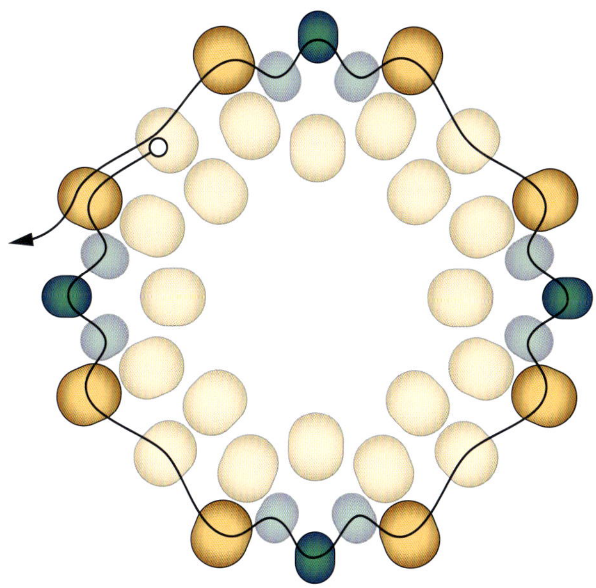

Grafik 11

In der nächsten Runde wird in jeder Lücke eine Perle hinzugefügt. Wie Sie sehen können, ist die Anzahl der Lücken durch vier Zunahmen von 8 auf 12 gestiegen (Grafik 12).

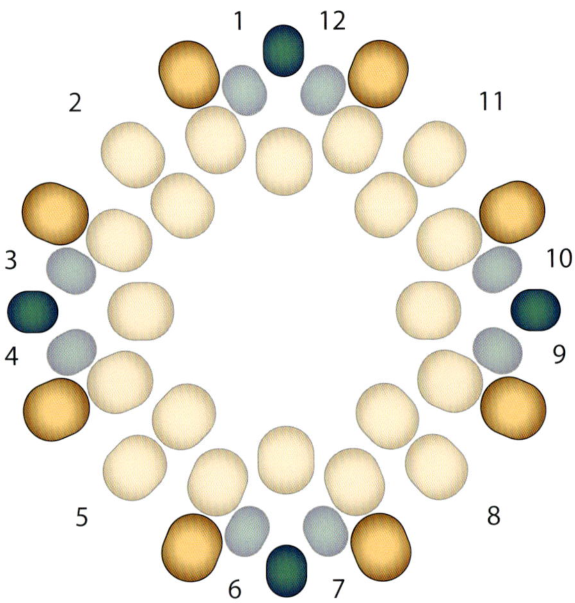

Grafik 12

Um in einer geraden Reihe (siehe Grafik 13) eine Abnahme zu arbeiten, fädeln Sie einfach durch zwei benachbarte, hochstehende Perlen in der ersten Reihe der Abnahme (Grafik 14). In der nächsten Reihe fügen Sie über diesem Perlenpaar eine Perle hinzu (Grafik 15).

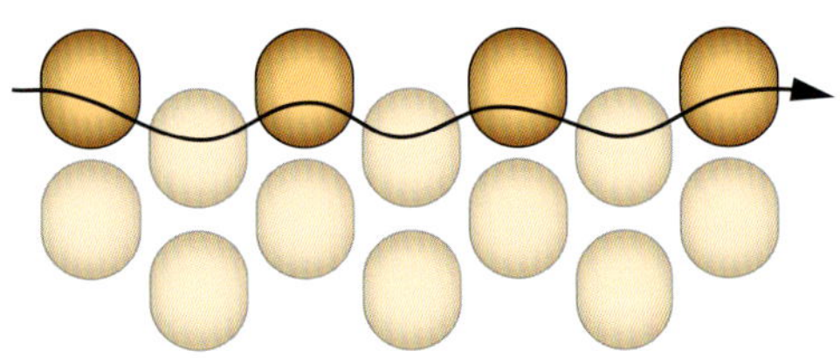

Grafik 13

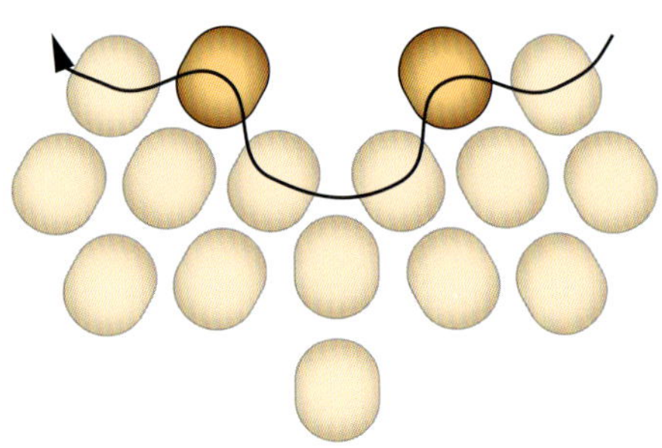

Grafik 14

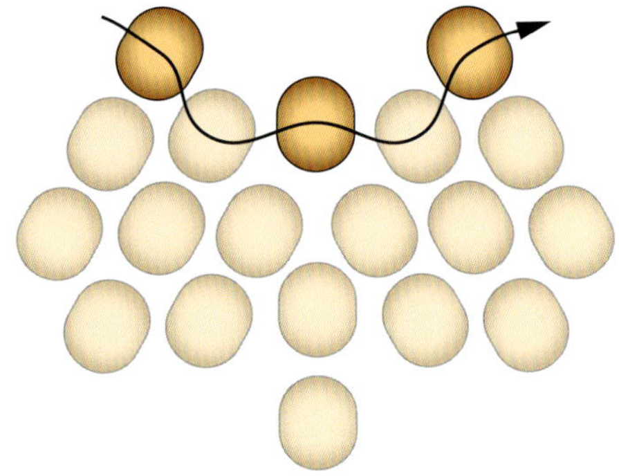

Grafik 15

Right-Angle-Weave

Ich kenne Fädlerinnen, die sich vor dem Right-Angle-Weave fürchten und ich habe einige sagen hören, dies sei der schwierigste Stich überhaupt. Tja, da Perlen nicht beißen, können wir es ruhig versuchen!

Right-Angle-Weave (RAW) beschreibt den Fadenlauf: Rechtwinklig. Im klassischen RAW fädeln Sie niemals gerade von einer Perle in die nächste. Statt dessen arbeiten Sie bei jedem Schritt eine Art Quadrat, als Einheit bezeichnet. In diesen Einheiten bilden die Perlen die Seiten des Quadrats und der Faden markiert die Ecken. Dies ist manchmal schwer zu erkennen, da unsere Augen dazu tendieren, die Perlen als die Ecken anzusehen. Die quadratische Struktur ist besser zu sehen, wenn ovale Perlen (wie feuerpolierte Glasschliffperlen) verwendet werden.

Beginnen Sie die erste Einheit, indem Sie vier Perlen aufnehmen und diese dann zur Einheit schließen, indem Sie nochmals durch die zuerst aufgenommene Perle fädeln. Mit der Nadel aus einer Perle dieser ersten Einheit kommend, nehmen Sie drei weitere Perlen auf, fädeln nochmals durch die Perle, aus der der Faden kommt und weiter bis zur als zweites hinzugefügten Perle vor. Von jetzt an fügen Sie kontinuierlich immer drei Perlen hinzu, bis der Streifen die gewünschte Länge erreicht hat. Beachten Sie, dass sich der Fadenlauf ändert: Immer abwechselnd im Uhrzeigersinn und entgegen dem Uhrzeigersinn (Grafik 16).

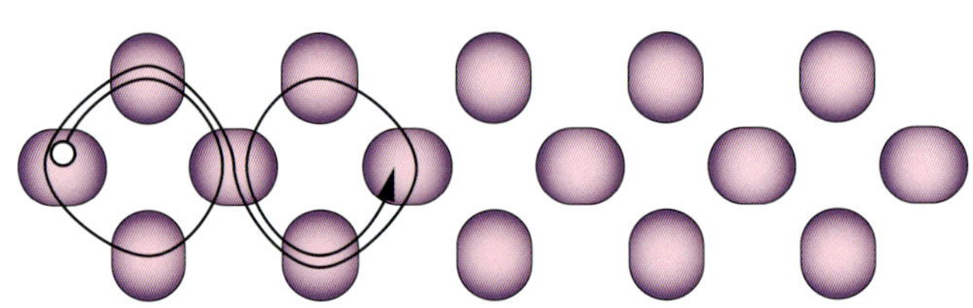

Grafik 16

Um eine zweite Reihe anzufügen, kommen Sie mit der Nadel aus der ersten Perle am Rand des Streifens heraus und nehmen drei neue Perlen auf. Fädeln Sie nochmals durch die Perle, aus der der Faden kommt und so weiter vor, dass Sie mit der Nadel aus der Perle am Rand des Streifens herauskommen. Nehmen Sie zwei neue Perlen auf und fädeln Sie durch die Perle der vorigen Einheit und die Perle, aus der der Faden kommt. Auch hier arbeiten Sie abwechselnd mit und entgegen dem Uhrzeigersinn und fügen nach dem ersten Schritt immer jeweils zwei Perlen hinzu (Grafik 17).

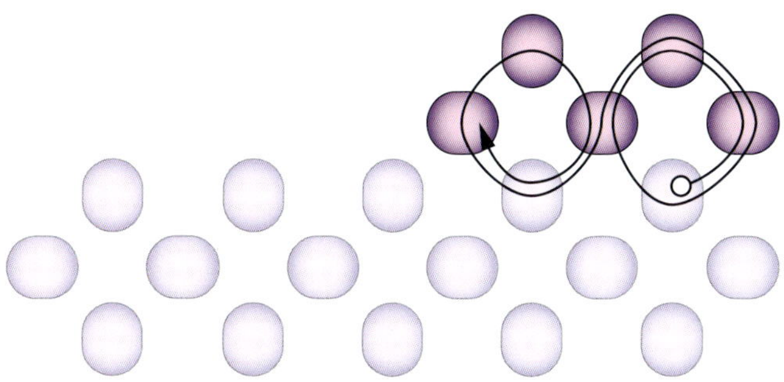

Grafik 17

Eine schnellere und einfachere RAW-Variante

Oh ja, sie existiert: Eine Version des RAW, welche den Wechsel zwischen im und entgegen dem Uhrzeigersinn vermeidet. Ich liebe es, RAW-Basen an den Stellen zu verzieren, an denen normalerweise der Faden sichtbar ist. Ich arbeite diese Verzierungen, nachdem die Basis fertiggestellt ist, und das Verzieren darin besteht, kleine Perlen an den Kreuzungspunkten des Netzes hinzuzufügen. Für diese schnellere Variante werden die Verzierungsperlen gleich mit eingearbeitet.

Arbeiten Sie die erste Einheit wie gewohnt, nehmen Sie dann jedoch eine kleinere Perle (hier ist es eine 15/0 Perle in einer Basis aus 11/0 Perlen) auf. Danach nehmen Sie für die nächste Einheit drei weitere 11/0 Perlen auf und fädeln durch die Perle, die sich neben der Perle befindet, aus der Ihre Nadel herauskommt. Fädeln Sie eine 11/0 Perle vor (überspringen Sie die 15/0 Perle) und nehmen Sie eine weitere 15/0 gefolgt von drei weiteren 11/0 Perlen auf. Fahren Sie damit fort, in dieser Art Einheiten hinzuzufügen. Wie Sie sehen können, arbeiten Sie jede Einheit entgegen dem Uhrzeigersinn (Grafik 18).

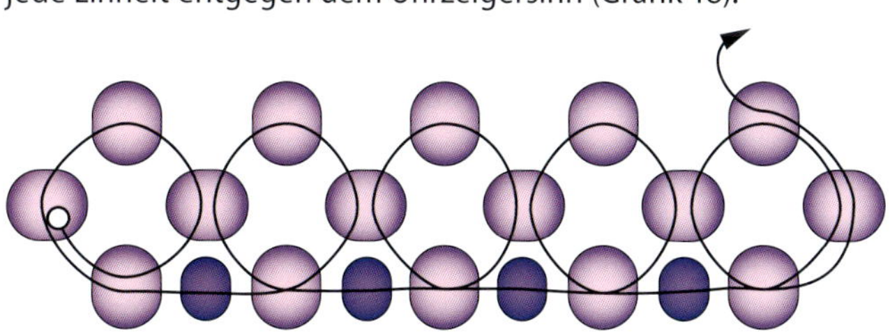

Grafik 18

Die nächste Reihe beginnen Sie, indem Sie eine erste Einheit aus drei 11/0 Perlen hinzufügen, dann eine 15/0 Perle aufnehmen und durch die nächste 11/0 Perle am Rand fädeln.

Beginnen Sie die nächste Reihe, indem Sie zwei 11/0 Perlen aufnehmen und dann durch die 11/0 Perle der vorigen Einheit und die 11/0 Perle fädeln, aus der der Faden kommt. Fädeln Sie zur nächsten Perle am Rand vor und fügen Sie dabei eine 15/0 Perle hinzu. Wie Sie sehen können, arbeiten Sie jede Einheit im Uhrzeigersinn (Grafik 19).

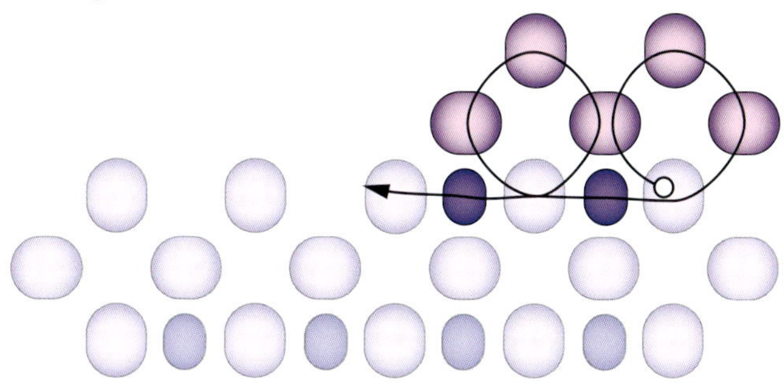

Grafik 19

Last but not least, was ist mit dem Faden?

Eine der am häufigsten gestellten Fragen in meinen Kursen ist die nach der Fadenlänge. Meine Antwort lautet immer: „Es sollte die Länge sein, mit der Sie am besten arbeiten können!"

Natürlich können Sie einen 5 Meter langen Faden verwenden, wenn Sie gern Knoten auftrennen und Spaß daran haben, dass der Faden mit jeder neuen Durchfädelung dünner und dünner wird, bis er schließlich in der Perlenarbeit bricht. Selbstverständlich können Sie auch sehr kurze Fäden mit einem ganz kurzen Fadenrest benutzen, den Sie dann nur noch mit der Spitze Ihrer Zange greifen können, vor allem, wenn Sie gern eine lockere Fadenspannung haben und verrückt danach sind, neue Fäden anzufügen.

Im Ernst: Es gibt eine sehr einfache Antwort. Ich nehme immer eine Armspanne: Die Länge von Fingerspitze zu Fingerspitze, wenn meine Arme beide ausgestreckt sind. Das Fadenende sollte mindestens 12-15 cm lang sein, sodass Sie es gut festhalten und um Ihre Finger wickeln können, um eine gute Spannung auf Ihren Arbeitsfaden zu bekommen. Wenn Ihr Faden beginnt auszufransen, vernähen Sie ihn und beginnen Sie mit einem neuen. Ihr fertiges Schmuckstück wird nur so gut sein, wie es der verwendete Faden ist. Nachdem Sie viel Geld für hochwertige Perlen ausgegeben haben, ist es nicht sinnvoll, am Faden zu sparen.

Vernähen

In meinen Perlenarbeiten mache ich keine Knoten, da dies auch nicht nötig ist. Nebenbei können Sie darauf wetten, dass, wann immer ich einen Knoten mache, dieser in eine Perle rutscht, durch die ich im Verlauf noch mehrfach hindurchfädeln muss.

Ich kann verstehen, dass viele Fädlerinnen am Anfang einer Runde des kreisförmigen Peyote-Stichs einen Knoten machen. Aber wenn der Knoten zu stramm ist, werden Sie die Perlen der nächsten Runde nicht hinzufügen können. Oder, wenn der Knoten zu lose ist, wird die Perlenarbeit sehr locker. Sie können einen Knoten später nicht mehr korrigieren. Wenn er einmal da ist, kann er nur mit der Schere entfernt werden und Sie müssen neu beginnen. Knoten können Ihren Faden verletzen. Von diesen Argumenten gegen das Knoten abgesehen, kann ich nur wie bereits zuvor sagen: „Machen Sie das, womit Sie am besten arbeiten können!"

Um den Faden zu vernähen, fädeln Sie durch Ihre Perlenarbeit und wechseln dabei mehrfach die Fädelrichtung. Ziehen Sie dabei an den zuletzt hinzugefügten Perlen, um zu prüfen, ob diese fest sitzen oder ob Sie weiter vernähen müssen. Schneiden Sie den Faden erst ab, wenn die Perlen wirklich sicher sitzen (Grafik 20).

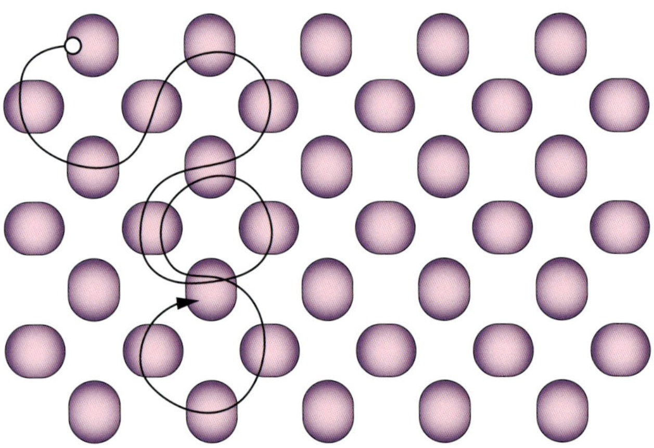

Grafik 20

Einen neuen Faden fügen Sie genauso hinzu. Fädeln Sie so lange durch die Perlenarbeit, bis der neue Faden sicher befestigt ist und fädeln Sie dann zu der Stelle vor, an der Sie weiterarbeiten möchten.

Und das war jetzt genug Gerede übers Perlen – lassen Sie uns mit dem Fädeln beginnen.

Happy beading!

I: Wandelbares Peyote

Peyote ist erheblich vielseitiger, als sich manche Fädlerinnen bewusst sind. Während es in einer Richtung steif ist, ist es in der anderen flexibel und daher eignet es sich hervorragend für dreidimensionale Stücke.

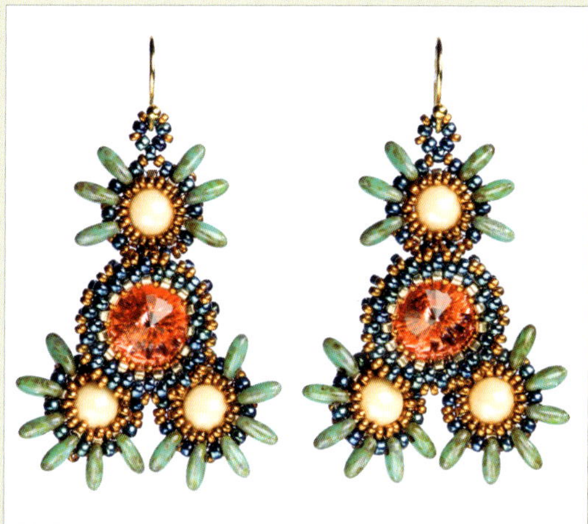

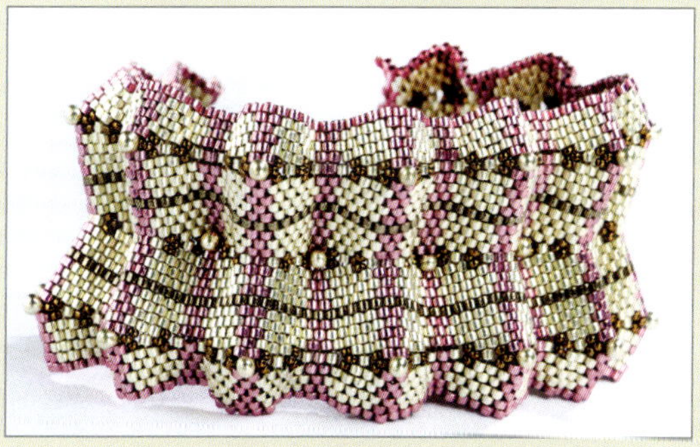

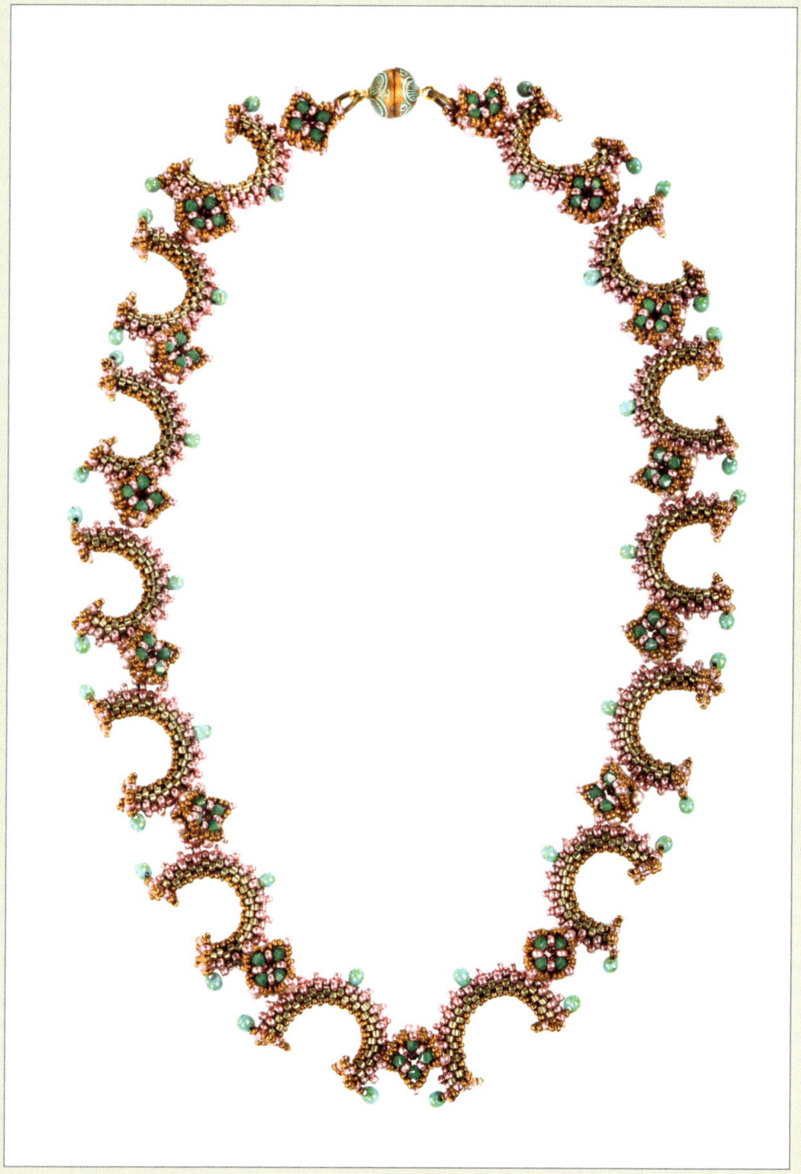

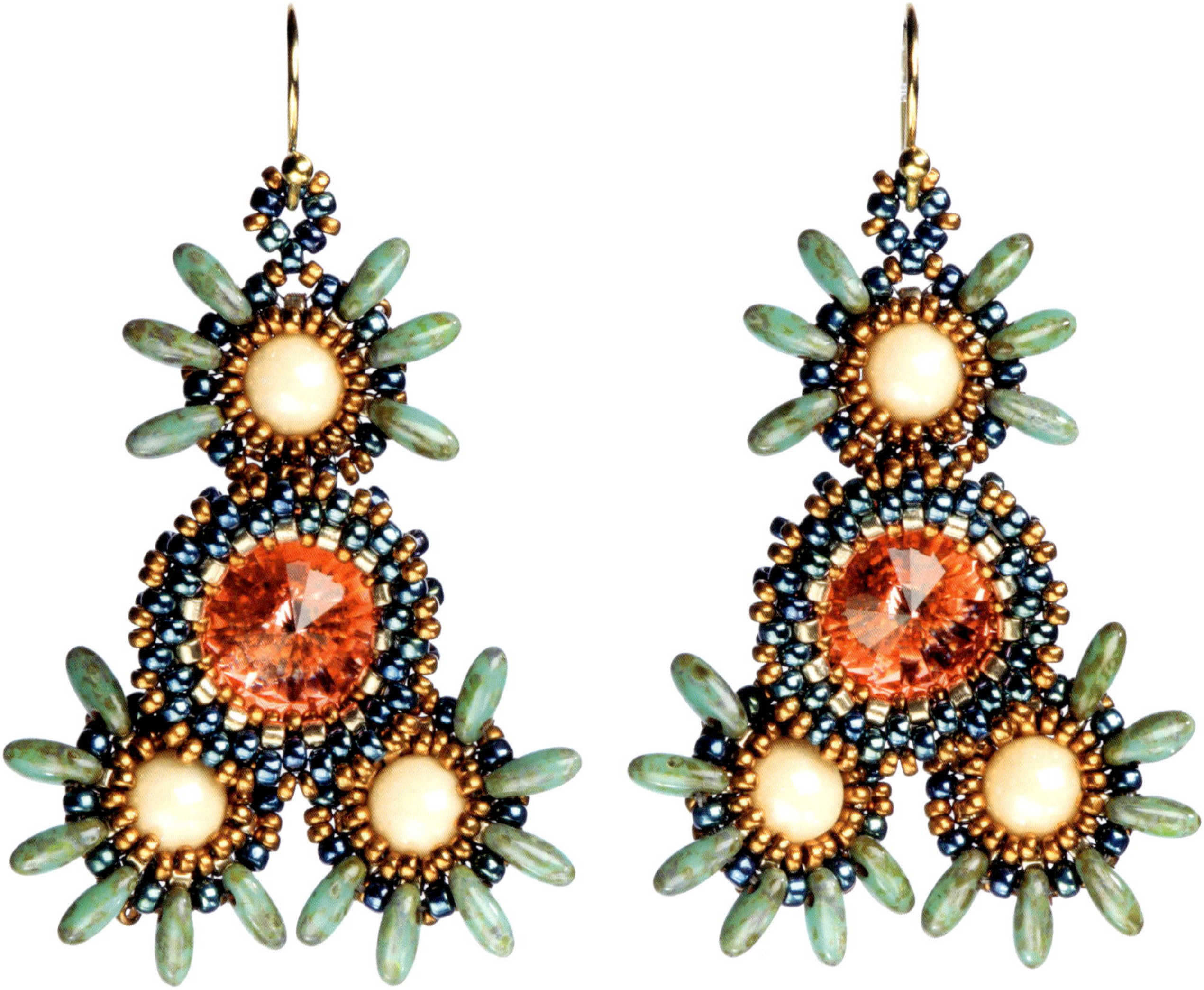

OHRHÄNGER "SO EARRESISTIBLE"

Eingefasste Perlen oder Kristallperlen können mit anderen eingefassten Elementen verbunden werden. Und bei diesem Pärchen sind die Saatperlen der „Klebstoff", der alles zusammenhält.

Schauen Sie sich für die ersten drei Schritte die Grafik 1 an und beachten Sie dabei, dass die Grafik nur einen Teil der Einfassung zeigt. Vielleicht möchten Sie auch einen Blick auf die Basisinformationen für den kreisförmigen Peyote-Stich auf Seite 14 werfen. Die Perlen der Anfangsrunde sind rot umrandet.

1 Zuerst fertigen Sie die Einfassung für den Rivoli an. Nehmen Sie 30x Zylinderperlen auf und formen Sie einen Ring, indem Sie nochmals durch die zuerst aufgenommene Perle fädeln. Fädeln Sie noch durch mindestens die Hälfte der Perlen vor, um den Faden zu sichern. Arbeiten Sie im Peyote-Stich und fügen Sie eine dritte Runde aus Zylinderperlen hinzu. Arbeiten Sie am Ende der Runde den Aufschritt und kommen Sie somit aus der in dieser Runde zuerst hinzugefügten Perle heraus. Fügen Sie zwei weitere Runden aus 15/0 Saatperlen hinzu und denken Sie am Ende jeder Runde an den Aufschritt.

2 Fädeln Sie zu den Perlen der ersten Runde vor und beginnen Sie die zweite Hälfte der Einfassung. Legen Sie dazu den Rivoli mit dem Gesicht nach oben in die Einfassung und fügen Sie zwei weitere Runden aus 15/0 Perlen hinzu.

3 Arbeiten Sie, um den Rahmen um die Vorderseite des Rivoli zu erhalten, weiter im Peyote-Stich und fügen Sie eine Runde aus Zylinderperlen, zwei Runden aus 11/0 Saatperlen und eine Runde aus je 2x 15/0 Perlen hinzu. Fädeln Sie dann bis zur ersten Runde vor und kommen Sie mit der Nadel aus einer Zylinderperle am „Äquator" der Einfassung heraus. Dies ist die mittlere Runde, die aus Zylinderperlen besteht.

4 Nehmen Sie 1x 11/0 Saatperle auf und fädeln Sie durch die folgende Zylinderperle der Runde. Wiederholen Sie dies 14 weitere Male um den Kreis herum (Grafik 2). Vernähen Sie den Faden und schneiden Sie ihn ab.

5 Nehmen Sie, um die Einfassung für die erste Rundperle zu arbeiten, 1x 15/0 Perle und 1x 11/0 Zylinderperle auf. Wiederholen Sie dies neun weitere Male: Das ergibt insgesamt 20 Perlen. Formen Sie einen Kreis, indem Sie durch die zuerst aufgenommene Perle fädeln, und fädeln Sie dann nochmals durch den gesamten Kreis, um den Faden zu sichern. Kommen Sie am Ende mit der Nadel aus einer Zylinderperle heraus. Nehmen Sie 1x Rundperle auf und halten Sie diese in der Mitte des Rings.

Kommen Sie mit der Nadel oberhalb der Perlen des Kreises heraus und fädeln Sie von unterhalb der Perlen durch die Rundperle zurück. Der Arbeitsfaden sollte sich um den Faden des Perlenkreises gelegt haben und zwischen zwei Perlen rutschen. Fädeln Sie dann auf der anderen Seite durch die Zylinderperle, aus der der Faden kommt (Grafik 3).

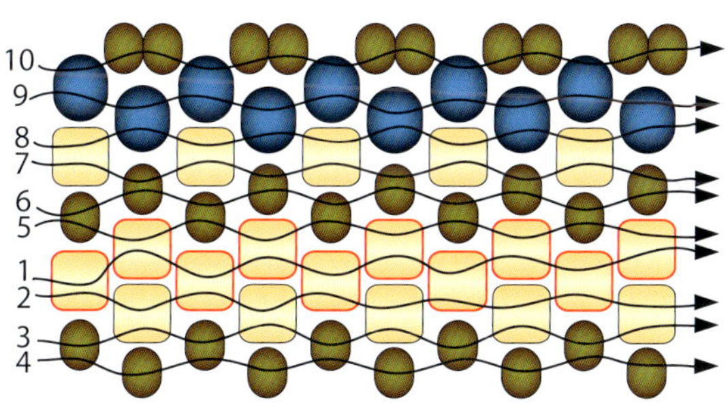

Grafik 1

MATERIAL

- 2 Rivoli, 12 mm, Rose Peach
- 6 Rundperlen, 6 mm, Cream White
- 3 g Rizo, Jade Dark Travertine
- 2 g Zylinderperlen, 11/0, Light Gold
- 3 g Saatperlen, 15/0, Light Bronze
- 2 g Saatperlen, 11/0, Metallic Blue
- 1 Paar Ohrhaken, goldfarben
- FireLine, 6 oder 8 lb
- Nadel, Stärke 12
- Schere

GRÖSSE

7 x 3,5 cm

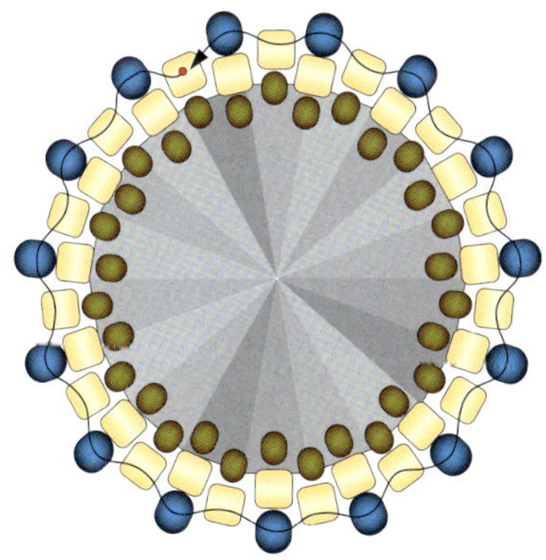

Grafik 2

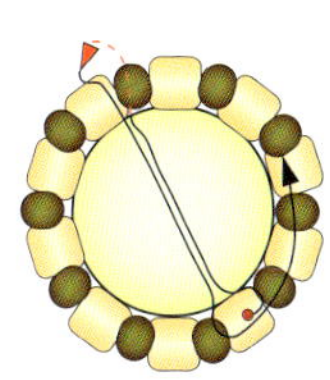

Grafik 3

6 Fügen Sie, mit der Nadel aus einer Zylinderperle kommend, eine Runde aus 15/0 Perlen im Peyote-Stich hinzu. Arbeiten Sie den Aufschritt und fügen Sie eine weitere Runde aus 15/0 Perlen hinzu. Fädeln Sie zur Basisrunde zurück und fügen Sie auf der Rückseite der Einfassung eine weitere Runde aus 15/0 Perlen hinzu. Fädeln Sie so vor, dass Sie mit der Nadel aus einer Zylinderperle am „Äquator" der Einfassung herauskommen (Grafik 4).

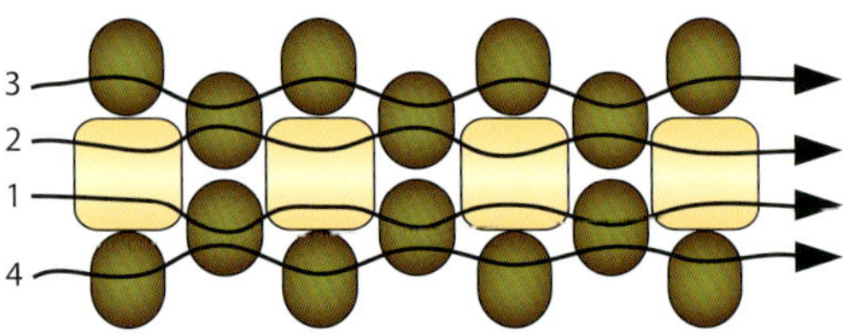

Grafik 4

Wiederholen Sie die Schritte 5 und 6 zwei weitere Male, um zwei weitere Rundperlen einzufassen.

7 Verbinden Sie die Einfassung einer Rundperle mit der Einfassung des Rivoli an zwei Punkten. Kommen Sie mit der Nadel aus einer Zylinderperle der Einfassung einer Rundperle heraus und fädeln Sie durch eine 11/0 Perle der äußeren

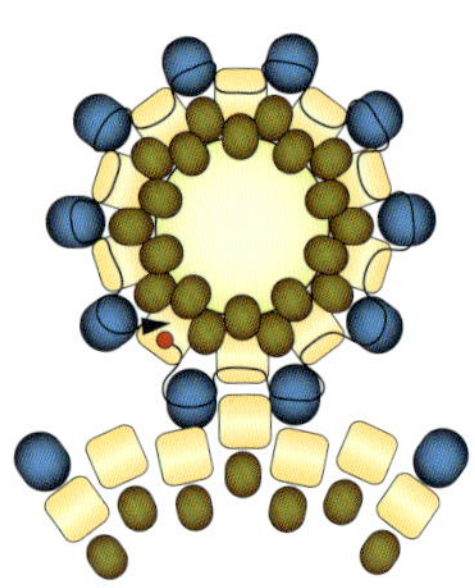

Grafik 5

Runde der Einfassung des Rivoli und dann weiter durch die folgende Zylinderperle der Einfassung der Rundperle. Fädeln Sie durch die nächste 11/0 Perle der Einfassung des Rivoli und weiter durch die nächste Zylinderperle der Einfassung der Rundperle.

Fügen Sie 7x je 1x 11/0 Perle in die folgenden Lücken der Einfassung der Rundperle hinzu.

8 Arbeiten Sie auf der Rückseite weiter, folgen Sie dem schwarzen Fadenlauf in Grafik 6 und kommen Sie mit der Nadel aus der ersten 11/0 Verbindungsperle heraus; an der Stelle, an der die Einfassung der Rundperle mit der Einfassung des Rivoli verbunden ist. Nehmen Sie 2x 15/0 Perlen auf und fädeln Sie durch die zweite 11/0 Verbindungsperle. Nehmen Sie 2x 15/0 Perlen auf und fädeln Sie durch die folgende 11/0 Saatperle. Fügen Sie dreimal je 1x Rizo zwischen den 11/0 Perlen und dann 1x 15/0, 1x 11/0 und 1x 15/0 Perle in den nächsten Lücken hinzu. Fügen Sie nochmals je 1x Rizo in den nächsten drei Lücken hinzu und dann 2x 15/0 Perlen in der letzten Lücke. Fädeln Sie ein zweites Mal durch die Perlen dieser Runde.

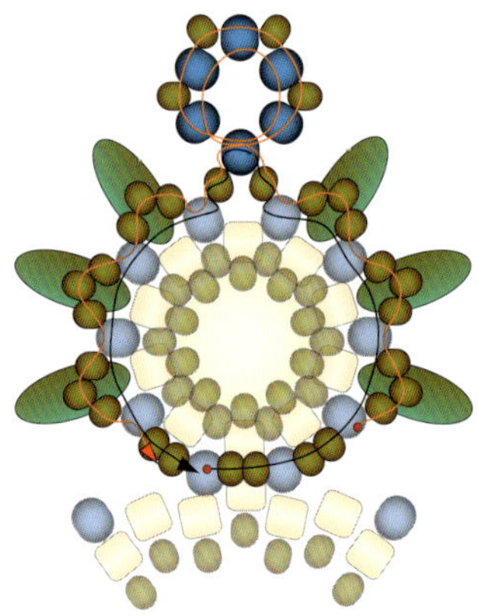

Grafik 6

9 Fädeln Sie so vor, dass Sie mit der Nadel vor der ersten Rizo herauskommen. Schauen Sie auf den roten Fadenlauf der Grafik 6, nehmen Sie 3x 15/0 Perlen auf, überspringen Sie die Rizo und fädeln Sie durch die folgende 11/0 Perle. Schieben Sie die drei Perlen zu einem Picot zurecht. Drücken Sie auch die Rizo in die richtige Position und ziehen Sie den Faden fest. Wiederholen Sie dies zwei weitere Male und kommen Sie dann mit der Nadel aus der im letzten Schritt hinzugefügten 11/0 Perle heraus (gegenüber der Stelle, an

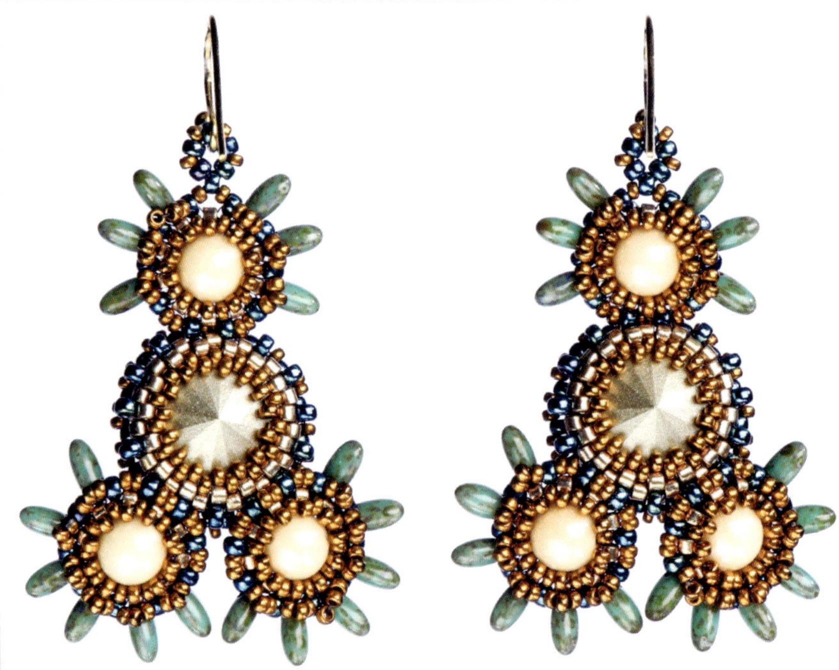

Ansicht von der Rückseite

der sich die Einfassung des Rivoli befindet). Fügen Sie hier eine Perlenöse hinzu, indem Sie 5x 11/0 Perlen aufnehmen und durch die Perle fädeln, aus der der Faden kommt. Fädeln Sie dann ein zweites Mal durch die Perlen der Öse. Fügen Sie zuletzt je 1x 15/0 Perle in vier Lücken der Öse hinzu und fädeln Sie dann wieder 3x 15/0 Perlen hinter jede Rizo, wie bei der ersten Hälfte des Elements.

10 Schauen Sie auf Grafik 7 und benennen Sie die beiden 11/0 Perlen, an denen die erste Einfassung der Rundperle mit der Einfassung des Rivoli verbunden ist, als Position 1 und 2. Gehen Sie nun im Uhrzeigersinn zu den Perlen der Positionen 7 und 8 und fügen Sie hier die Einfassung einer zweiten Rundperle an, wie in Schritt 7 erklärt.

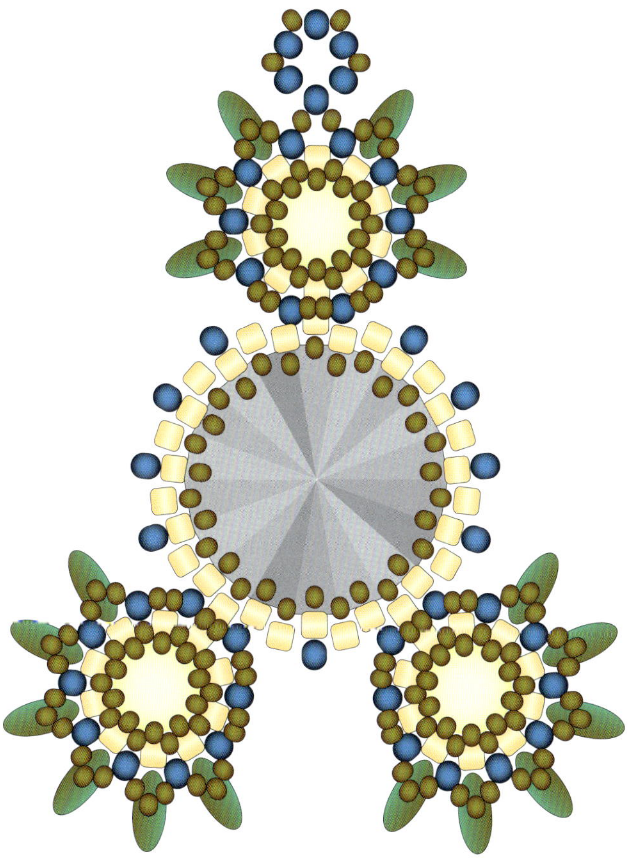

Grafik 7

Fügen Sie die dritte Einfassung einer Rundperle genauso an Position 10 und 11 an. Am Ende haben Sie je vier 11/0 Saatperlen ohne Verbindungen an der rechten und an der linken Seite der Einfassung des Rivoli, sowie eine unverbundene 11/0 Saatperle an der unteren Seite.

11 Die Verzierungen der beiden unteren Rundperleneinfassungen entsprechen denen der oberen, jedoch sind die Rizos etwas anders platziert. Grafik 7 zeigt den Ohrhänger von der Rückseite. Füllen Sie die Lücke zwischen den Verbindungsperlen des rechten unteren Elements mit 2x 15/0 Perlen und ebenso die nächsten beiden Lücken (entgegen dem Uhrzeigersinn gesehen). Fügen Sie den folgenden sechs Lücken je 1x Rizo hinzu und fädeln Sie 2x 15/0 Perlen in die letzte Lücke. Fädeln Sie ein zweites Mal durch die Perlen der Runde und fügen Sie dann hinter jeder Rizo je 3x 15/0 Perlen hinzu. Wiederholen Sie dies entsprechend für das linke untere Element.

12 Wiederholen Sie die Schritte und fertigen Sie einen zweiten Ohrhänger an.

Fertigstellung

Verbinden Sie die Ohrhaken mithilfe der Biegeringe mit den Perlenösen, oder hängen Sie (wenn möglich) die Ohrhaken direkt in die Perlenösen.

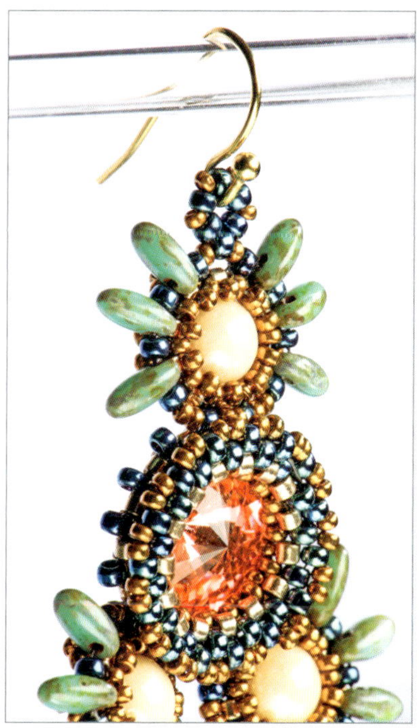

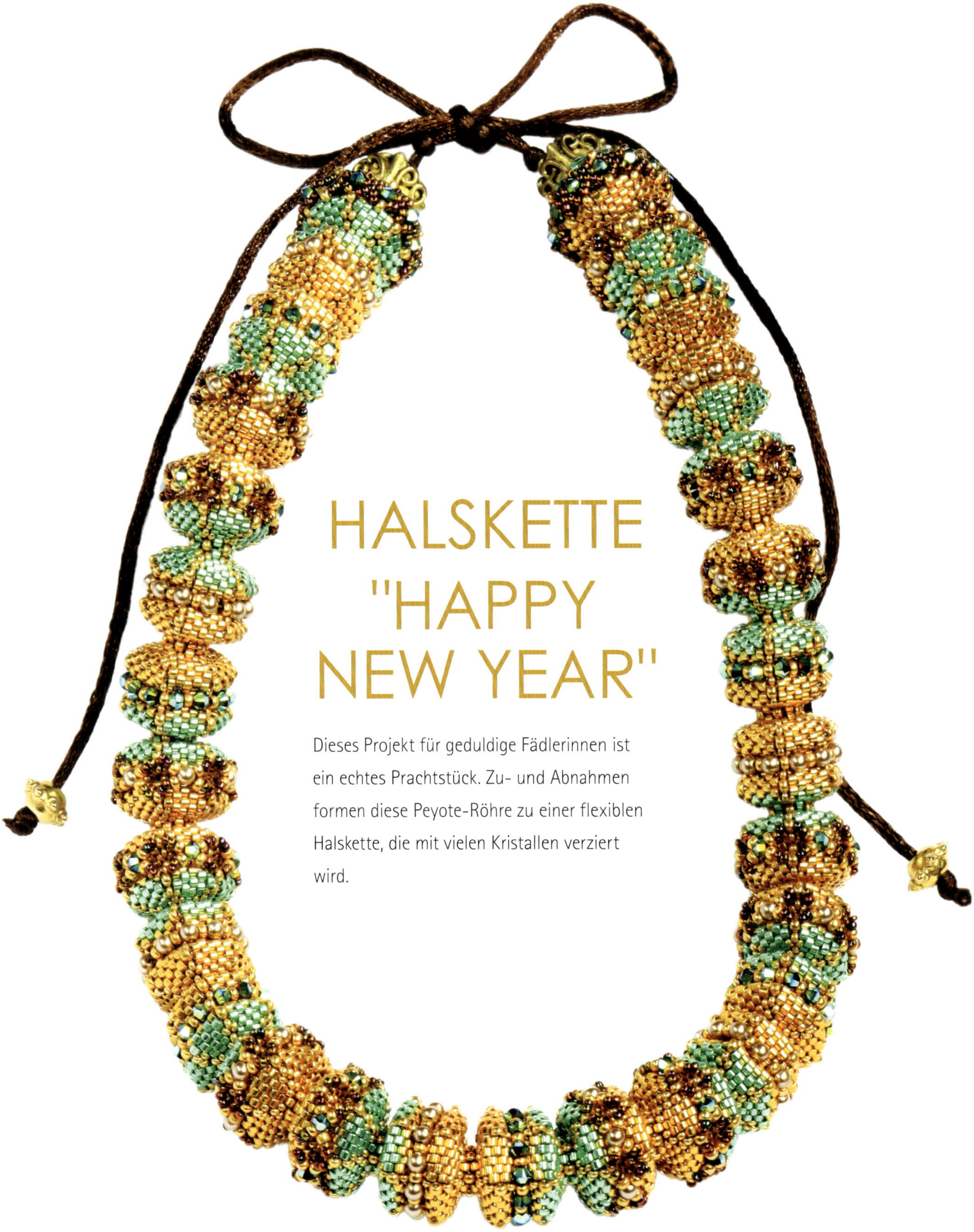

HALSKETTE "HAPPY NEW YEAR"

Dieses Projekt für geduldige Fädlerinnen ist ein echtes Prachtstück. Zu- und Abnahmen formen diese Peyote-Röhre zu einer flexiblen Halskette, die mit vielen Kristallen verziert wird.

Um das Gewicht der Halskette besser zu verteilen und somit ihre Haltbarkeit zu erhöhen, habe ich die gesamte Perlenarbeit auf eine Seidenkordel aufgezogen. Am einfachsten ist es, die komplette Kette um die Seidenkordel herum zu arbeiten. Sollte die Kordel aus irgendeinem Grund ersetzt werden müssen, nähen Sie die neue Kordel an die alte, bevor Sie sie herausziehen!

Die Elemente am Anfang und am Ende der Kette sind größer als die anderen. Zwischen diesen Endelementen befindet sich ein Rapport aus je vier verschieden verzierten Elementen; dieser Rapport wiederholt sich sieben Male. Die Reihenfolge der Farben der Basis und der Verzierungen stehen nicht im Zusammenhang, sie sind frei.

Basis

Sie beginnen mit der Basis, bevor Sie die gesamte Halskette mit den Verzierungen versehen.

Alle 15/0 Perlen der Basis haben die Farbe Gold.

Langsame Zunahme

In Grafik 1 und allen folgenden Grafiken markieren die roten Punkte die ersten Perlen der Runden. Wenn nicht anders vermerkt, zeigen die Grafiken die Runden von der Innen- zur Außenseite hin.

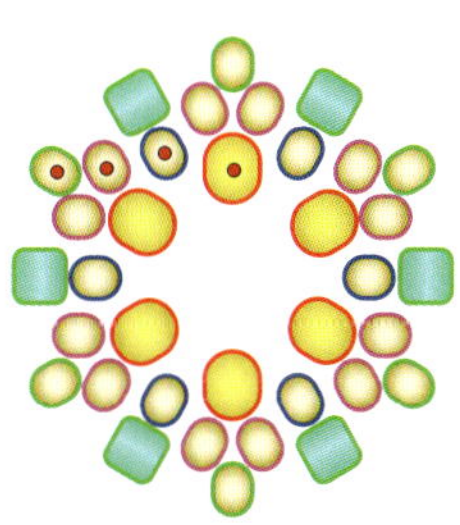

Grafik 1

Runde 1: Nehmen Sie 6x 11/0 Saatperlen auf (Grafik 1, rot umrandet), formen Sie einen Kreis und fädeln Sie noch zwei weitere Male durch die Perlen dieser Runde, um den Faden zu sichern.

Runde 2: Fügen Sie je 1x 15/0 Perle (Grafik 1, blau umrandet) in jeder Lücke der Runde 1 hinzu. Arbeiten Sie den Aufschritt durch die in dieser Runde zuerst hinzugefügte 15/0 Perle.

Runde 3: Nehmen Sie 2x 15/0 Perlen (Grafik 1, pinkfarben umrandet) auf und fädeln Sie durch die nächste 15/0 Perle der zweiten Runde. Wiederholen Sie dies fünf weitere Male. Arbeiten Sie am Ende den Aufschritt und kommen Sie mit der Nadel aus der in dieser Runde zuerst hinzugefügten 15/0 Perle heraus.

Runde 4: Fügen Sie 1x 15/0 Perle (Grafik 1, grün umrandet) hinzu und fädeln Sie durch die nächste 15/0 Perle der Runde 3. Nehmen Sie 1x 11/0 Zylinderperle Green auf und fädeln Sie durch die erste 15/0 Perle des folgenden Paares aus Runde 3. Wiederholen Sie dies fünf weitere Male. Kommen Sie am Ende mit der Nadel aus der als erstes in dieser Runde hinzugefügten 15/0 Perle heraus.

Runde 5: Fügen Sie in jeder Lücke zwischen Zylinder- und 15/0 Perle der Runde 4 je 1x 11/0 Zylinderperle Green hinzu (Grafik 2, rot umrandet, durch die Zunahme der Vorrunde sind nun 12 Perlen in dieser Runde). Kommen Sie am Ende mit der Nadel aus der zuerst in dieser Runde hinzugefügten Zylinderperle heraus.

MATERIAL

- 144 Doppelkegel, 3 mm, Jet 2xAB
- 126 Rundperlen, 3 mm, Beige
- 13 g Saatperlen, 11/0, Gold
- 15 g Saatperlen, 15/0, Gold
- 4 g Saatperlen, 15/0, Golden Iris
- 33 g Zylinderperlen, 11/0, Gold
- 11 g Zylinderperlen, 11/0, Metallic Mint Green
- 2 Zierperlen, 12 mm
- 2 Zierperlen, 5 mm
- 1 m Seidenkordel, Dark Brown
- FireLine, 6 lb
- Nadel, Stärke 12
- Schere

GRÖSSE

44,5 cm, ohne die Seidenkordel

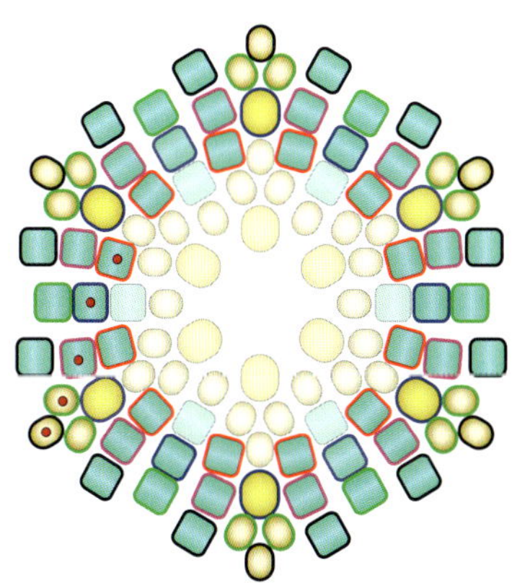

Grafik 2

Runde 6: Fügen Sie in die erste Lücke der Vorrunde 1x 11/0 Zylinderperle Green (Grafik 2, blau umrandet) und 1x 11/0 Saatperle in der nächsten Lücke hinzu. Wiederholen Sie dies fünf weitere Male und kommen Sie am Ende aus der zuerst hinzugefügten Zylinderperle heraus.

Runde 7: Nehmen Sie 1x 11/0 Zylinderperle Green auf (Grafik 2, pinkfarben umrandet) und fädeln Sie durch die folgende 11/0 Saatperle. Nehmen Sie 1x 11/0 Zylinderperle Green auf und fädeln Sie durch die folgende Zylinderperle. Wiederholen Sie dies fünf weitere Male und kommen Sie am Ende aus der zuerst hinzugefügten Zylinderperle heraus.

Runde 8: Fäden Sie 2x 15/0 Perlen in die erste Lücke (Grafik 2, grün umrandet) und 1x 11/0 Zylinderperle Green in die nächste. Wiederholen Sie dies fünf weitere Male und kommen Sie am Ende mit der Nadel aus der zuerst in dieser Runde hinzugefügten 15/0 Saatperle heraus.

Runde 9: Nehmen Sie 1x 15/0 Perle auf (Grafik 2, schwarz umrandet) und fädeln Sie durch die folgende 15/0 Perle der Vorrunde. Fügen Sie in den folgenden zwei Lücken je 1x 11/0 Zylinderperle Green hinzu. Wiederholen Sie dies fünf weitere Male und kommen Sie am Ende aus der zuerst hinzugefügten Zylinderperle heraus.

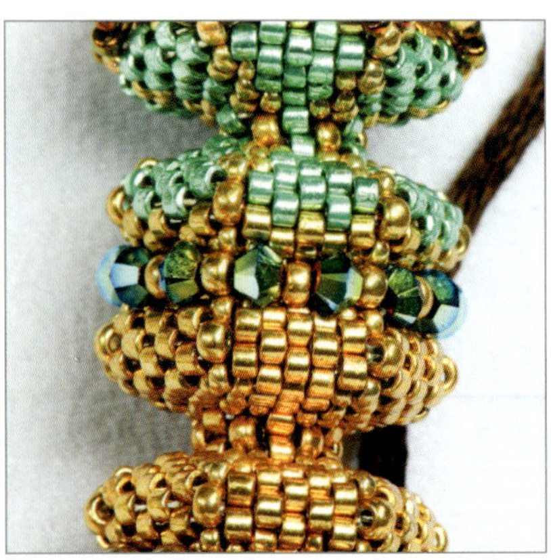

Runde 10: Fügen Sie in jeder Lücke je 1x 11/0 Zylinderperle Green hinzu (Grafik 3, rot umrandet); insgesamt 18 Zylinderperlen. Kommen Sie am Ende mit der Nadel aus der zuerst hinzugefügten Zylinderperle heraus.

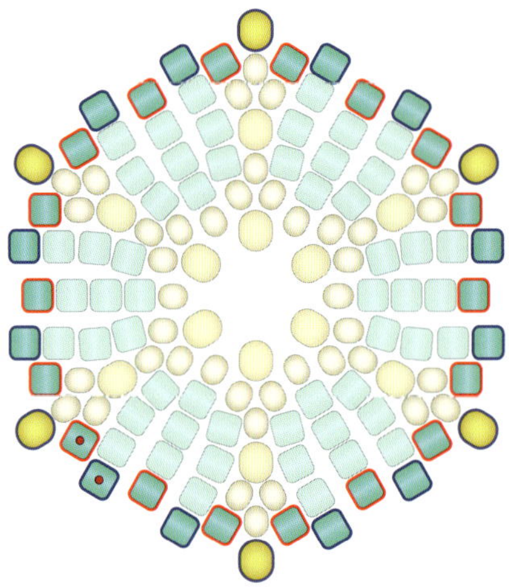

Grafik 3

Runde 11: Fügen Sie in die folgenden drei Lücken 1x 11/0 Zylinderperle Green, 1x 11/0 Zylinderperle Green und 1x 11/0 Saatperle hinzu (Grafik 3, blau umrandet). Wiederholen Sie dies fünf weitere Male und kommen Sie am Ende aus der zuerst hinzugefügten Zylinderperle heraus.

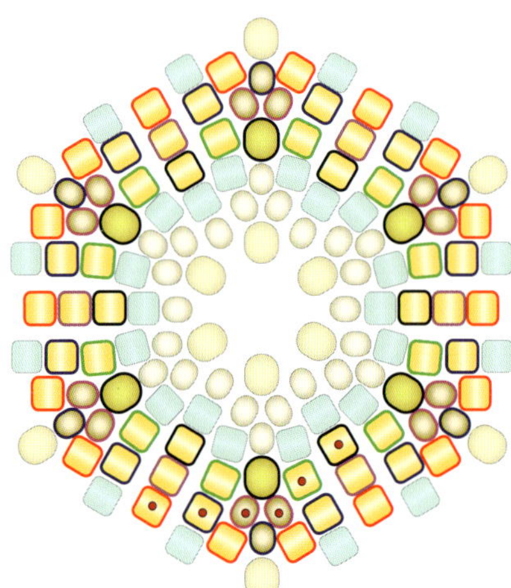

Grafik 4

Die Grafik zeigt die Runden von außen nach innen.

Kurze Abnahme

Runde 12: Fügen Sie in jeder Lücke je 1x 11/0 Zylinderperle Gold hinzu (Grafik 4, rot umrandet) und kommen Sie am Ende aus der zuerst hinzugefügten Zylinderperle heraus.

Runde 13: Arbeiten Sie die erste Abnahme mit den goldfarbenen Zylinderperlen. Fügen Sie in der ersten Lücke 1x 11/0 Zylinderperle, in der zweiten Lücke 1x 15/0 Saatperle und 1x 11/0 Zylinderperle in der dritten Lücke hinzu (Grafik 4, blau umrandet). Wiederholen Sie dies fünf weitere Male und kommen Sie am Ende aus der zuerst hinzugefügten Zylinderperle heraus.

Runde 14: Fügen Sie in den ersten beiden Lücken vor und nach der in der letzten Runde hinzugefügten 15/0 Perle je 1x 15/0 Perle hinzu (Grafik 4, pinkfarben umrandet). Fügen Sie dann 1x 11/0 Zylinderperle in die nächste Lücke. Wiederholen Sie dies fünf weitere Male und kommen Sie am Ende aus der als zweites hinzugefügten 15/0 Saatperle heraus.

Runde 15: Fügen Sie den ersten beiden Lücken je 1x 11/0 Zylinderperle hinzu (Grafik 4, grün umrandet) und fädeln Sie dann durch die beiden in der Vorrunde hinzugefügten 15/0 Perlen hindurch. Wiederholen Sie dies fünf weitere Male und kommen Sie am Ende aus der zuerst hinzugefügten Zylinderperle heraus.

Runde 16: Folgen Sie den in der Grafik 4 schwarz umrandeten Perlen und fügen Sie der ersten Lücke 1x 11/0 Zylinderperle und der zweiten Lücke 1x 11/0 Saatperle (über dem Paar aus 15/0 Perlen) hinzu. Kommen Sie am Ende aus der zuerst hinzugefügten Zylinderperle heraus.

Kurze Zunahme

Runde 17: Fügen Sie in jeder Lücke 1x 11/0 Zylinderperle Gold hinzu (Grafik 5, rot umrandet) und kommen Sie am Ende mit der Nadel aus der in dieser Runde zuerst hinzugefügten Zylinderperle heraus.

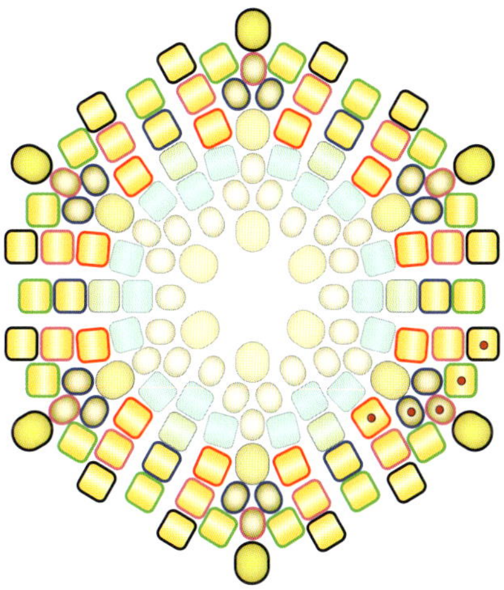

Grafik 5
Die Grafik zeigt die Runden von innen nach außen.

Runde 18: Fädeln Sie 2x 15/0 Perlen in die erste Lücke (über der 11/0 Saatperle) und 1x 11/0 Zylinderperle Gold in die nächste Lücke (Grafik 5, blau umrandet). Wiederholen Sie dies fünf weitere Male und kommen Sie am Ende aus der zuerst hinzugefügten 15/0 Perle heraus.

Runde 19: Fügen Sie zwischen den beiden 15/0 Perlen der Vorrunde 1x 15/0 Perle hinzu und in den folgenden zwei Lücken je 1x 11/0 Zylinderperle Gold (Grafik 5, pink umrandet). Wiederholen Sie dies fünf weitere Male und kommen Sie am Ende aus der zuerst hinzugefügten 15/0 Perle heraus.

Runde 20: Fädeln Sie in jede Lücke je 1x 11/0 Zylinderperle Gold, das ergibt insgesamt 18 Perlen (Grafik 5, grün umrandet), und kommen Sie am Ende mit der Nadel aus der zuerst hinzugefügten Zylinderperle heraus.

Runde 21: Fädeln Sie 1x 11/0 Zylinderperle Gold, 1x 11/0 Zylinderperle Gold und 1x 11/0 Perle in die Lücken (Grafik 5, schwarz umrandet). Wiederholen Sie dies fünf weitere Male und kommen Sie am Ende aus der zuerst hinzugefügten Zylinderperle heraus.

Lange Abnahme

Runde 22: Fügen Sie in jeder Lücke je 1x 11/0 Zylinderperle Gold hinzu (Grafik 6, rot umrandet) und kommen Sie am Ende aus der zuerst hinzugefügten Zylinderperle heraus.

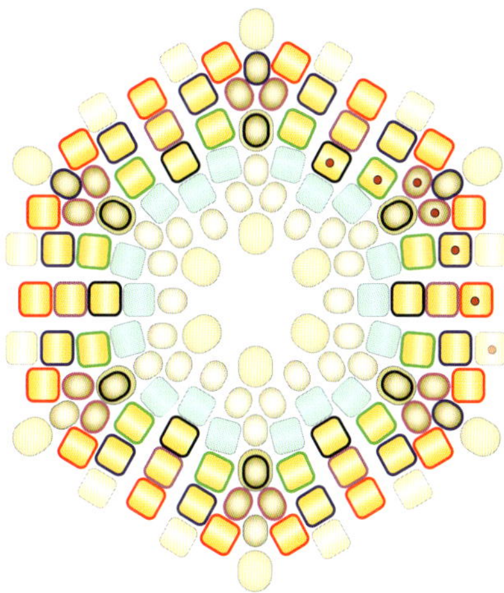

Grafik 6
Die Grafik zeigt die Runden von außen nach innen.

Runde 23: Fügen Sie der ersten Lücke 1x 11/0 Zylinderperle Gold hinzu, in der zweiten Lücke 1x 15/0 Saatperle und 1x 11/0 Zylinderperle Gold in der dritten Lücke (Grafik 6, blau umrandet). Wiederholen Sie dies fünf weitere Male und kommen Sie am Ende aus der zuerst hinzugefügten Zylinderperle heraus.

Runde 24: Fädeln Sie je 1x 15/0 Perle in die ersten beiden Lücken und 1x 11/0 Zylinderperle Gold in die nächste (Grafik 6, pink umrandet). Wiederholen Sie dies fünf weitere Male und kommen Sie am Ende aus der als zweites hinzugefügten 15/0 Perle heraus.

Runde 25: Fügen Sie je 1x 11/0 Zylinderperle Gold in die ersten beiden Lücken und fädeln Sie dann durch die folgenden beiden 15/0 Perlen, die in der Vorrunde hinzugefügt wurden, hindurch (Grafik 6, grün umrandet). Wiederholen Sie dies fünf weitere Male und kommen Sie am Ende aus der zuerst hinzugefügten Zylinderperle heraus.

Runde 26: Fädeln Sie 1x 11/0 Zylinderperle Gold in die erste Lücke und 1x 15/0 Perle in die zweite Lücke (Grafik 6, schwarz umrandet). Wiederholen Sie dies fünf weitere Male und kommen Sie am Ende aus der zuerst hinzugefügten Zylinderperle heraus.

Runde 27: Fügen Sie jeder Lücke dieser Runde 1x 15/0 Perle hinzu (Grafik 7, rot umrandet) und kommen Sie am Ende mit der Nadel aus der als zweites hinzugefügten 15/0 Perle heraus.

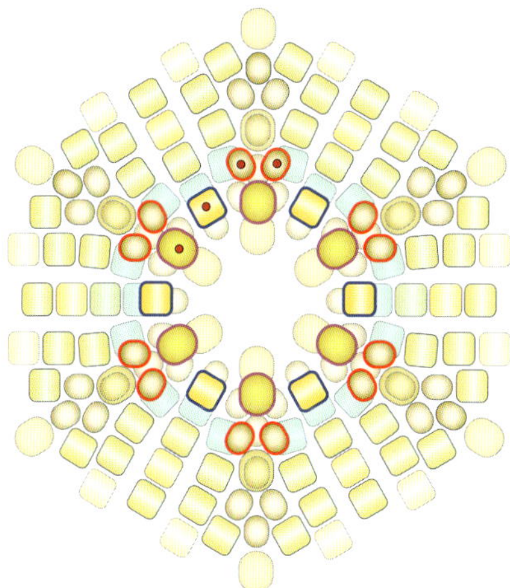

Grafik 7
Die Grafik zeigt die Runden von außen nach innen.

Runde 28: Fädeln Sie 1x 11/0 Zylinderperle Gold in die erste Lücke (Grafik 7, blau umrandet) und fädeln Sie dann durch die folgenden zwei 15/0 Perlen. Wiederholen Sie dies fünf weitere Male und kommen Sie am Ende aus der zuerst hinzugefügten Zylinderperle heraus.

Runde 29: Fädeln Sie je 1x 11/0 Perle in jede Lücke (Grafik 7, pink umrandet) und kommen Sie am Ende mit der Nadel aus der in dieser Runde zuerst hinzugefügten 11/0 Perle heraus.

Lange Zunahme

Runde 30: Fügen Sie jeder Lücke je 1x 11/0 Zylinderperle Gold hinzu (Grafik 8, rot umrandet) und kommen Sie am Ende mit der Nadel aus der in dieser Runde zuerst hinzugefügten Zylinderperle heraus.

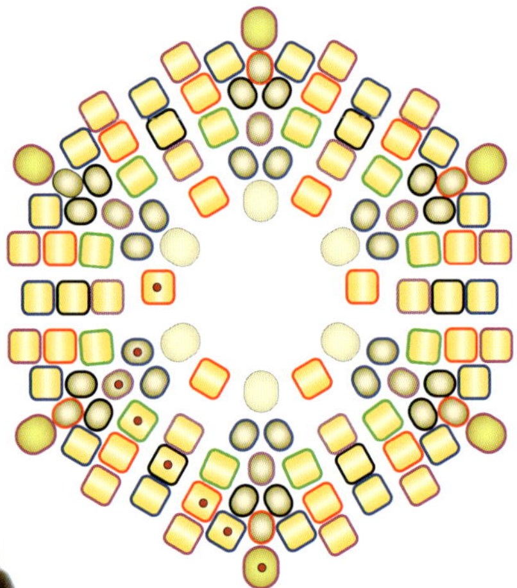

Grafik 8

Die Grafik zeigt die Runden von innen nach außen.

Runde 31: Fädeln Sie je 2x 15/0 Perlen in jede Lücke (Grafik 8, blau umrandet, innen) und kommen Sie am Ende mit der Nadel aus der als erstes in dieser Runde hinzugefügten 15/0 Perle heraus.

Runde 32: Fügen Sie 1x 15/0 Perle zwischen das erste 15/0 Perlenpaar der Vorrunde und dann 1x 11/0 Zylinderperle Gold in die nächste Lücke (Grafik 8, pinkfarben umrandet, innen). Wiederholen Sie dies fünf weitere Male und kommen Sie am Ende aus der zuerst hinzugefügten 15/0 Perle heraus.

Runde 33: Fügen Sie in jeder der 12 folgenden Lücken je 1x 11/0 Zylinderperle Gold hinzu (Grafik 8, grün umrandet) und kommen Sie am Ende aus der zuerst hinzugefügten Zylinderperle heraus.

Runde 34: Fädeln Sie 1x 11/0 Zylinderperle Gold in die erste Lücke und 2x 15/0 Perlen in die zweite (Grafik 8, schwarz umrandet). Wiederholen Sie dies fünf weitere Male und kommen Sie am Ende aus der zuerst hinzugefügten Zylinderperle heraus.

Runde 35: Fädeln Sie 1x 11/0 Zylinderperle Gold in die erste Lücke und 1x 15/0 Perle zwischen das 15/0 Perlenpaar der Vorrunde und 1x 11/0 Zylinderperle Gold in die nächste Lücke (Grafik 8, rot umrandet, außen). Wiederholen Sie dies fünf weitere Male und kommen Sie am Ende aus der zuerst hinzugefügten Zylinderperle heraus.

Runde 36: Fügen Sie jeder der folgenden 18 Lücken 1x 11/0 Zylinderperle Gold hinzu (Grafik 8, blau umrandet).

Runde 37: Fügen Sie über der 15/0 Perle der Vorrunde 1x 11/0 Perle hinzu und je 1x 11/0 Zylinderperle Gold in die folgenden zwei Lücken (Grafik 8, pink umrandet, außen). Wiederholen Sie dies fünf weitere Male und kommen Sie am Ende aus der zuerst hinzugefügten 11/0 Perle heraus.

Fahren Sie, wenn Sie diese Runden gearbeitet haben, mit folgenden Schritten fort:

1 Arbeiten Sie eine kurze Abnahme und eine kurze Zunahme (dazu wiederholen Sie die Runden 12 bis 21), verwenden Sie dieses Mal jedoch goldene Zylinderperlen in den Runden 12 bis 20 und Zylinderperlen Green in der Runde 21.

2 Arbeiten Sie eine lange Abnahme und eine lange Zunahme (Runden 22 bis 37) und verwenden Sie Zylinderperlen Green.

3 Wiederholen Sie den gesamten Prozess dreizehn Male (die Runden 12 bis 37 und die Schritte 1 und 2). Arbeiten Sie dann eine kurze Abnahme und eine kurze Zunahme (Runden 12 bis 21) mit den goldfarbenen Zylinderperlen. Fädeln Sie zum Schluss eine langsame Abnahme (Runden 1 bis 11).

4 Wiederholen Sie die Runden 22 bis 25 (lange Zunahme), verwenden Sie jedoch Zylinderperlen Green anstelle der goldfarbenen. Wiederholen Sie dann die Runde 26, fügen Sie jedoch 11/0 anstelle der 15/0 Perlen hinzu.

Arbeiten Sie an dieser Stelle eine weitere Runde aus goldfarbenen Zylinderperlen.

Wiederholen Sie die Runden 26 bis 29.

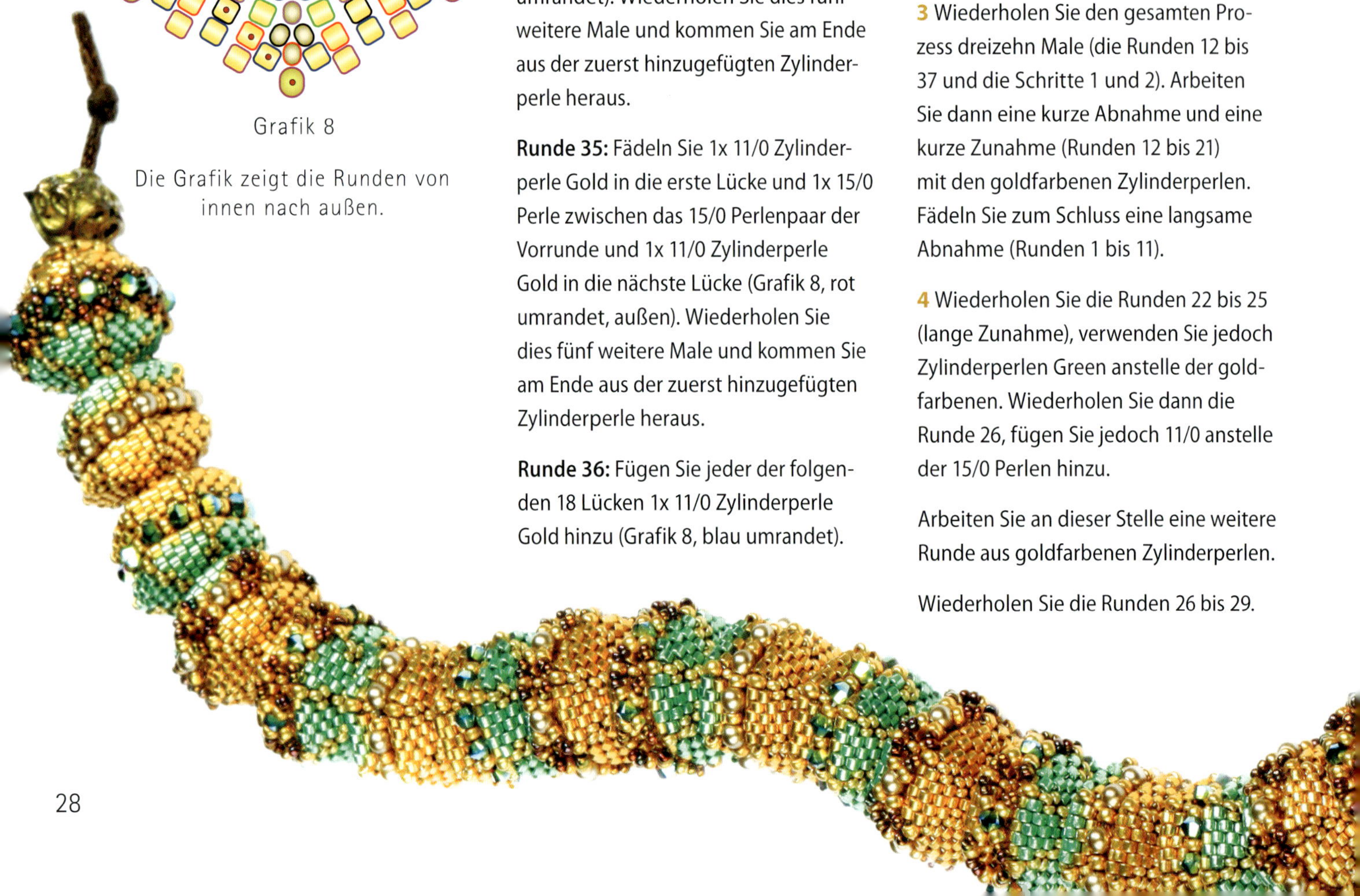

Fünf Verzierungen

Alle 15/0 Perlen der Verzierungen haben die Farbe Golden Iris. Diese Verzierungen verdecken den Abschnitt der Perlenarbeit vom Anfang der kurzen Abnahme bis zum Ende der kurzen Zunahme. Die Verzierungen A, B und E werden an die in den Runden 11 und 21, bzw. 37 und 47 hinzugefügten 11/0 Perlen angebracht, an den Spitzen der Hexagonformen.

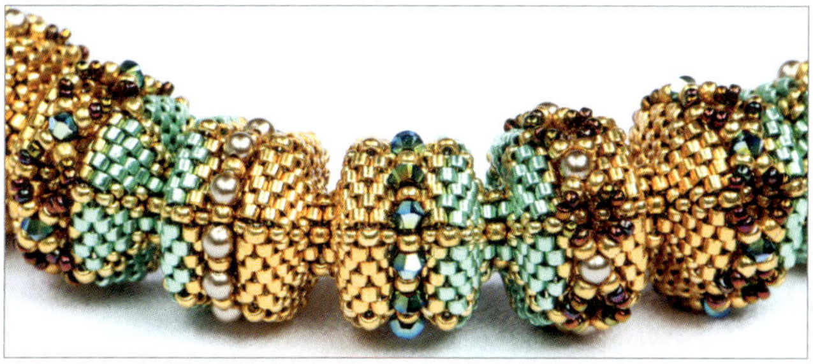

Verzierung A

5 Für diese Verzierung werden zunächst Perlen an zwei Runden der Basis hinzugefügt. Ursprünglich fügten wir sechs 11/0 Perlen in den Runden 11 und 21 hinzu; nun wird diese Anzahl der 11/0 Perlen in beiden Runden auf je zwölf aufgestockt, indem eine Perle in allen Ecken in die Lücken zwischen den vorhandenen 11/0 Zylinderperlen gefädelt wird („Stitch in the ditch") (Grafik 9).

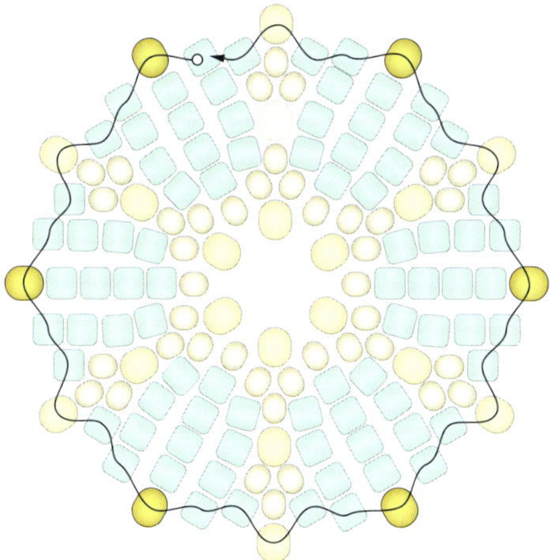

Grafik 9

6 Schauen Sie sich Grafik 10 an. Kommen Sie mit der Nadel aus einer 11/0 Perle der Runde 11 heraus und nehmen Sie 5x 15/0 Perlen Golden Iris auf und fädeln Sie durch die nächste, soeben hinzugefügte 11/0 Perle. Nehmen Sie weitere 5x 15/0 Perlen Golden Iris auf und fädeln Sie durch die nächste 11/0 Perle der Runde 11. Wiederholen Sie dies fünf weitere Male und kommen Sie am Ende aus der als drittes hinzugefügten 15/0 Perle der 5er-Gruppe heraus.

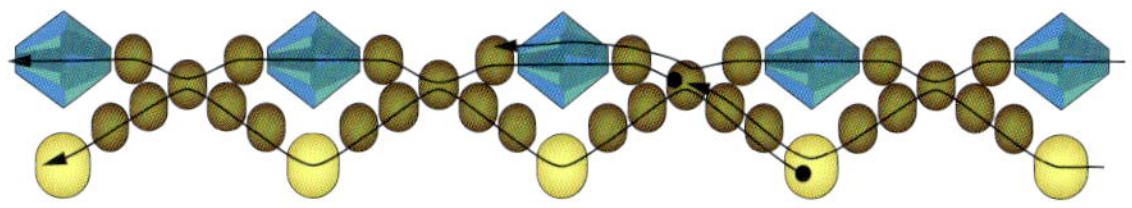

Grafik 10

7 Schauen Sie wieder auf Grafik 10. Nehmen Sie 1x 15/0 Perle, 1x Doppelkegel und 1x 15/0 Perle auf und fädeln Sie durch die dritte 15/0 Perle der nächsten 5er-Gruppe. Wiederholen Sie dies elf weitere Male und kommen Sie am Ende mit der Nadel aus der als zweites in dieser Runde hinzugefügten 15/0 Perle, hinter einem Doppelkegel, heraus.

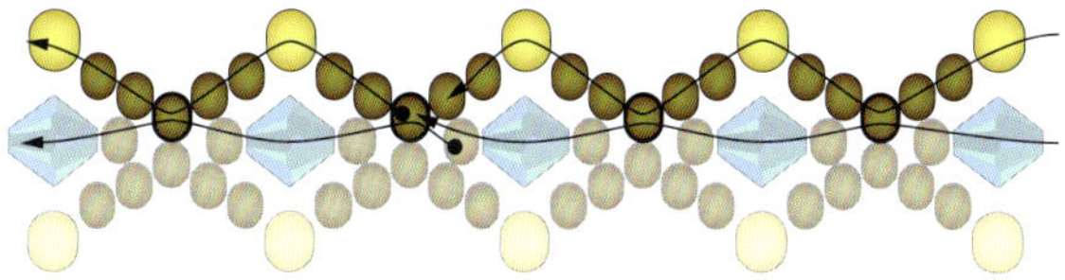

Grafik 11

8 Nehmen Sie 1x 15/0 Perle auf und fädeln Sie durch die nächste 15/0 Perle, den Doppelkegel und die nächste 15/0 Perle der Vorrunde. Wiederholen Sie dies elf weitere Male und kommen Sie am Ende mit der Nadel aus der in dieser Runde zuerst hinzugefügten 15/0 Perle heraus (Grafik 11).

9 Nehmen Sie 2x 15/0 Perlen auf und fädeln Sie durch die 11/0 Perle der Runde 21 der Basis. Nehmen Sie 2x 15/0 Perlen auf und fädeln Sie durch die folgende 15/0 Perle der Vorrunde. Nehmen Sie 2x 15/0 Perlen auf und fädeln Sie durch die nächste 11/0 Perle der Runde 21. Nehmen Sie 2x 15/0 Perlen auf und fädeln Sie durch die folgende 15/0 Perle der Vorrunde. Wiederholen Sie dies fünf weitere Male.

Verzierung B

10 Schauen Sie sich Grafik 12 an. Kommen Sie mit der Nadel aus einer 11/0 Saatperle der Runde 37, nehmen Sie 2x 15/0, 1x 11/0 Perle, 1x Rundperle, 1x 11/0 und 2x 15/0 Perlen auf und fädeln Sie durch die folgende 11/0 Perle der Runde 37. Wiederholen Sie dies fünf weitere Male und kommen Sie am Ende aus der zuerst hinzugefügten Rundperle heraus.

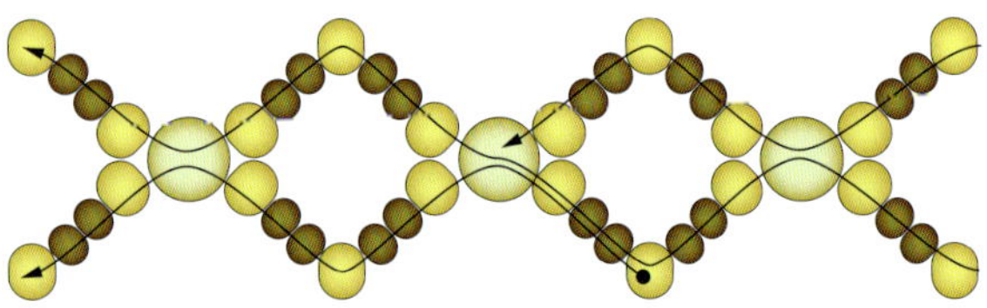

Grafik 12

Schauen Sie wieder auf Grafik 12. Nehmen Sie 1x 11/0 und 2x 15/0 Perlen auf und fädeln Sie durch die entsprechende 11/0 Perle der Runde 47. Nehmen Sie 2x 15/0 und 1x 11/0 Perle auf und fädeln Sie durch die nächste Rundperle. Wiederholen Sie dies fünf weitere Male.

Verzierung C

11 Kommen Sie mit der Nadel aus einer 11/0 Perle der Runde 16 heraus, in der Mitte zwischen der nächsten kurzen Ab- und Zunahme. Nehmen Sie 1x 11/0 Perle und 1x Doppelkegel auf und wiederholen Sie dies elf weitere Male, bis Sie insgesamt 24 Perlen aufgenommen haben. Führen Sie die Perlen um den dünnen Abschnitt zwischen der Ab- und Zunahme herum und fügen Sie sie zu einem Kreis zusammen, indem Sie durch die zuerst aufgenommene Perle fädeln. Fädeln Sie noch zwei oder drei weitere Male durch diesen Kreis aus Perlen, um den Faden zu sichern (Grafik 13).

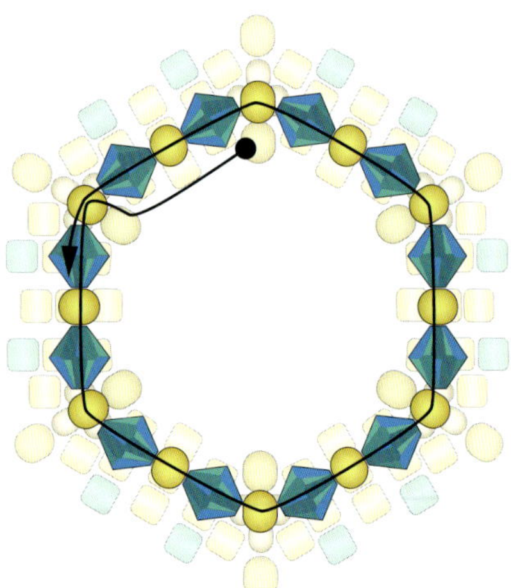

Grafik 13

Verzierung D

12 Arbeiten Sie diese Verzierung wie Verzierung C, verwenden Sie jedoch Rundperlen anstelle der Doppelkegel (Grafik 14).

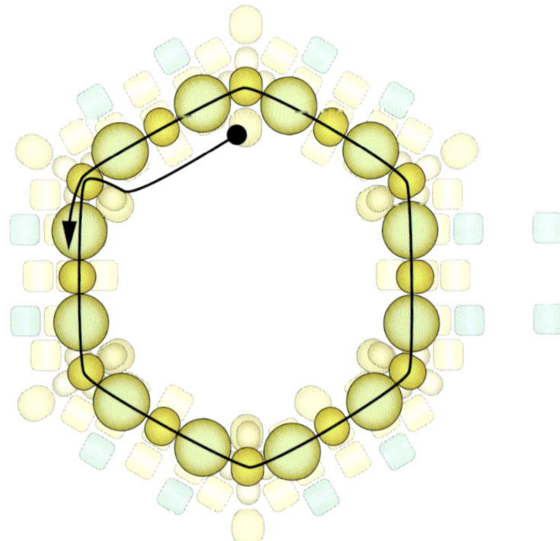

Grafik 14

Verzierung E

13 Diese Verzierung wird wie Verzierung B gearbeitet, jedoch mit Doppelkegeln anstelle der Rundperlen (Grafik 15).

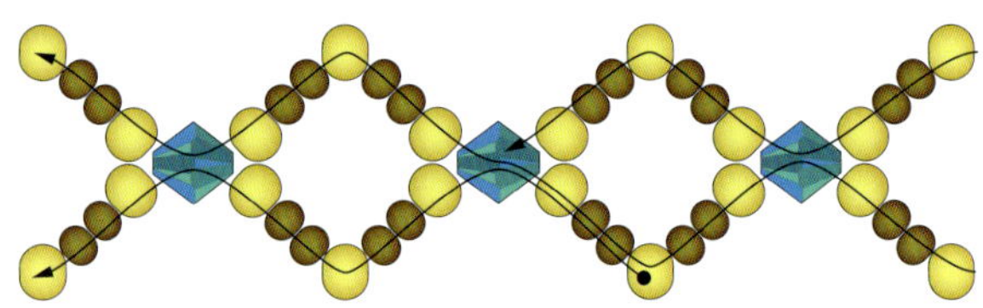

Grafik 15

Fahren Sie damit fort, die Verzierungen B, C, D und E zu arbeiten, bis Sie das andere Ende der Halskette erreicht haben. Beenden Sie dies mit Verzierung A.

Fertigstellung

Sichern Sie die Seidenkordel, indem Sie vor und nach der Perlenarbeit einen Knoten machen. Fädeln Sie auf beide Enden je 1x Zierperle 12 mm und sichern Sie diese, indem Sie weitere Knoten in die Seidenkordel schlagen. Fädeln Sie dann je eine Zierperle 5 mm auf die Enden der Seidenkordel und sichern Sie diese wiederum mit Knoten.

Zum Tragen der Halskette machen Sie eine Schleife in die Seidenkordel.

ARMBAND "CROCODILE"

Die Dreidimensionalität macht es einzigartig! Einfache Zu- und Abnahmen erheben dieses flache Stück in der Peyote-Technik zu einem Armband mit Tiefe und Flair.

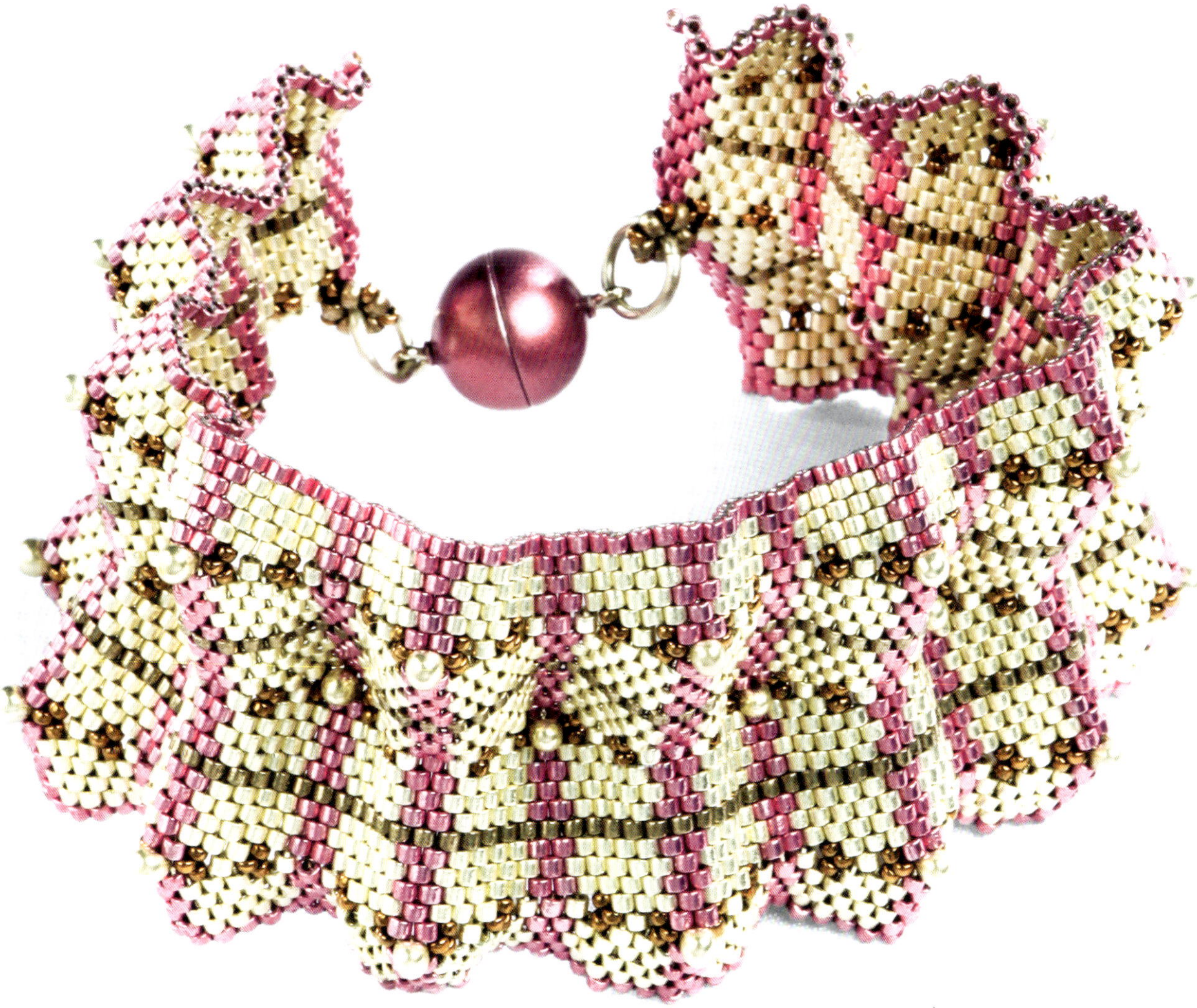

MATERIAL

3 g Tropfen, 2,8 mm, Silver

13 g Zylinderperlen, 11/0, Silver

7 g Zylinderperlen, 11/0, Metallic Rose

2 g Zylinderperlen, 11/0, Smoky Pewter

0,5 g Saatperlen, 11/0, Smoky Pewter

2 g Saatperlen, 15/0, Dark Bronze

2 Biegeringe, 6 mm, 16 Gauge

1 Magnetverschluss

FireLine, 6 oder 8 lb

Nadel, Stärke 12

Schere

Flachzange

GRÖSSE

20 x 4 cm, ohne Verschluss*

* Aufgrund seiner Form sollte dieses Armband ein wenig länger als normalerweise sein.

Überblick: Zu- und Abnahmen

Das Armband wurde im ungeraden Peyote-Stich (siehe Seite 14) gearbeitet, die Form ergibt sich aus einer Kombination von Zu- und Abnahmen. Um eine Zunahme zu arbeiten, fügen Sie in der ersten Reihe 2x 15/0 Perlen hinzu und in der Rückreihe fädeln Sie dann 1x 15/0 Perle zwischen das Paar der Vorreihe. In der folgenden Reihe fügen Sie dann je 1x 11/0 Zylinderperle in jede Lücke (Grafik 1).

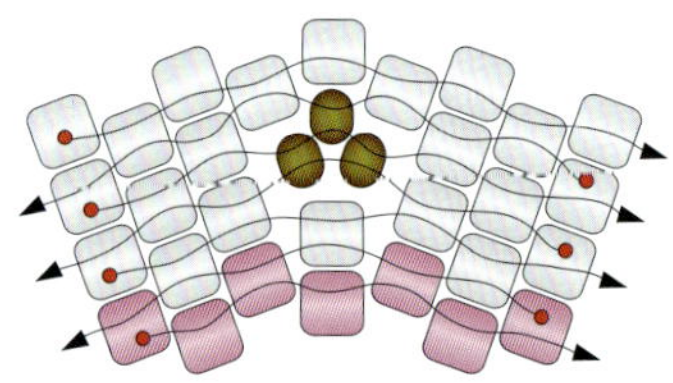

Grafik 1

Um eine Abnahme zu arbeiten, fügen Sie 1x 15/0 Perle in der ersten Reihe hinzu und in der Rückreihe fügen Sie je 1x 15/0 Perle vor und hinter der 15/0 Perle der Vorreihe hinzu. In der dritten Reihe fädeln Sie durch die beiden 15/0 Perlen der Vorreihe hindurch. In der nächsten Reihe fügen Sie über den 15/0 Perlen 1x 11/0 Zylinderperle hinzu (Grafik 2).

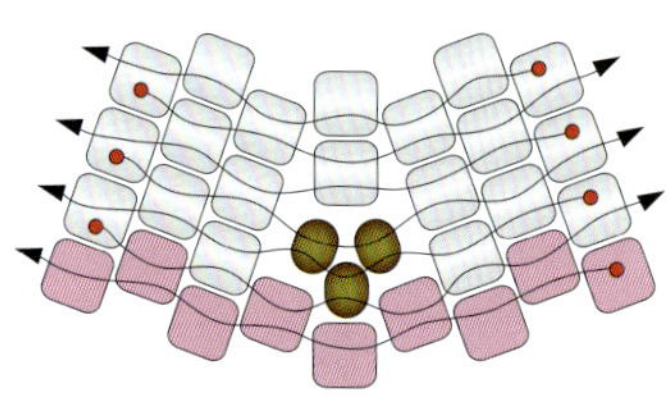

Grafik 2

Die Reihen arbeiten

Schauen Sie für die folgenden Schritte auf Grafik 3 - die Linien in der Grafik zeigen nicht den Fadenlauf, sondern die Reihen.

1 Nehmen Sie 29x 11/0 Zylinderperlen Rose für die Reihen 1 und 2 auf. Arbeiten Sie die Reihe 3 und 4 ebenfalls aus Zylinderperlen Rose.

2 Arbeiten Sie Reihe 5 mit 1x 11/0 Zylinderperle Rose, 3x 11/0 Zylinderperlen Silver, 1x 11/0 Zylinderperle Pewter, 2x 11/0 Zylinderperlen Silver, 1x 15/0 Saatperle Bronze, 2x 11/0 Zylinderperlen Silver, 1x 11/0 Zylinderperle Pewter, 3x 11/0 Zylinderperlen Silver und 1x 11/0 Zylinderperle Rose.

Reihe 6 besteht aus 6x 11/0 Zylinderperlen Silver, 2x 15/0 Saatperlen (vor und nach der 15/0 Perle der Vorreihe) und 6x 11/0 Zylinderperlen Silver.

Fügen Sie für Reihe 7 zunächst 1x 11/0 Zylinderperle Rose, 1x 11/0 Zylinderperle Silver und 2x 15/0 Saatperlen hinzu. Fahren Sie mit 1x 11/0 Zylinderperle Silver, 1x 11/0 Zylinderperle Pewter und 2x 11/0 Zylinderperlen Silver fort. Fädeln Sie dann durch beide 15/0 Saatperlen der Vorreihe. Fügen Sie 2x 11/0 Zylinderperlen Silver, 1x 11/0 Zylinderperle Pewter, 1x 11/0 Zylinderperle Silver, 2x 15/0 Saatperlen, 1x 11/0 Zylinderperle Silver und 1x 11/0 Zylinderperle Rose hinzu.

3 Fügen Sie für die 8. Reihe 2x 11/0 Zylinderperlen Silver hinzu und dann 1x 15/0 Saatperle zwischen den beiden 15/0 Saatperle aus Reihe 7. Fügen Sie 9x 11/0 Zylinderperlen Silver hinzu, sodass die mittlere über dem Paar aus 15/0 Perlen des vorigen Schritts sitzt. Fügen Sie 1x 15/0 Perle hinzu und beenden Sie die Reihe mit zweimal je 1x 11/0 Zylinderperle Silver.

Die 9. Reihe besteht ausschließlich aus Zylinderperlen. Beginnen Sie mit 1x 11/0 Zylinderperle Rose, gefolgt von 4x je 1x 11/0 Zylinderperle Silver und 1x 11/0 Zylinderperle Pewter, dann 4x je 1x 11/0

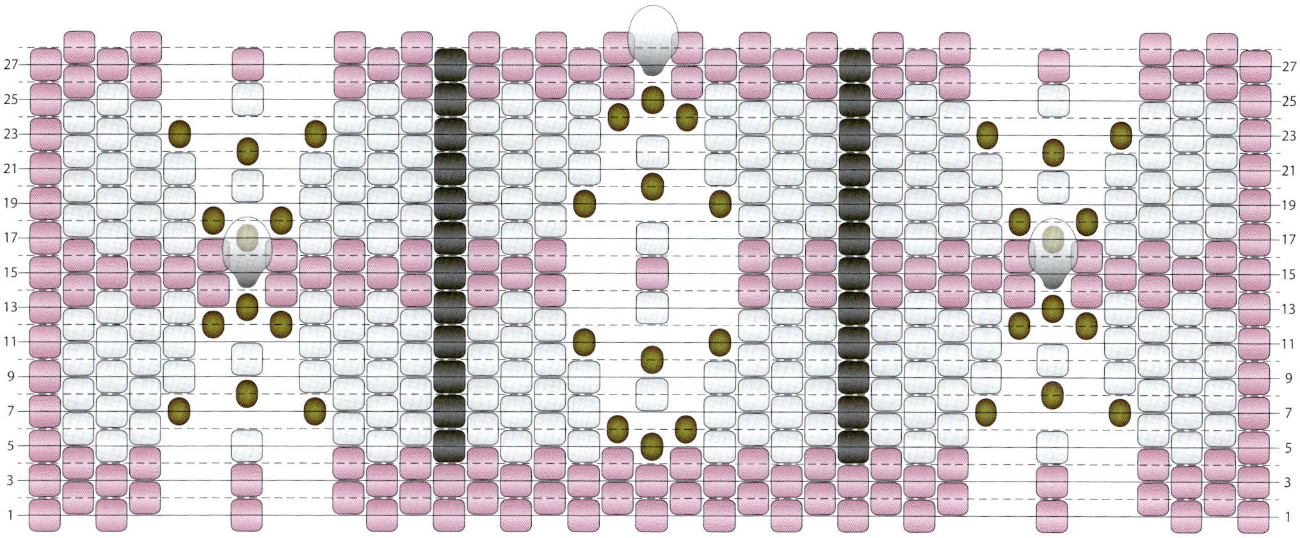

Grafik 3

Zylinderperle Silver und 1x 11/0 Zylinderperle Pewter. Beenden Sie die Reihe mit 4x je 1x 11/0 Zylinderperle Silver und 1x 11/0 Zylinderperle Rose.

Fügen Sie in der 10. Reihe 7x je 1x 11/0 Zylinderperle Silver, 1x 15/0 Perle und 7x je 1x 11/0 Zylinderperle Silver hinzu.

Beginnen Sie die 11. Reihe mit 1x 11/0 Zylinderperle Rose, 4x je 1x Zylinderperle Silver, 1x 11/0 Zylinderperle Pewter und 1x 11/0 Zylinderperle Silver. Fahren Sie mit 2x 15/0 Perlen fort – eine vor und eine hinter der 15/0 Perle der Vorreihe. Vervollständigen Sie die Reihe mit Zylinderperlen wie folgt: 1x Silver, 1x Pewter, 4x Silver und 1x Rose.

4 Fügen Sie für die 12. Reihe 2x je 1x 11/0 Zylinderperle Silver, 2x je 1x 15/0 Perle und 4x je 1x 11/0 Zylinderperle Silver hinzu. Fädeln Sie durch die beiden 15/0 Perlen der Vorreihe und fügen Sie dann 4x je 1x 11/0 Zylinderperlen Silver, 2x je 1x 15/0 Perlen und 2x je 1x 11/0 Zylinderperlen Silver hinzu.

Fädeln Sie zu Beginn der 13. Reihe 1x 11/0 Zylinderperle Rose, 2x je 1x 11/0 Zylinderperle Silver, 1x 15/0 Perle zwischen die beiden 15/0 Perlen der Vorreihe, 2x je 1x 11/0 Zylinderperle Silver, 1x 11/0 Zylinderperle Pewter, 3x je 1x 11/0 Zylinderperle Silver, 1x 11/0 Zylinderperle Pewter, 2x je 1x 11/0 Zylinderperle Silver, 1x 15/0 Perle zwischen die beiden 15/0 Perlen der Vorreihe, 2x je 1x 11/0 Zylinderperle Silver und 1x 11/0 Zylinderperle Rose hinzu.

5 Arbeiten Sie weiter nach Grafik 3 und fügen Sie für die 14. Reihe 16x je 1x 11/0 Zylinderperle Rose hinzu.

Fügen Sie in der 15. Reihe 3x je 1x 11/0 Zylinderperle Rose, 1x Tropfen, 2x je 1x 11/0 Rose, 1x 11/0 Pewter, 3x je 1x 11/0 Rose, 1x 11/0 Pewter, 2x je 1x 11/0 Zylinderperle Rose, 1x Tropfen und 3x je 1x 11/0 Zylinderperle Rose hinzu. Die Tropfen zeigen zur Vorderseite. Diese Reihe ist der „Gipfel" – die Perlen befinden sich von vorn aus betrachtet in einer erhabenen Position; mit den Tropfen auf der Vorderseite.

Arbeiten Sie die 16. Reihe indem Sie 16x je 1x 11/0 Zylinderperle Rose hinzufügen.

6 Beginnen Sie die 17. Reihe mit 1x 11/0 Rose, 2x 11/0 Zylinderperlen Silver, 1x 15/0 Perle (über dem ersten Tropfen aus Reihe 15), 2x je 1x 11/0 Silver, 1x 11/0 Pewter, 3x je 1x 11/0 Silver, 1x 11/0 Pewter, 2x je 1x 11/0 Zylinderperlen Silver, 1x 15/0 Perle (über dem zweiten Tropfen aus Reihe 15), 2x je 1x 11/0 Silver und 1x 11/0 Zylinderperle Rose.

Fügen Sie für 18. Reihe 2x je 1x 11/0 Zylinderperlen Silver, 2x je 1x 15/0 Perle (eine vor und eine nach der 15/0 Perle der Vorreihe), 8x je 1x 11/0 Zylinderperle Silver, 2x je 1x 15/0 Perle (eine vor und eine nach der 15/0 Perle der Vorreihe) und 2x je 1x 11/0 Zylinderperle Silver hinzu.

7 Beginnen Sie die nächste Reihe mit 1x 11/0 Rose und 2x je 1x 11/0 Zylinderperle Silver und fädeln Sie durch beide 15/0 Perlen der Vorreihe. Fahren Sie mit 2x je 1x 11/0 Silver, 1x 11/0 Pewter und 1x 11/0 Zylinderperle Silver fort. Fügen Sie ein Paar aus 2x 15/0 Perlen in die nächste Lücke und dann 1x 11/0 Silver, 1x 11/0 Pewter, 2x je 1x 11/0 Zylinderperle Silver hinzu und fädeln Sie dann durch die beiden 15/0 Perlen der Vorreihe. Fügen Sie 2x je 1x 11/0 Silver und 1x 11/0 Zylinderperle Rose hinzu.

In der 20. Reihe fügen Sie 7x je 1x 11/0 Zylinderperle Silver, dann 1x 15/0 Perle zwischen das Paar aus 15/0 Perlen der Vorreihe hinzu und beenden die Reihe mit 7x je 1x 11/0 Zylinderperle Silver.

Arbeiten Sie die 21. Reihe aus 1x 11/0 Rose, 4x je 1x 11/0 Silver, 1x 11/0 Pewter, 4x je 1x 11/0 Silver, 1x 11/0 Pewter, 4x je 1x 11/0 Silver und 1x 11/0 Zylinderperle Rose.

Für die 22. Reihe fügen Sie 2x je 1x 11/0 Zylinderperlen Silver, 1x 15/0 Perle, 9x je 1x 11/0 Zylinderperlen Silver, 1x 15/0 Perle und 2x je 1x 11/0 Zylinderperlen Silver hinzu.

8 Fügen Sie in der 23. Reihe 1x 11/0 Rose, 1x 11/0 Zylinderperle Silver, 2x 15/0 Perlen (eine vor und eine nach der 15/0 Perle der Vorreihe), 1x 11/0 Silver, 1x 11/0 Pewter, 4x je 1x 11/0 Silver, 1x 11/0 Pewter, 1x 11/0 Zylinderperle Silver, 2x 15/0 Perlen (eine vor und eine nach der 15/0 Perle der Vorreihe), 1x 11/0 Silver und 1x 11/0 Zylinderperle Rose hinzu.

Nehmen Sie für die 24. Reihe 2x je 1x 11/0 Zylinderperle Silver auf und fädeln Sie dann durch die beiden 15/0 Perlen der Vorreihe. Fügen Sie 4x je 1x 11/0 Zylinderperle Silver, 2x 15/0 Perlen, 4x je 1x 11/0 Zylinderperle Silver hinzu und fädeln Sie durch die nächsten beiden 15/0 Perlen der Vorreihe. Vervollständigen Sie die Reihe mit 2x je 1x 11/0 Zylinderperle Silver.

Beginnen Sie die 25. Reihe mit 1x 11/0 Rose, 3x je 1x 11/0 Silver, 1x 11/0 Pewter, 2x je 1x 11/0 Zylinderperle Silver und 1x 15/0 Perle zwischen das Paar aus 15/0 Perlen der Vorreihe. Fahren Sie mit 2x je 1x11/0 Silver, 1x 11/0 Pewter, 3x je 1x 11/0 Silver und 1x 11/0 Zylinderperle Rose fort.

9 Schauen Sie weiter auf Grafik 3 und arbeiten Sie die 26. Reihe, indem Sie 14x je 1x 11/0 Zylinderperle Rose hinzufügen.

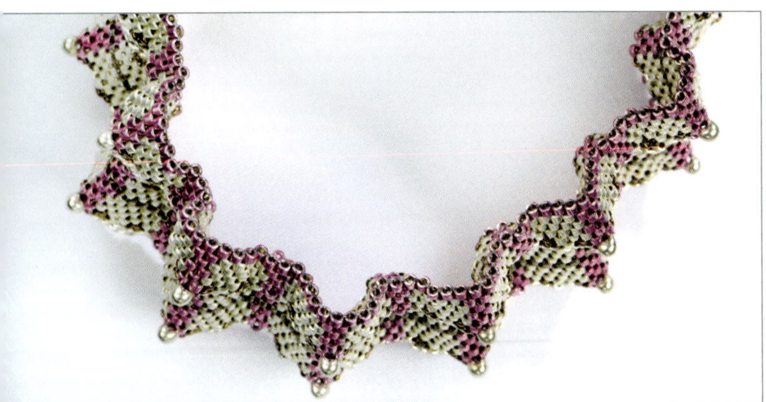

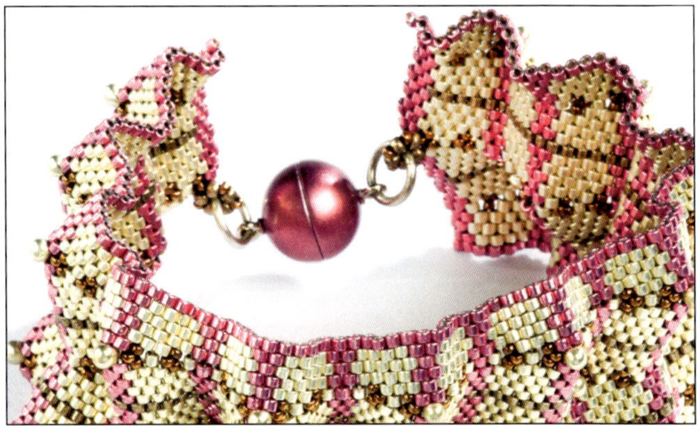

Fügen Sie für die 27. Reihe 4x je 1x 11/0 Rose, 1x 11/0 Pewter, 2x je 1x 11/0 Zylinderperle Rose und eine Tropfenperle hinzu; die Tropfenperle schaut aus der Vorderseite der Perlenarbeit heraus. Fahren Sie mit 2x je 1x 11/0 Rose, 1x 11/0 Pewter und 4x je 1x 11/0 Zylinderperle Rose fort. Diese Reihe ist das "Tal" - die Perlen sollten sich in eine konkave Form legen, wenn das Armband von der Vorderseite betrachtet wird.

Fügen Sie für die 28. Reihe 14x je 1x 11/0 Zylinderperle Rose hinzu.

10 Wiederholen Sie die Reihen 5 bis 28, bis Sie die gewünschte Länge ohne die letzte Wiederholung erreicht haben. Arbeiten Sie, um das Armband zu vollenden, beim letzten Abschnitt nur die Reihen 5 bis 25 und fädeln Sie dann die letzten vier Reihen ausschließlich aus 11/0 Zylinderperlen Rose.

11 Beginnen Sie an der 15/0 Saatperle in der Mitte der fünften Reihe (oder der 25. Reihe am anderen Ende des Armbands) und arbeiten Sie eine Perlenöse. Kommen Sie mit der Nadel aus dieser 15/0 Perle heraus, nehmen Sie 5x 11/0 Saatperlen auf und fädeln Sie nochmals durch die 15/0 Perle, um eine Öse zu formen. Wiederholen Sie den Fadenlauf zur Verstärkung und fügen Sie dann je 1x 15/0 Perlen in jeder der vier Lücken zwischen den 11/0 Saatperlen hinzu.

Wiederholen Sie dies am anderen Ende des Armbands.

Fertigstellung

Hängen Sie den Verschluss mithilfe der Biegeringe in die Perlenösen ein.

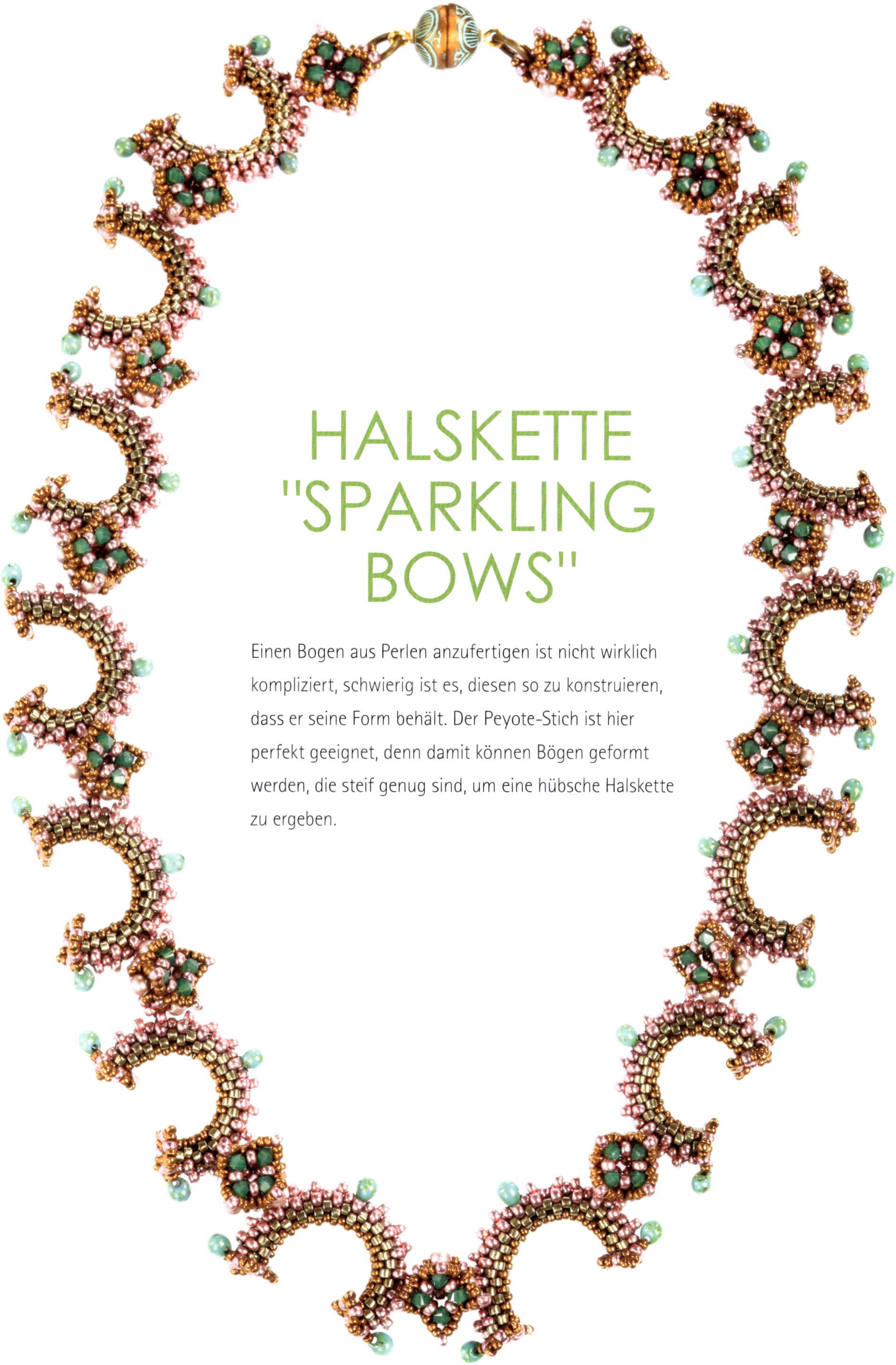

HALSKETTE "SPARKLING BOWS"

Einen Bogen aus Perlen anzufertigen ist nicht wirklich kompliziert, schwierig ist es, diesen so zu konstruieren, dass er seine Form behält. Der Peyote-Stich ist hier perfekt geeignet, denn damit können Bögen geformt werden, die steif genug sind, um eine hübsche Halskette zu ergeben.

MATERIAL

- 60 Doppelkegel, 3 mm, Opal Green
- 60 Rundperlen, 3 mm, Rose
- 3 g Tropfen, 3,4 mm, Turquoise Picasso
- 12 g Saatperlen, 11/0, Metallic Rose
- 8 g Saatperlen, 15/0, Light Bronze
- 5 g Zylinderperlen, 11/0, Pewter
- 2 Biegeringe, 5 mm, 16 Gauge
- 1 Magnetverschluss, 10 mm
- Nadel, Stärke 12
- FireLine, 6 lb
- Schere
- Flachzange

GRÖSSE

47,5 cm, ohne Verschluss

1 Nehmen Sie eine Armspanne Faden und beginnen Sie in der Mitte des Fadens, sodass der Arbeitsfaden und der Fadenrest ungefähr gleich lang sind. Nehmen Sie 27x 15/0 Saatperlen (dies sind die Reihen 1 und 2) auf. Arbeiten Sie die Reihe 3 aus 15/0 Saatperlen im Peyote-Stich und fädeln Sie am Ende die ungerade Wende. Achten Sie darauf, dass die Fadenspannung während dieser ersten drei Reihen nicht zu stark ist.

Arbeiten Sie zwei weitere Reihen aus Zylinderperlen und danach zwei Reihen aus 11/0 Saatperlen (Grafik 1).

2 Arbeiten Sie mit dem Fadenende weiter und beginnen Sie wieder bei der ersten Reihe aus 15/0 Perlen. Fädeln Sie in die andere Richtung und fügen Sie zwei Reihen aus Zylinderperlen und eine Reihe aus 11/0 Saatperlen hinzu (Grafik 2).

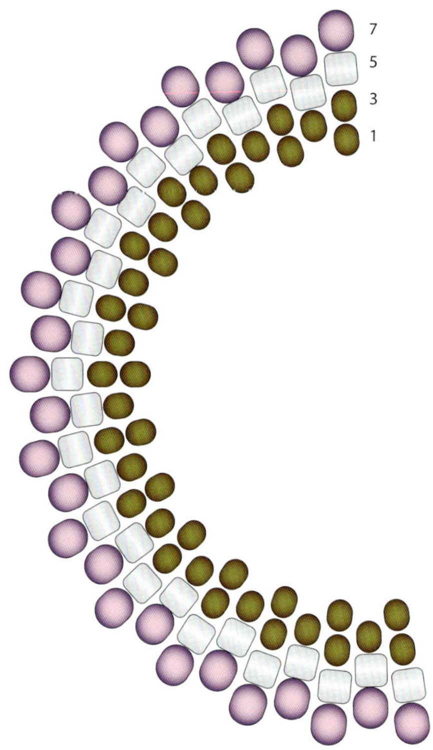

Grafik 1

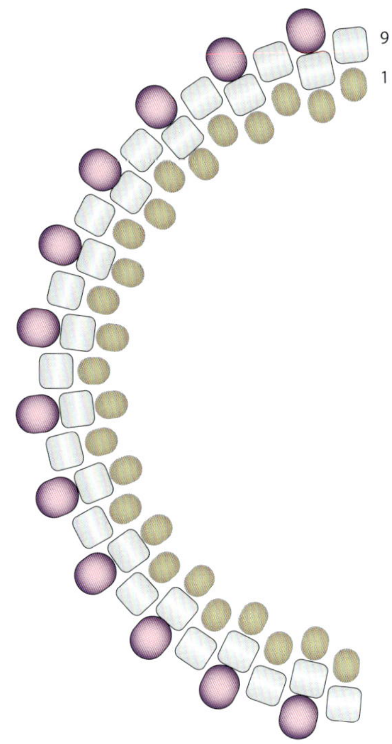

Grafik 2

3 Aufgrund der unterschiedlichen Perlengrößen beginnt sich die Perlenarbeit zu biegen. Zippen Sie die Reihen 10 und 7 zusammen, indem Sie abwechselnd durch die Perlen dieser Reihen fädeln (Grafik 3).

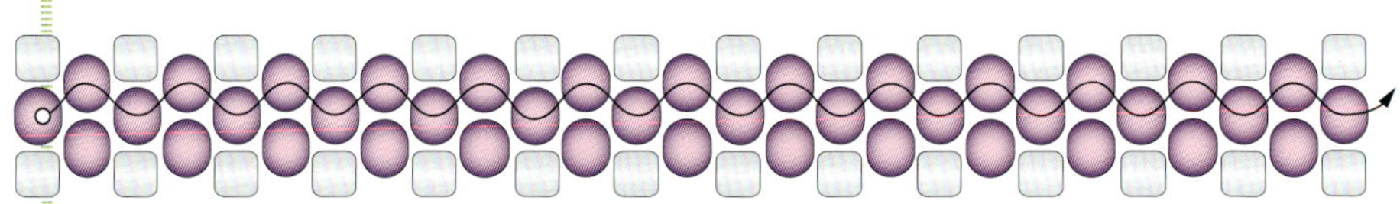

Grafik 3

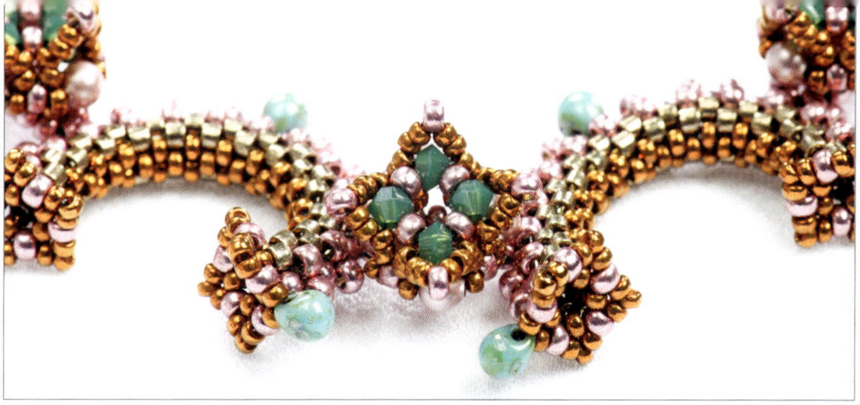

4 Beide Fäden kommen jetzt aus demselben Ende des Bogens heraus. Fädeln Sie das kürzere Ende in Ihre Nadel und fahren Sie fort. Nehmen Sie, mit der Nadel aus einer Perle am Ende kommend, 1x 15/0 Perle auf und fädeln Sie zurück in die Perle, aus der der Faden kommt. Fädeln Sie dann wieder nach außen durch die benachbarte Perle. Wiederholen Sie das an allen fünf Perlen am Außenrand und kommen Sie am Ende mit der Nadel aus einer neu hinzugefügten 15/0 Perle heraus (Grafik 4 und 5, rot umrandet).

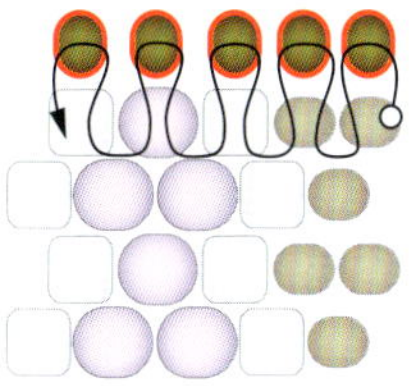

Grafik 4

5 Arbeiten Sie im Kreis weiter, nehmen Sie 1x 11/0 Saatperle auf und fädeln Sie durch die nächste 15/0 Perle. Wiederholen Sie dies vier weitere Male, und kommen Sie am Ende mit der Nadel aus der zuerst hinzugefügten 11/0 Saatperle heraus (Grafik 5, schwarzer Fadenlauf).

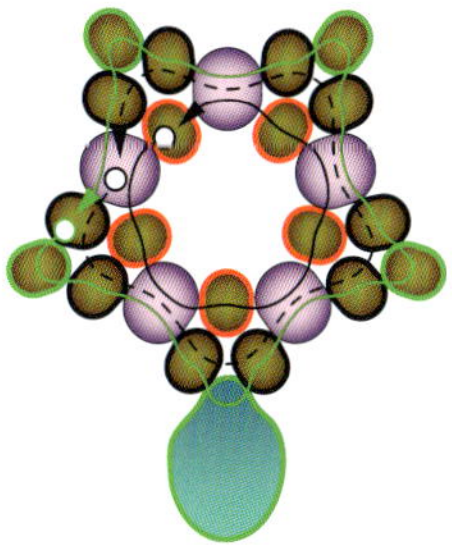

Grafik 5

Nehmen Sie für die nächste Runde 2x 15/0 Saatperlen auf und fädeln Sie durch die folgende 11/0 Perle der Vorrunde. Wiederholen Sie dies vier weitere Male und kommen Sie am Ende mit der Nadel zwischen dem ersten Paar aus 15/0 Perlen heraus (Grafik 5, gestrichelter Fadenlauf).

Fügen Sie in der letzten Runde je 1x 15/0 Perle in die Mitte jedes 15/0 Perlenpaares der Vorrunde hinzu. In der Spitze, die zur Außenseite des Bogens zeigt, fügen Sie anstelle der 15/0 Perle einen Tropfen ein (Grafik 5, grüner Fadenlauf). Fädeln Sie zur Verstärkung ein zweites Mal durch die Perlen der letzten Runde, vernähen Sie den Faden und schneiden Sie ihn ab.

6 Arbeiten Sie mit dem anderen Faden weiter und fädeln Sie so durch die Perlen, dass Sie mit der Nadel aus einer 11/0 Perle herauskommen. Nehmen Sie 1x 11/0 Perle auf und fädeln Sie durch die folgende 11/0 Perle der Reihe 8 der Peyote-Basis. Wiederholen Sie dies fünf weitere Male, verwenden Sie dann an Position 7 anstelle einer 11/0 Perle eine Tropfenperle. Fahren Sie fort und fügen Sie 6x je 1x 11/0 Perle hinzu (Grafik 6).

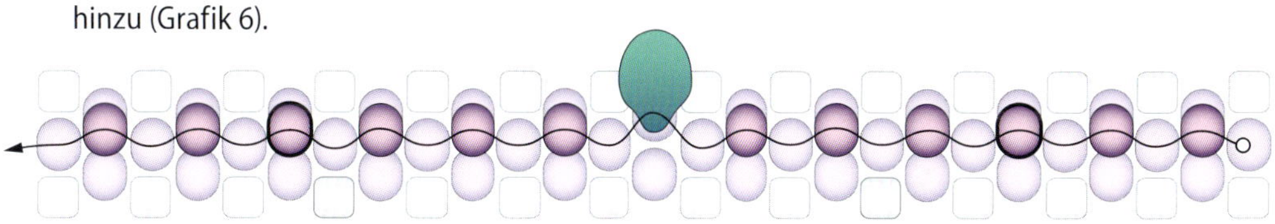

Grafik 6

Wiederholen Sie am anderen Ende des Bogens die Schritte 4 und 5. Schneiden Sie den Faden nicht ab.

7 Beachten Sie die beiden 11/0 Perlen, jeweils die dritte vom Ende, die in Grafik 6 schwarz umrandet sind. Diese Perlen werden verwendet, um die Bögen zu verbinden. In Grafik 7 sind sie ebenfalls schwarz umrandet.

Sobald Sie den zweiten Bogen fertiggestellt haben, verbinden Sie diesen mit dem ersten, indem Sie mit der Nadel aus einer dieser schwarz umrandeten Perlen kommen. Nehmen Sie 3x 11/0 Perlen auf und arbeiten Sie eine Right-Angle-Weave Einheit, indem Sie durch die Perle fädeln, aus der der Faden kommt. Fädeln Sie so vor, dass Sie aus der als zweites hinzugefügten Perle herauskommen und arbeiten Sie eine zweite RAW-Einheit aus 11/0 Perlen. Verbinden Sie die Bögen, indem Sie 1x 11/0 Perle aufnehmen, durch die entsprechende 11/0 Perle des zweiten Bogens fädeln (die dritte vom Ende), 1x 11/0 Perle aufnehmen und durch die Perle fädeln, aus der der Faden kommt (Grafik 7).

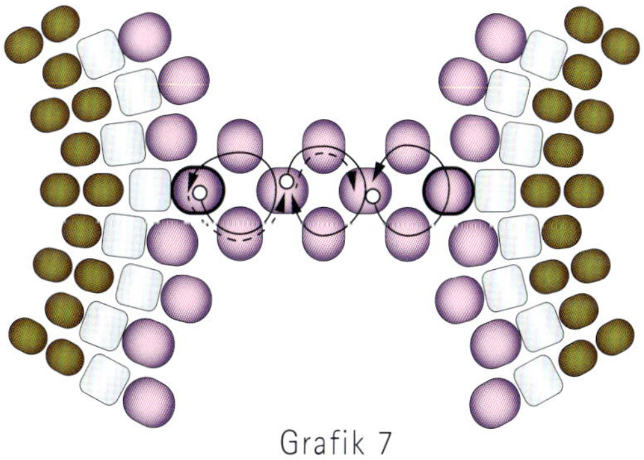

Grafik 7

8 Fädeln Sie entlang der Außenkante der Verbindung aus Grafik 7 und fügen Sie 4x je 1x 11/0 Perle (in Grafik 8 grün umrandet) hinzu - je eine vor und nach der 11/0 Perle in der Mitte der Seiten.

Fädeln Sie nochmals durch die Perlen, um den Fadenlauf zu verstärken und kommen Sie am Ende mit der Nadel aus einer neu hinzugefügten 11/0 Perle heraus.

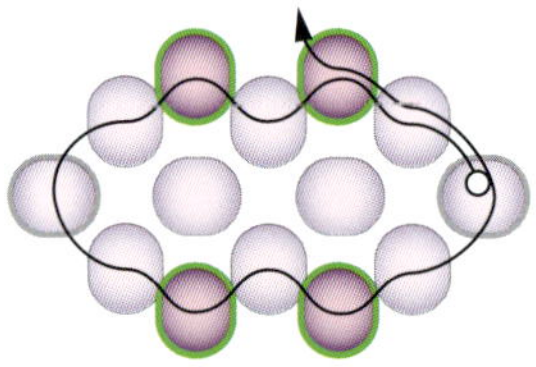

Grafik 8

9 Arbeiten Sie an allen in Grafik 8 hinzugefügten 11/0 Perlen je eine RAW-Einheit, indem Sie 1x 15/0, 1x 11/0 und 1x 15/0 Perle aufnehmen und durch die Perle fädeln, aus der der Faden kommt (Grafik 9). Fädeln Sie vor und wiederholen Sie dies an den anderen drei Perlen; kommen Sie am Ende mit der Nadel aus einer soeben hinzugefügten 11/0 Perle heraus.

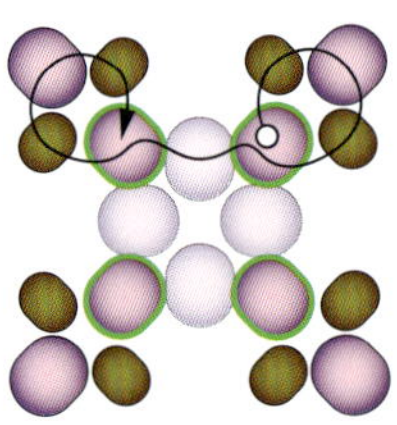

Grafik 9

10 Nehmen Sie 2x 15/0 Perlen, 1x Doppelkegel und 2x 15/0 Perlen auf und fädeln Sie durch die folgende 11/0 Perle aus Grafik 9. Wiederholen Sie dies drei weitere Male und kommen Sie am Ende mit der Nadel aus dem zuerst hinzugefügten Doppelkegel heraus.

Nehmen Sie 1x 11/0 Perle auf und fädeln Sie durch den folgenden Doppelkegel. Wiederholen Sie dies drei weitere Male und ziehen Sie so die Doppelkegel zusammen. Fädeln Sie ein zweites Mal durch diese letzte, innere Runde (Grafik 10).

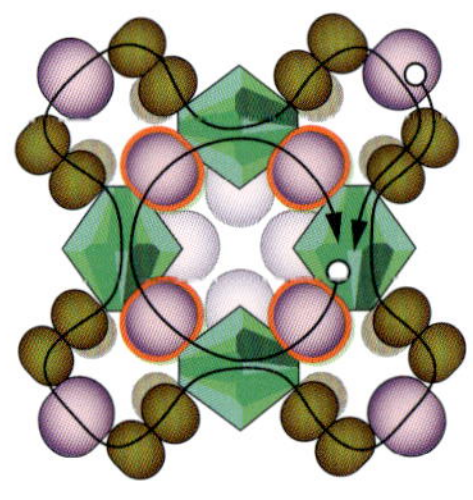

Grafik 10

11 Kommen Sie mit der Nadel aus einer 15/0 Perle vor einem Doppelkegel heraus, nehmen Sie 4x 15/0 Perlen auf, überspringen Sie den Doppelkegel und fädeln Sie durch die folgenden beiden 15/0, 11/0 und die beiden 15/0 Perlen. Wiederholen Sie dies drei weitere Male und kommen Sie am Ende mit der Nadel aus der als zweites in diesem Schritt hinzugefügten 15/0 Perle heraus (Grafik 11, schwarzer Fadenlauf).

Nehmen Sie 1x 11/0 Perle auf und fädeln Sie durch die folgenden vier 15/0 Perlen. Überspringen Sie die 11/0 Perle aus Schritt 9 und fädeln Sie durch die nächsten vier 15/0 Perlen. Wiederholen Sie dies drei weitere Male (Grafik 11, roter Fadenlauf).

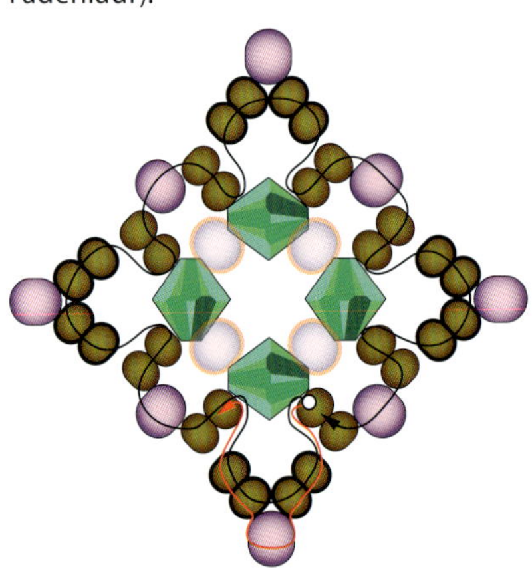

Grafik 11

12 Fädeln Sie zu den Perlen aus Schritt 9 zurück und kommen Sie mit der Nadel aus einer 11/0 Perle heraus. Nehmen Sie 1x 15/0 Perle, 1x Rundperle und 1x 15/0 Perle auf und fädeln Sie durch die nächste 11/0 Perle aus Schritt 9. Wiederholen Sie dies drei weitere Male und fädeln Sie dann nochmals durch die Perlen dieser Runde (Grafik 12). Vernähen Sie den Faden und schneiden Sie ihn ab.

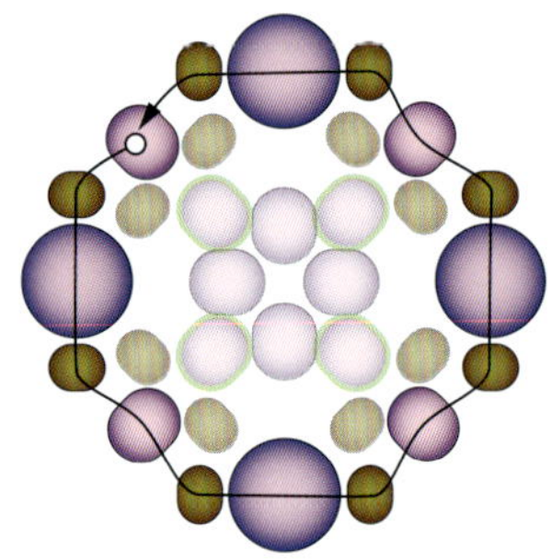

Grafik 12

13 Arbeiten Sie weitere Bögen und verbinden Sie sie wie die Schritte 7 bis 12 zeigen, bis die Kette die gewünschte Länge erreicht hat. Die Verbindungen des ersten und letzten Bogens enden in einer Perlenöse. Arbeiten Sie dafür eine RAW-Verbindung, verbinden Sie diese nicht mit einem Bogen, sondern kommen Sie mit der Nadel aus der 11/0 Perle am Ende heraus, nehmen Sie 5x 11/0 Perlen auf und fädeln Sie nochmals durch die Perle, aus der der Faden kommt. Fädeln Sie erneut durch die Perlen, um den Fadenlauf zu verstärken und fügen Sie dabei je 1x 15/0 Perle in die zweite, dritte, vierte und fünfte Lücke zwischen den 11/0 Perlen hinzu (Grafik 13).

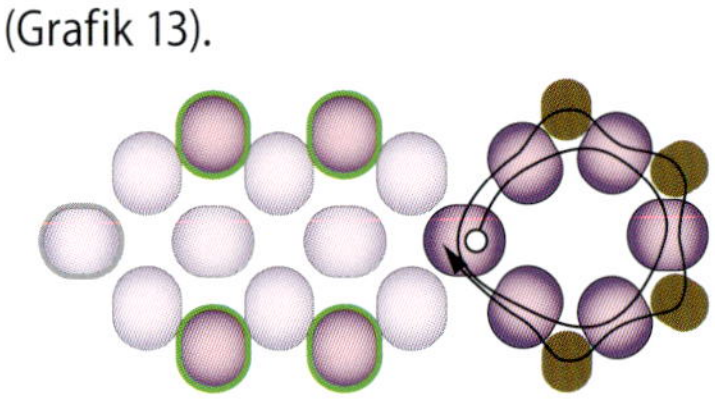

Grafik 13

Fertigstellung

Hängen Sie den Verschluss mithilfe der Biegeringe in die Perlenösen.

II: Right-Angle-Weave und Varianten

Oftmals heißt es, Right-Angle-Weave sei der schwierigste Stich, aber wert, ihn zu meistern. Zum Teil liegt das an der Tatsache, dass er die meisten Variationsmöglichkeiten aller Sticharten bietet. Kein anderer Stich erlaubt es Ihnen, verschiedene Perlengrößen und -formen so einfach zu mischen.

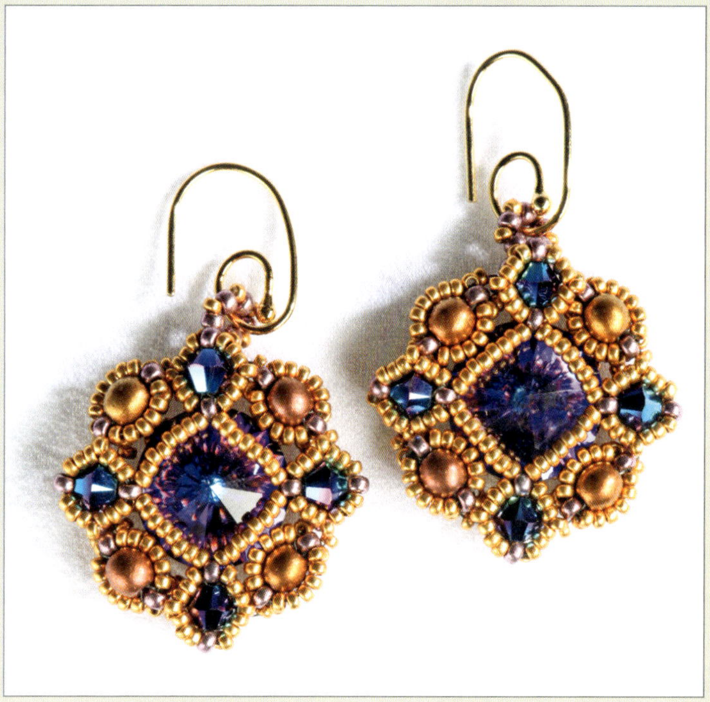

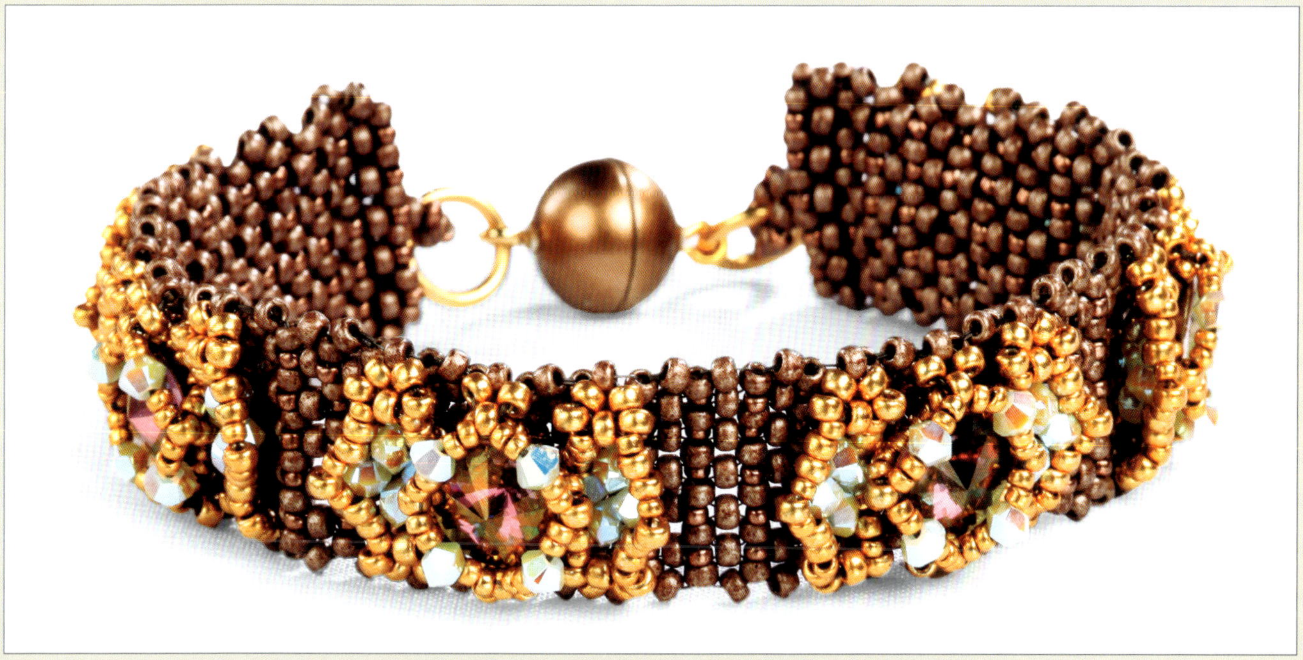

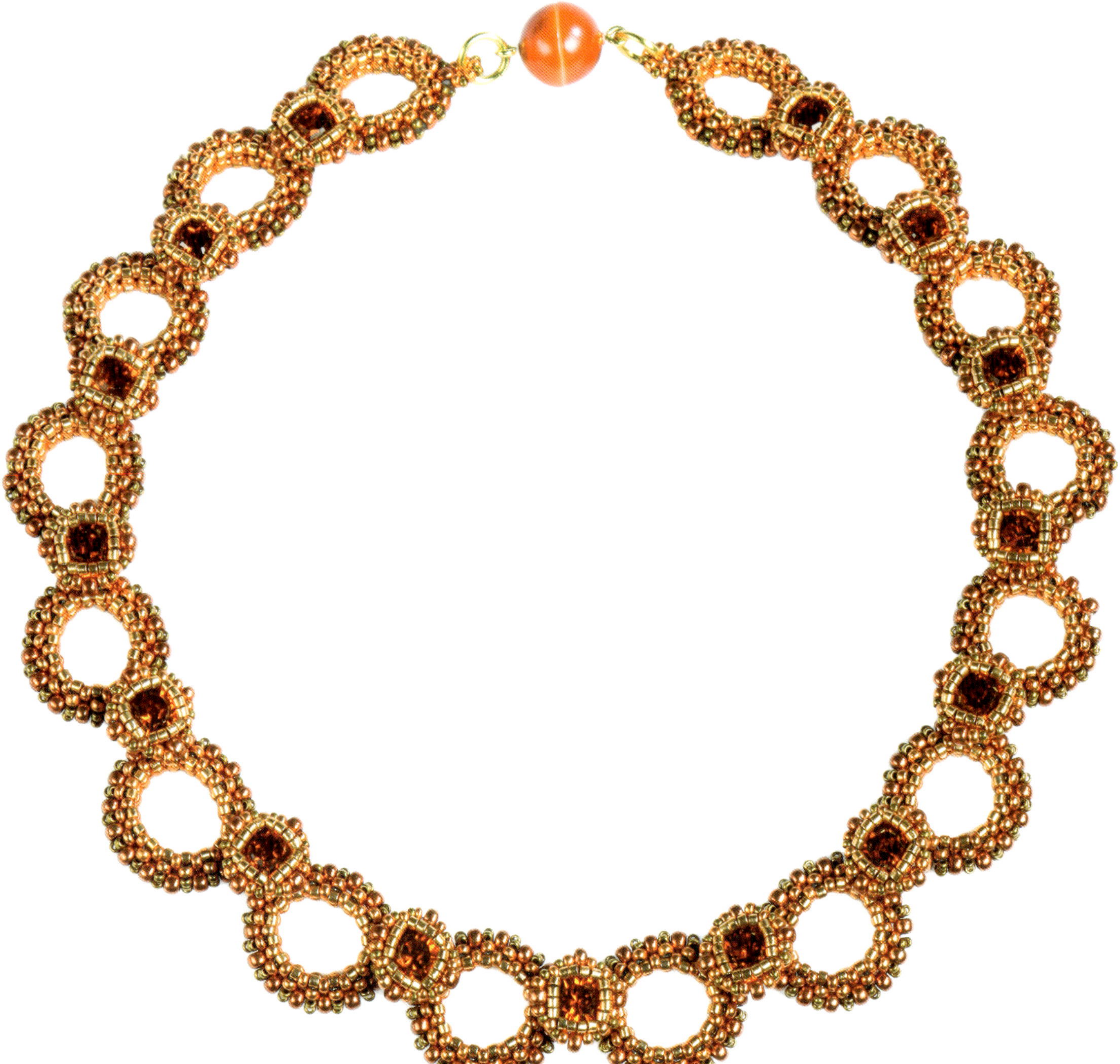

HALSKETTE "RINGS AND SPOTS"

Ein wertvolles Attribut des kreisförmigen Right-Angle-Weave Stichs ist seine Vielseitigkeit. Wenn Sie verschiedene Perlengrößen verwenden, können Sie Zu- und Abnahmen arbeiten, ohne die Anzahl der Perlen zu verändern. Diese Halskette zeigt einfach herzustellende Ringe, die mit eingefassten Chatons verbunden werden.

Ringe herstellen

1 Nehmen Sie 4x 11/0 Saatperlen auf und formen Sie die erste RAW-Einheit, indem Sie erneut durch die zuerst aufgenommene Perle fädeln. Fädeln Sie nochmals durch die Perlen. Nehmen Sie 3x 11/0 Perlen auf und fädeln Sie durch die Perle der ersten Einheit, aus der Ihre Nadel kommt. Fädeln Sie so vor, dass Sie mit der Nadel aus der soeben als zweites hinzugefügten Perle herauskommen.

Wiederholen Sie dies zwölf weitere Male, um einen Streifen aus 14 RAW-Einheiten zu erhalten. Schließen Sie den Streifen zu einem Ring, indem Sie mit der Nadel aus der 11/0 Perle am Ende des Streifens herauskommen, 1x 11/0 Perle aufnehmen und durch die 11/0 Perle am Anfang des Streifens fädeln. Nehmen Sie erneut 1x 11/0 Perle auf und fädeln Sie wieder durch die Perle am Ende des Streifens (Grafik 1).

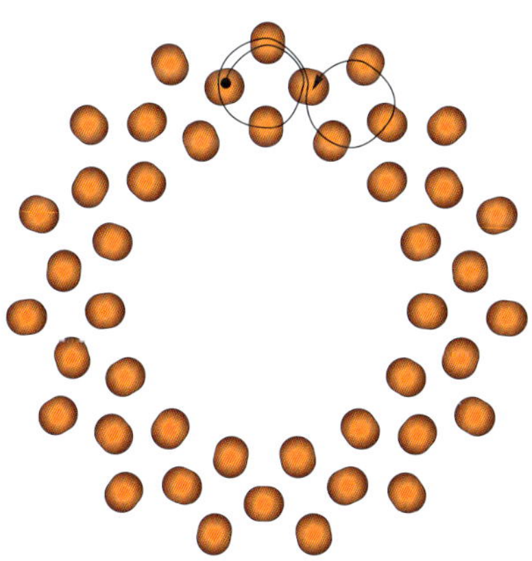

Grafik 1

Kommen Sie mit der Nadel aus einer Perle am Außenrand des Rings heraus. Diese Einheiten werden am Ende das Innere eines Rings Ihrer Halskette sein.

2 Fädeln Sie an der Außenkante des Rings entlang und fügen Sie in jede Lücke je 1x Zylinderperle. Kommen Sie am Ende aus der 11/0 Saatperle heraus, an der Sie diesen Schritt begonnen haben (Grafik 2).

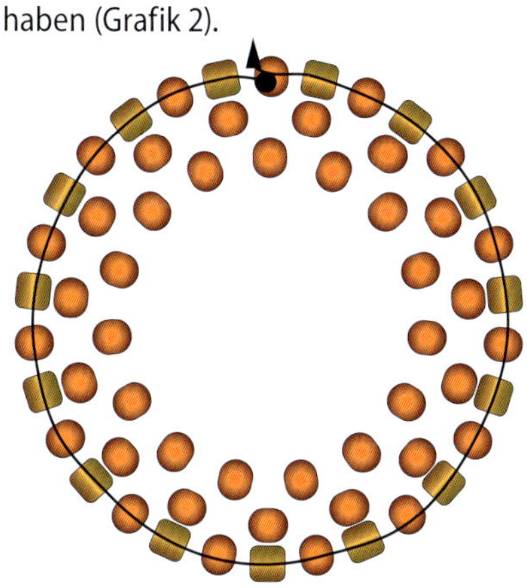

Grafik 2

3 Nehmen Sie 1x 11/0, 1x 8/0 und 1x 11/0 Saatperle auf und fädeln Sie durch die 11/0 Saatperle, aus der der Faden kommt.

Fädeln Sie durch die Zylinder- und die folgende Saatperle vor, nehmen Sie 1x 11/0 und 1x 8/0 Perle auf und fädeln Sie durch die 11/0 Saatperle der vorigen Einheit und die 11/0 Saatperle, aus der der Faden kommt. Wiederholen Sie dies, bis Sie 14 Einheiten um den Ring herum gearbeitet haben. Um die letzte Einheit zu arbeiten, fädeln Sie durch die erste 11/0 Saatperle der ersten Einheit vor, nehmen Sie 1x 8/0 Perle auf und beenden die letzte (15.) Einheit (Grafik 3).

MATERIAL

15 Chatons, 8 mm (SS39), Indian Red

10 g Saatperlen, 8/0, Red Metallic

17 g Saatperlen, 11/0, Red Metallic

4 g Saatperlen, 15/0, Light Bronze

5 g Zylinderperlen, 11/0, Metallic Muscat

2 Biegeringe, 5,5 mm, 16 Gauge

1 Magnetverschluss

FireLine, 6 lb

Nadel, Stärke 12

Schere

Flachzange

GRÖSSE

42,5 cm, ohne Verschluss

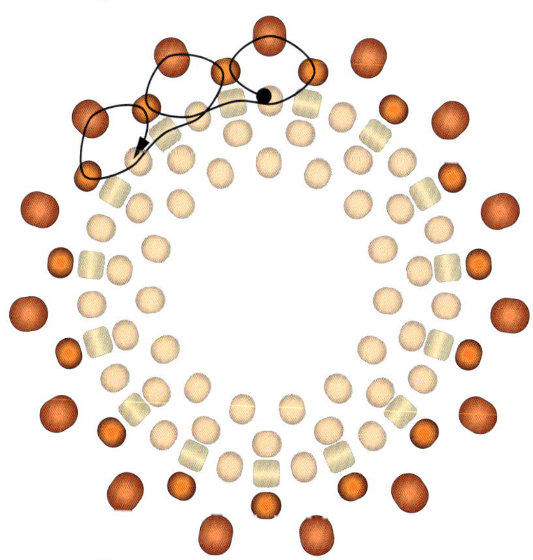

Grafik 3

4 Fädeln Sie zum Basisring aus Schritt 1 zurück und kommen Sie mit der Nadel aus einer 11/0 Saatperle am anderen Rand heraus. Fügen Sie wie in Schritt 2 je 1x Zylinderperle in die Zwischenräume und kommen Sie am Ende mit der Nadel aus der 11/0 Perle heraus, an der dieser Schritt begann (Grafik 4).

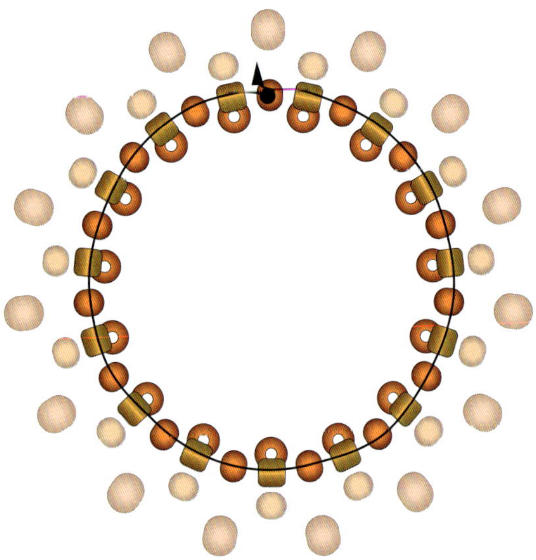

Grafik 4

5 Folgen Sie der Grafik 5 und nehmen Sie 1x 11/0 Saatperle auf, fädeln Sie durch die entsprechende 8/0 Perle am anderen Außenrand, nehmen Sie 1x 11/0 Saatperle auf und fädeln Sie durch die Perle, aus der der Faden kommt.

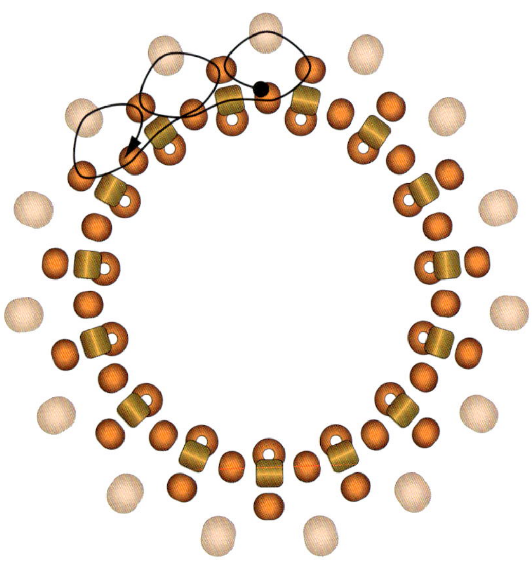

Grafik 5

Fädeln Sie durch die folgende Zylinder- und 11/0 Saatperle vor. Nehmen Sie 1x 11/0 Saatperle auf und fädeln Sie durch die entsprechende 8/0 Perle am anderen Außenrand und weiter durch die 11/0 Saatperle der vorigen Einheit sowie die 11/0 Saatperle, aus der der Faden kommt, und weiter durch die folgende Zylinder- und 11/0 Perle. Fahren Sie damit fort, die beiden Außenränder auf diese Art zu verbinden, fügen Sie der letzten Einheit jedoch keine Perlen hinzu. Fädeln Sie stattdessen durch die 11/0 Saatperle der ersten Einheit, die 8/0 Randperle und die 11/0 Saatperle der letzten Einheit.

6 Zwischen den 8/0 Perlen am Außenrand des soeben geformten Rings sind noch Lücken. Füllen Sie diese nicht, indem Sie gerade am Außenrand entlang fädeln, sondern fädeln Sie von einer Kante zur anderen.

Kommen Sie mit der Nadel aus einer 11/0 Saatperle in Richtung der Lücke zwischen zwei 8/0 Perlen heraus. Nehmen Sie 3x 15/0 Perlen auf, überspringen Sie die Lücke zwischen den beiden 8/0 Perlen und fädeln Sie durch die 11/0 Perle auf der anderen Seite. Fädeln Sie durch die nächsten beiden 11/0 Perlen vor und kommen Sie mit der Nadel aus der 11/0 Perle vor der nächsten Lücke heraus. Folgen Sie diesem Zick-Zack-Kurs wie in Grafik 6 gezeigt und fädeln Sie entlang der gesamten Außenkante.

Der erste Ring der Halskette ist nun fertig. Lassen Sie vom Arbeitsfaden einen Fadenrest übrig, mit dem Sie später die Perlenöse arbeiten können.

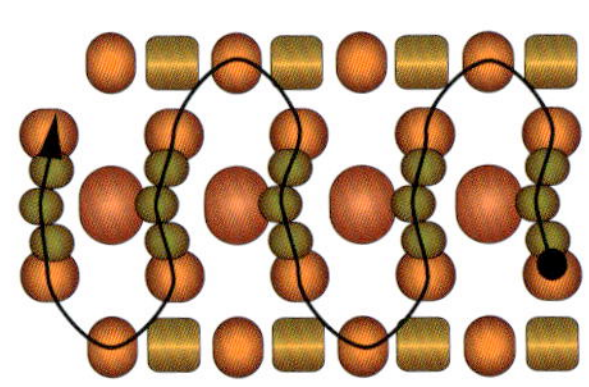

Grafik 6

7 Arbeiten Sie einen zweiten Ring entsprechend der Schritte 1 bis 6 und kommen Sie am Ende aus einer 8/0 Perle heraus.

8 Nehmen Sie zur Verbindung zweier Ringe 1x 8/0 Perle auf und fädeln Sie durch eine 8/0 Perle des zweiten Rings. Nehmen Sie 1x 8/0 Perle auf, folgen Sie dem kreisförmigen Fadenverlauf und fädeln Sie durch die 8/0 Perle, an der der Schritt begann. Sie haben nun eine RAW-Einheit, die beide Ringe verbindet (Grafik 7). Fädeln Sie noch mindestens zwei weitere Male durch die vier Perlen dieser Einheit, um den Faden zu sichern.

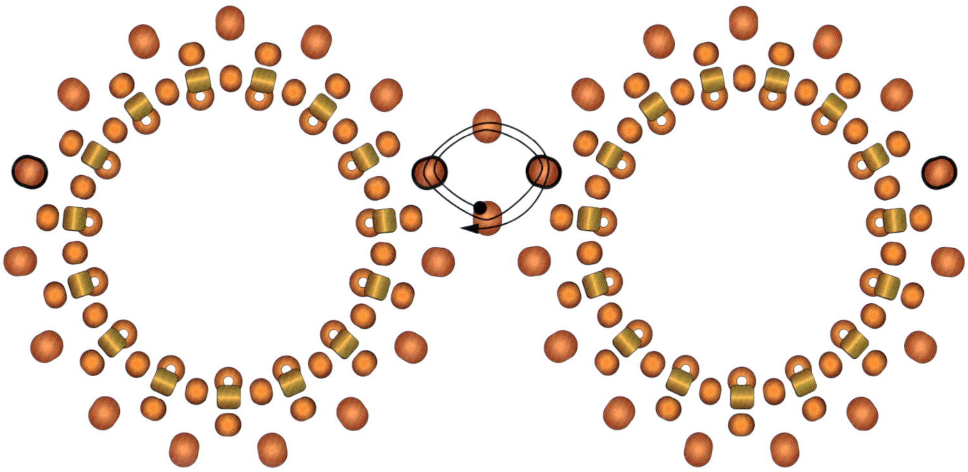

Grafik 7

9 Beginnend an den vier 8/0 Perlen der Verbindungseinheit, arbeiten Sie eine Einfassung für den Chaton, indem Sie 1x 15/0, 1x 11/0 und 1x 15/0 Saatperle aufnehmen. Fädeln Sie durch die nächste 8/0 Perle vor und wiederholen Sie dies drei weitere Male. Kommen Sie am Ende mit der Nadel aus der zuerst hinzugefügten 11/0 Perle heraus (Grafik 8).

10 Nehmen Sie 3x 11/0 Saatperlen auf und fädeln Sie nochmals durch die 11/0 Saatperle, aus der die Nadel herauskommt. Fädeln Sie durch die Perlen der Runde vor und kommen Sie mit der Nadel aus der nächsten 11/0 Saatperle in der nächsten Ecke heraus. Wiederholen Sie dies drei weitere Male, und kommen Sie am Ende aus der als zweites hinzugefügten 11/0 Perle der ersten 3er-Gruppe heraus (Grafik 9).

11 Nehmen Sie 4x 11/0 Zylinderperlen auf und fädeln Sie durch die mittlere 11/0 Saatperle der nächsten 3er-Gruppe (Grafik 9 und 10, schwarze Umrandung). Wiederholen Sie dies drei weitere Male und lockern Sie den Faden. Legen Sie den Chaton mit dem Gesicht nach oben in die Einfassung, ziehen Sie den Faden stramm und fädeln Sie ein weiteres Mal durch die Perlen des Kreises; lassen Sie dabei jedoch die 11/0 Saatperlen in den Ecken aus (Grafik 10).

12 Nehmen Sie, mit der Nadel aus einer 11/0 Eckperle kommend, 1x 15/0, 1x 11/0, 1x 8/0, 1x 11/0 und 1x 15/0 Perle auf und fädeln Sie durch die nächste 11/0 Eckperle. Wiederholen Sie dies drei weitere Male. Fädeln Sie noch mehrfach durch diesen Kreis aus Perlen und schneiden Sie dann den Faden ab (Grafik 11).

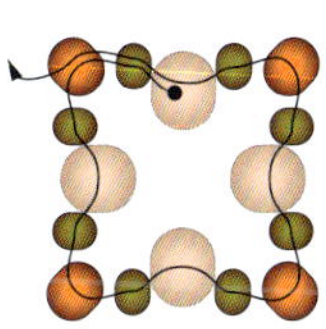

Grafik 8

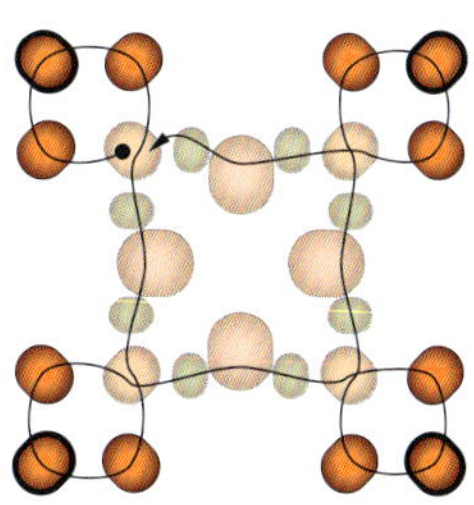

Grafik 9

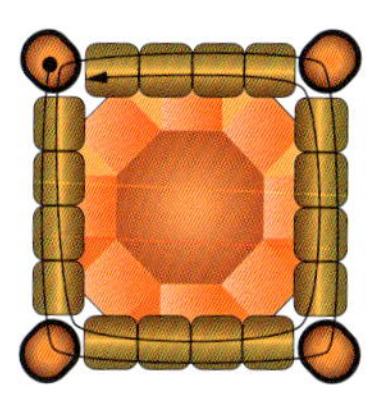

Grafik 10

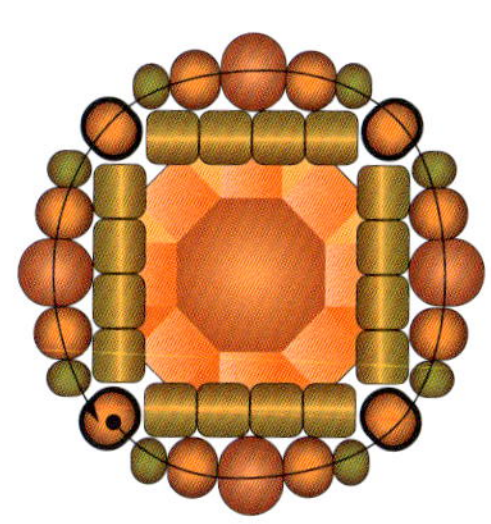

Grafik 11

Verbindung der Ringe

13 Die Halskette wird aus 16 miteinander verbundenen Ringen gearbeitet und benötigt eine zarte Kurve am Hals, damit sie nicht umschlagen oder sich verdrehen kann. Es ist also wichtig, die Ringe an den richtigen Stellen zu verbinden. Es sollten immer fünf 8/0 Perlen zwischen den Verbindungseinheiten an der halsnahen Seite der Kette zu sehen sein und acht 8/0 Perlen an der halsfernen Seite.

14 Fügen Sie am ersten und letzten Ring der Kette je eine Perlenöse an. Kommen Sie dazu aus der 8/0 Perle heraus, an der Sie normalerweise den nächsten Ring anfügen würden. Nehmen Sie 5x 11/0 Perlen auf und fädeln Sie nochmals durch die 8/0 Perle, aus der der Faden kommt. Fädeln Sie ein zweites Mal durch diesen Kreis aus Perlen. Fügen Sie dann in die zweite, dritte, vierte und fünfte Lücke zwischen den 11/0 Perlen je 1x 15/0 Perle hinzu (Grafik 12).

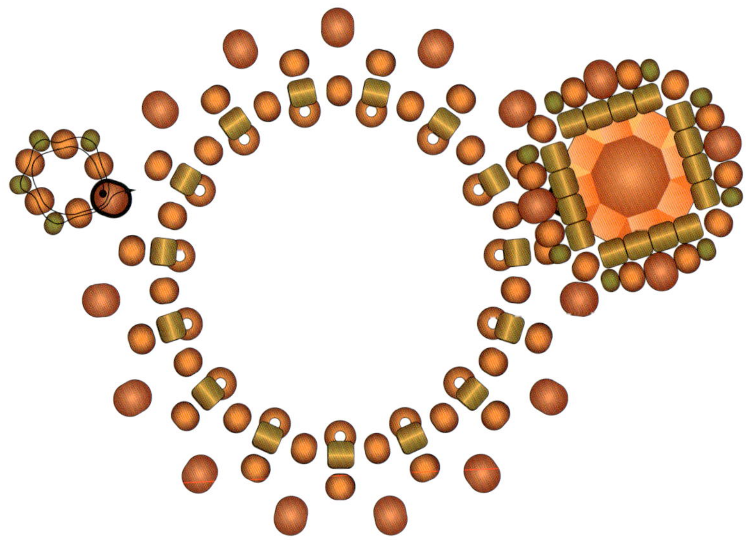

Grafik 12

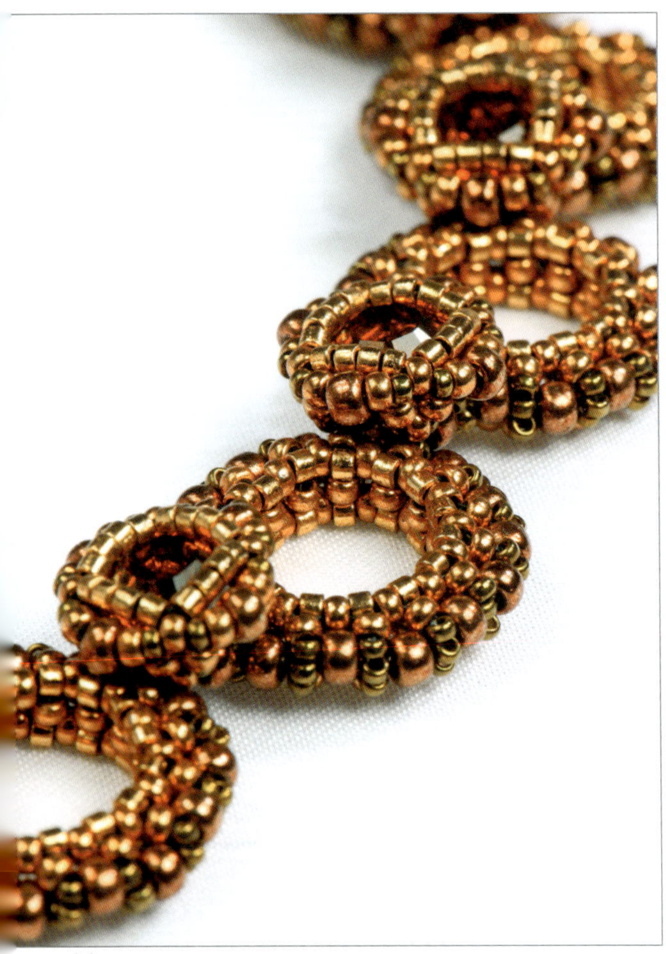

Fertigstellung

Hängen Sie den Verschluss mithilfe der Biegeringe in die Perlenösen ein. Wenn Sie eine Armband-Variante arbeiten möchten, beginnen Sie mit einem Basiskreis aus 16 Einheiten und verbinden Sie die Ringe in einer geraden Linie mit den eingefassten Chatons.

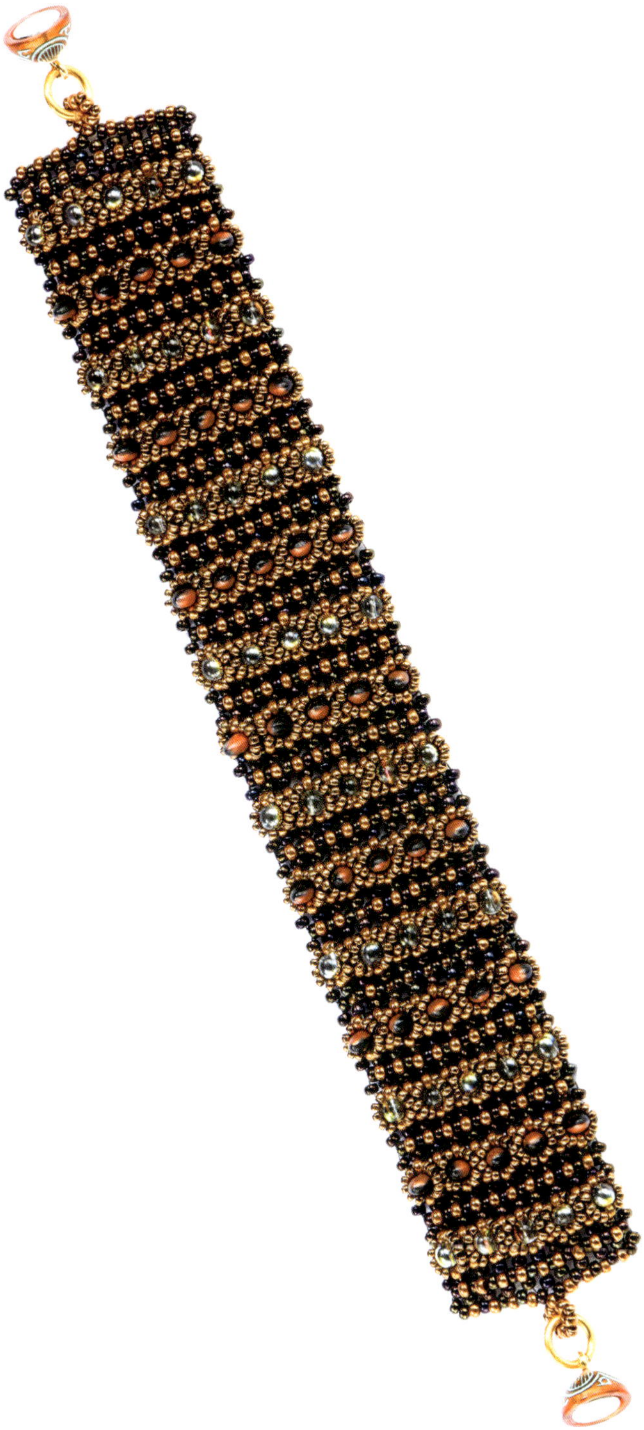

ARMBAND "TIPS AND TOPS"

Sparen Sie Zeit, indem Sie die Basis und die Verzierungen des Right-Angle-Weave in einem Schritt arbeiten. In der Basis wurden größere Perlen verarbeitet und deren Lücken werden beim Fädeln sogleich geschlossen.

MATERIAL

- 3 g Tropfen, 3,4 mm, Crystal Marea
- 3 g Rizo, Jet Matte Sunset
- 9 g Saatperlen, 11/0, Brown
- 4 g Saatperlen, 11/0, Bronze
- 3 g Saatperlen, 15/0, Bronze
- 2 Biegeringe, 5 mm, 16 Gauge
- 1 Magnetverschluss
- FireLine, 6 lb
- Nadel, Stärke 12
- Schere
- Flachzange

GRÖSSE

18 cm, ohne Verschluss

1 Fädeln Sie einen Streifen, indem Sie die erste Reihe im Right-Angle-Weave beginnen, arbeiten Sie jedoch nicht den klassischen Stich (Einheit nach Einheit mit wechselnder Richtung), sondern gehen Sie von einer Einheit zur anderen, indem Sie eine Brückenperle einfügen.

Nehmen Sie dazu 4x 11/0 Perlen Brown auf und formen Sie einen Kreis, indem Sie nochmals durch die erste Perle fädeln.

Nehmen Sie 1x 11/0 Perle Bronze (Brückenperle) und 3x 11/0 Perlen Brown auf und arbeiten Sie eine zweite Einheit, indem Sie durch die benachbarte 11/0 Perle Brown der ersten Einheit und dann weiter durch die erste 11/0 Perle Brown dieser zweiten Einheit fädeln, und dabei die Brückenperle überspringen (Grafik 1).

Wiederholen Sie dies und fügen Sie je eine weitere Brückenperle und 3x 11/0 Perlen Brown hinzu, bis Sie 10 RAW-Einheiten mit 9 Brückenperlen dazwischen gearbeitet haben. Kommen Sie mit der Nadel aus der dritten 11/0 Perle Brown der letzten Einheit in Richtung entgegen der Brückenperle heraus.

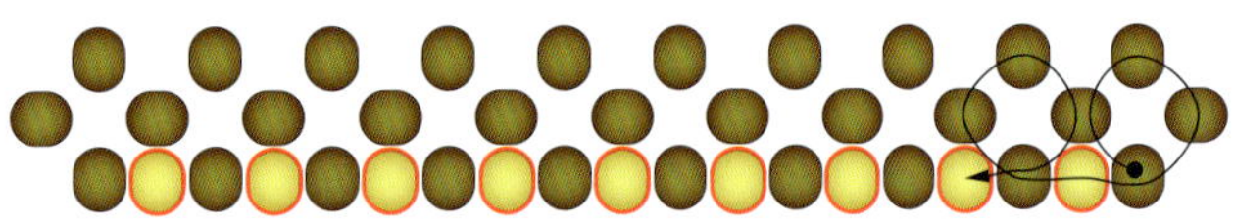

Grafik 1

2 Folgen Sie dem Fadenlauf in Grafik 2 und fügen Sie eine zweite Reihe hinzu. Nehmen Sie dazu 3x 11/0 Perlen Brown auf und fädeln Sie nochmals durch die Perle, aus der Sie in Schritt 1 herausgekommen sind.

Nehmen Sie 1x 11/0 Brückenperle Bronze auf und fädeln Sie durch die folgende 11/0 Perle Brown am Rand der ersten Reihe. Nehmen Sie 2x 11/0 Perlen Brown auf und fädeln Sie durch die benachbarte 11/0 Perle Brown der vorigen Einheit. Überspringen Sie die Brückenperle und fädeln Sie nochmals durch die Perle am Rand der ersten Reihe, aus der der Faden kommt.

Fahren Sie fort, wie Grafik 2 zeigt, und wiederholen Sie die Schritte ab dem Punkt, an dem die Brückenperle hinzugefügt wird, bis Sie das Ende der Reihe erreichen.

Um die nächste Reihe zu beginnen, kommen Sie mit der Nadel aus der zweiten 11/0 Perle Brown der letzten Einheit in Richtung der Mitte der Perlenarbeit heraus.

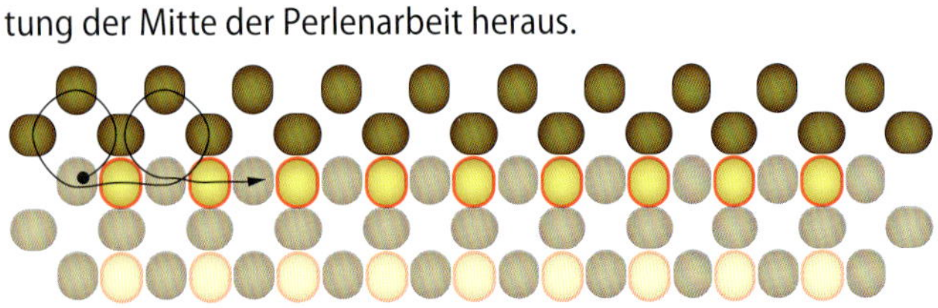

Grafik 2

3 Beachten Sie die Fädelrichtung in Grafik 3. Nehmen Sie eine Tropfenperle und 2x 11/0 Perlen Brown auf und fädeln Sie durch die 11/0 Perle, aus der Sie in Schritt 2 herausgekommen sind. Nehmen Sie 1x 11/0 Brückenperle Bronze auf und fädeln Sie durch die folgende 11/0 Perle Brown der vorigen Reihe. Fahren Sie mit einer zweiten Einheit fort und nehmen Sie 2x 11/0 Perlen Brown auf und fädeln Sie durch die Tropfenperle und die 11/0 Perle, aus der der Faden kommt (dabei wird die Brückenperle übersprungen).

Fahren Sie fort, wie Grafik 3 zeigt, und wiederholen Sie dies bis zum Ende der Reihe. Arbeiten Sie dazu die nächste Einheit, indem Sie eine 11/0 Brückenperle Bronze, 1x Tropfenperle und 1x 11/0 Perle Brown hinzufügen. Fädeln Sie die folgende Einheit aus einer Brückenperle und 2x 11/0 Perlen Brown.

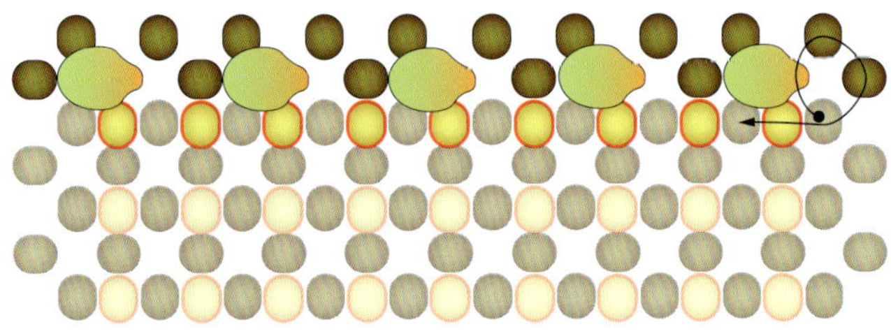

Grafik 3

4 Arbeiten Sie eine vierte Reihe wie in Schritt 2 beschrieben (Grafik 4, schwarzer Fadenlauf) und kommen Sie am Ende aus der 11/0 Perle Brown heraus, die der letzten Brückenperle folgt. Fädeln Sie entlang der Perlen am Ende der vorigen Reihe und kommen Sie mit der Nadel aus der ersten Brückenperle in Richtung der Mitte der Perlenarbeit heraus (Grafik 4, gestrichelter Fadenlauf).

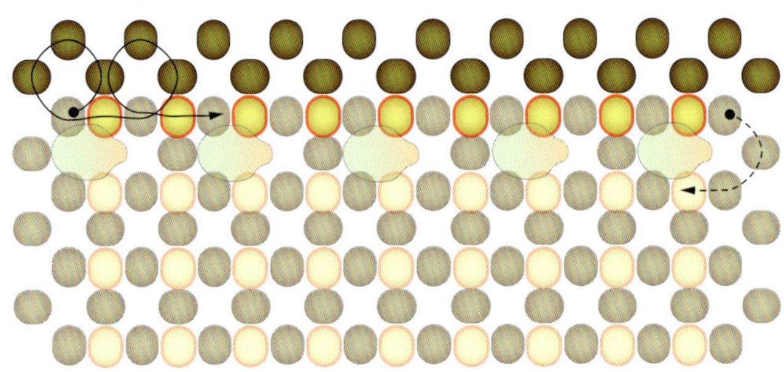

Grafik 4

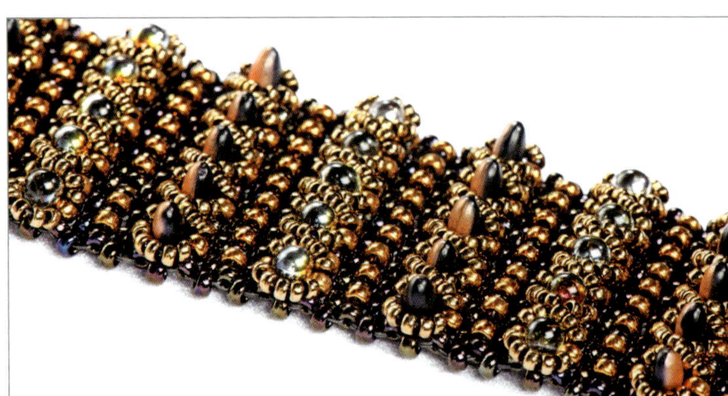

5 Arbeiten Sie als Nächstes Ringe aus 15/0 Perlen um die Tropfenperlen. Kommen Sie dazu mit der Nadel aus einer Brückenperle neben dem ersten Tropfen heraus, wie es die Grafik 5 zeigt.

Nehmen Sie 5x 15/0 Perlen auf, überspringen Sie die Tropfenperle und fädeln Sie durch die Brückenperle auf der anderen Seite der Tropfenperle. Nehmen Sie 5x 15/0 Perlen auf und fädeln Sie nochmals durch die Brückenperle, aus der der Faden kommt. Fädeln Sie durch die Perlen zwischen der zweiten und dritten Reihe vor und kommen Sie am Ende mit der Nadel aus der Brückenperle neben der nächsten Tropfenperle heraus.

Wiederholen Sie dies, bis alle Tropfenperlen mit einem Kreis aus 15/0 Perlen verziert sind (Grafik 5).

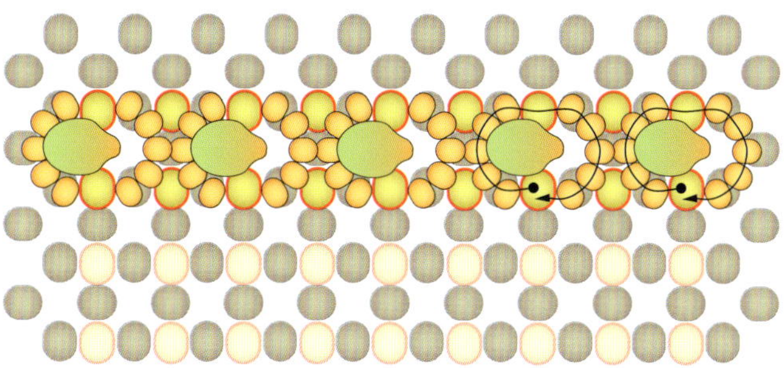

Grafik 5

6 Fädeln Sie zu den Perlen der vierten Reihe zurück und kommen Sie mit der Nadel aus der ersten 11/0 Perle Brown in Richtung der Mitte der Perlenarbeit heraus, um die nächste Reihe beginnen zu können. Arbeiten Sie diese Reihe wie in Schritt 2 beschrieben. Fädeln Sie dann eine weitere Reihe analog zu Schritt 4, verwenden Sie jedoch Rizos anstelle der Tropfenperlen. Fügen Sie dann eine weitere Reihe wie in Schritt 2 hinzu und umranden Sie die Rizos mit 15/0 Perlen wie in Schritt 5 beschrieben (Grafik 6).

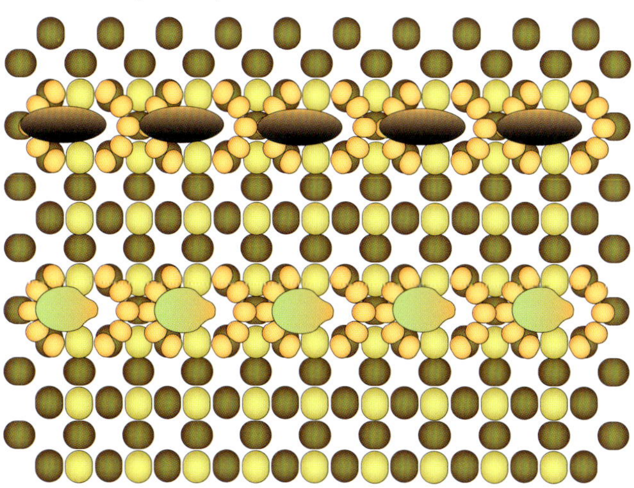

Grafik 6

7 Wiederholen Sie die Schritte 2 bis 6, bis das Armband die gewünschte Länge erreicht hat und beenden Sie es mit einer Reihe aus Perlen (Schritt 2). Fügen Sie je eine Perlenöse am Anfang und am Ende des Armbands hinzu. Beginnen Sie dazu an der Brückenperle in der Mitte der Reihe, nehmen Sie 5x 11/0 Perlen Bronze auf und fädeln Sie nochmals durch die Brückenperle, aus der der Faden kommt. Fädeln Sie ein zweites Mal durch die Perlen dieser Öse und fügen Sie in der zweiten, dritten, vierten und fünften Lücke zwischen den 11/0 Perlen je 1x 15/0 Perle hinzu.

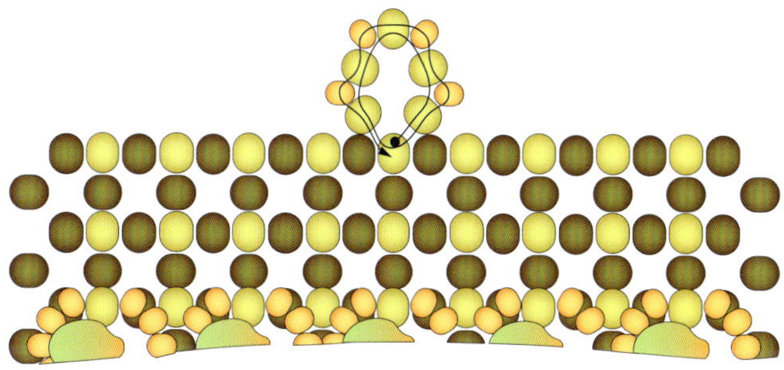

Grafik 7

Fertigstellung

Hängen Sie den Verschluss mithilfe der Biegeringe in die Perlenösen ein.

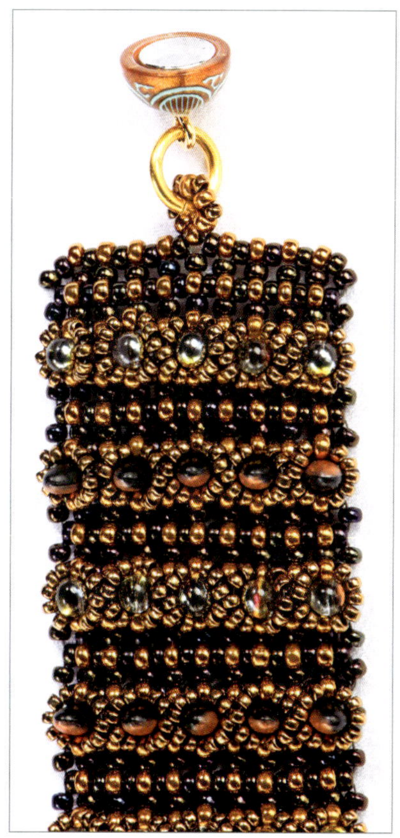

MATERIAL

2 Rivoli, 14 mm, Heliotrope

8 Doppelkegel, 4 mm, Purple Velvet 2xAB

8 Rundperlen, 4 mm, Gold-Violet Luster

2 g Saatperlen, 11/0, Metallic Violet

2,5 g Saatperlen, 15/0, Yellow Gold

1 Paar Ohrhaken, goldfarben

FireLine, 6 oder 8 lb

Nadel, Stärke 12

Flachzange, abhängig von den verwendeten Ohrhaken

GRÖSSE

2,5 x 2,5 cm

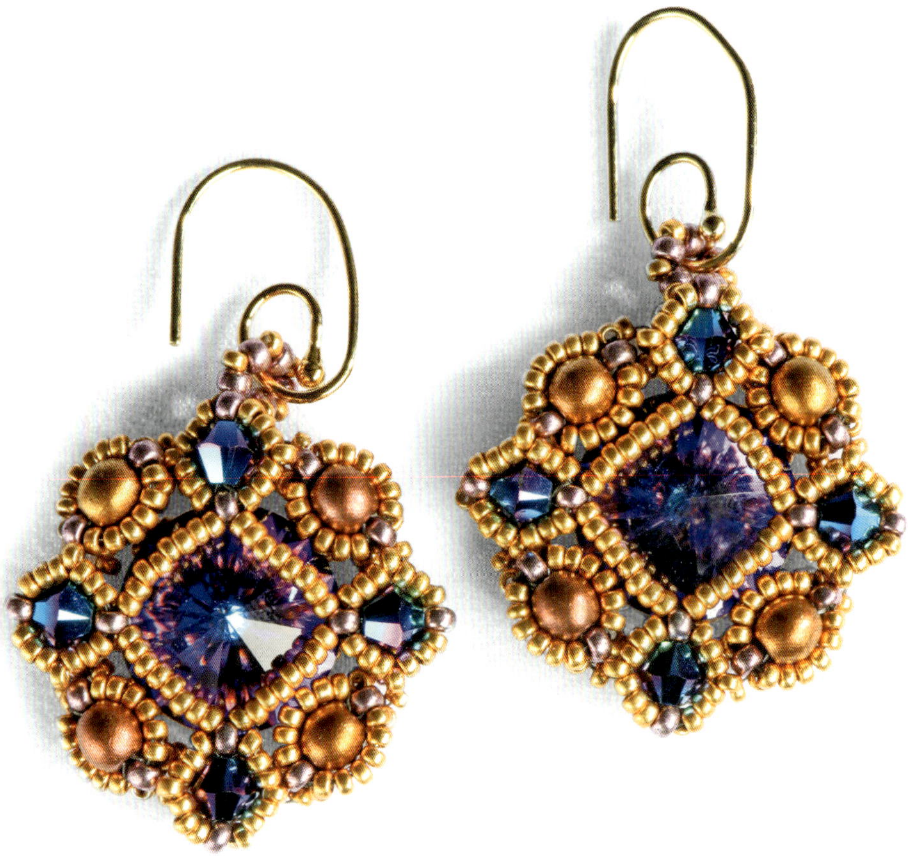

OHRHÄNGER "MARRAKECH"

Ein kleiner Fehler einer Kursteilnehmerin in einem Workshop hat mich zu dieser Technik geführt. Zwei kleine Right-Angle-Weave Einheiten, begonnen aus einem kleinen Saatperlenkreis, ergeben den perfekten Rahmen für einen Doppelkegel oder eine Rundperle.

Hinweis: Fädeln Sie zweimal durch jede Einheit, um die Konstruktion der Ohrhänger zu stabilisieren. Um die Grafik übersichtlich zu halten, ist dieser zusätzliche Fadenlauf nicht dargestellt.

1 Nehmen Sie 8x 11/0 Perlen auf und formen Sie einen Kreis, indem Sie durch die zuerst aufgenommene Perle fädeln. Fädeln Sie ein zweites Mal durch alle Perlen des Kreises.

2 Nehmen Sie 1x 15/0, 1x 11/0 und 1x 15/0 Perle auf und fädeln Sie durch die Perle, aus der der Faden kommt. Fädeln Sie nochmals durch diese Perlen und kommen Sie am Ende mit der Nadel aus der soeben hinzugefügten 11/0 Perle heraus (Grafik 1).

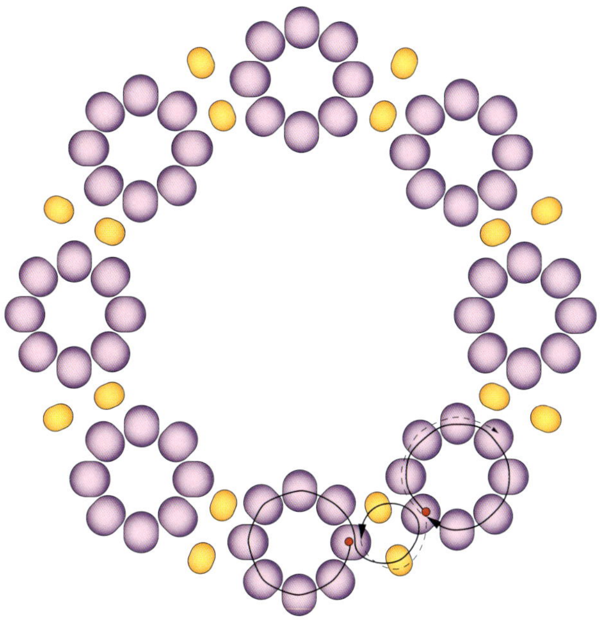

Grafik 1

3 Nehmen Sie 7x 11/0 Perlen auf und fädeln Sie durch die 11/0 Perle, aus der Sie in Schritt 2 herausgekommen sind. Fädeln Sie nochmals durch die Perlen und kommen Sie mit der Nadel aus der als viertes hinzugefügte Perle dieses neuen Kreises heraus.

4 Wiederholen Sie die Schritte 2 und 3 für 6 weitere Male, und Sie erhalten einen Streifen aus acht kleinen Kreisen, die mit RAW-Einheiten verbunden sind. Arbeiten Sie aus diesem Streifen einen Basiskreis, indem Sie den letzten Kreis mit dem ersten verbinden. Nehmen Sie dazu 1x 15/0 Perle auf und fädeln Sie durch die entsprechende Perle des ersten Kreises. Nehmen Sie 1x 15/0 Perle auf und fädeln Sie durch die Perle, aus der der Faden kommt. Achten Sie darauf, dass dieser große Kreis aus Perlen nicht in sich verdreht ist. Fädeln Sie ein zweites Mal durch die Perlen der letzten Einheit und kommen Sie am Ende mit der Nadel aus der 11/0 Perle heraus, an der Sie den Streifen zu einem Ring verbunden haben.

5 Arbeiten Sie eine Einfassung für eine Rundperle, indem Sie 1x 15/0, 1x 11/0 und 1x 15/0 Perle aufnehmen und durch die Perle fädeln, aus der die Nadel am Ende von Schritt 4 kam. Fädeln Sie ein zweites Mal durch diese neue Einheit und dann, wie Grafik 2 zeigt, entlang der Perlen des ursprünglichen Kreises, um den Schritt auf der anderen Seite zu wiederholen. Diese beiden RAW-Einheiten sind die Einfassungseinheiten. Kommen Sie am Ende mit der Nadel aus der 11/0 Perle einer dieser Einheiten heraus.

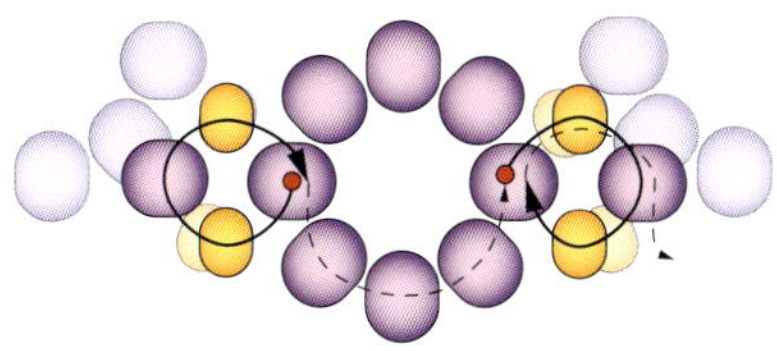

Grafik 2

6 Nehmen Sie 1x Rundperle auf und fädeln Sie durch die 11/0 Perle der anderen Einfassungseinheit. Fädeln Sie zurück durch die Rundperle und durch die Perle, aus der der Faden kommt. Fädeln Sie ein zweites Mal durch die Perlen dieses Schrittes und kommen Sie am Ende mit der Nadel aus der 11/0 Perle einer Einfassungseinheit heraus (Grafik 3).

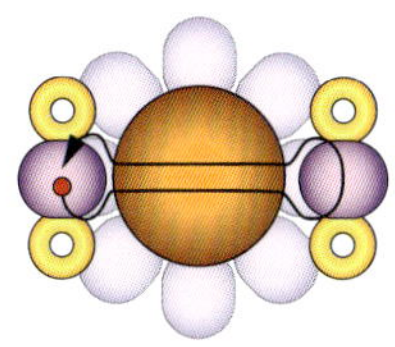

Grafik 3

7 Nehmen Sie 6x 15/0 Perlen auf, überspringen Sie die Rundperle und fädeln Sie durch die folgende 11/0 Perle. Nehmen Sie 6x 15/0 Perlen auf und fädeln Sie durch die 11/0 Perle, aus der der Faden kommt. Fädeln Sie ein zweites Mal durch die Perlen dieses Kreises (Grafik 4).

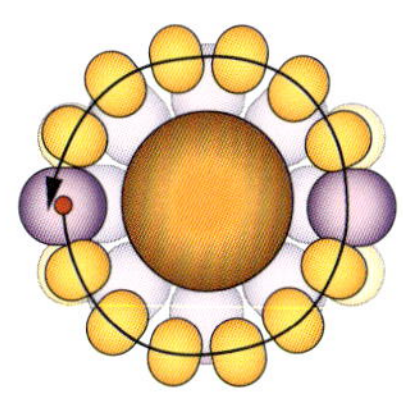

Grafik 4

8 Arbeiten Sie eine zweite Einfassung wie in Schritt 5 an einem benachbarten Kreis aus 11/0 Perlen; dieses Mal jedoch für einen Doppelkegel. Beginnen Sie nicht an den Perlen, die rechts und links im kleinen Kreis liegen, sondern an denen, die sich oben und unten befinden, wie Grafik 5 zeigt. Arbeiten Sie wie zuvor je eine Einfassungseinheit an beiden Positionen.

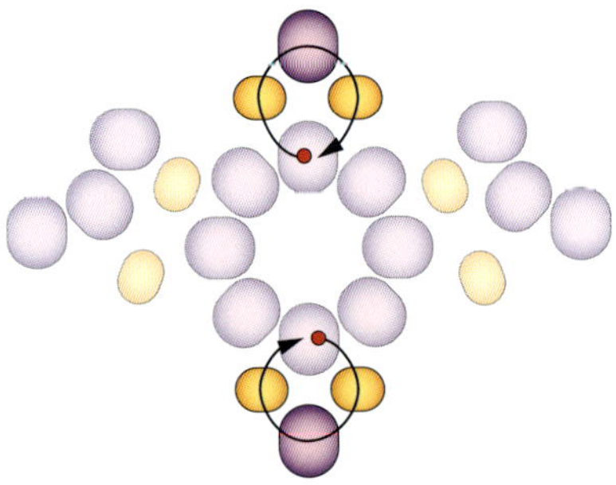

Grafik 5

9 Fädeln Sie einen Doppelkegel zwischen die Einfassungseinheiten, wie Sie es bei der Rundperle in Schritt 6 (Grafik 6, schwarzer Fadenlauf) getan haben. Nehmen Sie 6x 15/0 Perlen auf, überspringen Sie den Doppelkegel und fädeln Sie durch die folgende 11/0 Perle. Wiederholen Sie dies auf der anderen Seite des Doppelkegels (Grafik 6, grüner Fadenlauf) und fädeln Sie ein zweites Mal durch die Perlen dieses Kreises. Kommen Sie am Ende mit der Nadel aus der als drittes in diesem Schritt hinzugefügten 15/0 Perle heraus (Grafik 6, gestrichelter Fadenlauf).

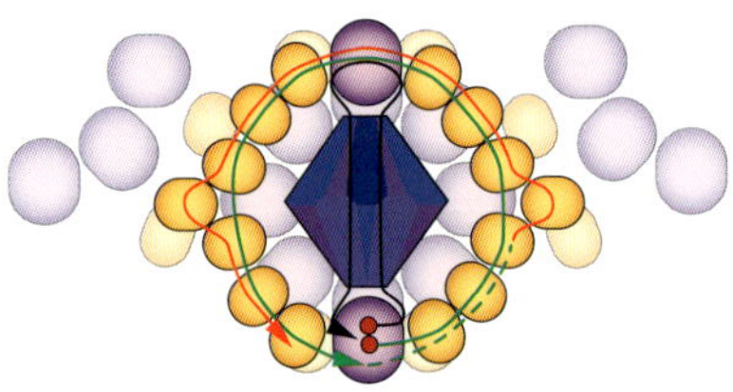

Grafik 6

10 Nehmen Sie 1x 15/0 Perle auf und fädeln Sie durch die folgenden drei 15/0, die 11/0 und die folgenden drei 15/0 Perlen (Grafik 6, roter Fadenlauf). Fügen Sie auch auf dieser Seite des Doppelkegels 1x 15/0 Perle hinzu.

11 Arbeiten Sie am nächsten Perlenkreis eine weitere Einfassung für eine Rundperle und am folgenden Perlenkreis eine Einfassung für einen Doppelkegel. Wiederholen Sie dies abwechselnd, bis der Basisring mit vier Einfassungen für Rundperlen und vier Einfassungen für Doppelkegel besetzt ist.

12 Fädeln Sie zum Basisring zurück (die halbtransparenten Perlen in Grafik 7 zeigen die Rückseite des Basisrings) und kommen Sie mit der Nadel aus einer 11/0 Perle eines kleinen Kreises in Richtung zur Mitte des Rings heraus (Grafik 7, schwarzer Fadenlauf).

13 Nehmen Sie 2x 15/0, 1x 11/0 und 2x 15/0 Perlen auf und fädeln sie durch die entsprechende 11/0 Perle des nächsten Kreises. Wiederholen Sie dies sieben weitere Male und fädeln Sie dann entlang der Perlen, um mit der Nadel aus der in diesem Schritt zuerst hinzugefügten 11/0 Perle herauszukommen.

14 Schauen Sie auf den roten Fadenlauf in Grafik 7, nehmen Sie 2x 15/0 Perlen auf und fädeln Sie durch die nächste, in der letzten Runde hinzugefügte 11/0 Perle. Wiederholen Sie dies sieben weitere Male.

Fädeln Sie zwei weitere Male durch die Perlen der letzten Runde, um den Faden zu sichern.

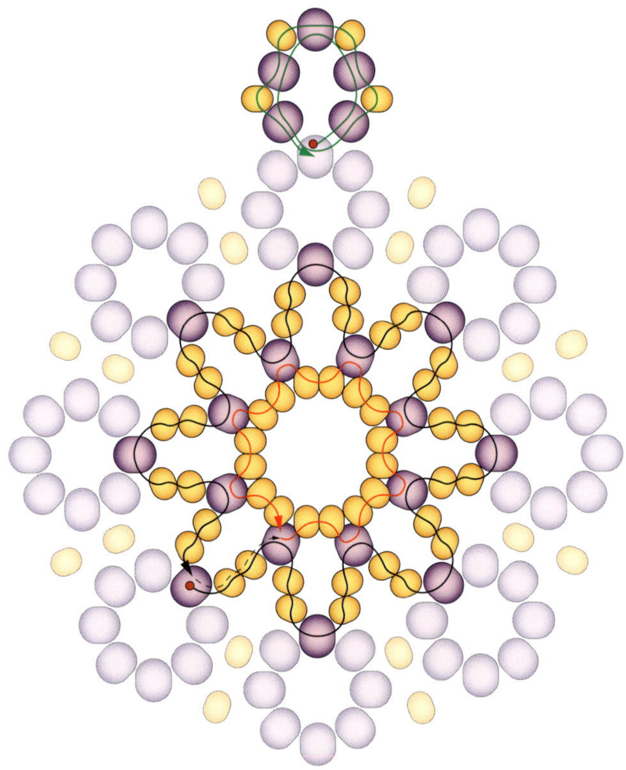

Grafik 7

15 Folgen Sie dem grünen Fadenlauf in Grafik 7 und fügen Sie eine Perlenöse hinzu. Beginnen Sie dazu an einer 11/0 Perle, nehmen Sie 5x 11/0 Perlen auf und fädeln Sie durch die Perle, aus der der Faden kommt, und ein zweites Mal durch die Perlen der Öse. Fädeln Sie ein drittes Mal durch die Perlenöse und fügen Sie dann, wie die Grafik zeigt, 4x je 1x 15/0 Perle zwischen den 11/0 Perlen hinzu.

16 Fädeln Sie zur Vorderseite zurück und kommen Sie mit der Nadel aus einer 11/0 Perle einer Einfassungseinheit eines Doppelkegels in Richtung zur Ringmitte heraus. Nehmen Sie, wie der schwarze Fadenlauf in Grafik 8 zeigt, 8x 15/0 Perlen auf und fädeln Sie durch die entsprechende Perle der nächsten Doppelkegeleinfassung. Wiederholen Sie dies drei weitere Male. Lassen Sie den Faden locker und legen Sie einen Rivoli mit dem Gesicht nach oben in die Einfassung. Ziehen Sie den Faden an und fädeln Sie ein zweites Mal durch die Perlen, um den Fadenlauf zu verstärken. Fädeln Sie noch ein weiteres Mal durch die Perlen, lassen Sie jedoch dieses Mal die 11/0 Perlen in den vier Ecken aus.

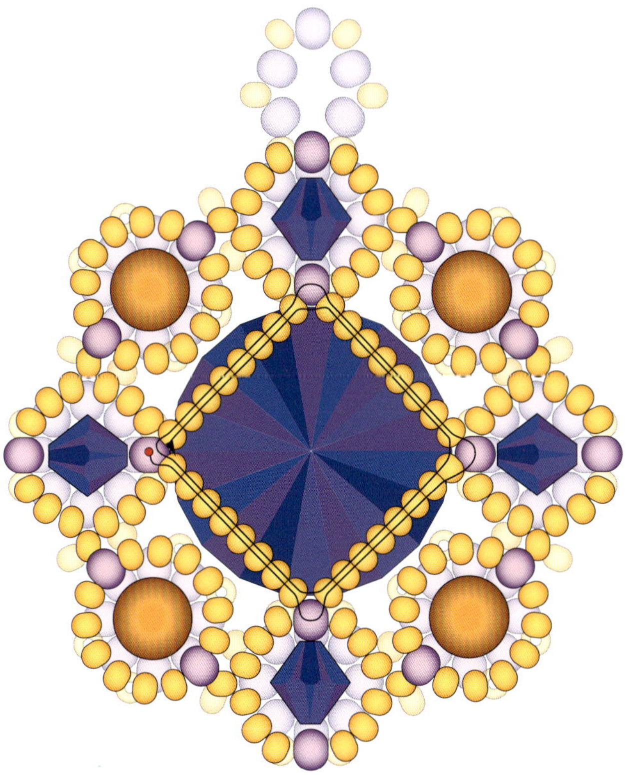

Grafik 8

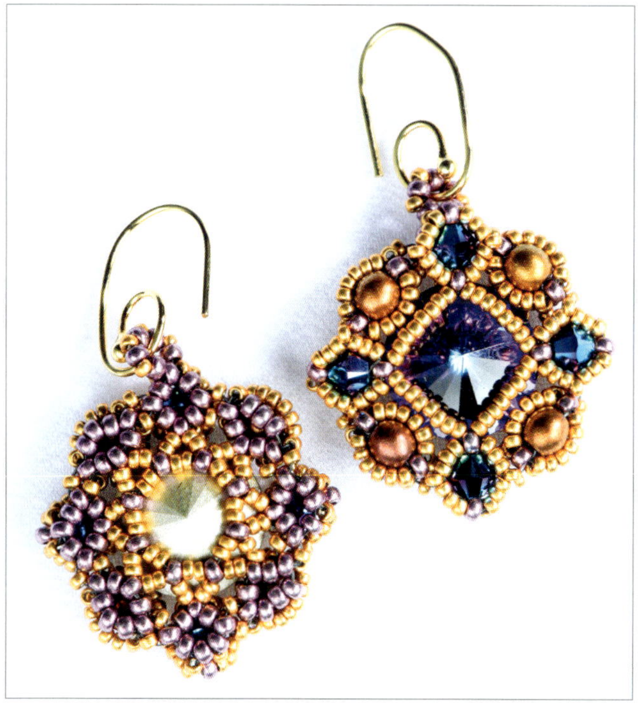

Fertigstellung

Arbeiten Sie einen zweiten Ohrhänger ebenso und hängen Sie die Perlenösen in die Ohrhaken.

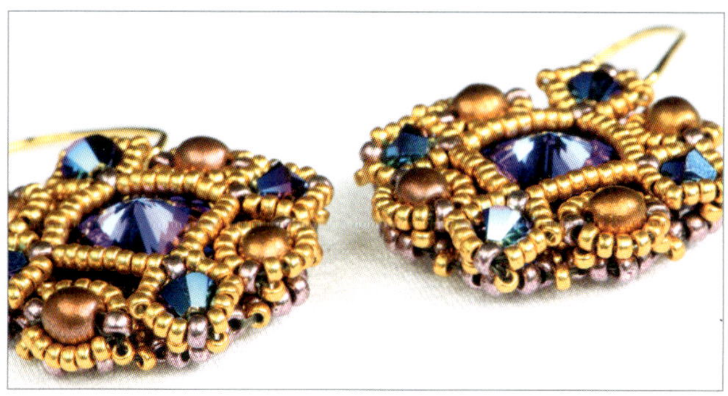

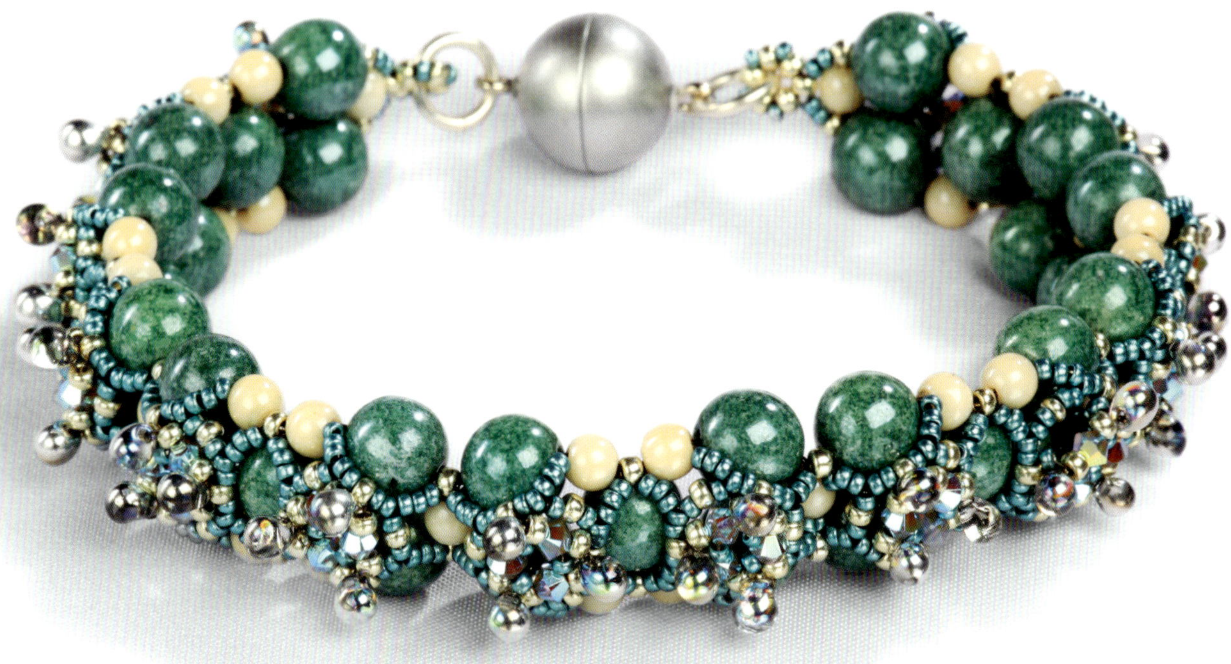

ARMBAND "TRIPLE EMBRACES"

Manchmal ist die Basistechnik eines Musters nicht da, wo man sie erwarten würde. Hier steckt der Grundstich in den großen, runden Perlen und die Verzierungen verstärken und formen ihn.

1 Nehmen Sie 1x Rundperle 8 mm gefolgt von 1x Rundperle 4 mm auf und wiederholen Sie dies zwei weitere Male, sodass Sie sechs Perlen auf der Nadel haben. Formen Sie einen kleinen Kreis, indem Sie nochmals durch alle Perlen fädeln und kommen Sie am Ende aus einer Rundperle 4 mm heraus (Grafik 1).

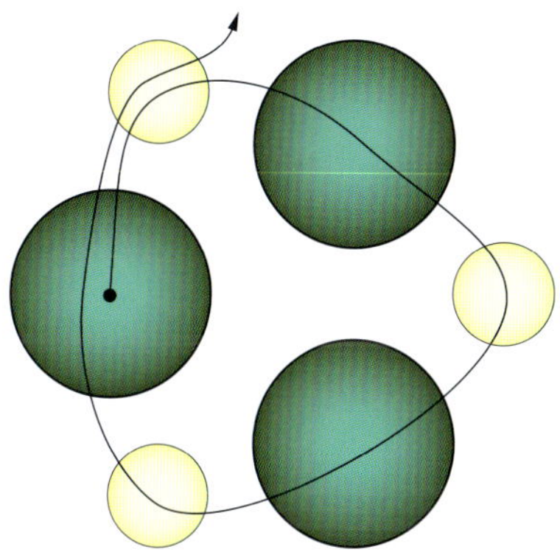

Grafik 1

2 Nehmen Sie 5x 15/0, 1x 11/0 und 5x 15/0 Perlen auf, überspringen Sie die Rundperle 8 mm und fädeln Sie durch die folgende Rundperle 4 mm. Wiederholen Sie dies zwei weitere Male und formen Sie so kleine Bögen (Grafik 2).

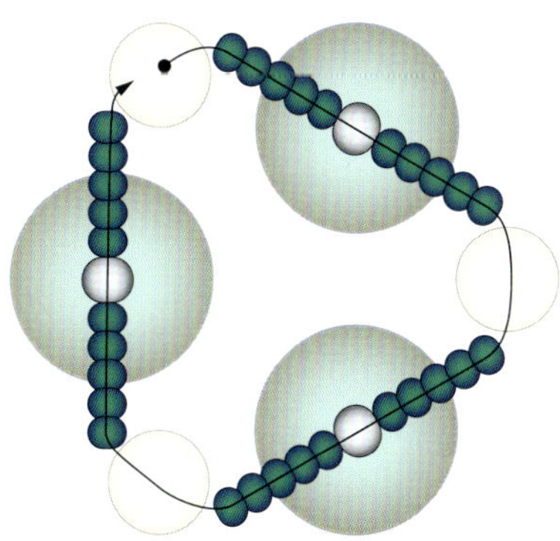

Grafik 2

3 Fädeln Sie so vor, dass Sie mit der Nadel aus einer 11/0 Perle herauskommen. Nehmen Sie 1x 11/0 Perle, 1x Doppelkegel und 1x 11/0 Perle auf und fädeln Sie durch die 11/0 Perle in der Mitte des nächsten Bogens. Wiederholen Sie dies zwei weitere Male, um die Runde zu vervollständigen (Grafik 3).

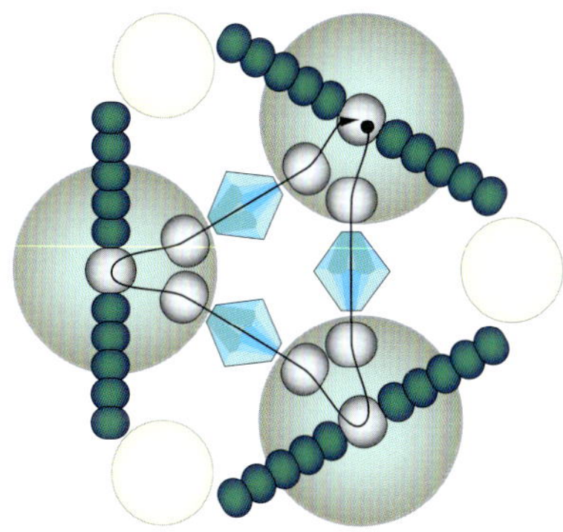

Grafik 3

4 Kommen Sie mit der Nadel aus einem Doppelkegel heraus, nehmen Sie 1x 15/0 Perle auf und fädeln Sie durch den folgenden Doppelkegel. Wiederholen Sie dies zwei weitere Male, um die Runde zu vervollständigen (Grafik 4).

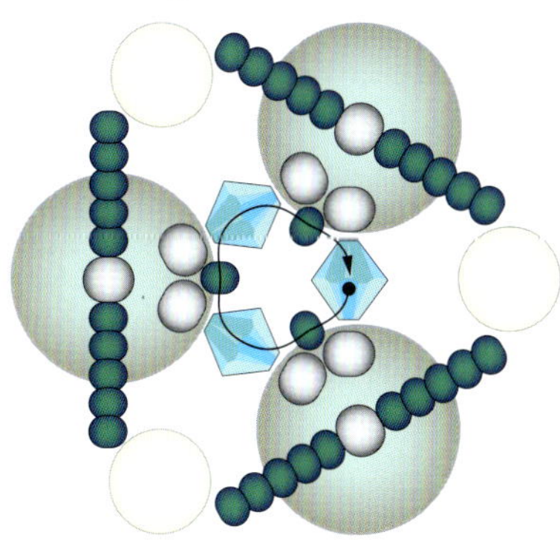

Grafik 4

5 Beginnen Sie an einem Doppelkegel und fädeln Sie durch die folgende 11/0 Perle. Nehmen Sie 1x Tropfenperle auf, überspringen Sie die 11/0 Perle aus Schritt 2 und fädeln Sie durch die nächste 11/0 Perle (aus Schritt 3), den folgenden Doppelkegel und die folgende 11/0 Perle. Nehmen Sie eine

MATERIAL

- 35 Rundperlen, 8 mm, Sea Green
- 36 Rundperlen, 4 mm, Ivory
- 42 Doppelkegel, 3 mm, Air Blue Opal 2xAB
- 2 g Tropfen, 3,4 mm, Crystal Silver
- 4 g Saatperlen, 11/0, Silver
- 4 g Saatperlen, 15/0, Sea Green
- 2 Biegeringe, 5 mm, 16 Gauge
- 1 Magnetverschluss
- FireLine, 6 lb
- Nadel, Stärke 12
- Schere
- Flachzange

GRÖSSE

21 x 1,5 cm, ohne Verschluss

Tropfenperle auf, überspringen Sie die mittlere 11/0 Perle und fädeln Sie durch die folgende 11/0 Perle, Doppelkegel und 11/0 Perle. Wiederholen Sie den letzten Schritt einmal, um eine dritte Tropfenperle hinzuzufügen. Sollte die Mitte noch zu locker sein, fädeln Sie ein zweites Mal durch die Perlen der letzten Runde (Grafik 5).

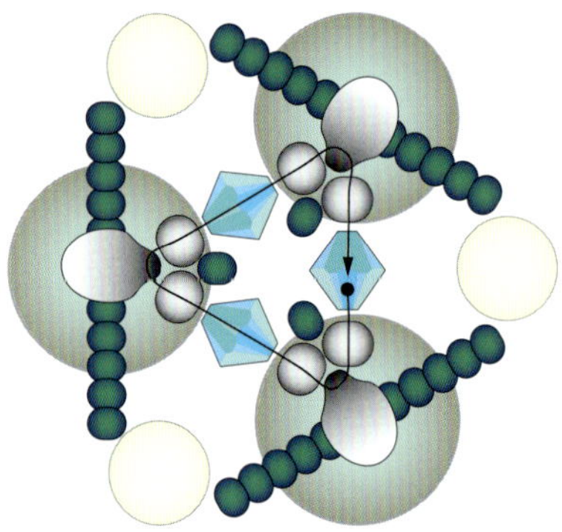

Grafik 5

6 Fädeln Sie zu einem Bogen aus Schritt 2 zurück. Fädeln Sie, von der mittleren 11/0 Perle aus gezählt, durch die nächsten beiden 15/0 Perlen vor. Nehmen Sie 1x 15/0, 1x 11/0 und 1x 15/0 Perle auf und fädeln Sie durch die beiden 15/0, eine 11/0 und die beiden 15/0 Perlen des nächsten Bogens vor. Wiederholen Sie dies zwei weitere Male (Grafik 6).

Das erste Element ist fertig. Fädeln Sie so vor, dass Sie mit der Nadel aus einer Rundperle 8 mm herauskommen.

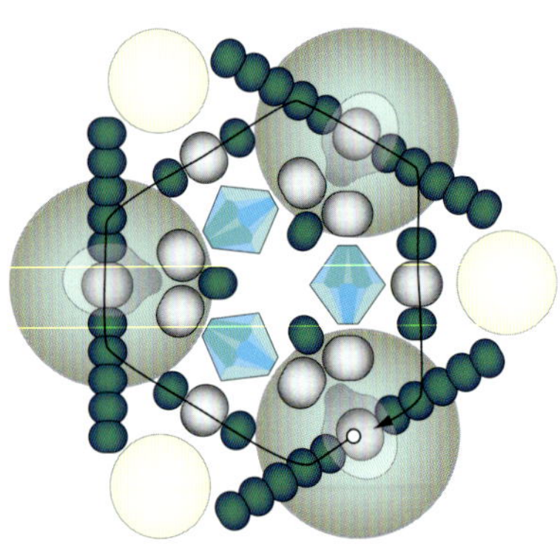

Grafik 6

7 Beginnend bei der Rundperle 8 mm, fädeln Sie nun einen weiteren Kreis wie in Schritt 1 beschrieben. Nehmen Sie dazu 1x Rundperle 4 mm, 1x 8 mm, 1x 4 mm, 1x 8 mm und 1x 4 mm auf und fädeln Sie nochmals durch die Rundperle 8 mm, aus der der Faden kommt. Dies ist die Basis für Ihr nächstes Element. Wiederholen Sie ab hier die Schritte 2 bis 6 (Grafik 7).

Fädeln Sie, wenn Sie das zweite Element fertiggestellt haben, entlang des Bogenpaares über der verbindenden Rundperle 8 mm und kommen Sie mit der Nadel aus einer 15/0 Perle am Ende eines Bogens heraus. Nehmen Sie 1x 11/0 Perle auf und fädeln Sie in den zweiten Bogen. Wiederholen Sie dies auf der anderen Seite (Grafik 7, roter Fadenlauf und rote Umrandungen).

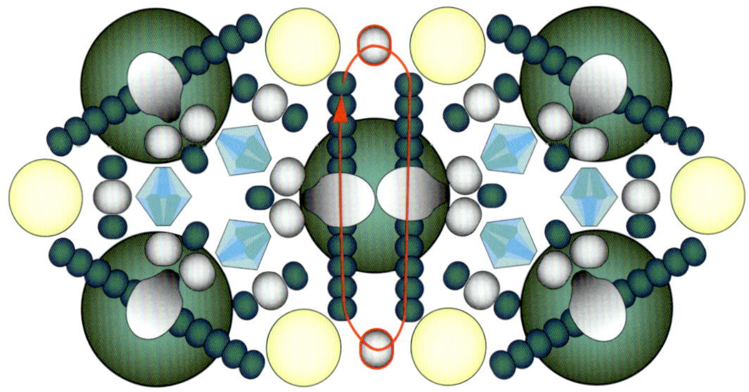

Grafik 7

8 Wenn Sie das zweite Element fertiggestellt haben, beginnen Sie das nächste Element an der in Schritt 7 hinzugefügten Rundperle 4 mm. Verwenden Sie diese Rundperle 4 mm für den neuen Basiskreis mit, und verzieren Sie das Element wie in den Schritten 2 bis 6 beschrieben.

Ist dieses Element fertiggestellt, verbinden Sie die Bögen um diese Rundperlen 4 mm, die nun die Elemente zwei und drei verbindet. Folgen Sie dem roten Fadenlauf in Grafik 8 und beginnen Sie an der in Schritt 6 hinzugefügten 11/0 Perle, fädeln durch die folgende 15/0 Perle und durch die letzten drei 15/0 Perlen des Bogens über der

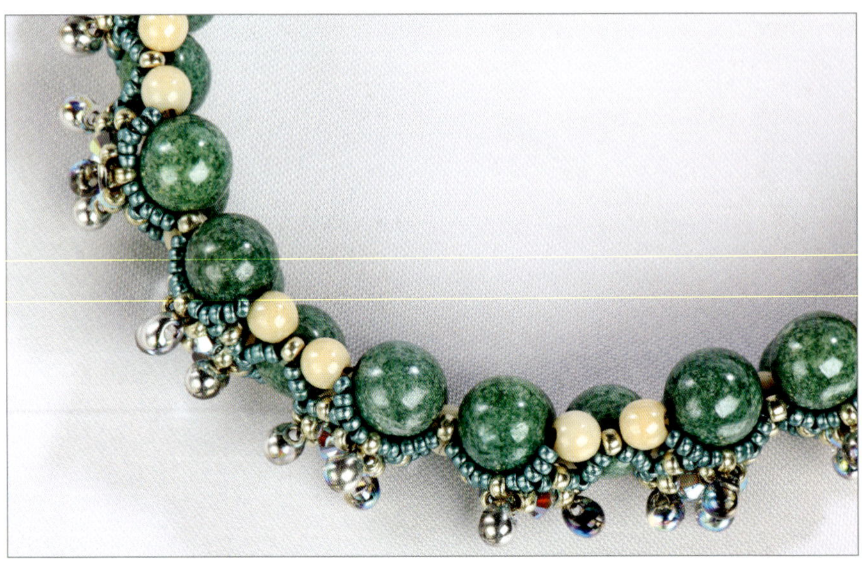

Rundperle 8 mm. Nehmen Sie 1x 11/0 Perle auf (Grafik 8, rote Umrandung oben) und fädeln Sie durch die ersten drei 15/0 Perlen des Bogens über der nächsten Rundperle 8 mm des benachbarten Elements. Fädeln Sie durch die 15/0, 11/0 und 15/0 Perle aus Schritt 6 und die drei letzten drei 15/0 Perlen des Bogens über der nächsten Rundperle 8 mm vor. Nehmen Sie 1x 11/0 Perle auf (Grafik 8, rote Umrandung unten) und fädeln Sie durch die folgenden drei 15/0 Perlen des nächsten Bogens. Die beiden Elemente sind nun miteinander verbunden. Beginnen Sie jetzt wieder an der Rundperle 8 mm, die der verbindenden Rundperle 4 mm gegenüberliegt.

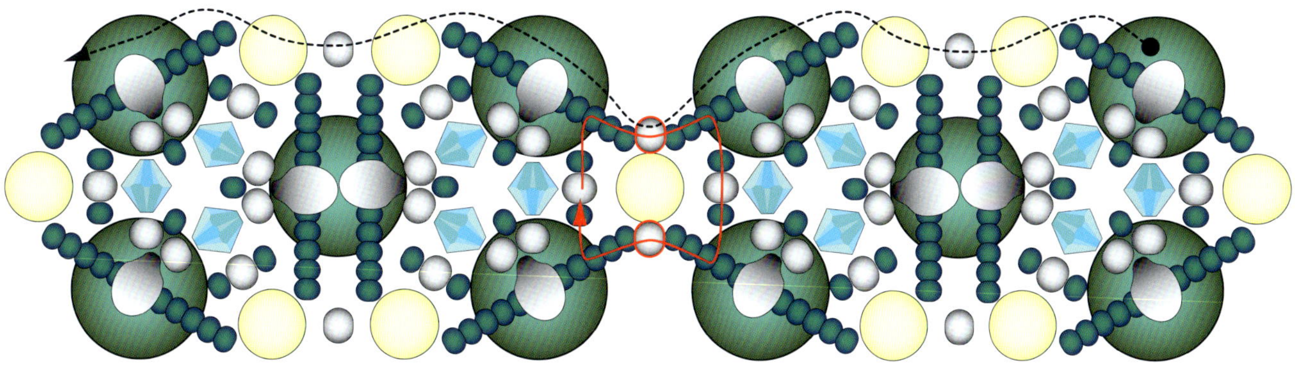

Grafik 8

9 Arbeiten sie Element nach Element und wechseln Sie dabei die Startperle zwischen der Rundperle 8 mm und 4 mm, bis Sie die gewünschte Länge erreicht haben. Beginnen und beenden Sie das Armband mit einer Rundperle 4 mm.

10 Fügen Sie an beiden Enden des Armbands je eine Perlenöse an. Kommen Sie dazu mit der Nadel aus der 15/0 Perle vor der Rundperle 4 mm heraus und nehmen Sie 2x 15/0, 1x 11/0 und 2x 15/0 Perlen auf. Überspringen Sie die Rundperle und fädeln Sie durch die ersten drei 15/0 Perlen nach dieser. Fädeln Sie durch die drei Perlen (15/0, 11/0 und 15/0 Perle), die denen aus Schritt 6 entsprechen und durch die letzten drei 15/0 Perlen des Bogens (Sie kommen dort heraus, wo Sie begonnen haben). Fädeln Sie, wenn moglich, eln zweites Mal durch die Perlen dieses Kreises und kommen Sie mit der Nadel aus der neu hinzugefügten 11/0 Perle heraus. Nehmen Sie 5x 11/0 Perlen auf und fädeln Sie erneut durch die Perle, aus der der Faden kommt, und ein zweites Mal durch die Perlen der Öse. Fädeln Sie ein letztes Mal durch die Perlen der Öse und fügen Sie in der zweiten, dritten, vierten und fünften Lücke je 1x 15/0 Perle hinzu (Grafik 9).

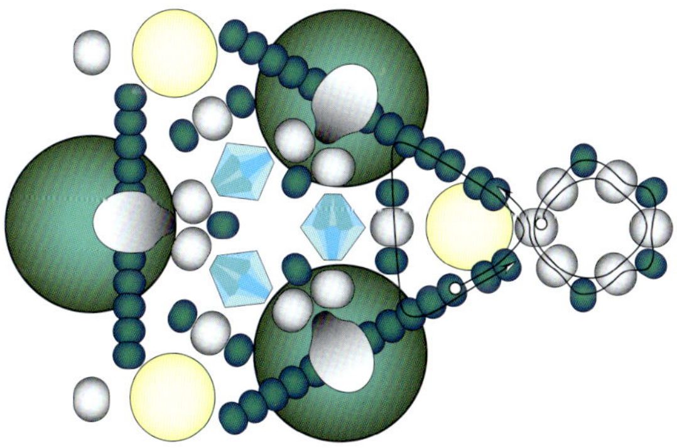

Grafik 9

11 Fädeln Sie, nachdem Sie das Armand fertiggestellt haben, entlang der Perlen der Außenkanten. Sie können diesen Schritt auslassen, wenn Ihre Fadenspannung so straff ist, dass sie nicht mehr durch die Perlen fädeln können.

Schauen Sie auf den gestrichelten Fadenlauf in Grafik 8. Beginnen Sie an der Rundperle 8 mm und fädeln Sie durch die folgende Rundperle 4 mm, die in Schritt 7 hinzugefügte 11/0 Perle, die nächste Rundperle 8 mm und die folgende Rundperle 4 mm. Fädeln Sie weiter durch die in Schritt 8 hinzugefügte 11/0 Perle und die Rundperlen 4 mm und 8 mm. Dieser Schritt zieht die 11/0 Perlen aus Schritt 7 und 8 ein wenig zwischen die Rundperlen.

Fertigstellung

Hängen Sie den Verschluss mithilfe der Biegeringe in die Perlenösen.

MATERIAL

- 6 Rivoli, 8 mm (SS39), Lilac
- 72 Doppelkegel, 3 mm, Mint Alabaster 2xAB
- 7 g Saatperlen, 11/0, Matte Brown
- 4 g Saatperlen, 11/0, Gold-Violet
- 2 g Saatperlen, 15/0, Brown
- 2 g Saatperlen, 15/0, Gold
- 2 Biegeringe, 5 mm, 16 Gauge
- 1 Magnetverschluss
- FireLine, 6 lb
- Nadel, Stärke 12
- Schere
- Flachzange

GRÖSSE

17,5 x 1,5 cm, ohne Verschluss

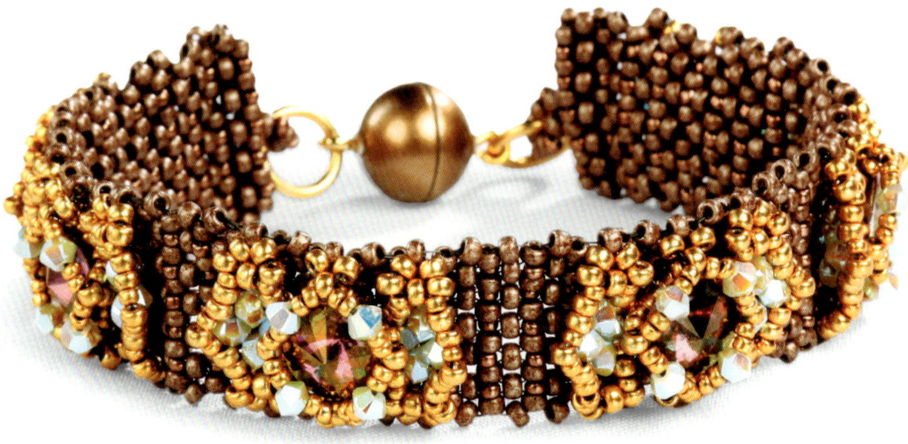

ARMBAND "A FINE ROMANCE"

Dieses Armband verwendet den schnellen Right-Angle-Weave Stich, bei dem Sie die Perlen in nur einer Richtung fädeln. Zuerst wird die Basis in diesem schnellen Stich gearbeitet und dann werden über dieser Basis Brücken gefädelt und diese mit eingefassten Rivoli verbunden. Die Anzahl der Reihen der Basis muss durch 8 teilbar sein, dann müssen Sie drei Reihen addieren (11, 19, 27 etc.).

1 Für die Basis werden ausschließlich 15/0 und 11/0 Perlen der Farbe Brown verwendet. Lassen Sie einen ca. 30 cm langen Fadenrest übrig, um mit diesem später das Armand fertigzustellen.

Folgen Sie Grafik 1 und nehmen Sie 4x 11/0 Perlen für die erste Right-Angle-Weave Einheit auf. Arbeiten Sie weiter im RAW-Stich und fädeln Sie einen Streifen aus 6 Einheiten. Kommen Sie mit der Nadel aus der ersten Perle am Rand heraus (siehe roter Fadenlauf in Grafik 1).

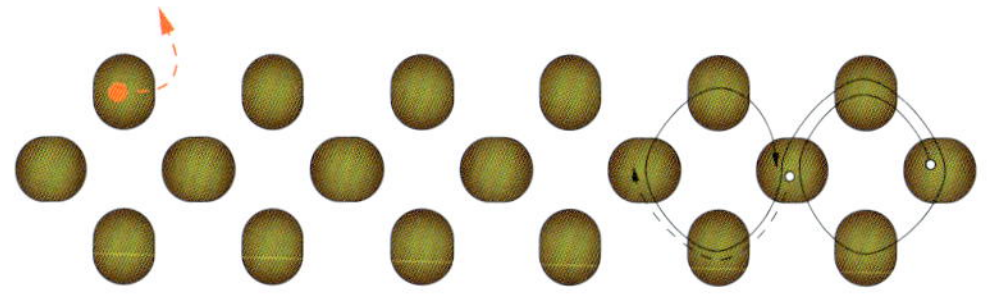

Grafik 1

2 Nehmen Sie 3x 11/0 Perlen auf und fädeln Sie nochmals durch die 11/0 Perle, aus der der Faden kommt. Nehmen Sie 1x 15/0 Perle auf und fädeln Sie durch die folgende 11/0 Perle vor (Grafik 2).

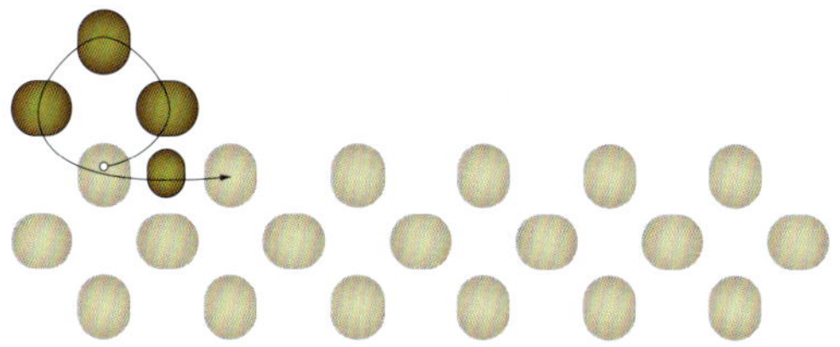

Grafik 2

Nehmen Sie 2x 11/0 Perlen auf und fädeln Sie durch die nächste 11/0 Perle der vorigen Einheit und dann weiter durch die 11/0 Perle, aus der der Faden kommt. Nehmen Sie 1x 15/0 Perle auf und fädeln Sie durch die nächste 11/0 Perle des Streifens. Wiederholen Sie dies, bis Sie das Ende der Reihe erreichen (Grafik 3). Arbeiten Sie dann weitere dieser Reihen, bis die Basis des Armbands die gewünschte Länge erreicht hat - hier sind es 51 Reihen (48 plus 3 Reihen).

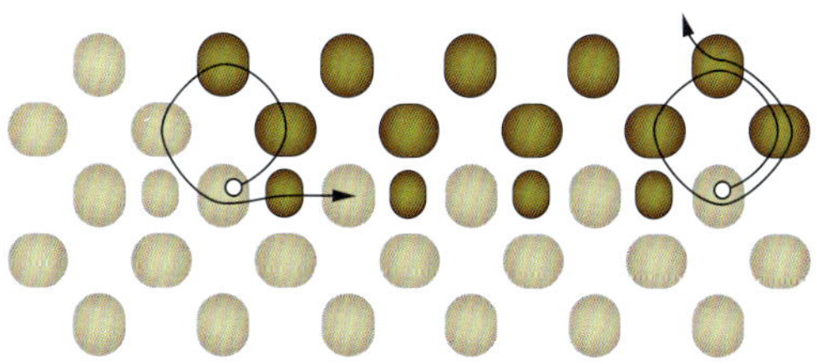

Grafik 3

3 Rollen Sie das Ende des Armbands ein und fädeln Sie die letzte Reihe (Reihe 51 ist in Grafik 4 grün umrandet) an die Reihe, welche sich zwei Reihen davor befindet (dies ist die Reihe 49 und in Grafik 4 rot umrandet). Dazu kommen Sie mit der Nadel aus einer Perle der Reihe 51 in Richtung der Perlenarbeit (nicht der Außenseite) heraus, nehmen 1x 11/0 Perle auf und fädeln im Kreis durch die entsprechende Perle der Reihe 49. Nehmen Sie erneut 1x 11/0 Perle auf und fädeln Sie durch die Perle, aus der der Faden kommt.

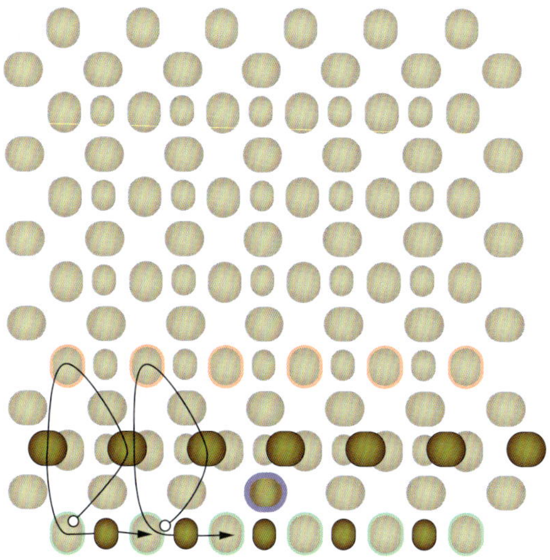

Grafik 4

Nehmen Sie als nächstes 1x 15/0 Perle auf und fädeln Sie durch die nächste 11/0 Perle der Reihe 51. Nehmen Sie wieder 1x 11/0 Perle auf und fädeln Sie durch die entsprechende 11/0 Perle der Reihe 49, durch die nächste in diesem Schritt hinzugefügte 11/0 Perle und dann durch die 11/0 Perle, aus der der Faden kommt.

Nehmen Sie wieder 1x 15/0 Perle auf und fädeln Sie durch die folgende 11/0 Perle der Reihe 51. Wiederholen Sie dies, bis das gesamte Ende des Armbands zusammengefädelt ist.

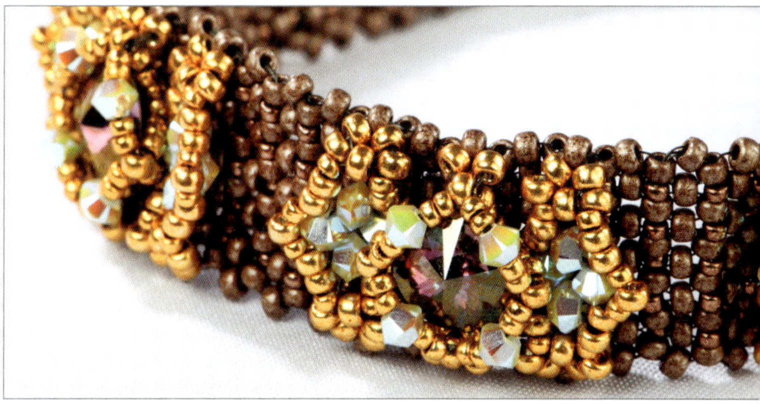

4 Arbeiten Sie jetzt eine Öse. Beginnen Sie dazu an der senkrechten Perle in der Mitte des Armbandendes (Grafik 4, lilafarben umrandet). Mit der Nadel aus dieser Perle kommend, nehmen Sie 5x 11/0 Perlen auf und fädeln nochmals durch die Perle, aus der der Faden kommt. Fädeln Sie ein zweites Mal durch die Perlen und dann ein drittes Mal. Fügen Sie beim dritten Mal je 1x 15/0 Perle in die zweite, dritte, vierte und fünfte Lücke zwischen den 11/0 Perlen hinzu.

Wiederholen Sie die Schritte 3 und 4 am anderen Ende des Armbands.

5 Jetzt wird eine Verzierung zwischen zwei 11/0 Randperlen des Armbands gearbeitet. Verwenden Sie von nun an nur noch goldfarbene Saatperlen.

Folgen Sie Grafik 5 und kommen Sie mit der Nadel aus der 11/0 Perle der vierten Reihe am Rand des Armbands heraus (die Verbindungsreihe zählt nicht, aber die eingerollten!). Nehmen Sie 3x 11/0 Perlen auf und fädeln Sie nochmals durch die Perle, aus der der Faden kommt und weiter, sodass Sie aus der soeben als zweites hinzugefügten Perle herauskommen. Nehmen Sie 1x 15/0, 1x 11/0 Perle, 1x Doppelkegel, 1x 11/0 und 1x 15/0 Perle auf und fädeln Sie nochmals durch die Perle, aus der der Faden kommt. Fädeln Sie so vor, dass Sie aus dem Doppelkegel herauskommen.

Nehmen Sie 3x Doppelkegel auf und fädeln Sie nochmals durch den Doppelkegel, aus dem der Faden kommt. Fädeln Sie dann so vor, dass Sie mit der Nadel aus dem als zweites hinzugefügten Doppelkegel herauskommen.

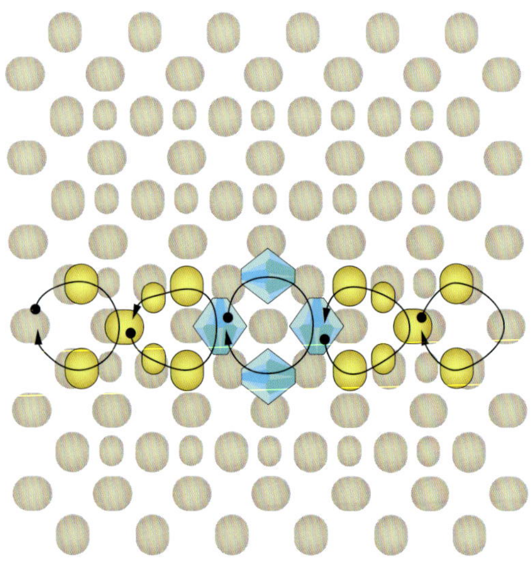

Grafik 5

Schauen Sie weiter auf Grafik 5 und nehmen Sie 1x 11/0, 1x 15/0, 1x 11/0, 1x 15/0 und 1x 11/0 Perle auf und fädeln Sie durch den Doppelkegel, aus dem der Faden kommt. Fädeln Sie durch die nächste 11/0 und 15/0 Perle vor und kommen Sie dann aus der als zweites hinzugefügten 11/0 Perle heraus. Beenden Sie den Schritt, indem Sie 1x 11/0 Perle aufnehmen, durch die 11/0 Perle derselben Reihe am anderen Rand fädeln, nochmals 1x 11/0 Perle aufnehmen und durch die 11/0 Perle fädeln, aus der der Faden kommt. Somit haben Sie eine Verbindung im RAW-Stich zwischen beiden Rändern gearbeitet.

6 Mit der Nadel aus der in Grafik 6 gezeigten Perle kommend, füllen Sie die Lücken am Rand der Verbindung (in Grafik 6 schwarz umrandet). Fügen Sie je 1x 11/0 Perle in die Lücke vor der 15/0 Perle, in die Lücken vor und nach dem Doppelkegel und in die Lücke nach der folgenden 15/0 Perle. Wiederholen Sie dies auf der anderen Seite der Verbindung (Grafik 6).

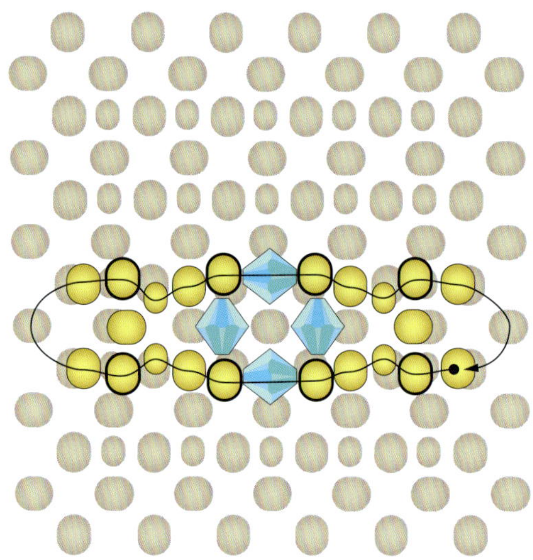

Grafik 6

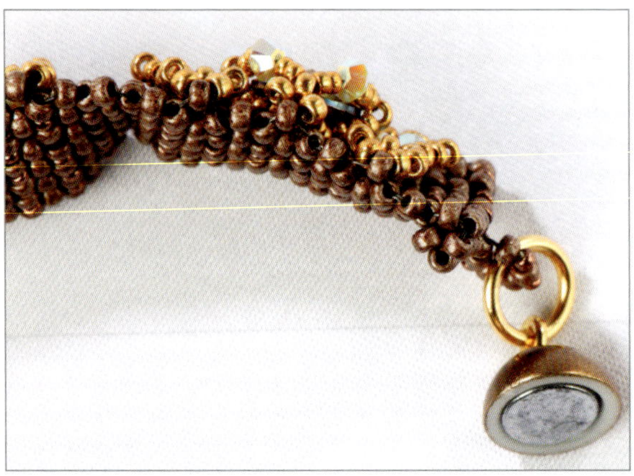

7 Kommen Sie mit der Nadel aus einer 11/0 Perle vor einem Doppelkegel heraus und nehmen Sie 1x 15/0, 1x 11/0 und 1x 15/0 Perle auf, überspringen Sie den Doppelkegel und fädeln sie durch die folgende 11/0 Perle (Grafik 7). Wiederholen Sie dies am anderen Rand der Verbindung.

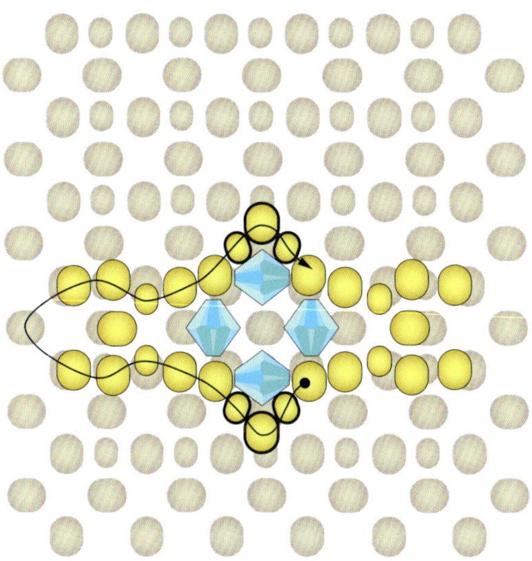

Grafik 7

8 Beginnen Sie an der achten Reihe und arbeiten Sie eine zweite Verbindung, indem Sie die Schritte 5 bis 7 wiederholen (es befinden sich drei Reihen der Basis zwischen den beiden Verbindungen). Wenn die zweite Verbindung fertiggestellt ist, wird sie mit der ersten durch einen eingefassten Rivoli verbunden.

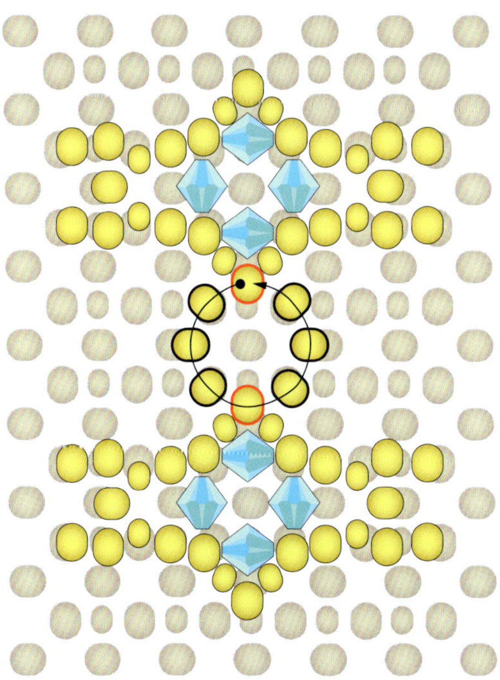

Grafik 8

Kommen Sie dazu mit der Nadel aus der 11/0 Perle über dem Doppelkegel (in der letzten Runde der Verbindung hinzugefügt und in Grafik 8 rot umrandet) heraus, nehmen Sie 3x 11/0 Perlen auf und fädeln durch die entsprechende 11/0 Perle über dem Doppelkegel der vorigen Verbindung. Nehmen Sie 3x 11/0 Perlen auf und fädeln Sie durch die Perle, aus der der Faden kommt und dann nochmals durch alle Perlen des Kreises. Am Ende kommen Sie mit der Nadel aus der Perle heraus, an der dieser Schritt begann.

9 Nehmen Sie 3x 15/0, 1x 11/0 und 3x 15/0 Perlen auf und fädeln Sie nochmals durch die Perle, aus der der Faden kommt. Fädeln Sie so vor, dass Sie mit der Nadel aus der in Schritt 8 als zweites hinzugefügten 11/0 Perle kommen und arbeiten Sie hier eine identische Schlaufe. Wiederholen Sie dies noch zwei weitere Male an der fünften und siebten Perle des Kreises, wie Grafik 9 zeigt. Am Ende kommt die Nadel aus der Perle, an der dieser Schritt begann.

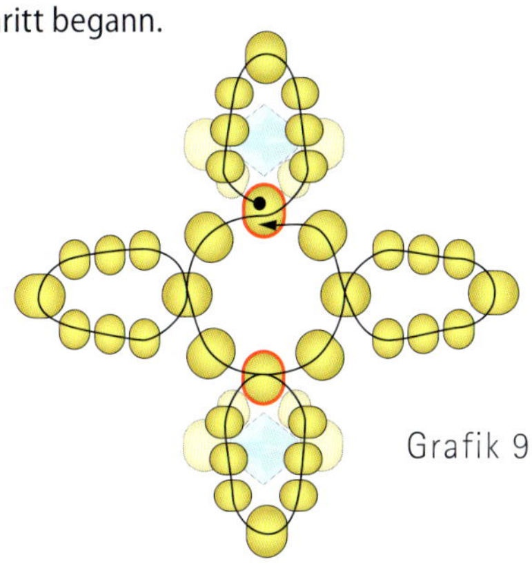

Grafik 9

10 Schauen Sie auf Grafik 10 und fädeln Sie durch die sieben Perlen der ersten Schlaufe und dann - hier ändert sich die Fädelrichtung - weiter durch die letzte 11/0 Perle des Kreises aus Schritt 8. Fädeln Sie durch die sieben Perlen dieser Schlaufe und dann weiter im Kreis herum. Aus den Schlaufen werden jetzt Bögen, die mit den anderen 11/0 Perlen des Kreises verbunden sind.

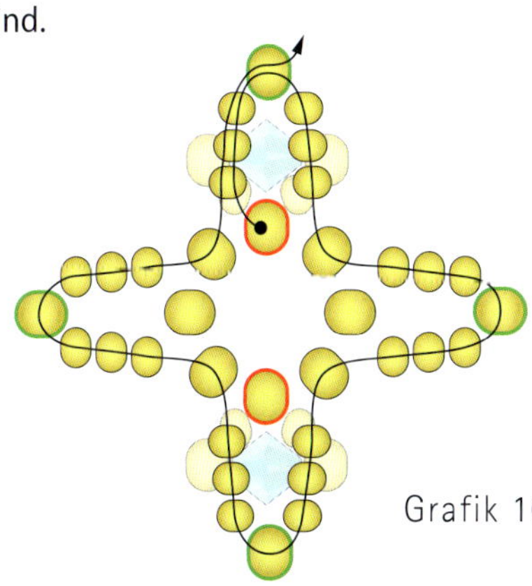

Grafik 10

11 Nehmen Sie, mit der Nadel aus einer 11/0 Perle kommend, die in Grafik 10 und 11 grün umrandet ist, 2x 15/0 Perlen, 1x Doppelkegel und 2x 15/0 Perlen auf und fädeln Sie durch die 11/0 Perle in der Spitze des nächsten Bogens. Wiederholen Sie dies drei weitere Male, legen Sie den Rivoli mit dem Gesicht nach oben ein und fädeln Sie nochmals durch die Perlen der letzten Runde, überspringen Sie jedoch die grün umrandeten 11/0 Eckperlen (Grafik 11). Fädeln Sie nochmals durch die Perlen, um den Fadenlauf zu verstärken.

Hinweis: Es ist wichtig, dass die Einfassung eine starke Fadenspannung hat, denn sonst könnte der Rivoli herausfallen.

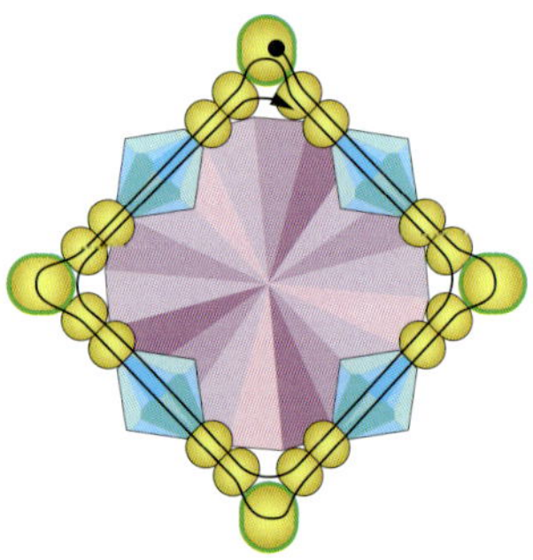

Grafik 11

12 Verbinden Sie die nach außen weisenden 11/0 Perlen an den Ecken der Rivoli-Einfassung mit dem Rand des Armbands im RAW-Stich. Kommen Sie dazu mit der Nadel aus einer 11/0 Einfassungsperle heraus, nehmen Sie 1x 11/0 Perle auf und fädeln Sie durch die 11/0 Perle Brown am Rand der Armbandbasis. Folgen Sie dem schwarzen Fadenlauf in Grafik 12, nehmen Sie 1x 11/0 Perle auf und fädeln Sie durch die Perle, aus der der Faden kommt. Fädeln Sie zur Verstärkung nochmals durch diese vier Perlen und wiederholen Sie den Schritt auf der anderen Seite des Armbands.

Eine Verzierung ist nun fertiggestellt. Überspringen Sie drei Reihen der Armbandbasis und beginnen Sie die nächste Verzierung an der vierten Reihe. Arbeiten Sie insgesamt sechs solcher Verzierungen auf dem Armband.

Fertigstellung

Hängen Sie den Verschluss mithilfe der Biegeringe in die Perlenösen. Wenn Sie das Armband verlängern möchten, können Sie entweder weitere Reihen zwischen den Verzierungen hinzufügen, oder einige Reihen am Anfang und am Ende des Armbands anfädeln.

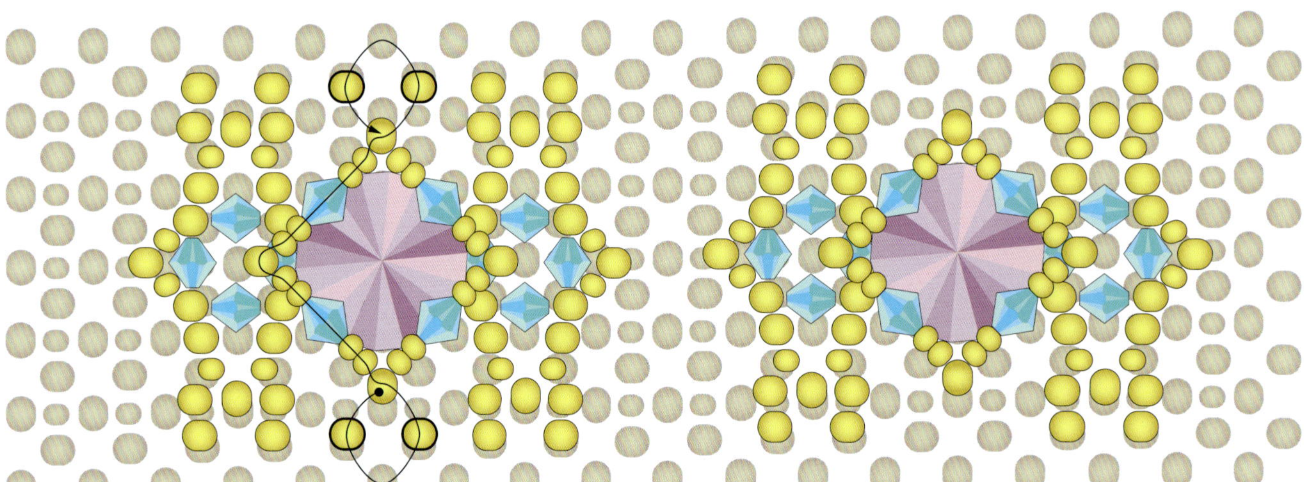

Grafik 12

OHRHÄNGER "AUNT LENI"

Dieses Paar Ohrhänger ist eine Variante des Armbands "Aunt Leni", welches auf Seite 65 beginnt. Die Verwendung von Zylinderperlen an bestimmten Positionen verleiht der Basis ihre Festigkeit.

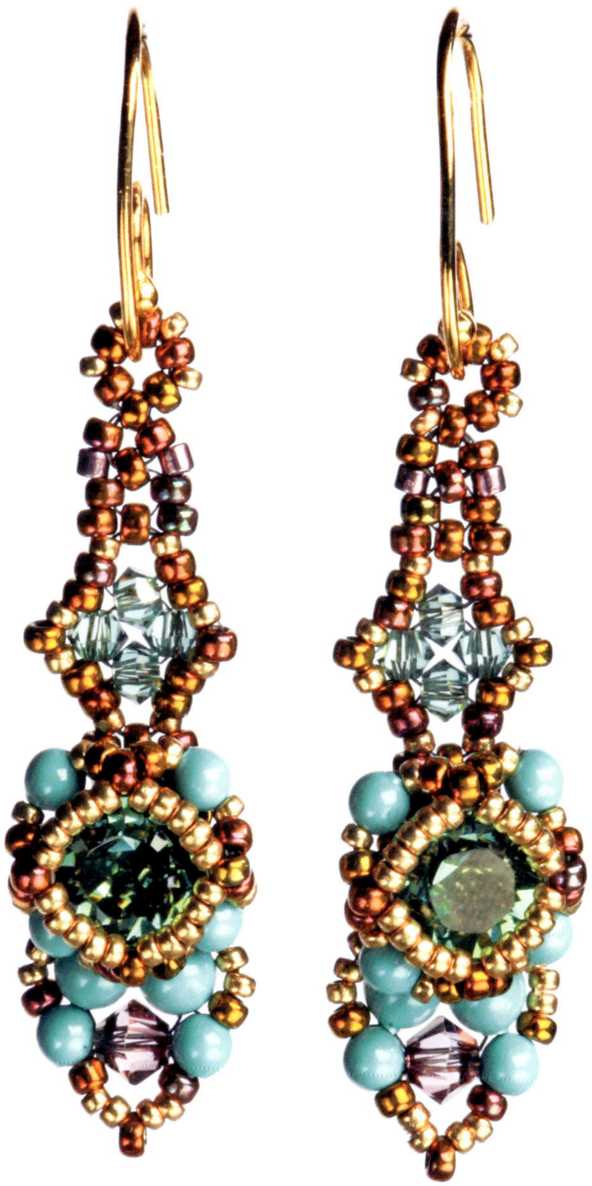

MATERIAL

2 Chatons, 8 mm, Erinite

2 Doppelkegel, 4 mm, Antique Pink

8 Doppelkegel, 3 mm, Erinite AB

4 Rundperlen, 4 mm, Jade

12 Rundperlen, 3 mm, Jade

1 g Saatperlen, 11/0, Golden Iris

1 g Saatperlen, 15/0, Light Gold

1 g Zylinderperlen, 11/0, Metallic Rose

1 Paar Ohrhaken

FireLine, 6 lb

Nadel, Stärke 12

Schere

Flachzange

GRÖSSE

4,5 x 1,5 cm

1 Nehmen Sie 4x 11/0 Perlen auf und formen Sie diese zu einem Ring. Fädeln Sie nochmals durch die Perlen, um den Faden zu sichern. Arbeiten Sie dann eine Perlenöse, indem Sie 5x 11/0 Perlen aufnehmen, und nochmals durch die Perle fädeln, aus der der Faden kommt. Fädeln Sie nochmals durch die Perlen der Öse und dann noch ein drittes Mal. Fügen Sie dabei an der zweiten, dritten, vierten und fünften Position je 1x 15/0 Perle hinzu. Fädeln Sie so vor, dass Sie mit der Nadel aus der 11/0 Perle der Anfangseinheit herauskommen, die der Perlenöse gegenüber liegt. Fügen Sie eine weitere Einheit im RAW-Stich aus 3x 11/0 Perlen hinzu (Grafik 1, schwarzer Fadenlauf auf der rechten Seite).

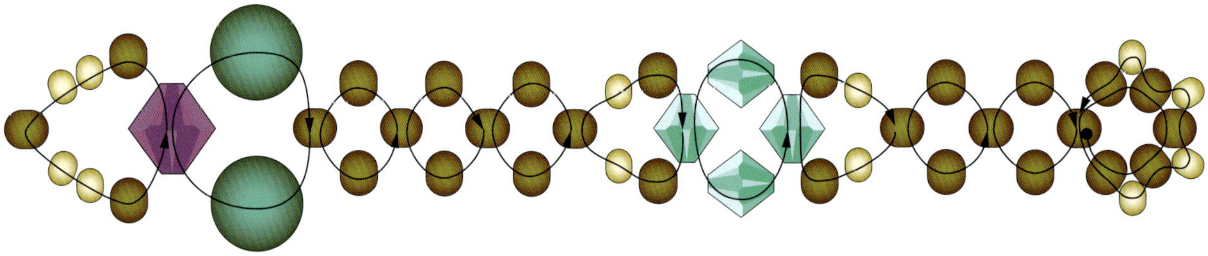

Grafik 1

Schauen Sie in der Grafik weiter nach links und fahren Sie mit der nächsten Einheit fort, indem Sie 1x 15/0, 1x 11/0 Perle, 1x Doppelkegel 3 mm, 1x 11/0 und 1x 15/0 Perle aufnehmen. Fädeln Sie durch die Perle, aus der der Faden kommt und weiter vor, bis die Nadel aus dem Doppelkegel herauskommt. Nehmen Sie 3x Doppelkegel 3 mm auf und fädeln Sie durch den Doppelkegel, aus dem der Faden kommt. Fädeln Sie so vor, dass Sie mit der Nadel aus dem zweiten, soeben hinzugefügten, Doppelkegel herauskommen.

Folgen Sie der Grafik weiter nach links und nehmen Sie 1x 11/0, 1x 15/0, 1x 11/0, 1x 15/0 und 1x 11/0 Perle für die nächste Einheit auf. Fädeln Sie nochmals durch den Doppelkegel und dann so vor, dass Sie mit der Nadel aus der soeben als zweites hinzugefügten 11/0 Perle herauskommen. Fügen Sie dann drei weitere Einheiten aus 11/0 Perlen hinzu.

Nehmen Sie 1x Rundperle 4 mm, 1x Doppelkegel 4 mm und 1x Rundperle 4 mm auf und fädeln Sie durch die 11/0 Perle, aus der der Faden kommt. Fädeln Sie so vor, dass Sie mit der Nadel aus dem Doppelkegel herauskommen. Nehmen Sie 1x 11/0, 2x 15/0, 1x 11/0, 2x 15/0 und 1x 11/0 Perle auf und fädeln Sie nochmals durch den Doppelkegel. Fädeln Sie ein zweites Mal durch die Perlen der letzten Einheit und kommen Sie am Ende mit der Nadel aus der 11/0 Perle vor dem Doppelkegel heraus.

2 Folgen Sie dem Fadenlauf in Grafik 2, nehmen Sie 1x Rundperle 3 mm auf und fädeln Sie um den Streifen herum. Fügen Sie dabei 1x 11/0 Perle in die Lücke nach der Rundperle 4 mm, je 1x Zylinderperle in die nächsten zwei Lücken, je 1x 11/0 Perle in die nächsten vier Lücken und 1x Zylinderperle in die folgende Lücke.

Fädeln Sie durch die Perlen der ersten Einheit, welche in Schritt 1 gearbeitet wurde, überspringen Sie die Perlenöse und fügen Sie hier die Perlen spiegelverkehrt ein. Fädeln Sie dann so vor, dass Sie mit der Nadel aus der in diesem Schritt zuerst hinzugefügten Rundperle 3 mm herauskommen.

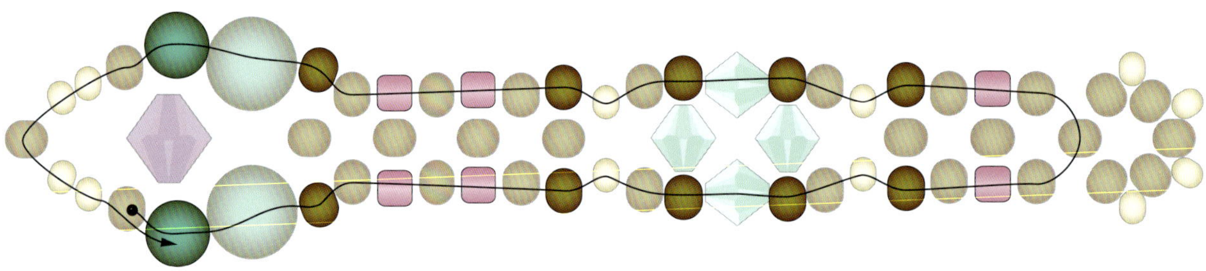

Grafik 2

3 Fügen Sie als nächstes 1x 11/0 und 4x 15/0 Perlen über der Rundperle 4 mm hinzu. Fädeln Sie durch die Perlen der Außenkante und kommen Sie mit der Nadel vor dem Doppelkegel 3 mm heraus. Nehmen Sie 1x 15/0, 1x 11/0 und 1x 15/0 Perle auf, überspringen Sie den Doppelkegel und fädeln Sie weiter durch die Perlen der Außenkante. Folgen Sie der Grafik 3 und fügen Sie der anderen Außenkante spiegelverkehrt die gleichen Perlen hinzu.

Fädeln Sie nochmals durch alle Perlen der Außenkanten, um zum einen den Faden zu sichern, und zum anderen, um die Perlenarbeit zu verstärken. Überspringen Sie die 11/0 Perle in der Spitze (in der Grafik ganz links), damit sich diese besser formt. Kommen Sie am Ende mit der Nadel aus einer der 11/0 Perlen, die in der Grafik halbtransparent und mit einer roten Umrandung dargestellt sind.

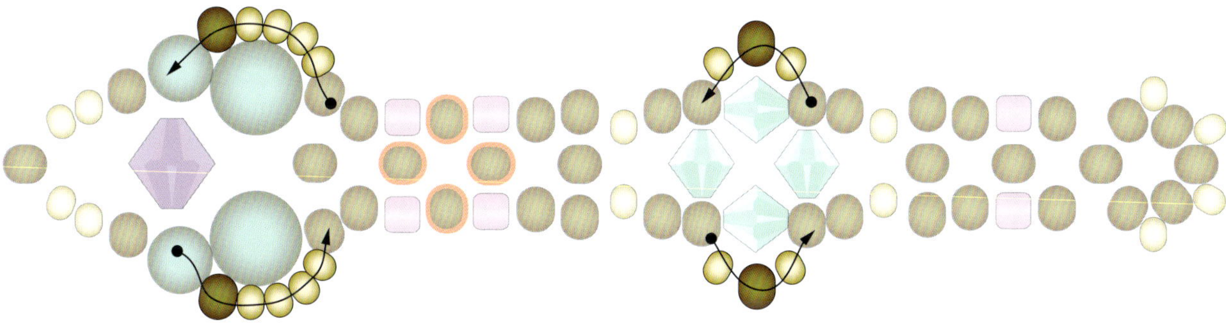

Grafik 3

4 Schauen Sie sich die Schritte 4 bis 8 des Armbands "Aunt Leni" an (Seite 67-68) und fügen Sie dem Streifen, den Sie in den ersten drei Schritten angefertigt haben, einen Chaton hinzu.

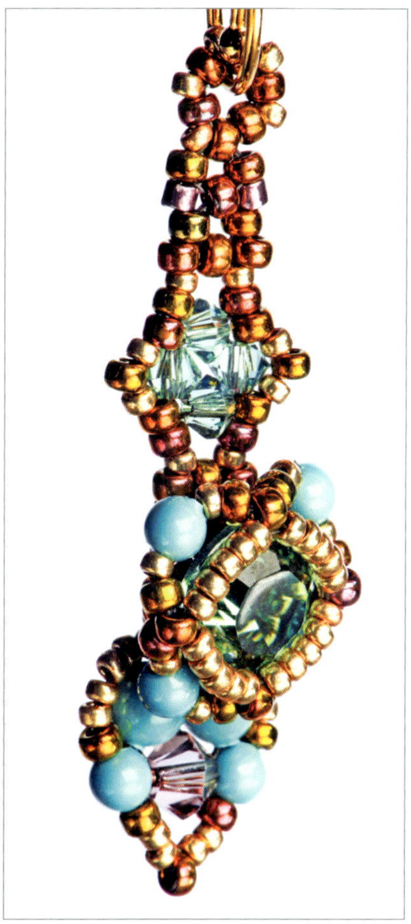

Fertigstellung

Arbeiten Sie einen zweiten Ohrhänger genau wie den ersten und hängen Sie die Ohrhaken in die Perlenösen.

III: Gefädelte Elemente und passende Verbindungen

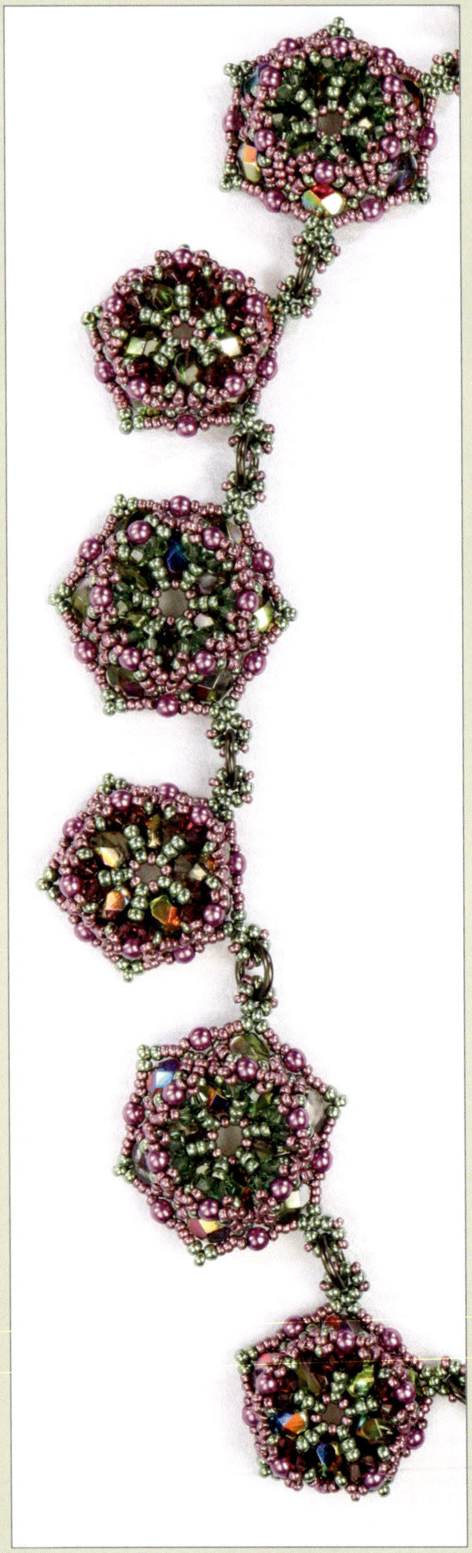

Es kann schwierig sein, gefädelte Elemente so zu verbinden, dass sie sich gut um Ihren Hals oder Ihr Handgelenk legen. Biegeringe können sowohl gut aussehen als auch einzelne Elemente flexibel verbinden, und auch ein Verschluss kann seinen Teil zur Schönheit eines Stückes beitragen.

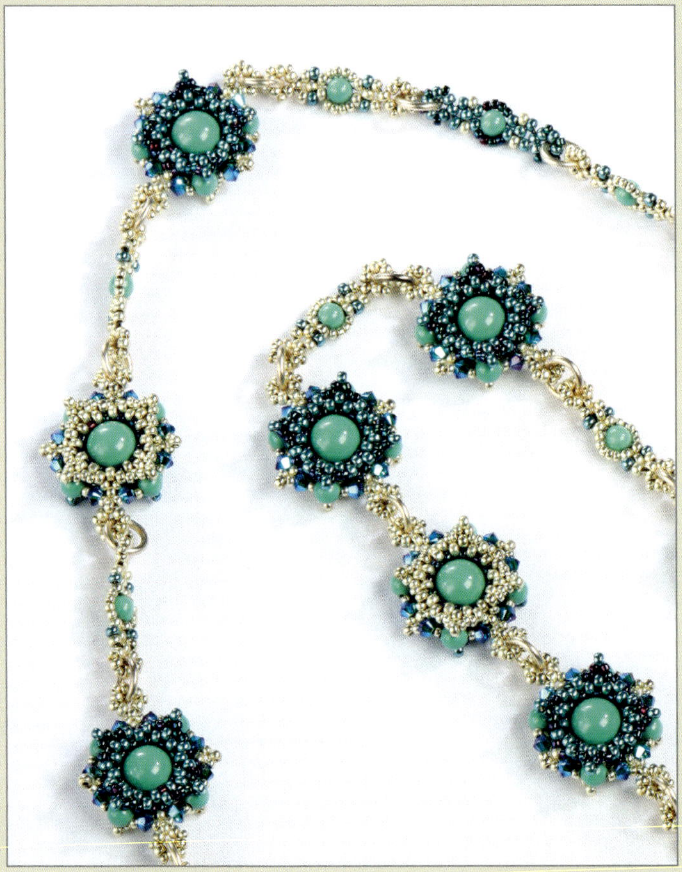

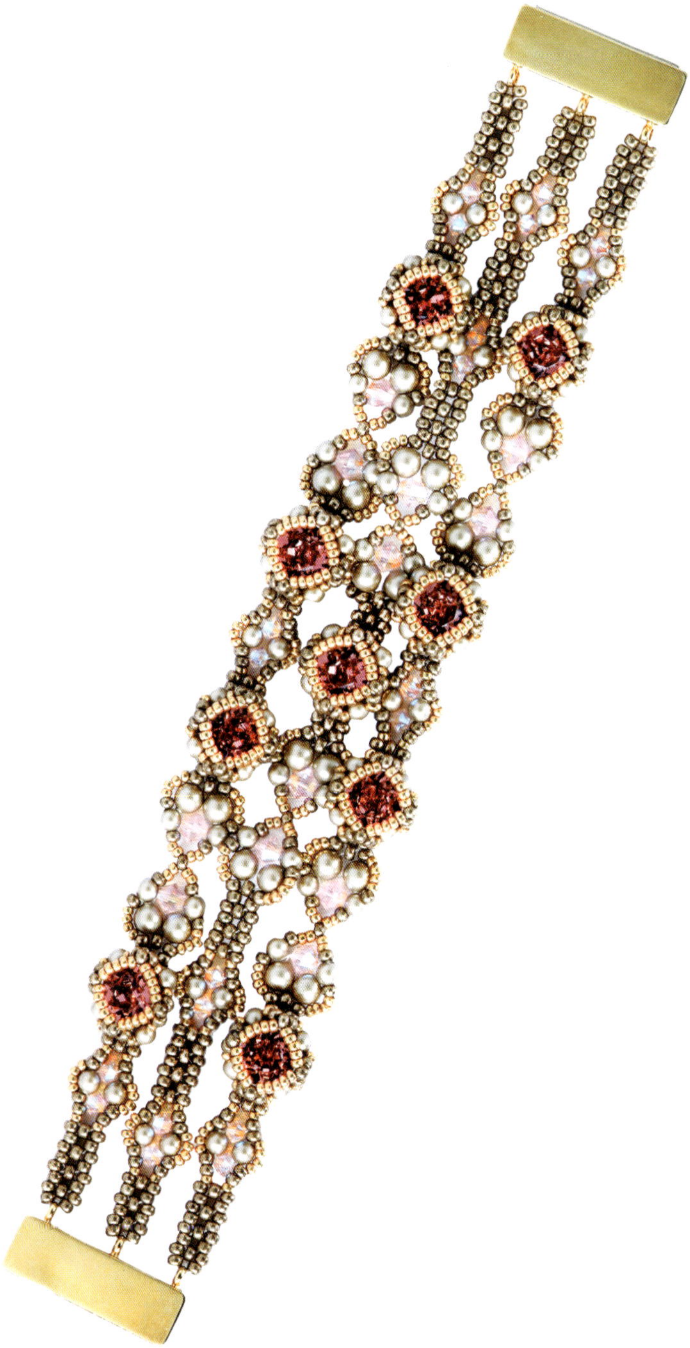

ARMBAND "AUNT LENI"

Das Armband "Aunt Leni" besteht aus drei Strängen, wobei die beiden äußeren gleich sind, während sich das Design des Inneren davon unterscheidet. Die Basis besteht aus neun im Right-Angle-Weave gefädelten Abschnitten; drei dieser Abschnitte ergeben einen Strang des Armbands.

MATERIAL

- 9 Chatons, 8 mm, Antique Pink
- 12 Doppelkegel, 4 mm, Rosaline
- 20 Doppelkegel, 3 mm, Rosaline
- 24 Rundperlen, 4 mm, Platinum
- 80 Rundperlen, 3 mm, Platinum
- 8 g Saatperlen, 11/0, Pewter
- 3 g Saatperlen, 15/0, Light Gold
- 1 Magnetverschluss mit drei Ösen (horizontal positioniert)
- FireLine, 6 lb
- Nadel, Stärke 12
- Schere

GRÖSSE

16,5 cm, ohne Verschluss

1 Beginnen Sie mit dem ersten Abschnitt des ersten Strangs. Nehmen Sie 3x 11/0 Perlen auf und fädeln Sie durch die erste Öse des Verschlusses. Fädeln Sie ein zweites Mal durch die drei Perlen und die Öse und formen Sie somit eine RAW-Einheit (die Öse zählt wie eine Perle).

Hinweis: Wenn Sie später die Länge des Armbands verändern möchten, fügen Sie den Verschluss nicht direkt ein, sondern verwenden Sie 1x 11/0 Perle.

Folgen Sie der Vorlage in Grafik 1 und kommen Sie mit der Nadel aus der 11/0 Perle heraus, die der Öse gegenüber liegt. Arbeiten Sie drei weitere RAW-Einheiten aus 11/0 Perlen. Nehmen Sie für den nächsten Teil dieses Abschnitts (den Mittelteil) 1x 15/0, 1x 11/0 Perle, 1x Doppelkegel 3 mm, 1x 11/0 und 1x 15/0 Perle auf und fädeln Sie durch die 11/0 Perle, aus der der Faden kommt, und so weiter, dass Sie mit der Nadel aus dem Doppelkegel herauskommen. Nehmen Sie 1x Rundperle 3 mm, 1x Doppelkegel 3 mm und 1x Rundperle 3 mm auf und fädeln Sie durch den zuerst hinzugefügten Doppelkegel. Fädeln Sie so vor, dass Sie mit der Nadel aus dem zweiten Doppelkegel herauskommen.

Nehmen Sie, um den Mittelteil zu komplettieren, 1x 11/0, 1x 15/0, 1x 11/0, 1x 15/0 und 1x 11/0 Perle auf und fädeln Sie nochmals durch den Doppelkegel und weiter, bis Sie mit der Nadel aus der als zweites hinzugefügten 11/0 Perle herauskommen.

Fügen Sie nun 5 weitere Einheiten im RAW-Stich aus 11/0 Perlen hinzu.

Als Nächstes in diesem Abschnitt folgt der Endteil (nicht das Ende des Armbands, nur das Ende des Abschnitts!). Nehmen Sie 1x Rundperle 4 mm, 1x Doppelkegel 4 mm und 1x Rundperle 4 mm auf und fädeln Sie durch die 11/0 Perle, aus der der Faden kommt, und weiter, bis Sie mit der Nadel aus dem Doppelkegel herauskommen. Nehmen Sie 1x 11/0, 2x 15/0, 1x 11/0, 2x 15/0 und 1x 11/0 Perle auf und fädeln Sie durch den Doppelkegel (Grafik 1).

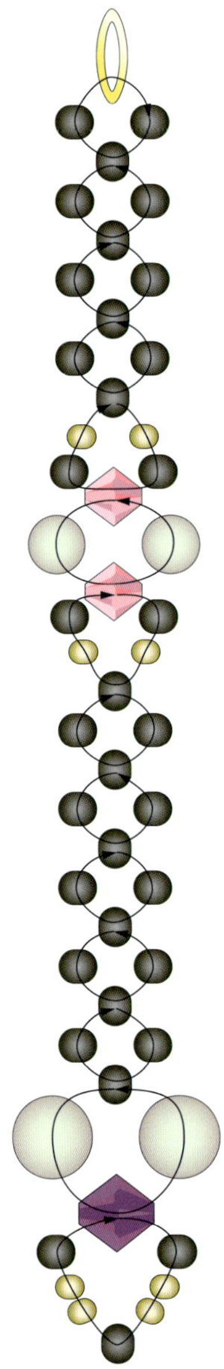

Grafik 1

2 Mit der Nadel aus der 11/0 Perle vor dem Doppelkegel 4 mm kommend, fädeln Sie entlang der Außenkante und fügen 1x Rundperle 3 mm in die Lücke. Fahren Sie fort und füllen Sie alle anderen Lücken mit 11/0 Perlen (Grafik 2, dunkel eingefärbte Perlen). Fügen Sie jedoch keine Perle zwischen die 15/0 und die 11/0 Perle neben dem Doppelkegel 3 mm. Fädeln Sie am Ende durch die Öse des Verschlusses (hier werden keine Perlen hinzugefügt) und füllen Sie dann die Lücken der anderen Seite entsprechend mit 11/0 Perlen. Fügen Sie am Ende wieder 1x Rundperle 3 mm in die Lücke neben dem Doppelkegel 4 mm (Grafik 2).

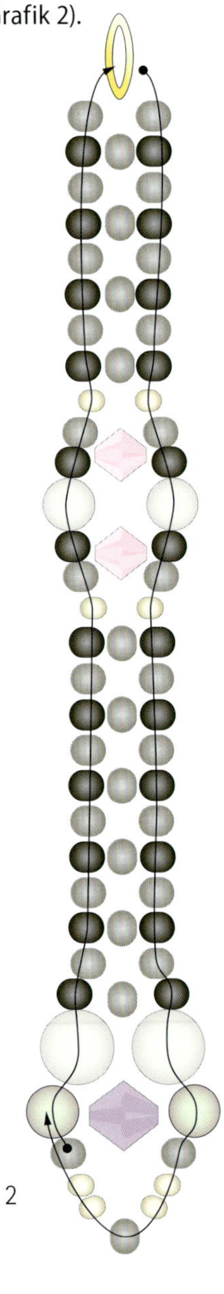

Grafik 2

3 Fädeln Sie ein weiteres Mal entlang der Außenkante, beginnend bei der in Schritt 2 zuerst hinzugefügten Rundperle 3 mm. Nehmen Sie 1x 11/0 und 4x 15/0 Perlen auf, überspringen Sie die Rundperle 4 mm und fädeln Sie durch die folgenden Perlen, bis Sie mit der Nadel vor der Rundperle 3 mm herauskommen. Nehmen Sie 4x 15/0 Perlen auf, überspringen Sie die Rundperle 3 mm, fädeln Sie entlang der Außenkante und wiederholen Sie dies an der anderen Außenkante. Überspringen Sie die 11/0 Perle in der Spitze, um eine bessere Form zu erhalten (Grafik 3).

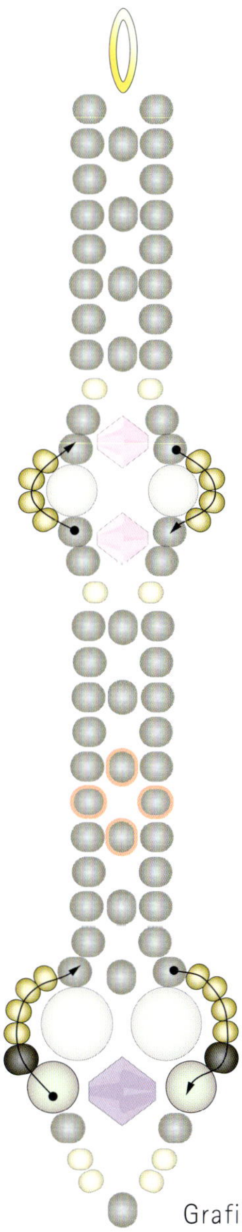

Grafik 3

4 Beginnend an der mittleren RAW-Einheit des Endes des Abschnitts (in Grafik 3 rot umrandet) wird die Einfassung für den Chaton gearbeitet. Nehmen Sie 3x 11/0 Perlen auf und fädeln Sie durch die Perle, aus der der Faden kommt. Fädeln Sie zur nächsten 11/0 Perle vor und wiederholen Sie dies drei weitere Male, bevor Sie am Ende mit der Nadel aus der mittleren 11/0 Perle der letzten Einheit herauskommen (Grafik 4).

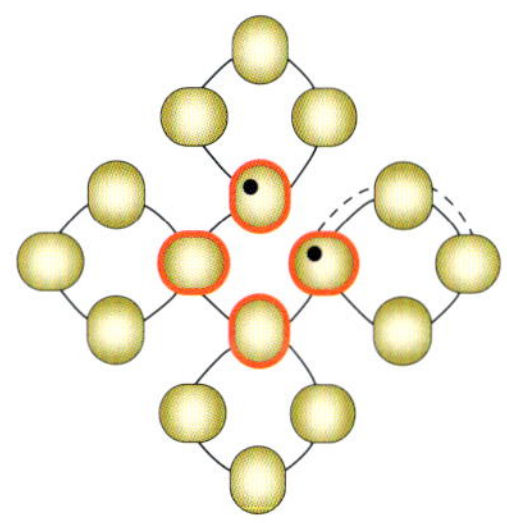

Grafik 4

5 Nehmen Sie 1x 15/0 Perle, 1x Rundperle 3 mm und 1x 15/0 Perle auf und fädeln Sie durch die mittlere 11/0 Perle der nächsten Einheit aus Schritt 4. Wiederholen Sie dies drei weitere Male und kommen Sie am Ende aus der 11/0 Perle heraus, aus der der Faden kommt (Grafik 5).

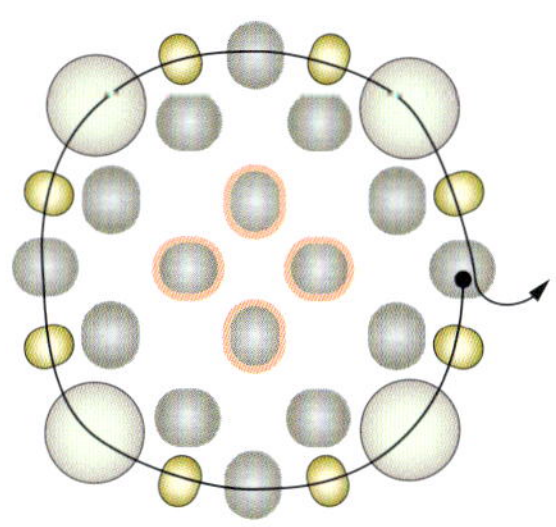

Grafik 5

6 Nehmen Sie 3x 11/0 Perlen auf und fädeln Sie nochmals durch die Perle, aus der der Faden kommt. Fädeln Sie bis zur nächsten 11/0 Perle im Kreis vor und wiederholen Sie dies drei weitere Male; am Ende kommt die Nadel aus einer Rundperle 3 mm heraus (Grafik 6).

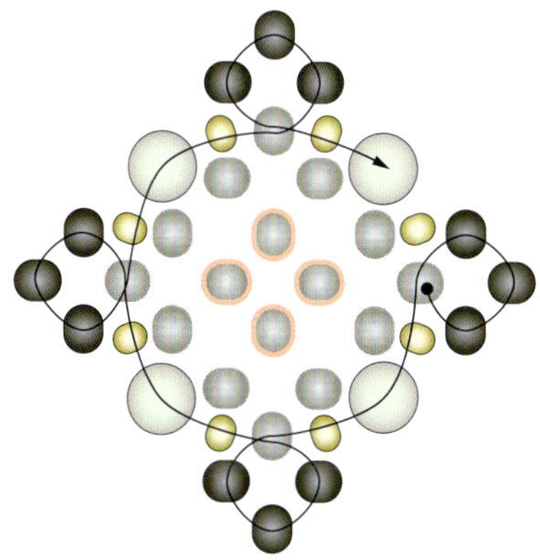

Grafik 6

7 Folgen Sie Grafik 7, nehmen Sie 1x 15/0 Perle auf und fädeln Sie durch die folgenden drei 11/0 Perlen aus Schritt 6. Nehmen Sie 1x 15/0 Perle auf und fädeln Sie durch die folgende Rundperle 3 mm. Wiederholen Sie dies drei weitere Male und fädeln Sie so vor, dass Sie mit der Nadel aus der mittleren der drei 11/0 Perlen aus Schritt 6 herauskommen (Grafik 7, gestrichelter Fadenlauf. Die mittleren 11/0 Perlen sind in der Grafik halbtransparent rot umrandet).

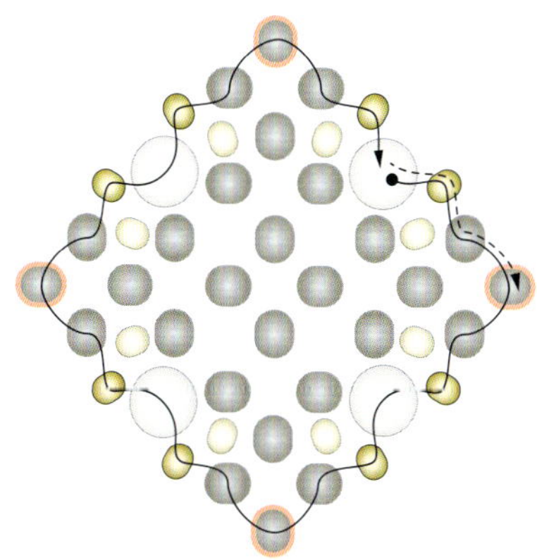

Grafik 7

8 Nehmen Sie 5x 15/0 Perlen auf und fädeln Sie durch die mittlere Perle der nächsten 3er-Gruppe (Grafik 8, rot umrandet). Wiederholen Sie dies drei weitere Male, lassen Sie den Faden locker und legen Sie einen Chaton mit dem Gesicht nach oben ein. Ziehen Sie den Faden fest und fädeln Sie ein weiteres Mal durch die Perlen dieses Kreises, um den Faden zu sichern. Fädeln Sie dann ein drittes Mal durch die Perlen dieses Schritts, aber lassen Sie dieses Mal die 11/0 Eckperlen aus (Grafik 8).

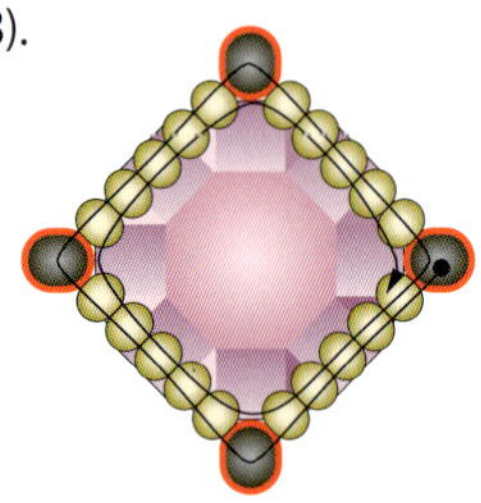

Grafik 8

9 Fädeln Sie zur Basis zurück und kommen Sie mit der Nadel aus der 11/0 Perle, welche die Spitze des Endabschnitts bildet (Grafik 9, halbtransparent blau umrandet, oben).

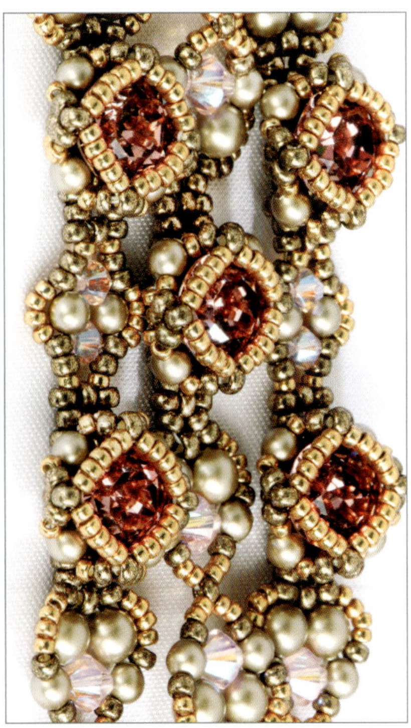

Jetzt wird der Strang erweitert, indem Sie 2x 15/0, 1x 11/0 Perle, 1x Doppelkegel 4 mm, 1x 11/0 und 2x 15/0 Perlen aufnehmen und durch die Perle fädeln, aus der der Faden kommt, und weiter durch den soeben hinzugefügten Doppelkegel. Nehmen Sie 1x Rundperle 4 mm, 1x 11/0 Perle und 1x Rundperle 4 mm auf und fädeln Sie so durch die Perlen, dass Sie mit der Nadel aus der zuletzt hinzugefügten 11/0 Perle herauskommen.

Fügen Sie fünf Einheiten aus 11/0 Perlen im RAW-Stich hinzu, gefolgt von einem Mittelelement wie in Schritt 1 beschrieben. Fügen Sie weitere fünf Einheiten aus 11/0 Perlen hinzu und beenden Sie den Strang dann mit einem Endelement wie in Schritt 1 beschrieben.

Verzieren Sie den neuen Teil, indem Sie Rundperlen 3 mm und 11/0 Perlen wie in Schritt 2 und 3 beschrieben, in die Lücken füllen (Grafik 9, grün umrandet). Fügen Sie je eine Chaton-Einfassung in der Mitte der beiden 5er-Einheiten hinzu (wie in Schritt 4 bis 8 beschrieben). Achten Sie dabei darauf, dass alle Einfassungen zur Vorderseite des Armbands zeigen.

10 Beginnend an der 11/0 Perle an der Spitze des unverbundenen Endes arbeiten Sie eine spiegelbildliche Version der Schritte 1 bis 8. Verbinden Sie dies mit der entsprechenden Öse der anderen Hälfte des Verschlusses.

11 Wiederholen Sie die Schritte 1 bis 10 und verbinden Sie diesen neuen Strang mit der letzten Öse des Verschlusses; die mittlere Öse bleibt frei.

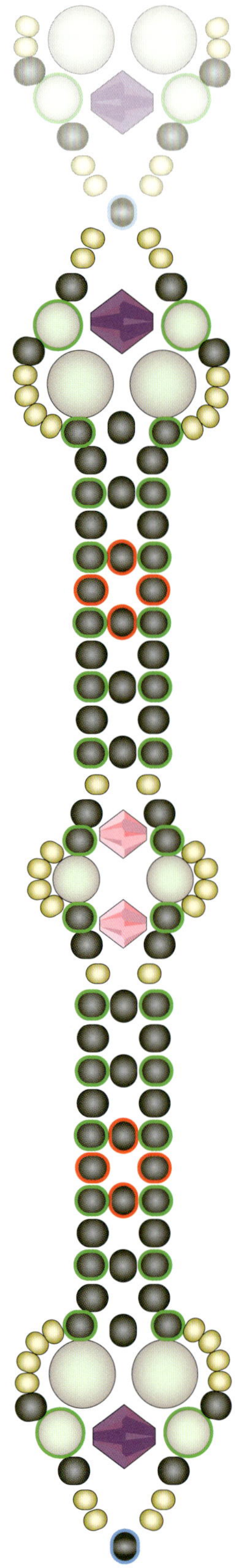

Grafik 9

12 Der dritte, mittlere Strang ist ein wenig anders entworfen als die ersten beiden. Schauen Sie auf Grafik 10, beginnen Sie am Verschluss und arbeiten Sie eine RAW-Einheit aus 11/0 Perlen (inklusive der Öse des Verschlusses). Fädeln Sie zwei weitere RAW-Einheiten aus 11/0 Perlen. Fügen Sie einen Mittelabschnitt und dann drei weitere RAW-Einheiten aus 11/0 Perlen hinzu. Dann ein weiteres Mittelsegment, drei weitere RAW-Einheiten aus 11/0 Perlen und ein Endsegment (wie in Schritt 1 beschrieben). Fügen Sie wieder Rundperlen 3 mm und 11/0 Perlen als Randverzierungen hinzu (Grafik 10, grün umrandet), wie Sie es am Ende von Schritt 9 getan haben.

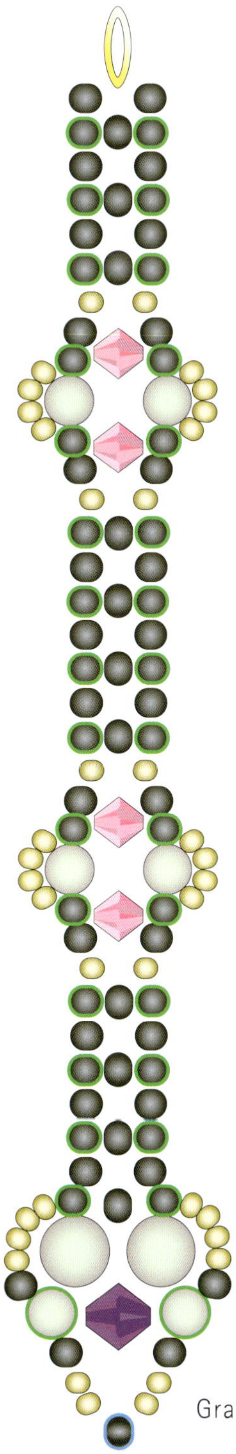

Grafik 10

13 Beginnend an der 11/0 Perle an der Spitze des im letzten Schritts fertiggestellten Segments, arbeiten Sie ein Endsegment, dann sieben RAW-Einheiten aus 11/0 Perlen und ein weiteres Endsegment. Verzieren Sie die Ränder wie bei den vorigen Segmenten (Grafik 11, grün umrandet) und arbeiten Sie eine Chaton-Einfassung in die mittlere RAW-Einheit dieses Segments (Grafik 11, rot umrandet).

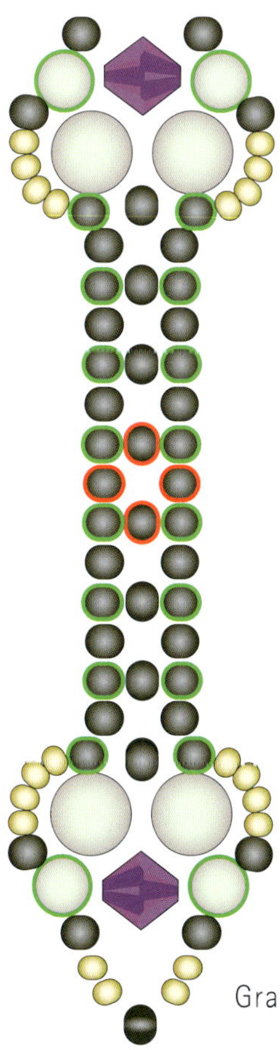

Grafik 11

14 Fädeln Sie eine spiegelbildliche Version des Segments aus Schritt 12, um den Strang zu beenden.

Fertigstellung

Wenn Sie die Stränge mit je einer 11/0 Perle beendet haben, anstatt die Verschlussösen direkt mit einzuarbeiten, können Sie das Armband nun verlängern. Entweder indem Sie Perlenösen anfügen, oder eine andere Art Verschluss annähen. Gerade, wenn sich die Ösen des Verschlusses in einer senkrechten Position befinden, können Sie diese nicht einfach mit dem Armband verbinden, ohne dass sich dieses verdreht. Eine Öse aus Perlen und eine Verbindung mit Biegeringen können dieses Problem lösen.

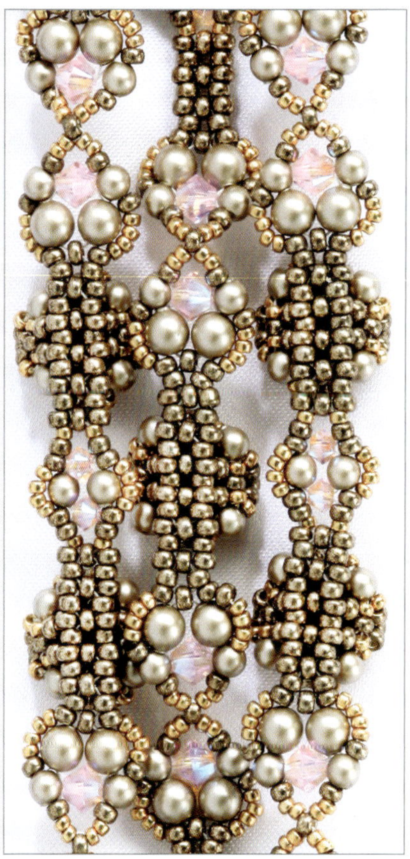

Dies ist die Rückseite des Armbands.

ARMBAND "BEADED CHARMS"

Wer sagt, dass ein Anhängerarmband nicht gefädelt sein darf? Und wer sagt, dass die Anhänger aus Metall sein müssen? Schauen Sie sich dieses spielerische Armband an!

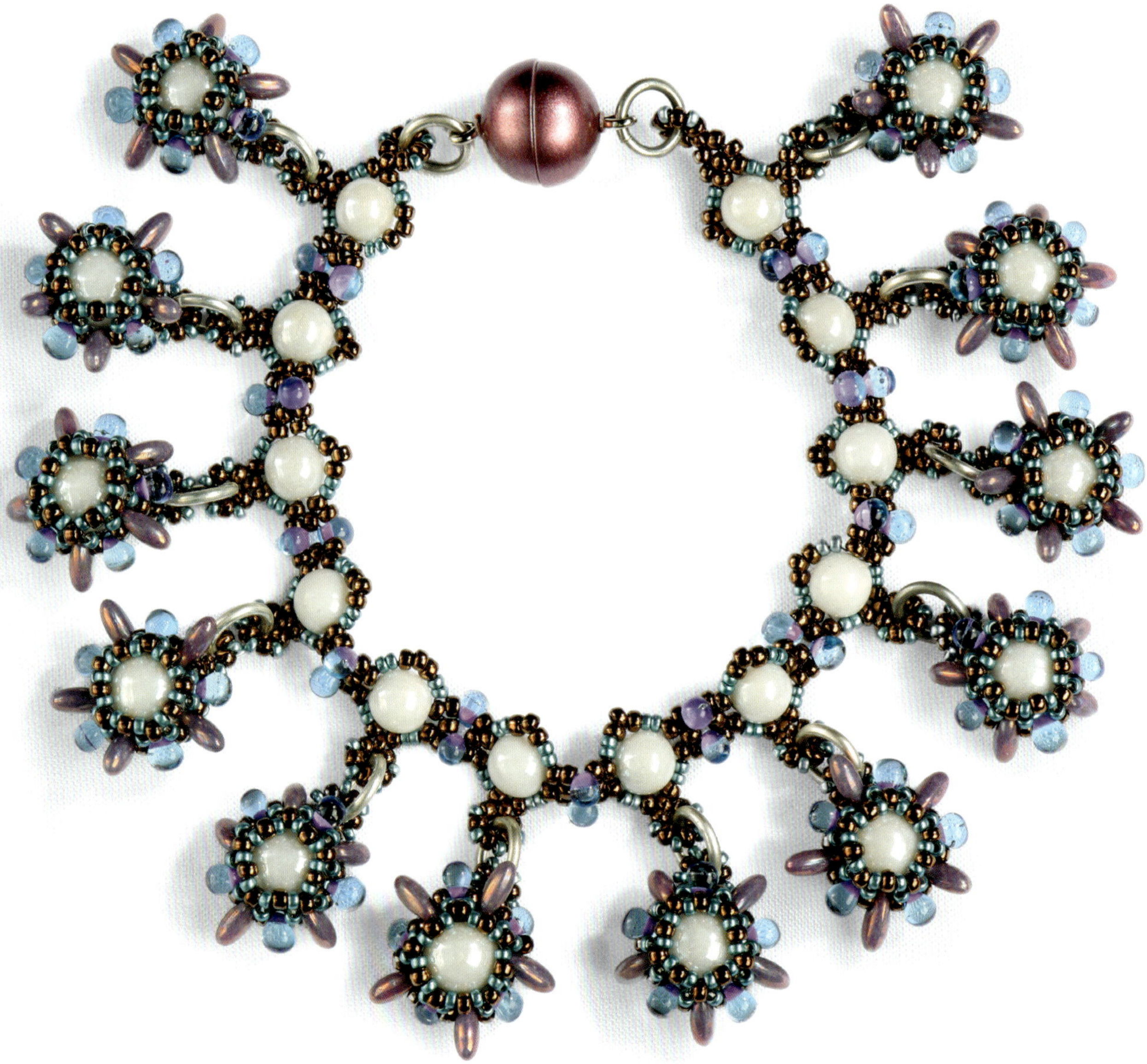

Die Anhänger anfertigen

1 Nehmen Sie 1x 11/0 Perle, 1x Tropfen, 1x 11/0 Perle und 1x Rizo auf und wiederholen Sie dies vier weitere Male. Formen Sie die Perlen zu einem Ring und fädeln Sie dann nochmals durch alle Perlen (Grafik 1).

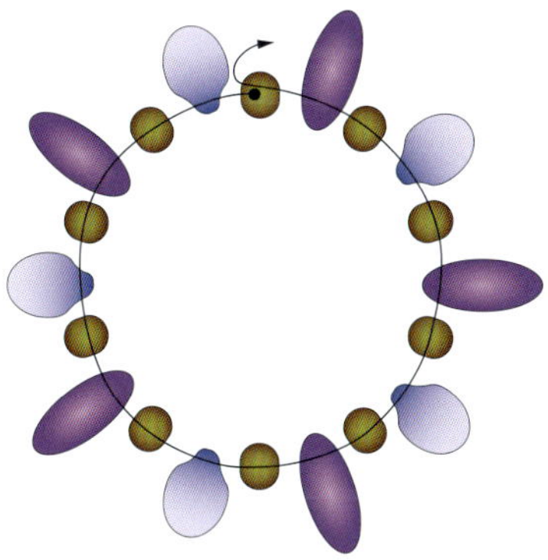

Grafik 1

2 Kommen Sie mit der Nadel aus einer 11/0 Perle und nehmen Sie eine Rundperle 8 mm auf. Positionieren Sie diese in der Mitte Ihres Rings aus Perlen. Fädeln Sie durch die gegenüberliegende 11/0 Perle und dann zurück durch die Rundperle und in die 11/0 Perle, aus der der Faden kommt (Grafik 2).

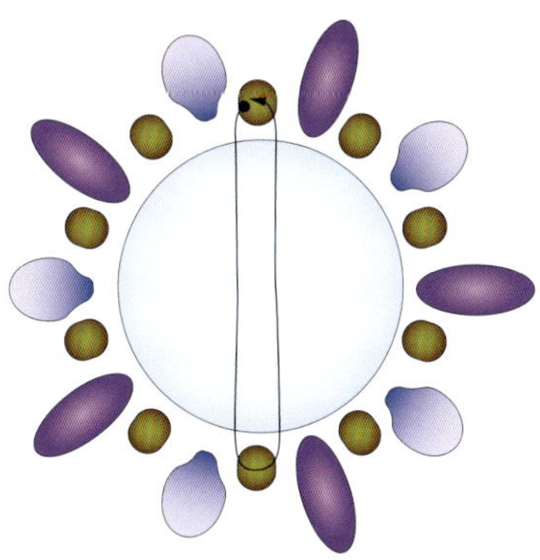

Grafik 2

3 Der nächste Schritt besteht darin, um die Rundperle herumzufädeln und je eine RAW-Einheit an jede Tropfenperle und jede Rizo anzufädeln. Fädeln Sie dazu so vor, dass Sie mit der Nadel aus einer Tropfenperle herauskommen und nehmen Sie 1x 15/0, 1x 11/0 und 1x 15/0 Perle auf. Fädeln Sie erneut durch den Tropfen, dann werden sich die neu hinzugefügten Perlen unter dem Tropfen befinden. Fädeln Sie durch die 11/0 Perle und die Rizo des Basisrings vor, nehmen Sie 1x 15/0, 1x 11/0 und 1x 15/0 Perle auf und fädeln Sie nochmals durch die Rizo. Die nun neu hinzugefügten Perlen befinden sich über der Rizo. Wiederholen Sie dies abwechselnd um den Ring herum. Grafik 3 zeigt die Perlenarbeit von der Seite.

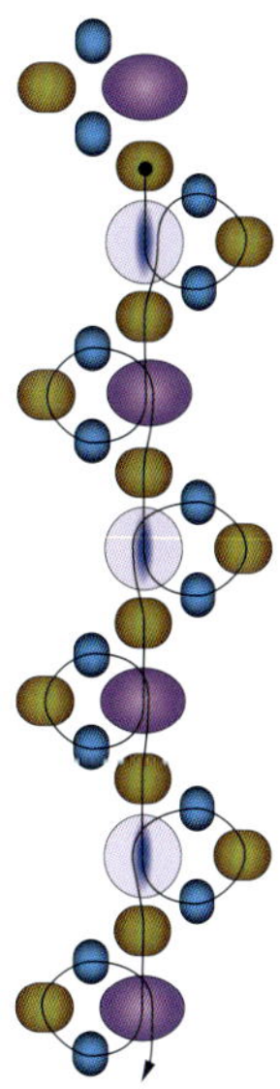

Grafik 3

4 Mit der Nadel aus der 11/0 Perle der ersten RAW-Einheit des letzten Schritts kommend, nehmen Sie 1x 15/0, 1x 11/0 und 1x 15/0 Perle auf und fädeln durch

MATERIAL

- 12 Rundperlen, 8 mm, Pearl White
- 12 Rundperlen, 6 mm, Pearl White
- 4 g Rizo, Purple
- 4 g Tropfen, 3,4 mm, Aqua Violet Lined
- 6 g Saatperlen, 11/0, Dark Bronze
- 3 g Saatperlen, 15/0, Blue-Green Metallic
- 14 Biegeringe, 5,5 mm, 16 Gauge
- 1 Magnetverschluss
- FireLine, 6 lb
- Nadel, Stärke 12
- Schere
- Flachzange

GRÖSSE

17 x 3 cm, ohne Verschluss

die 11/0 Perle über dem nächsten Tropfen. Wiederholen Sie dies vier weitere Male, um die Runde zu vervollständigen, und fädeln Sie ein weiteres Mal durch die Perlen dieser Runde, um den Faden zu sichern (Grafik 4).

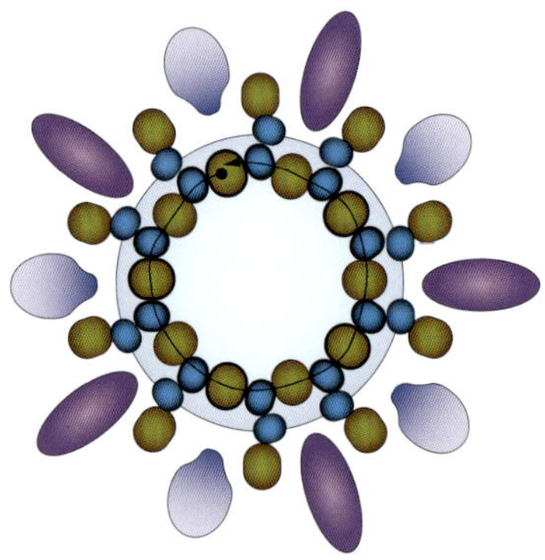

Grafik 4

5 Wiederholen Sie Schritt 4 auf der anderen Seite der Rundperle und verbinden Sie dieses Mal die 11/0 Perlen über den Rizos (Grafik5).

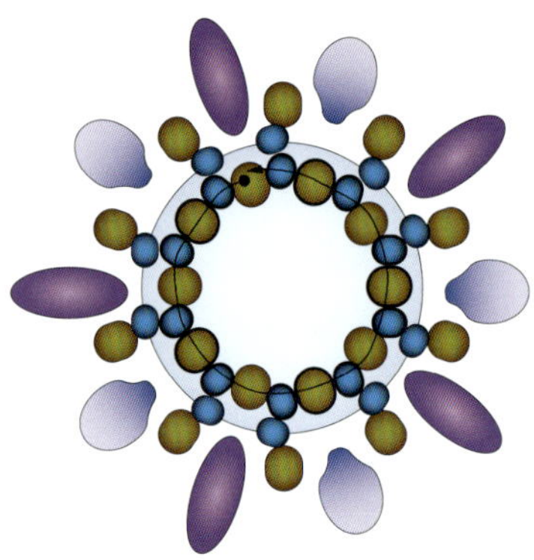

Grafik 5

Wiederholen Sie die Schritte 1 bis 5 und fertigen Sie insgesamt 12 Anhänger an.

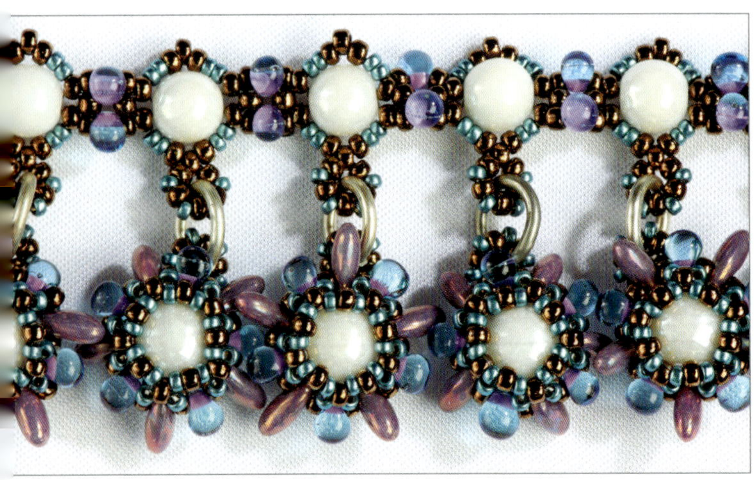

6 Arbeiten Sie für jeden Anhänger eine Öse. Kommen Sie bei sechs Ösen aus der 11/0 Perle, an der Schritt 4 begann (über der Tropfenperle), nehmen Sie 5x 11/0 Perlen auf und fädeln Sie durch die 11/0 Perle, aus der der Faden kommt. Fädeln Sie nochmals durch die Perlen der Öse. Fügen Sie dann je 1x 15/0 Perle in die zweite, dritte, vierte und fünfte Lücke zwischen den 11/0 Perlen (Grafik 6, oben).

Beginnen Sie die Ösen für die verbliebenen sechs Anhänger an der 11/0 Perle, an der Schritt 5 begann (über der Rizo), nehmen Sie erneut 5x 11/0 Perlen auf und fädeln Sie durch die Perle, aus der der Faden kommt. Fädeln Sie nochmals durch die Perlen der Öse und fügen Sie dann wieder je 1x 15/0 Perle in die zweite, dritte, vierte und fünfte Lücke zwischen den 11/0 Perlen (Grafik 6, unten).

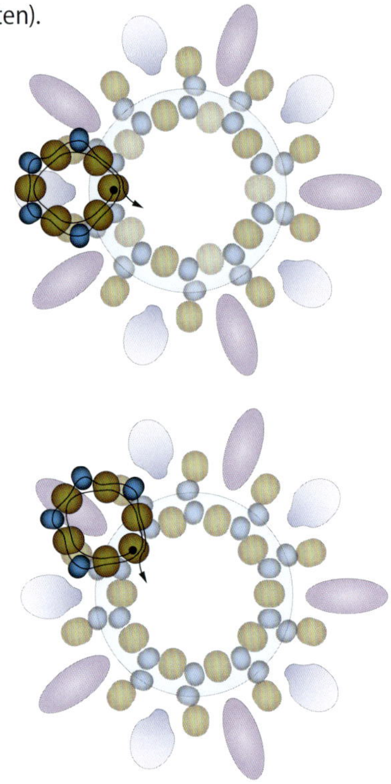

Grafik 6

Die Basis herstellen

7 Fädeln Sie, um die Basis für die Anhänger anzufertigen, eine RAW-Einheit aus 4x 11/0 Perlen und fügen Sie dann eine Öse (wie in Schritt 6 beschrieben) an. Kommen Sie am Ende mit der Nadel aus der 11/0 Perle heraus, die der Öse genau gegenüber liegt (Grafik 7).

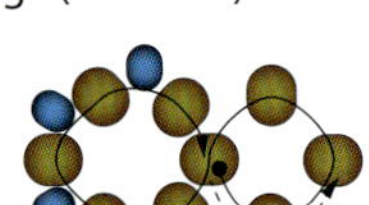

Grafik 7

8 Nehmen Sie 1x 11/0 Perle, 1x Rundperle 6 mm und 3x 11/0 Perlen auf und fädeln Sie zurück durch die Rundperle. Nehmen Sie 1x 11/0 Perle auf und fädeln Sie durch die 11/0 Perle, aus der der Faden kommt. Fädeln Sie vor (Grafik 8, gestrichelter Fadenlauf) und kommen Sie mit der Nadel aus der zweiten 11/0 Perle auf der anderen Seite der Rundperle heraus.

Nehmen Sie 1x Tropfen, 1x 11/0 Perle und 1x Tropfen auf und fädeln Sie durch die 11/0 Perle, aus der der Faden kommt. Fädeln Sie so vor, dass Sie mit der Nadel aus der neu hinzugefügten 11/0 Perle herauskommen.

Wiederholen Sie diesen Schritt 10 weitere Male. Arbeiten Sie, nachdem Sie die zwölfte Rundperle 6 mm hinzugefügt haben, eine RAW-Einheit aus 11/0 Perlen (keine Tropfenperlen) und fädeln Sie auch hier eine Perlenöse an (Grafik 8).

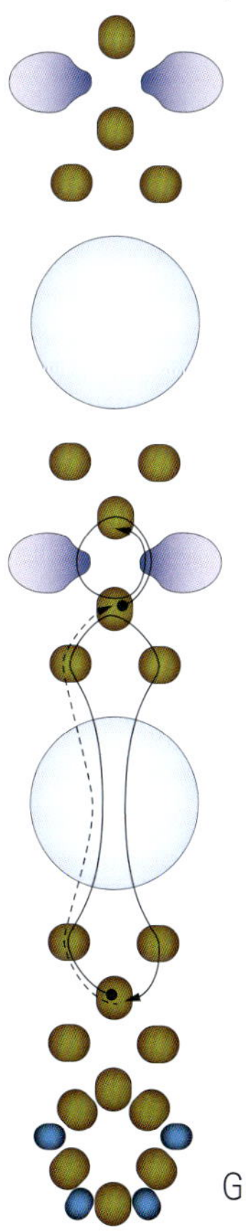

Grafik 8

9 Fädeln Sie entlang der Außenkante und fügen Sie 1x 11/0 Perle nach der ersten 11/0 Perle hinzu. Fädeln Sie durch die nächste 11/0 Perle und kommen Sie mit der Nadel vor der ersten Rundperle heraus.

Nehmen Sie 2x 15/0, 3x 11/0 und 2x 15/0 Perlen auf, überspringen Sie die Rundperle und fädeln Sie durch die folgende 11/0 Perle. Nehmen Sie 1x 11/0 Perle auf und fädeln Sie durch die Tropfenperle. Fahren Sie fort, indem Sie 1x 11/0 Perle aufnehmen und durch die nächste 11/0 Perle fädeln. Kommen Sie mit der Nadel vor der nächsten Rundperle heraus.

Wiederholen Sie dieses Muster, bis Sie das andere Ende der Basis erreicht haben. Fügen Sie an der Spitze 1x 11/0 Perle in der Lücke zwischen den beiden 11/0 Perlen hinzu. Wiederholen Sie dies entlang der anderen Außenkante der Basis (Grafik 9).

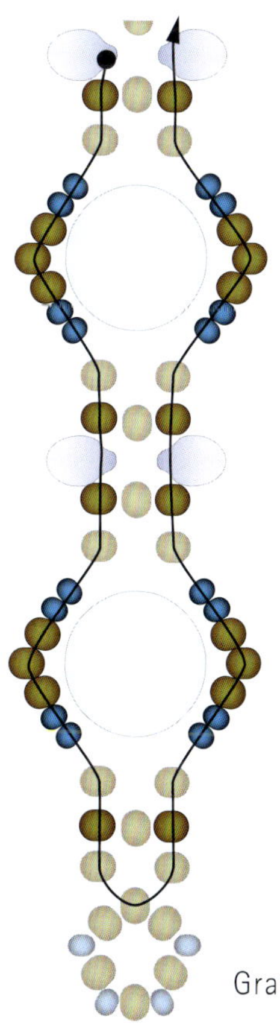

Grafik 9

10 Arbeiten Sie 12 Ösen, je eine an jede mittlere 11/0 Perle neben einer Rundperle und alle an dieselbe Außenkante, analog zu Schritt 6 (Grafik 10).

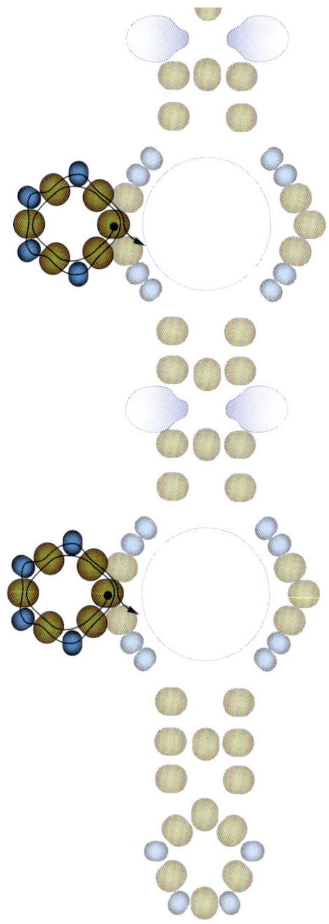

Grafik 10

Fertigstellung

Verbinden Sie die Ösen der Anhänger mit den Ösen der Basis mithilfe von Biegeringen. Achten Sie darauf, dass alle Anhängerösen nach hinten zeigen und dass Sie die verschiedenen Anhänger abwechselnd anbringen. Bringen Sie den Verschluss ebenfalls mithilfe der Biegeringe an.

MATERIAL

14 Rundperlen, 8 mm, Jade

77 Rundperlen, 4 mm, Jade

112 Doppelkegel, 3 mm, Blue Zircon 2xAB

5 g Saatperlen, 11/0, Metallic Blue-Green

11 g Saatperlen, 11/0, Silver

4 g Saatperlen, 15/0, Metallic Blue

5 g Saatperlen, 15/0, Silver

35 Biegeringe, 5,5 mm, 16 Gauge

FireLine, 6 oder 8 lb

Nadel, Stärke 12

Schere

Flachzange

GRÖSSE

98 cm
Die Länge kann ganz leicht verändert werden, indem einfach die Anzahl der Elemente variiert wird.

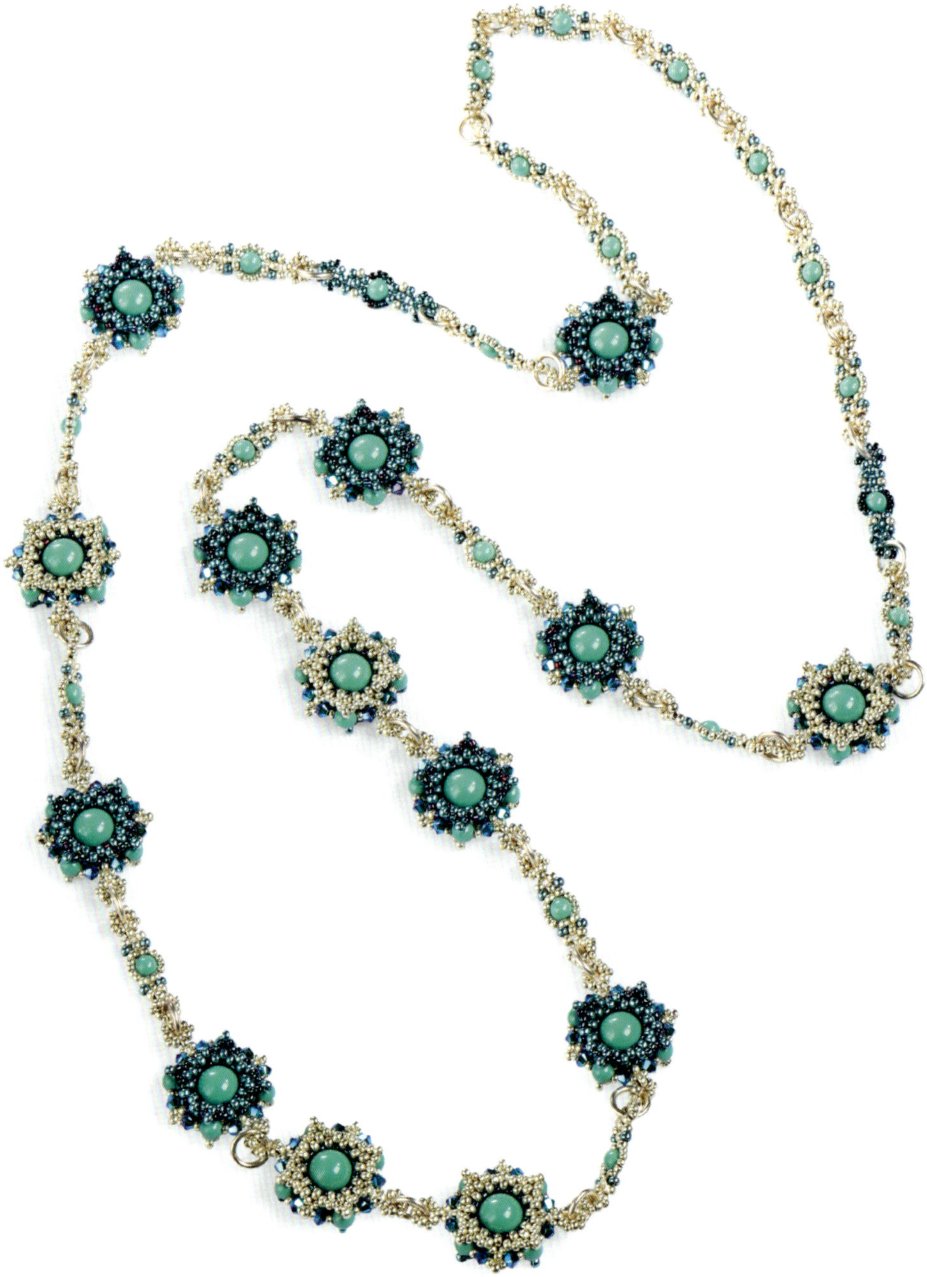

HALSKETTE "OPPOSITES ATTRACT"

Je länger eine Halskette ist, desto mehr neigen die Elemente dazu, sich zu verdrehen. Machen Sie sich das zum Vorteil und Sie erhalten einen wunderschönen Effekt. Arbeiten Sie die Elemente beidseitig - jede Seite in einer anderen Farbe. Das Design lädt auch dazu ein, ein einzelnes Element als Ohrhänger zu arbeiten.

1 Nehmen Sie, um die Einfassung für eine Rundperle 8 mm zu arbeiten, 24x 15/0 Perlen Blue auf und formen Sie einen Ring, indem Sie nochmals durch die zuerst aufgenommene Perle fädeln. Fädeln Sie ein weiteres Mal durch die Perlen des Rings, um den Faden zu sichern.

Nehmen Sie 1x Rundperle 8 mm auf und halten Sie diese in der Mitte des Rings. Kommen Sie mit der Nadel auf der anderen Seite des Rings, unter dem Faden, zwischen der 12. und 13. Perle (siehe Grafik 1) heraus und fädeln Sie dann von oben durch die Rundperle. Somit ist der Faden einmal um den Faden des Basisrings geschlungen. Fädeln Sie durch die 15/0 Perle, die neben der liegt, aus der der Faden kommt.

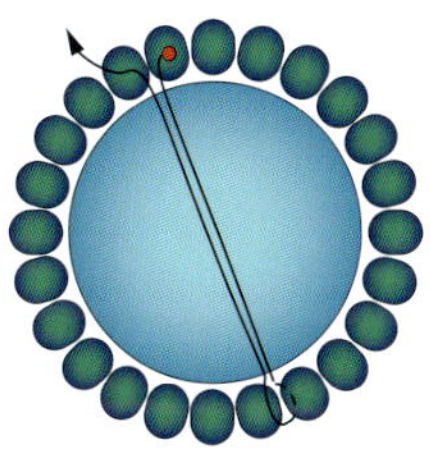

Grafik 1

2 Fügen Sie eine Runde aus 15/0 Perlen Blue im röhrenförmigen Peyote-Stich wie folgt hinzu: Nehmen Sie 1x 15/0 Perle Blue auf, überspringen Sie eine Perle des Basisrings und fädeln Sie durch die nächste Perle des Basisrings. Wiederholen Sie dies elf weitere Male und kommen Sie am Ende mit der Nadel aus der zuerst hinzugefügten 15/0 Perle heraus (Grafik 2).

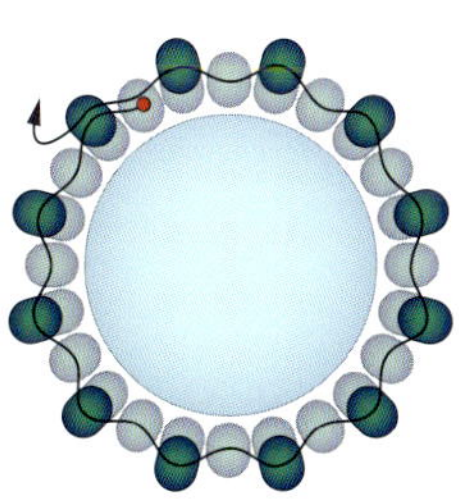

Grafik 2

3 Fügen Sie zwei weitere Runden im röhrenförmigen Peyote-Stich hinzu; verwenden Sie jedoch 11/0 Perlen Silver. Arbeiten Sie am Ende der Runde den Aufschritt, indem Sie durch die zuerst hinzugefügte Perle fädeln. In Grafik 3 zeigt der schwarze Fadenlauf die erste und der rote die zweite Runde.

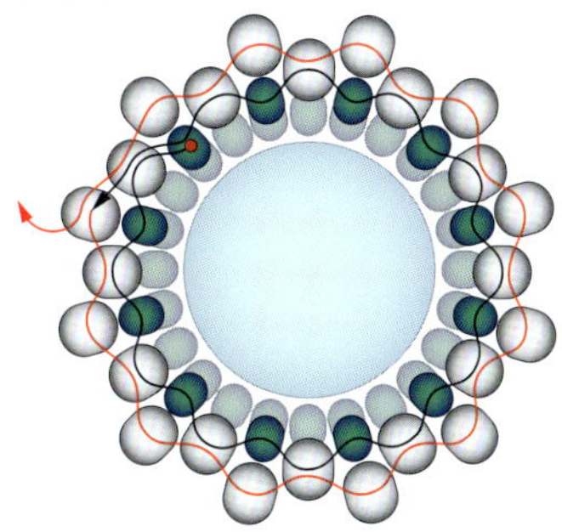

Grafik 3

4 Sie arbeiten im röhrenförmigen Peyote-Stich weiter und fädeln eine Runde aus je 2x 15/0 Perlen Silver in jede Lücke. Kommen Sie am Ende aus der zuerst hinzugefügten 15/0 Perle heraus (Grafik 4).

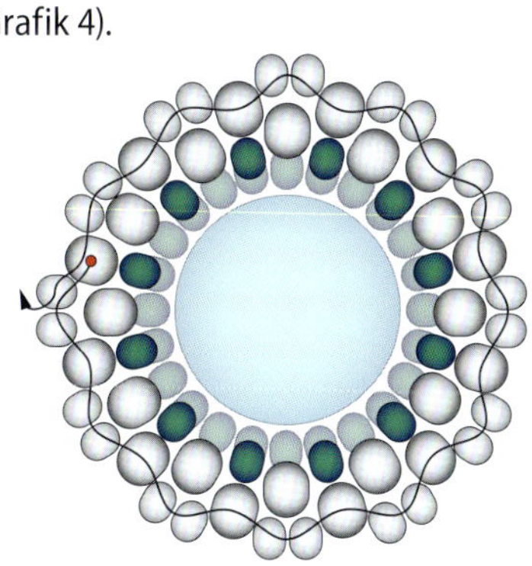

Grafik 4

5 Verwenden Sie in diesem Schritt ausschließlich Perlen Silver. Nehmen Sie 1x 11/0 Perle auf und fädeln Sie durch die folgende 15/0, 11/0 und zwei 15/0 Perlen. Fahren Sie fort und nehmen Sie 1x 15/0, 1x 11/0 und 1x 15/0 Perle auf, überspringen Sie die 11/0 Perle und fädeln Sie durch die folgenden vier Perlen (zwei 15/0, eine 11/0 und eine 15/0 Perle).

Wiederholen Sie den Schritt drei weitere Male (Grafik 5).

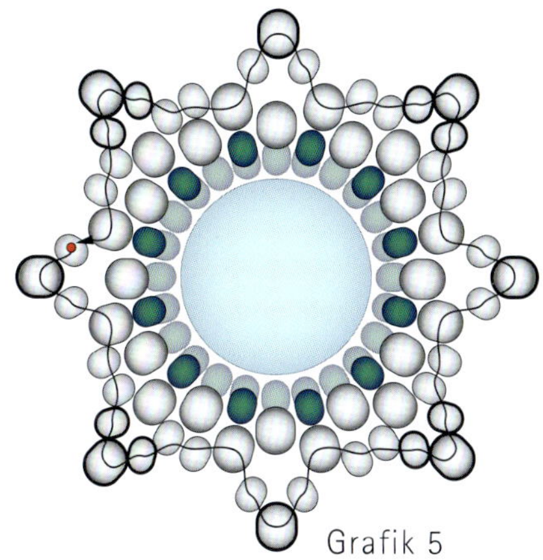

Grafik 5

6 Fädeln Sie zu den Perlen der ersten Runde vor und drehen Sie die Perlenarbeit um. Wiederholen Sie die Schritte 3 und 4 auf der anderen Seite und verwenden Sie 11/0 Blue-Green und 15/0 Perlen Blue anstelle der silberfarbenen. Positionieren Sie die Perlen so, dass die Perlen mit den silberfarbenen übereinstimmen.

Fädeln Sie für die letzte, äußere Runde durch die folgende 11/0 Perle Silver aus Schritt 5 und die folgenden vier Perlen (1x 15/0 Blue, 1x 11/0 Blue-Green und 2x 15/0 Perlen Blue) vor. Nehmen Sie 1x 15/0 Blue, 1x 11/0 Blue-Green und 1x 15/0 Perle Blue auf (Grafik 6, rot umrandet), überspringen Sie 1x 11/0 Perle und fädeln Sie durch die folgenden vier Perlen (zwei 15/0 Blue, eine 11/0 Blue-Green und eine 15/0 Perle Blue).

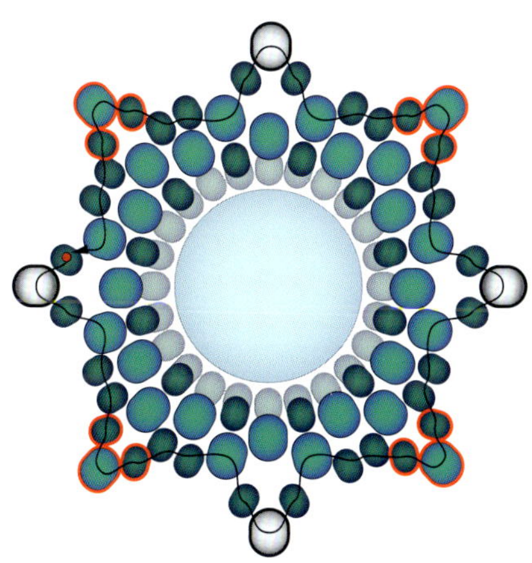

Grafik 6

Fädeln Sie durch die nächste 11/0 Perle Silver vor und wiederholen Sie dieses Muster um die Rundperle herum.

Das Fädeln durch die 11/0 Perlen Silver in diesem Schritt verbindet die Vorder- und Rückseite der Einfassung.

7 Beginnen Sie an der silberfarbenen Perle, welche die Lagen der Einfassung verbindet (Grafik 7, schwarz umrandet) und nehmen Sie 1x Doppelkegel, 1x 11/0 Perle Silver, 1x Rundperle 4 mm, 1x 11/0 Perle Silver und 1x Doppelkegel auf. Folgen Sie dem schwarzen Fadenlauf in Grafik 7 und fädeln Sie durch die folgende silberfarbene 11/0 Verbindungsperle. Wiederholen Sie dies drei weitere Male, um die Runde zu vollenden, und kommen Sie am Ende vor einer silberfarbenen 11/0 Verbindungsperle heraus (Grafik 7, gestrichelter Fadenlauf). Diese Runde liegt um die Außenkante der Einfassung herum.

Folgen Sie dem roten Fadenlauf in Grafik 7, nehmen Sie 1x 15/0 Silver, 1x 11/0 Silver und 1x 15/0 Perle Silver auf, überspringen Sie die Verbindungsperle und fädeln Sie durch die folgenden Perlen, bis Sie mit der Nadel vor der nächsten Verbindungsperle herauskommen. Wiederholen Sie dies drei weitere Male.

8 Fügen Sie der Einfassung eine Öse aus silberfarbenen Perlen hinzu. Kommen Sie dazu mit der Nadel aus einer 11/0 Perle heraus, welche der Außenkante im vorigen Schritt hinzugefügt wurde, nehmen Sie 5x 11/0 Perlen auf und fädeln Sie durch die Perle, aus der der Faden kommt. Fädeln Sie ein zweites Mal durch die Perlen der Öse und dann ein weiteres Mal. Fügen Sie dabei je 1x 15/0 Perle in die zweite, dritte, vierte und fünfte Lücke (Grafik 8) hinzu.

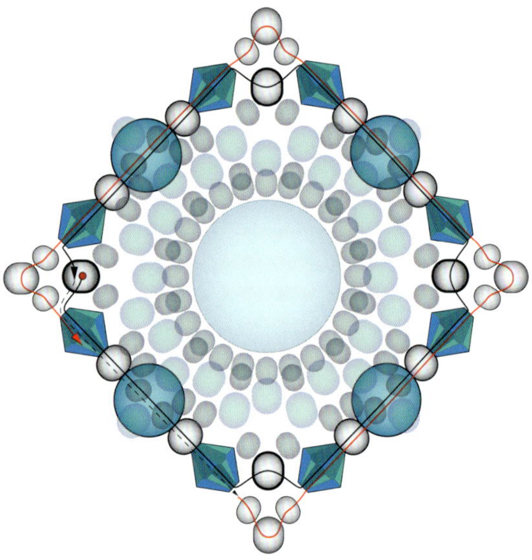

Grafik 7

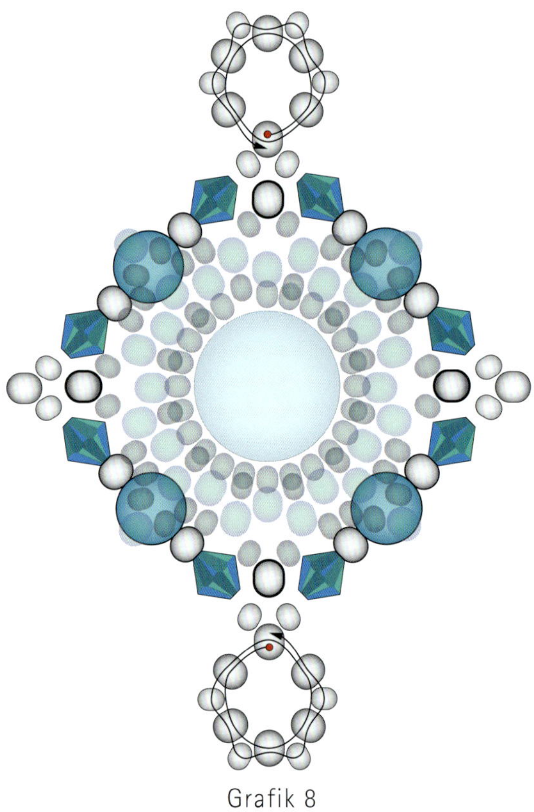

Grafik 8

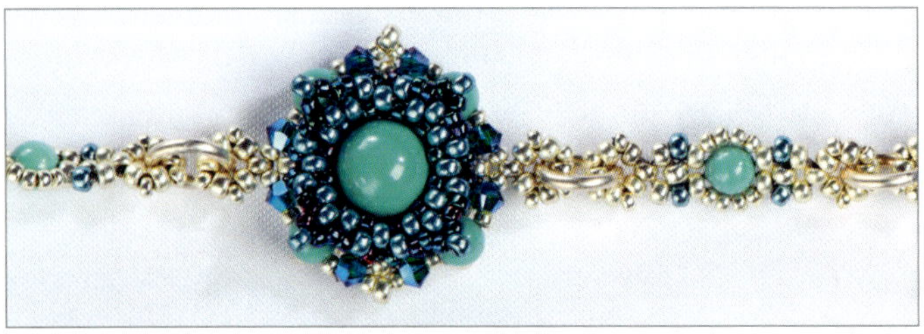

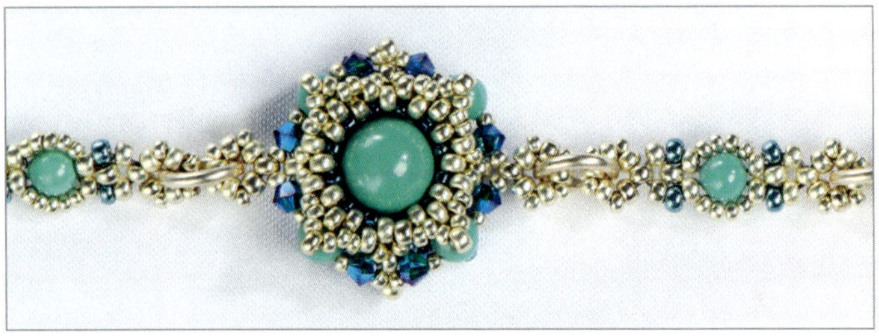

Wiederholen Sie dies auf der anderen Seite der Einfassung und fügen Sie eine zweite Öse hinzu. Vernähen Sie den Faden und schneiden Sie ihn ab.

9 Wiederholen Sie die Schritte 1 bis 8 und fertigen Sie insgesamt 14 Einfassungen für Rundperlen an.

10 Verwenden Sie für diesen Schritt die silberfarbenen Perlen und arbeiten Sie eine kleine Verbindung für die Elemente. Nehmen Sie 6x 11/0 Perlen auf und fädeln Sie nochmals durch die Perlen, um einen Kreis zu formen. Fädeln Sie ein drittes Mal durch die Perlen und fügen Sie in der zweiten, dritten, vierten und fünften Lücke je 1x 15/0 Perle hinzu (Grafik 9, schwarzer Fadenlauf). Kommen Sie am Ende mit der Nadel aus der 11/0 Perle heraus, die keine benachbarten 15/0 Perlen hat.

Nehmen Sie 3x 11/0 Perlen auf und fädeln Sie nochmals durch die Perle, aus der der Faden kommt. Fädeln Sie weiter vor und kommen Sie mit der Nadel aus der als zweites hinzugefügten 11/0 Perle heraus (Grafik 9, grüner Fadenlauf).

Nehmen Sie 1x 11/0 Perle, 1x Rundperle 4 mm und 3x 11/0 Perlen auf und fädeln Sie zurück durch die Rundperle. Nehmen Sie 1x 11/0 Perle auf und fädeln Sie erneut durch die 11/0 Perle, an der dieser Abschnitt begann (Grafik 9, roter Fadenlauf).

Fädeln Sie durch die folgende 11/0 Perle, Rundperle und 11/0 Perle und kommen Sie mit der Nadel aus der zweiten 11/0 Perle nach der Rundperle heraus (Grafik 9, rot gestrichelter Fadenlauf). Arbeiten Sie ab hier die Elemente vom Beginn der Verbindung spiegelverkehrt nach, indem Sie eine Gruppe aus 11/0 Perlen gefolgt von einer Öse aus 11/0 und 15/0 Perlen fädeln. Kommen Sie am Ende mit der Nadel aus der 11/0 Perle heraus, an der die Öse begann.

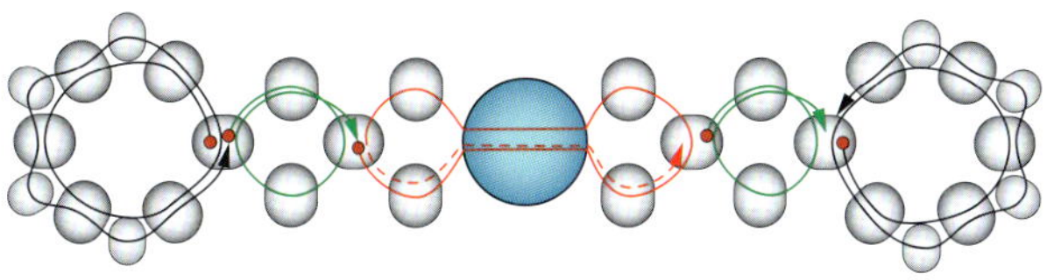

Grafik 9

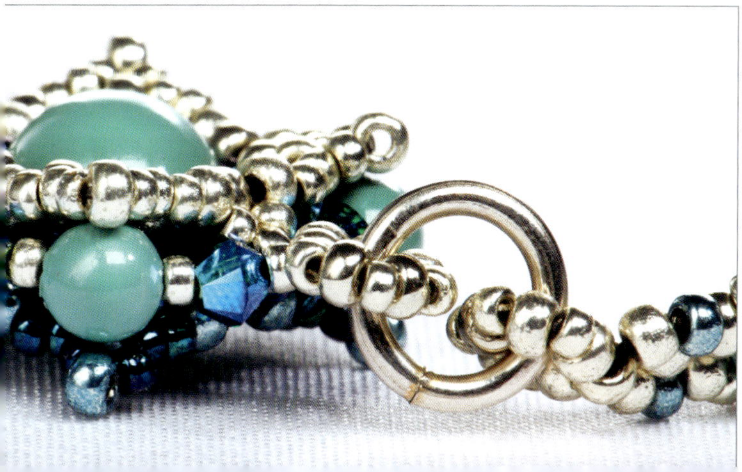

11 Folgen Sie dem Fadenlauf der Grafik 10 und fädeln Sie entlang der Kante des Verbindungselements, jedoch nicht durch die Ösen an beiden Enden. Fügen Sie 1x 11/0 Perle Blue-Green in die erste Lücke, und fädeln Sie weiter, nehmen Sie 4x 15/0 Perlen Silver auf, überspringen Sie die Rundperle und fügen Sie nach der nächsten 11/0 Perle wieder 1x 11/0 Perle Blue-Green hinzu. Wiederholen Sie dies an der anderen Kante und fädeln Sie noch mehrfach durch die Perlen der letzten Runde, um den Faden zu sichern.

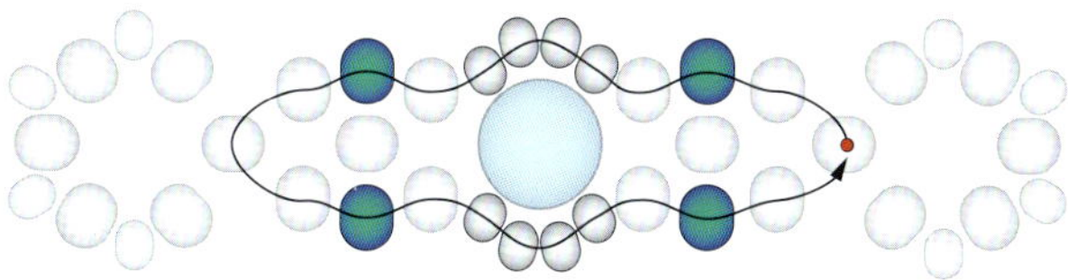

Grafik 10

12 Wiederholen Sie die Schritte 10 und 11 und fertigen Sie insgesamt 19 Verbindungselemente an. Fädeln Sie zwei weitere Elemente und tauschen Sie dabei die silberfarbenen und blaugrünen Perlen gegeneinander aus.

Fertigstellung

Verbinden Sie alle Einzelkomponenten miteinander, indem Sie diese durch ihre Ösen mit Biegeringen verbinden. Ich habe die Elemente für die gezeigte Kette asymmetrisch wie folgt verbunden (alle eingefassten Rundperlen zeigen mit der silberfarbenen Seite nach oben, wenn nicht anders vermerkt): Ein silberfarbenes Verbindungselement, ein blau-grünes Verbinddungselement, acht silberfarbene Verbindungselemente, eine blau-grün eingefasste Rundperle, ein silberfarbenes Verbindungselement, ein blau-grünes Verbindungselement, ein sil berfarbenes Verbindungselement, eine eingefasste Rundperle, ein silberfarbenes Verbindungselement, eine eingefasste Rundperle, ein silberfarbenes Verbindungselement, eine eingefasste Rundperle, ein silberfarbenes Verbindungselement, drei eingefasste Rundperlen, ein silberfarbenes Verbindungselement, eine eingefasste Rundperle, ein silberfarbenes Verbindungselement, eine eingefasste Rundperle, eine blau-grün eingefasste Rundperle, eine eingefasste Rundperle und zum Schluss dreimal abwechselnd ein silberfarbenes Verbindungselement und eine eingefasste Rundperle.

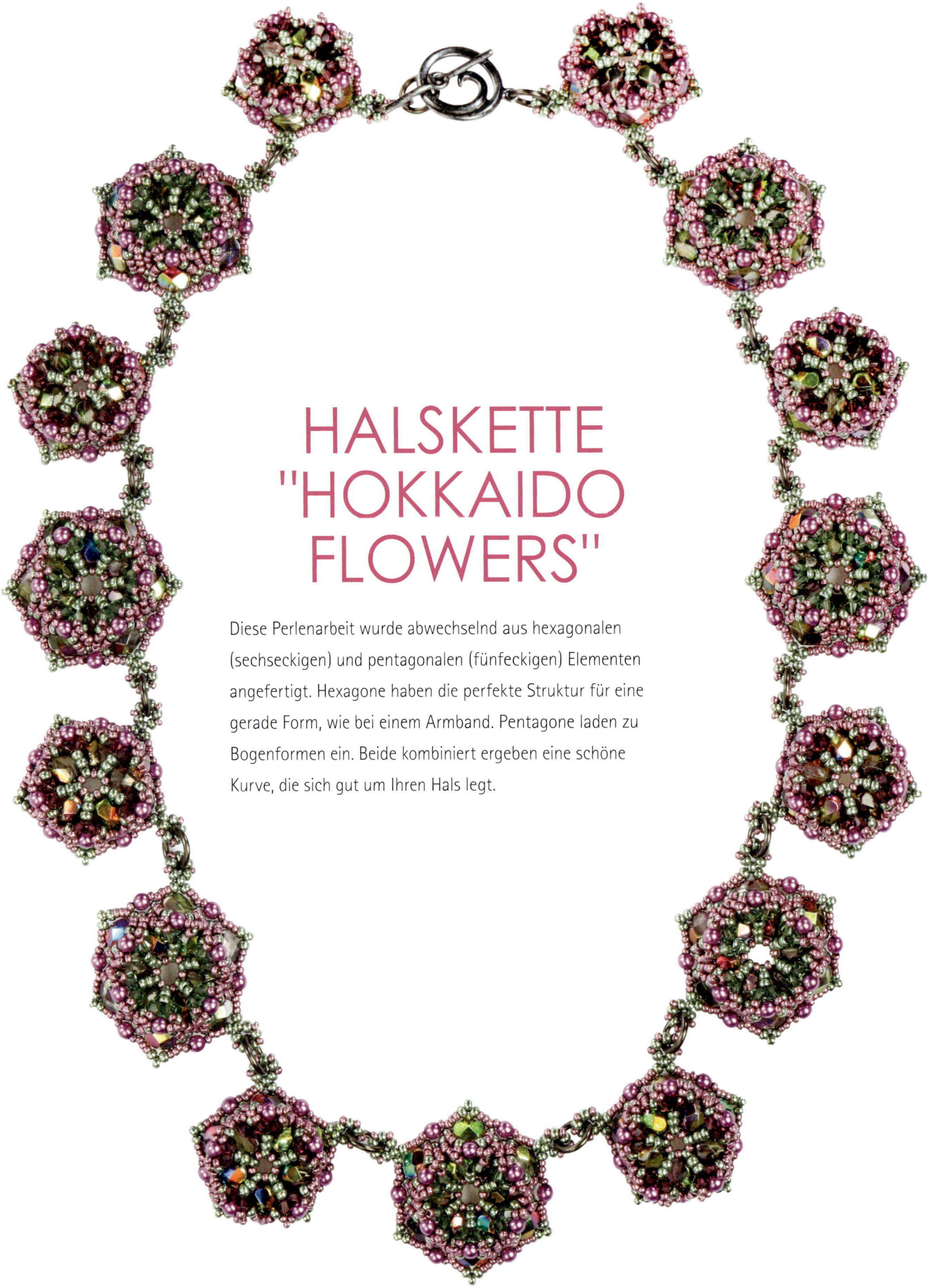

HALSKETTE "HOKKAIDO FLOWERS"

Diese Perlenarbeit wurde abwechselnd aus hexagonalen (sechseckigen) und pentagonalen (fünfeckigen) Elementen angefertigt. Hexagone haben die perfekte Struktur für eine gerade Form, wie bei einem Armband. Pentagone laden zu Bogenformen ein. Beide kombiniert ergeben eine schöne Kurve, die sich gut um Ihren Hals legt.

Hexagon

1 Folgen Sie Grafik 1 und nehmen Sie 1x feuerpolierte Perle, 1x 11/0 Perle, 1x feuerpolierte Perle, 2x 11/0 Perlen, 1x feuerpolierte Perle und 2x 11/0 Perlen auf. Fädeln Sie nochmals durch die zuerst hinzugefügte feuerpolierte Perle, um einen Ring zu erhalten, nochmals durch alle Perlen des Rings und kommen Sie dann mit der Nadel aus der als zweites hinzugefügten feuerpolierten Perle heraus.

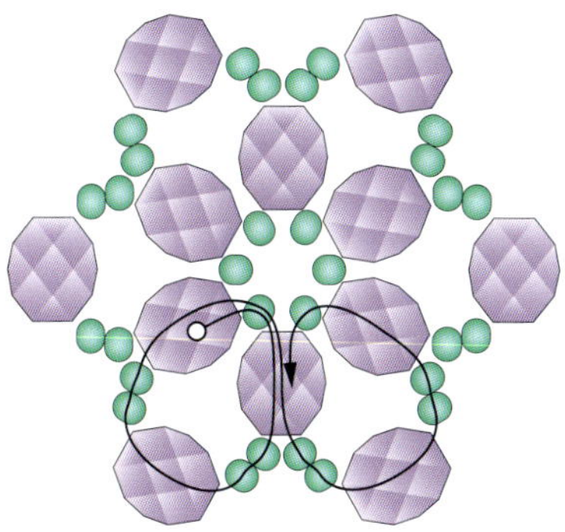

Grafik 1

2 Schauen Sie weiter auf Grafik 1, nehmen Sie 2x 11/0, 1x feuerpolierte, 2x 11/0, 1x feuerpolierte und 1x 11/0 Perle auf und fädeln Sie durch die feuerpolierte Perle, aus der der Faden kommt. Fädeln Sie vor und kommen Sie mit der Nadel aus der soeben zuletzt hinzugefügten feuerpolierten Perle heraus.

Fahren Sie fort, indem Sie 1x 11/0, 1x feuerpolierte, 2x 11/0, 1x feuerpolierte und 2x 11/0 Perlen aufnehmen und durch die feuerpolierte Perle fädeln, aus der der Faden kommt. Fädeln Sie so vor, dass Sie mit der Nadel aus der soeben zuerst hinzugefügten feuerpolierten Perle herauskommen.

3 Wiederholen Sie den Schritt 2. Dies ergibt einen Streifen aus fünf Einheiten, welcher langsam eine Kurve formt. Schließen Sie diesen zum Kreis, indem Sie mit der Nadel aus der feuerpolierten Perle am Ende des Streifens herauskommen, 2x 11/0, 1x feuerpolierte und 2x 11/0 Perlen aufnehmen und durch die feuerpolierte Perle der ersten Einheit fädeln. Nehmen Sie 1x 11/0 Perle auf und fädeln Sie durch die feuerpolierte Perle der letzten Einheit.

4 Kommen Sie mit der Nadel aus einer 11/0 Perle in der Mitte heraus, nehmen Sie 1x 15/0 Perle auf und fädeln Sie durch die nächste 11/0 Perle im Mittelkreis. Wiederholen Sie dies fünf weitere Male und kommen Sie am Ende mit der Nadel aus der 11/0 Perle heraus, an der dieser Schritt begann (Grafik 2).

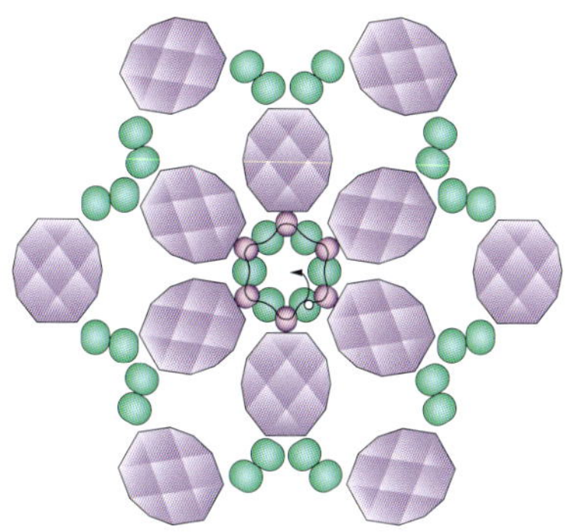

Grafik 2

Ein Rahmen aus sechs Einheiten ist nun fertig. Alle sechs Einheiten werden nacheinander in derselben Art verziert.

5 Nehmen Sie 2x 11/0 Perlen, 1x Doppelkegel Erinite, 1x 11/0 und 3x 15/0 Perlen auf, überspringen Sie die feuerpolierte Perle derselben Einheit und fädeln Sie durch die erste 11/0 Perle der 2er-Gruppe. Nehmen Sie 3x 15/0, 1x 11/0 Perle, 1x Rundperle, 1x 11/0 und 3x 15/0 Perlen auf, überspringen Sie die folgende 11/0 (die zweite der 2er-Gruppe), die feuerpolierte und die erste 11/0 Perle des nächstes Paares derselben Einheit und fädeln Sie durch die folgende 11/0 Perle (die zweite der 2er-Gruppe). Nehmen Sie 3x 15/0, 1x 11/0 Perle und 1x Doppelkegel Erinite auf und fädeln

MATERIAL

- 164 Feuerpolierte Glasperlen, 6 mm, Metallic Green Violet
- 84 Doppelkegel, 3 mm, Erinite
- 80 Doppelkegel, 3 mm, Amethyst
- 164 Rundperlen, 3 mm, Hot Pink
- 14 g Saatperlen, 11/0, Metallic Light Green
- 10 g Saatperlen, 15/0, Metallic Rose
- 16 Biegeringe, 5 mm, 16 Gauge
- 1 Toggle-Verschluss
- FireLine, 6 lb
- Nadel, Stärke 12
- Schere
- Flachzange

GRÖSSE

49 x 2,5 cm, ohne Verschluss

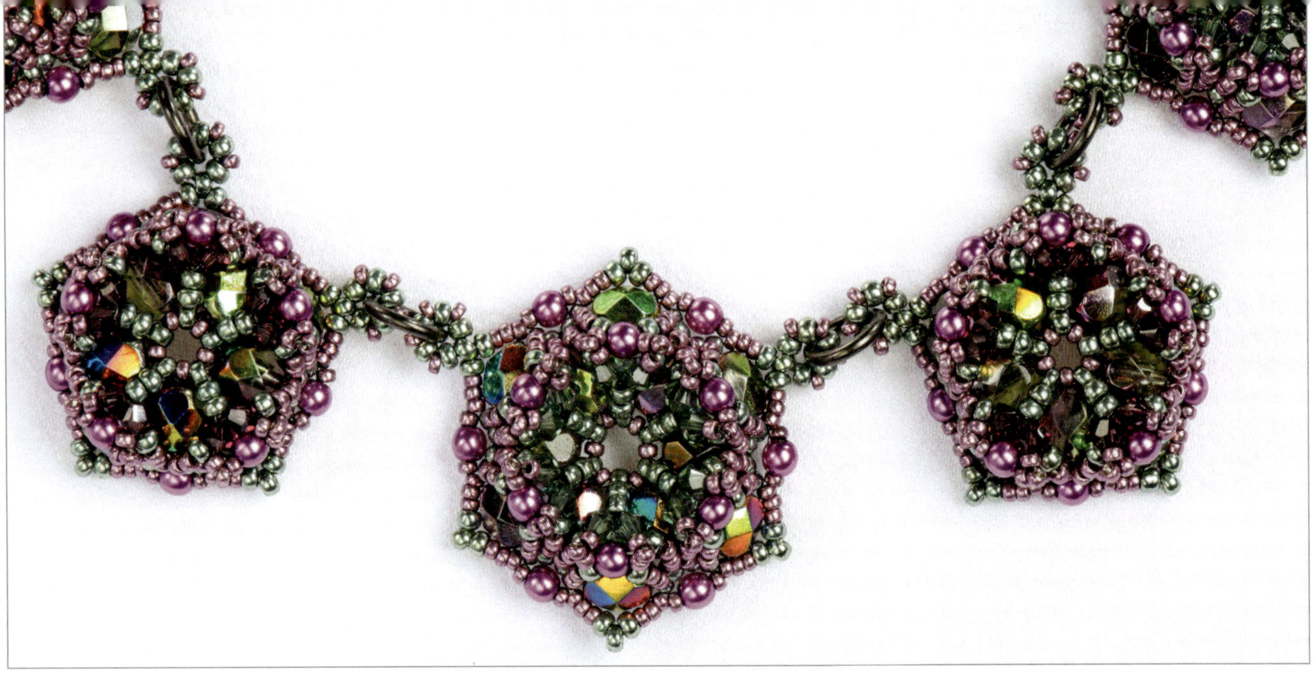

Sie durch das erste in diesem Schritt hinzugefügte Paar aus 11/0 Perlen in Richtung Hexagonmitte. Fädeln Sie nochmals in derselben Richtung durch die 11/0 Perle, an der Sie begonnen haben (Grafik 3).

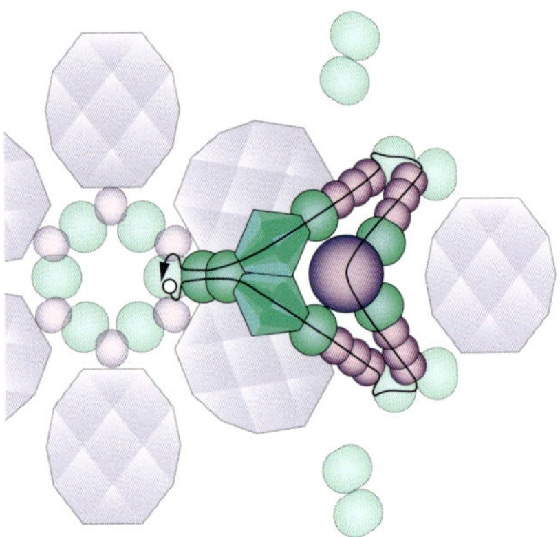

Grafik 3

6 Kommen Sie mit der Nadel aus dem in Schritt 5 zuerst hinzugefügten Doppelkegel heraus und fädeln Sie weiter durch die Rundperle des folgenden Bogens und den als zweites hinzugefügten Doppelkegel. Diese drei Perlen bilden nun ein Dreieck auf dem Element. Fädeln Sie nochmals durch diese drei Perlen und fügen Sie dieses Mal vor und nach der Rundperle je 3x 15/0 Perlen hinzu. Formen Sie jede dieser Gruppen zu einem Picot (Grafik 4).

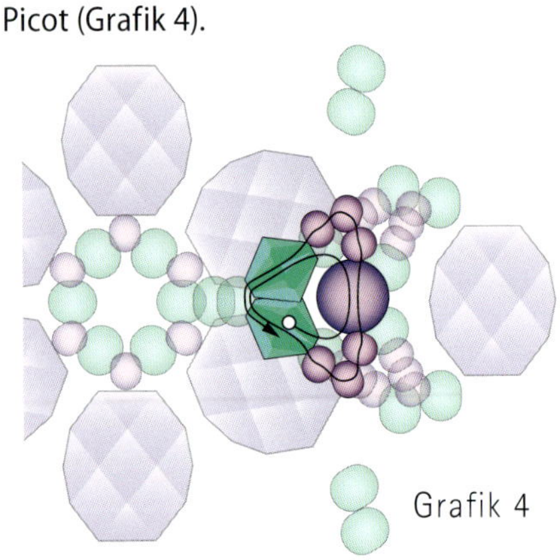

Grafik 4

Fädeln Sie zur nächsten 11/0 Perle in der Mitte vor und wiederholen Sie die Schritte 5 und 6 hier und an den folgenden vier Einheiten.

7 Fädeln Sie entlang der Außenkante. Hier befinden sich Gruppen aus vier 11/0 Perlen zwischen jeder der feuerpolierten Perlen. Fädeln Sie entlang einer dieser Gruppe und kommen Sie mit der Nadel vor einer feuerpolierten Perle heraus. Nehmen Sie 3x 15/0, 2x 11/0 und 3x 15/0 Perlen auf, überspringen Sie die feuerpolierte Perle und fädeln Sie durch die folgenden vier 11/0 Perlen.

Wiederholen Sie diesen Schritt fünf weitere Male und kommen Sie am Ende mit der Nadel aus der ersten 11/0 Perle in der Mitte eines Bogens heraus (Grafik 5).

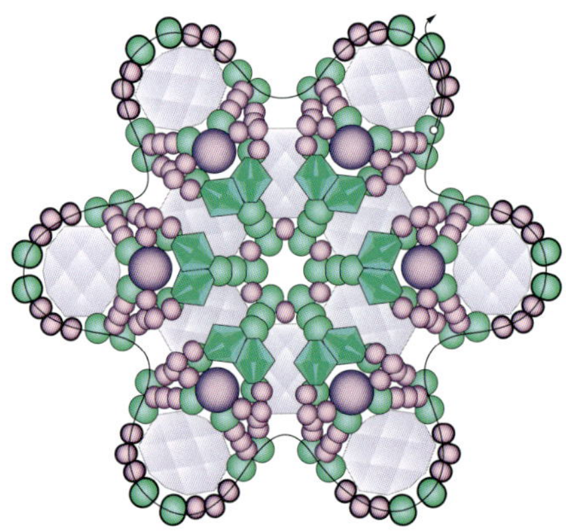

Grafik 5

8 Fädeln Sie wieder entlang der Außenkante. Nehmen Sie 1x 11/0 Perle auf und fädeln Sie durch die folgenden vier Perlen (eine 11/0 und drei 15/0 Perlen). Nehmen Sie 1x 15/0 Perle, 1x Rundperle und 1x 15/0 Perle auf und fädeln Sie durch die folgenden drei 15/0 und eine 11/0 Perle.

Wiederholen Sie diesen Schritt fünf weitere Male (Grafik 6).

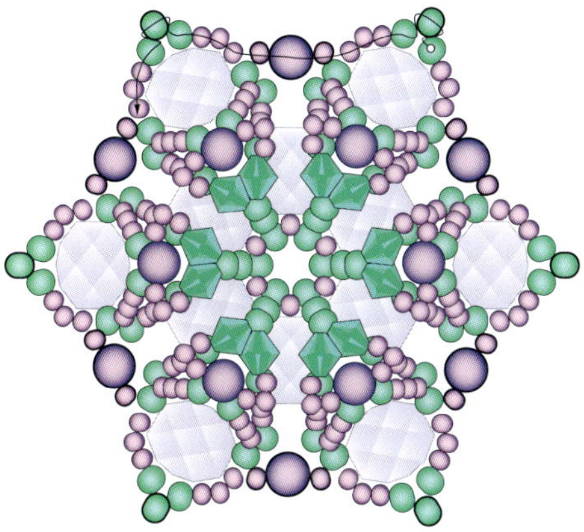

Grafik 6

9 Arbeiten Sie, beginnend an einer 11/0 Perle einer Spitze eines Hexagonelements, eine Öse. Nehmen Sie dazu 5x 11/0 Perlen auf und fädeln Sie durch die Perle, aus der der Faden kommt. Fädeln Sie nochmals durch diese Perlen, um den Fadenlauf zu verstärken und fädeln Sie dann ein drittes Mal durch die Perlen und fügen Sie in der zweiten, dritten, vierte und fünften Lücke je 1x 15/0 Perle hinzu (Grafik 7).

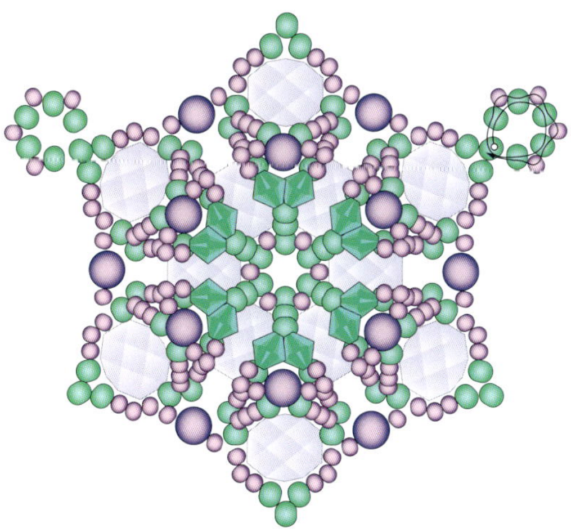

Grafik 7

Überspringen Sie eine Spitze des Hexagonelements und fügen Sie an der nächsten eine weitere Öse hinzu.

Arbeiten Sie ein Pentagonelement, indem Sie den Schritten 1 bis 8 mit diesen Änderungen folgen:

1. Folgen Sie den ersten drei Schritten und arbeiten Sie vier Einheiten, bevor Sie den Streifen mit einer fünften anstatt einer sechsten Einheit zum Kreis schließen.

2. Verwenden Sie in Schritt 5 Doppelkegel Amethyst anstelle der Doppelkegel Erinite. Sie werden sehen, dass die Mitte dieses Elements wie ein kleines Plateau aussieht, und nicht die Tiefe der hexagonalen Form hat.

3. Arbeiten Sie die Ösen aus Schritt 9 an zwei benachbarten Spitzen.

Fertigstellung

Fertigen Sie insgesamt acht Pentagon- und sieben Hexagonelemente an. Beginnen Sie mit einem Pentagonelement und verbinden Sie diese mithilfe eines Biegerings an einem Hexagonelement. Wechseln Sie die Pentagon- und Hexagonelemente ab und enden Sie mit einem Pentagonelement. Montieren Sie den Toggle-Verschluss mithilfe der Biegeringe an der Halskette.

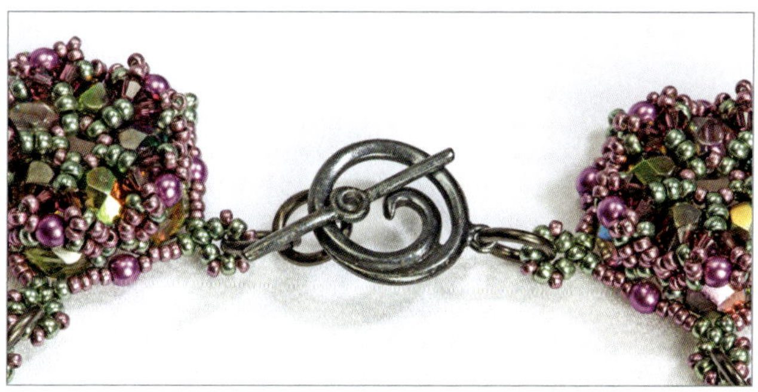

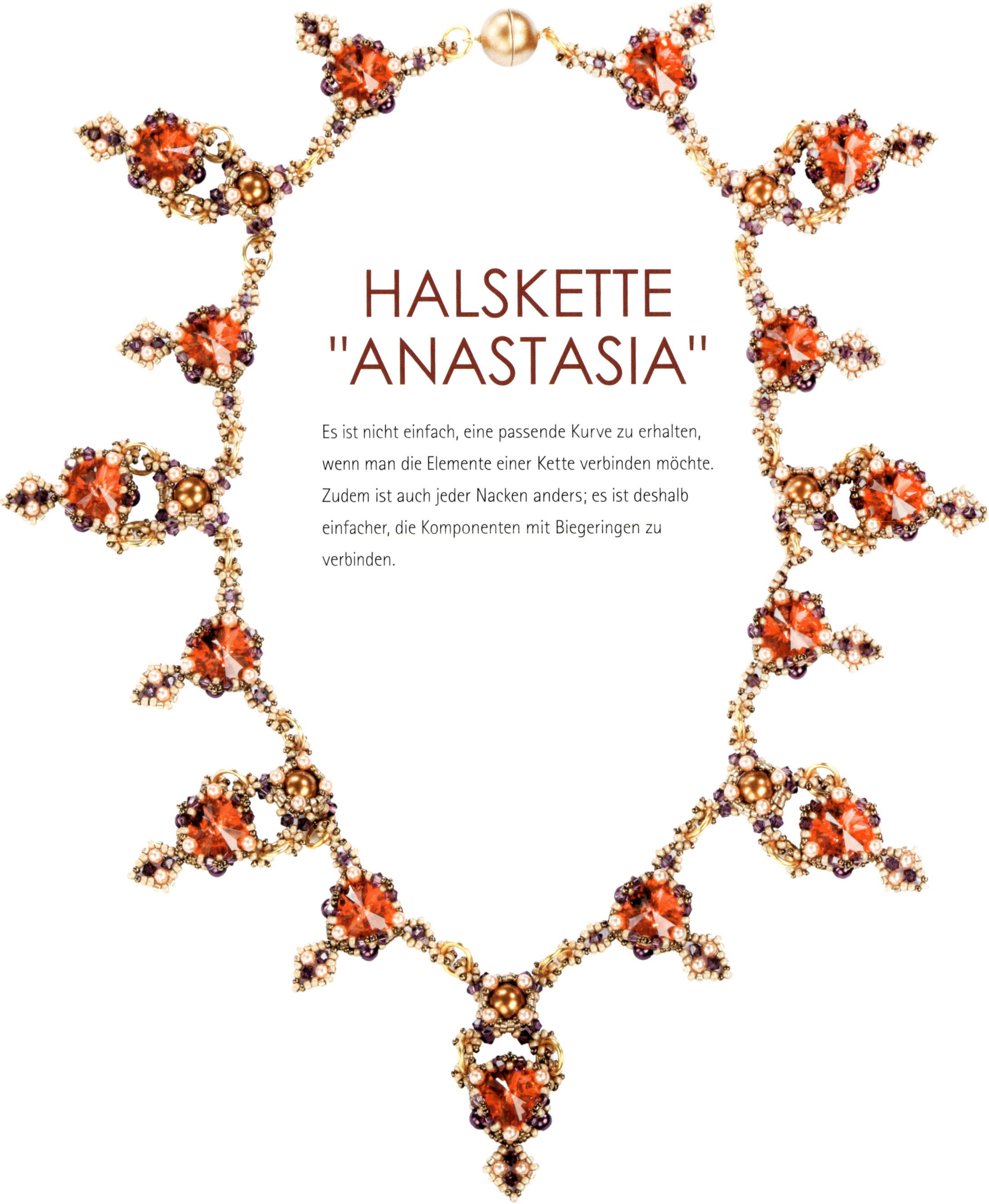

HALSKETTE "ANASTASIA"

Es ist nicht einfach, eine passende Kurve zu erhalten, wenn man die Elemente einer Kette verbinden möchte. Zudem ist auch jeder Nacken anders; es ist deshalb einfacher, die Komponenten mit Biegeringen zu verbinden.

Element Eins

1 Nehmen Sie 4x Zylinderperlen und 2x 15/0 Perlen auf und wiederholen Sie dies drei weitere Male. Formen Sie einen Ring, indem Sie nochmals durch alle 24 Perlen fädeln. Kommen Sie am Ende mit der Nadel nach der zweiten Zylinderperle einer Reihe heraus (Grafik 1).

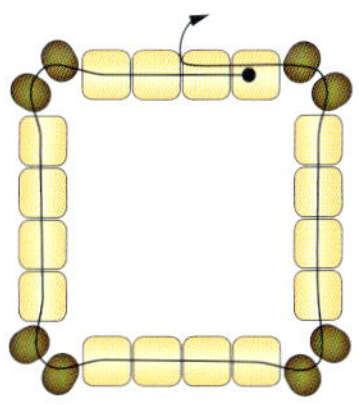

Grafik 1

2 Nehmen Sie 1x Rundperle 8 mm auf und platzieren Sie diese in der Mitte des Rings. Führen Sie den Faden unter dem Ring aus Perlen hindurch und stechen Sie dann von oben durch die Rundperle, sodass der Faden sich um den Faden des Perlenrings legt. Lassen Sie den Faden zwischen die zweite und dritte Zylinderperle rutschen. Beenden Sie den Schritt, indem Sie durch die dritte und vierte Zylinderperle an der Seite fädeln, an der dieser Schritt begann (Grafik 2).

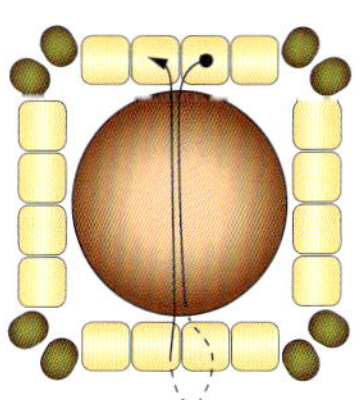

Grafik 2

3 Folgen Sie dem schwarzen Fadenlauf in Grafik 3 und fädeln Sie so vor, dass Sie mit der Nadel zwischen den beiden 15/0 Perlen herauskommen. Nehmen Sie 1x 15/0 Perle auf und fädeln Sie durch die folgende 15/0 und Zylinderperle. Nehmen Sie 2x Zylinderperlen auf, überspringen Sie zwei Zylinderperlen des Basisrings und fädeln Sie durch die nächste Zylinderperle. Wiederholen Sie dies drei weitere Male und kommen Sie am Ende mit der Nadel aus dem zuerst hinzugefügten Paar Zylinderperlen heraus (Grafik 3, gestrichelter Fadenlauf).

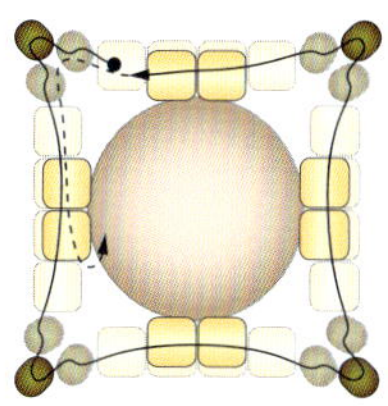

Grafik 3

4 Nehmen Sie 1x 15/0 Perle, 1x Rundperle 3 mm und 1x 15/0 Perle auf, überspringen Sie die Ecke und fädeln Sie durch das nächste Paar Zylinderperlen. Wiederholen Sie dies drei weitere Male und fädeln Sie dann ein zweites Mal durch diesen Kreis aus Perlen, um den Faden zu sichern (Grafik 4).

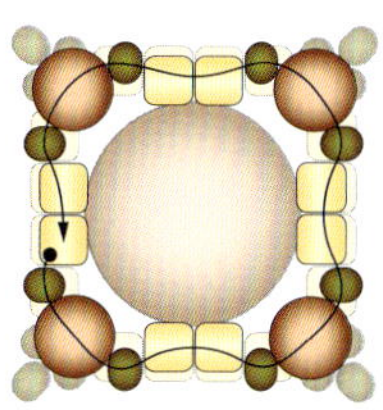

Grafik 4

MATERIAL

15 Rivoli, 14 mm, Padparadscha

192 Doppelkegel, 3 mm, Amethyst

7 Rundperlen, 8 mm, Copper

45 Rundperlen, 4 mm, Dark Purple

103 Rundperlen, 3 mm, Light Peach

11 g Saatperlen, 11/0, Matte Light Gold

6 g Saatperlen, 15/0, Light Bronze

3 g Zylinderperlen, 11/0, Light Gold

30 Biegeringe, 5,5 mm, 16 Gauge

1 Magnetverschluss

FireLine, 6 lb

Nadel, Stärke 12

Schere

Flachzange

GRÖSSE

49,5 cm, ohne Verschluss

5 Fädeln Sie so vor, dass Sie mit der Nadel aus der dritten Zylinderperle einer 4er-Gruppe aus Schritt 1 herauskommen. Wenden Sie die Perlenarbeit und arbeiten Sie auf der Rückseite weiter. Nehmen Sie 1x 11/0 Perle, 1x Doppelkegel, 1x 11/0 Perle, 1x Doppelkegel und 1x 11/0 Perle auf und fädeln Sie durch die beiden mittleren Zylinderperlen der nächsten 4er-Gruppe. Wiederholen Sie dies drei weitere Male und fädeln Sie dann nochmals durch diesen Kreis aus Perlen, um den Faden zu sichern (Grafik 5).

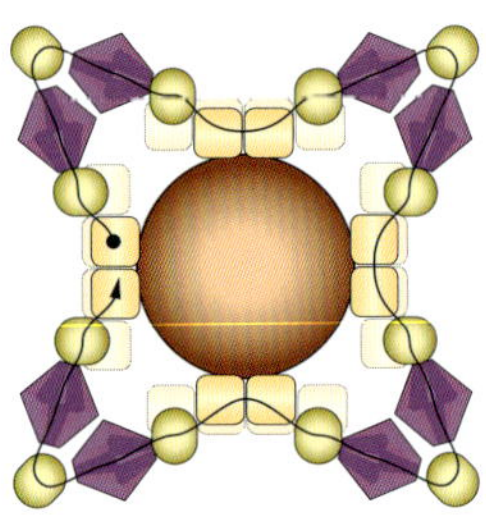

Grafik 5

6 Fügen Sie an einer 11/0 Perle in einer Ecke eine Öse hinzu. Nehmen Sie dazu 5x 11/0 Perlen auf und fädeln Sie nochmals durch die Perle, aus der der Faden kommt und dann ein zweites Mal durch die Perlen der Öse. Fädeln Sie ein drittes Mal durch die Perlen und fügen Sie an der zweiten, dritten, vierten und fünften Lücke je 1x 15/0 Perle, wie in Grafik 6 gezeigt, hinzu.

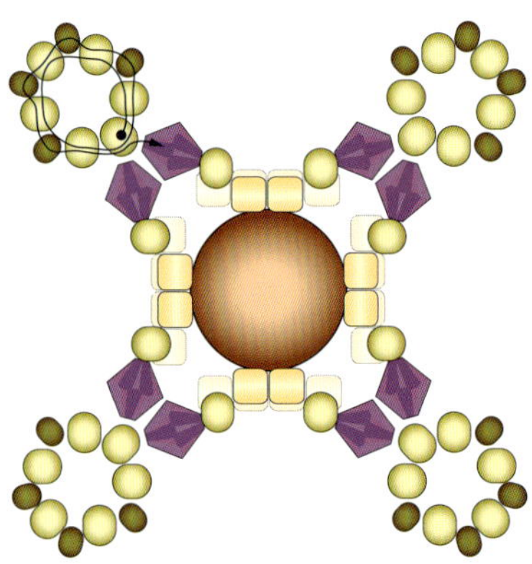

Grafik 6

Wiederholen Sie dies an den anderen drei 11/0 Perlen in den verbliebenen drei Ecken.

Wiederholen Sie die Schritte 1 bis 6 und fertigen Sie insgesamt sieben Elemente an.

Element Zwei

7 Nehmen Sie 1x 11/0 Perle und 6x Zylinderperlen auf. Wiederholen Sie dies zwei weitere Male und formen Sie ein Dreieck, indem Sie nochmals durch die zuerst hinzugefügte 11/0 Perle fädeln. Fädeln Sie zwei weitere Male durch die Perlen und kommen Sie am Ende aus einer 11/0 Perle heraus. Nehmen Sie 1x 15/0, 1x 11/0 und 1x 15/0 Perle auf und fädeln Sie durch die Perle, aus der der Faden kommt (Grafik 7). Wiederholen Sie dies und fügen Sie somit noch zwei weitere Right-Angle-Weave Einheiten an den anderen zwei Ecken hinzu. Kommen Sie am Ende mit der Nadel aus der zuletzt hinzugefügten 11/0 Perle heraus.

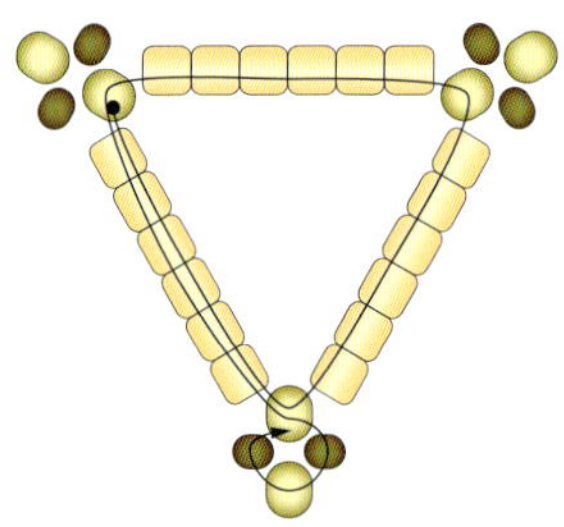

Grafik 7

8 Nehmen Sie 3x 15/0, 1x 11/0 Perle, 1x Doppelkegel, 1x 11/0 Perle, 1x Doppelkegel, 1x 11/0 und 3x 15/0 Perlen auf und fädeln Sie durch die 11/0 Perle der folgenden RAW-Einheit. Wiederholen Sie dies zwei weitere Male, um die Runde zu beenden (Grafik 8). Fädeln Sie ein zweites Mal durch die Perlen dieser Runde, um den Faden zu sichern, und kommen Sie am Ende mit der Nadel aus dem zuerst in diesem Schritt hinzugefügten Doppelkegel heraus.

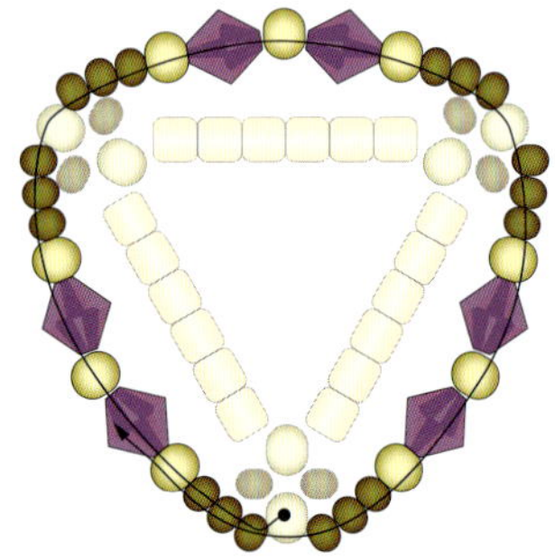

Grafik 8

9 Legen Sie den Rivoli in die Einfassung und ziehen Sie die drei Bögen auf dessen Oberseite. Der Rivoli ist noch nicht komplett gesichert. Nehmen Sie 3x 15/0 Perlen auf, überspringen Sie die 11/0 Perle zwischen den Doppelkegeln und fädeln Sie durch den folgenden Doppelkegel, die 11/0 Perle und die erste der folgenden drei 15/0 Perlen. Formen Sie die drei soeben hinzugefügten 15/0 Perlen zu einem Picot. Nehmen Sie 1x Rundperle 3 mm auf, überspringen Sie die fünf Eckperlen und fädeln Sie durch die folgende 15/0, 11/0 Perle und den Doppelkegel. Wiederholen Sie dies zwei weitere Male (Grafik 9). Ziehen Sie vorsichtig am Faden, damit er nicht bricht. Die Perlen sollten dicht beieinander liegen und es sollten keine Lücken zwischen

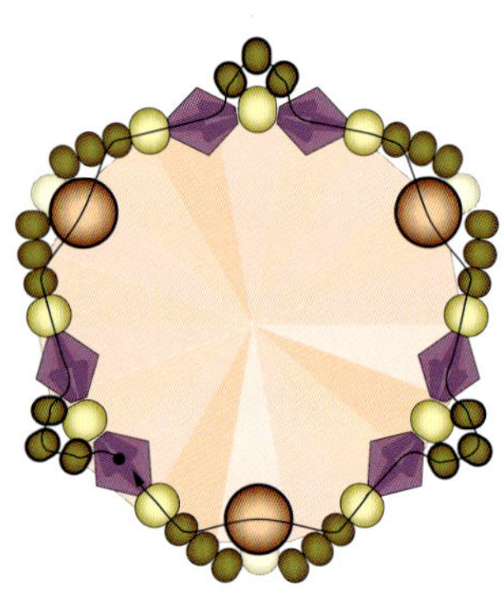

Grafik 9

ihnen sein, besonders nicht vor und nach den Rundperlen. Der Rivoli ist immer noch nicht komplett gesichert - achten Sie darauf, dass er nicht aus der Einfassung rutscht.

10 Wenden Sie die Perlenarbeit und kommen Sie mit der Nadel aus der 11/0 Perle heraus, an der Schritt 8 begann. Nehmen Sie 3x 15/0, 1x 11/0 Perle, 1x Rundperle 4 mm, 1x 11/0 und 3x 15/0 Perlen auf und fädeln Sie durch die 11/0 Perle der nächsten RAW-Einheit. Wiederholen Sie dies zwei weitere Male (Grafik 10). Fädeln Sie ein zweites Mal durch die Perlen, um den Faden zu sichern. Die Perlen dieses Schritts sichern den Rivoli von der Unterseite. Kommen Sie am Ende mit der Nadel aus der 11/0 Perle heraus, an der dieser Schritt begann.

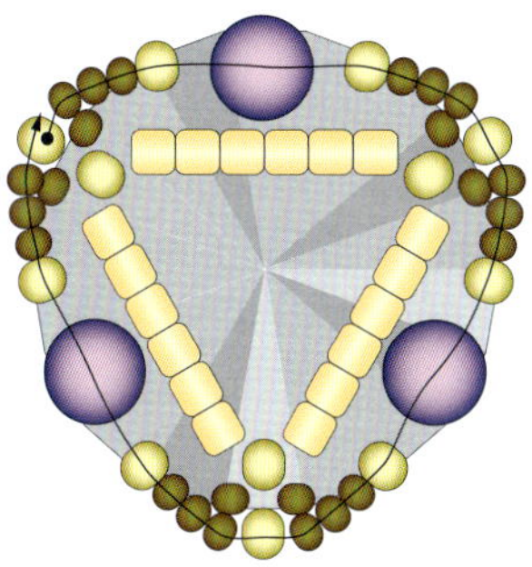

Grafik 10

11 Fügen Sie, wie Grafik 11 zeigt, eine Perlenöse (wie schon bei Schritt 6 des ersten Elements) an zwei der drei 11/0 Eckperlen hinzu. Kommen Sie dann mit der Nadel aus der letzten 11/0 Eckperle heraus, nehmen Sie 1x 15/0, 1x 11/0 Perle, 1x Doppelkegel, 1x 11/0 und 1x 15/0 Perle auf und fädeln Sie durch die Perle, aus der der Faden kommt. Fädeln Sie vor und kommen Sie mit der Nadel aus dem Doppelkegel heraus. Nehmen Sie 1x Rundperle 3 mm, 1x Doppelkegel und 1x Rundperle 3 mm auf und fädeln Sie nochmals durch den Doppelkegel, aus dem der Faden kommt. Fädeln Sie vor, und kommen Sie mit der Nadel aus dem soeben hinzugefügten Doppelkegel heraus. Nehmen Sie 1x 11/0, 1x 15/0, 1x 11/0, 1x 15/0 und 1x 11/0 Perle auf und fädeln Sie durch den Doppelkegel, aus dem der Faden kommt. Fädeln Sie durch die hinzugefügten Perlen und kommen Sie mit der Nadel aus einer 11/0 Perle vor einem Doppelkegel heraus (Grafik 11).

12 Folgen Sie dem schwarzen Fadenlauf in Grafik 12, nehmen Sie 1x 11/0 Perle auf und fädeln Sie durch die folgende

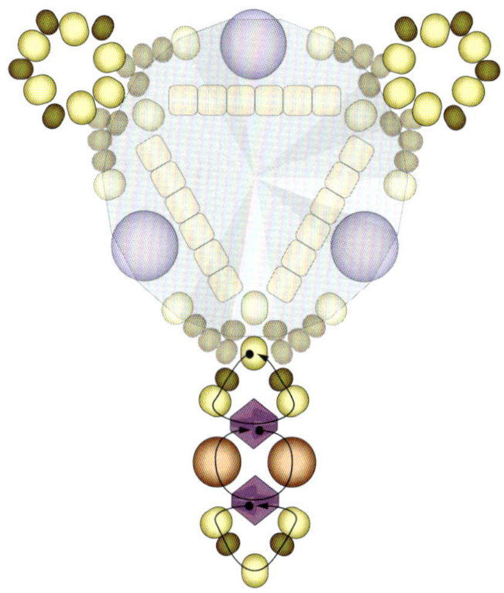

Grafik 11

Rundperle. Nehmen Sie 1x 11/0 Perle auf und fädeln Sie durch die folgende 11/0 und 15/0 Perle. Überspringen Sie die nächste 11/0 Perle in der Spitze und fädeln Sie durch die folgende 15/0 und 11/0 Perle. Fügen Sie je 1x 11/0 Perle vor und nach der nächsten Rundperle hinzu, fädeln Sie dann zu der in diesem Schritt als erstes hinzugefügten 11/0 Perle vor und überspringen Sie dabei die nächste 11/0 Spitzenperle.

Nehmen Sie, mit der Nadel aus der 11/0 Perle vor der Rundperle kommend, 1x 11/0 Zylinderperle, 1x 11/0 Perle und 1x 11/0 Zylinderperle auf, überspringen Sie die Rundperle

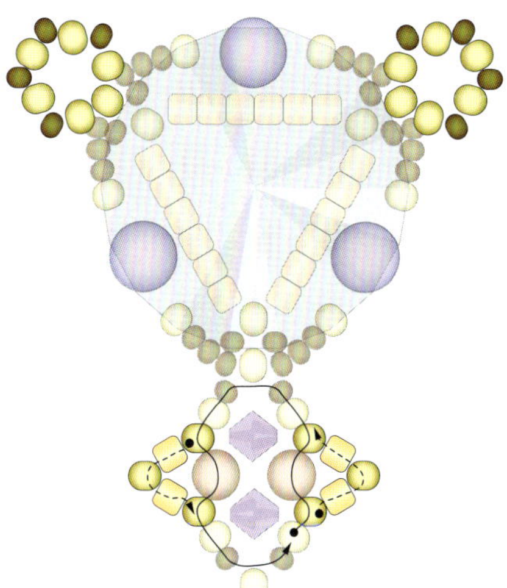

Grafik 12

und fädeln Sie durch die folgende 11/0 Perle (Grafik 12, gestrichelter Fadenlauf). Fädeln Sie entlang der Perlen vor und wiederholen Sie dies bei der Rundperle auf der anderen Seite des Streifens. Vernähen Sie den Faden und schneiden Sie ihn ab.

Wiederholen Sie die Schritte 7 bis 12 und fertigen Sie insgesamt sieben Mal das Element Zwei an.

Element Drei

13 Wiederholen Sie die Schritte 7 bis 10 und arbeiten Sie dann eine untere Spitze an einer 11/0 Perle wie in Schritt 11 und 12 beschrieben. Anstelle der Perlenösen fädeln Sie an den anderen zwei Positionen nun eine kleine Erweiterung. Kommen Sie mit der Nadel aus einer 11/0 Eckperle heraus, nehmen Sie 1x 15/0, 1x 11/0 Perle, 1x Doppelkegel, 1x 11/0 und 1x 15/0 Perle auf und fädeln Sie durch die Perle, aus der der Faden kommt und weiter, bis Sie mit der Nadel aus dem Doppelkegel herauskommen. Nehmen Sie 1x 11/0, 1x 15/0, 1x 11/0, 1x 15/0 und 1x 11/0 Perle auf und fädeln Sie erneut durch den Doppelkegel. Fädeln Sie entlang der zuletzt hinzugefügten Perlen und kommen Sie mit der Nadel vor einem Doppelkegel heraus. Nehmen Sie 1x 11/0 Perle auf, die in die Lücke zwischen den beiden 11/0 Perlen rutscht und fädeln Sie entlang der Außenkante dieser kleinen Erweiterung bis zum anderen Ende des Doppelkegels. Fügen Sie auch hier 1x 11/0 Perle in der Lücke hinzu (Grafik 13). Arbeiten Sie am Ende der Erweiterung eine Perlenöse (wieder wie in Schritt 6 des Elements Eins beschrieben) (Grafik 14).

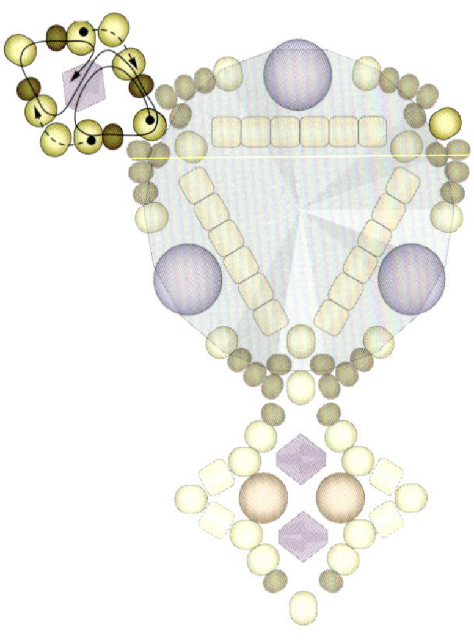

Grafik 13

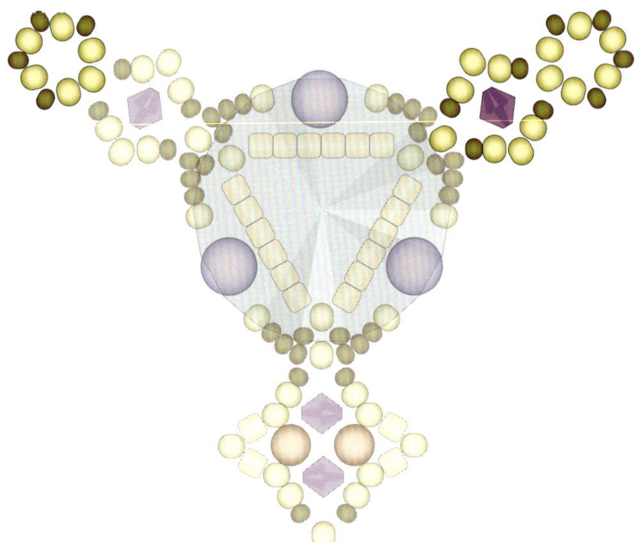

Grafik 14

14 Wiederholen Sie den Schritt 13 an der verbliebenen dritten Ecke.

Wiederholen Sie die Schritte 13 und 14 und fertigen Sie insgesamt acht Mal das Element Drei an.

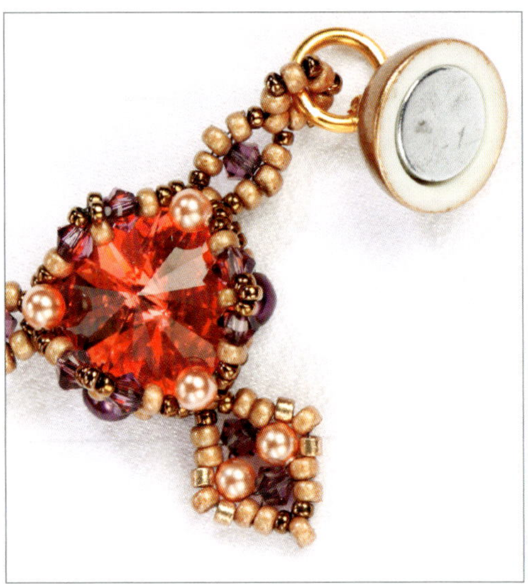

Fertigstellung

Verbinden Sie abwechselnd alle Elemente Drei mit den Elementen Eins; beginnen und enden Sie mit Element Drei. Hängen Sie dabei in jeweils zwei Ösen der sieben Elemente Eins einen Biegering und lassen Sie die beiden unteren Ösen leer. Montieren Sie dann die Elemente Zwei jeweils an die beiden leeren Ösen der Elemente Eins. Verbinden Sie den Verschluss wieder mithilfe von Biegeringen mit dem ersten und dem letzten Element Drei.

IV: Verzierte Formen und formende Verzierungen

Verzierungen tragen nicht nur zum Aussehen einer Perlenarbeit bei, sie können auch maßgeblich die Form des Stücks bestimmen. Eine Verzierung kann den Unterschied zwischen einem formlosen Design und einem hübsch geformten Schmuckstück ausmachen.

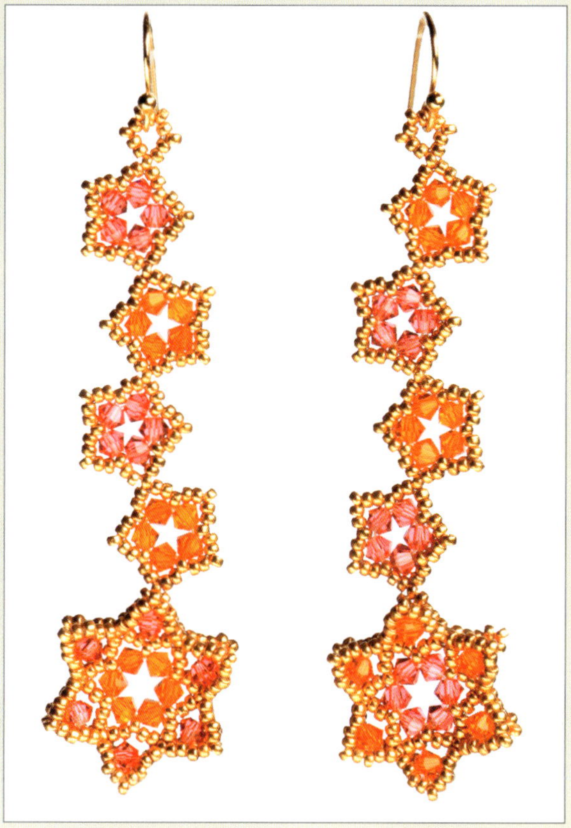

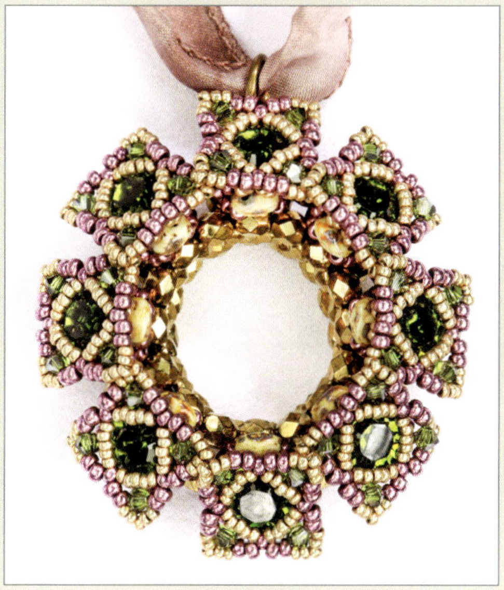

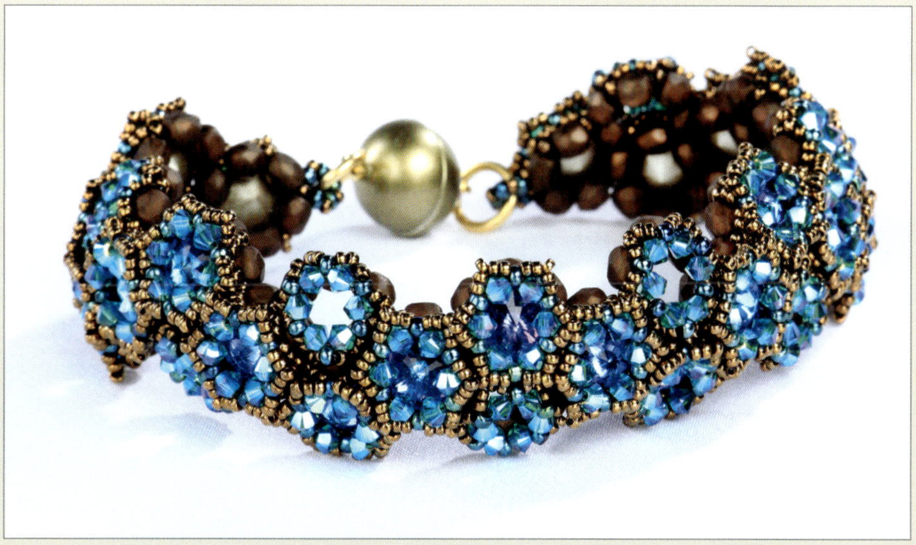

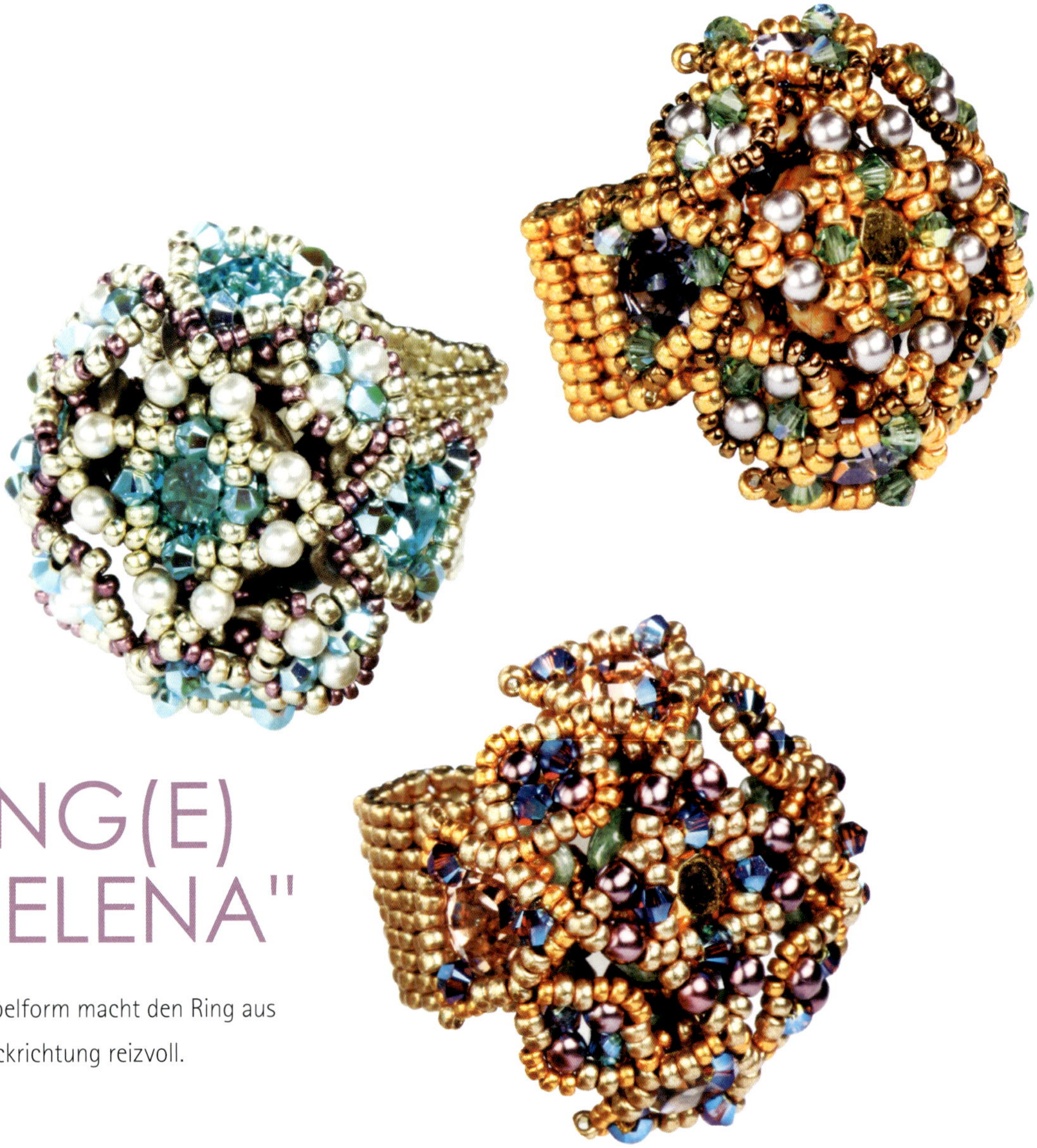

RING(E) "HELENA"

Die Kuppelform macht den Ring aus jeder Blickrichtung reizvoll.

MATERIAL

- 1 Chaton, 8 mm, Gold
- 4 Chatons, 8 mm, Vintage Rose
- 24 Doppelkegel, 3 mm, Amethyst 2xAB
- 16 Rundperlen, 3 mm, Ancient Rose
- 20 Feuerpolierte Glasperlen, 4 mm, Ancient Rose
- 2 g Doppellochperlen (SuperDuo oder Twin Beads), Green Luster
- 5 g Saatperlen, 11/0, Metallic Champagne
- 1 g Saatperlen, 15/0, Metallic Yellow Gold
- FireLine, 6 oder 8 lb
- Nadel, Stärke 12
- Schere

GRÖSSE

3 x 3 cm

1 Beginnen Sie mit zwei Armspannen Faden und arbeiten Sie die Basis im Right-Angle-Weave aus feuerpolierten Glasperlen. Nehmen Sie dazu 4x feuerpolierte Glasperlen auf und formen Sie einen Ring, indem Sie durch die zuerst aufgenommene Perle fädeln; (siehe Mittelteil von Grafik 1). Der Fadenrest und auch der Arbeitsfaden, mit dem Ring aus Perlen in der Mitte, sollten eine Armspanne lang sein. Fädeln Sie ein zweites Mal durch den Basisring, um den Faden zu sichern, fädeln Sie dann ein drittes Mal durch den Ring und fügen Sie nach jeder feuerpolierten Glasperle je 1x 11/0 Perle hinzu.

Mit der Nadel aus einer feuerpolierten Glasperle kommend, nehmen Sie 3x feuerpolierte Glasschliffperlen auf und fädeln durch die Perle, aus der der Faden kommt. Fügen Sie auf diese Weise jeder feuerpolierten Glasperle des Basisrings eine Einheit im RAW-Stich hinzu (Grafik 1).

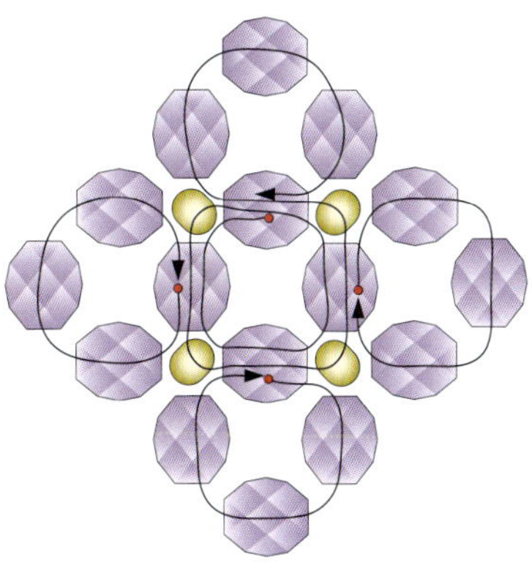

Grafik 1

2 Mit der Nadel in Richtung Rand aus einer der feuerpolierten Glasperlen einer neuen Einheit kommend (siehe Grafik 2), nehmen Sie 1x feuerpolierte Glasperle auf und fädeln durch die entsprechende feuerpolierte Glasperle der Nachbareinheit und durch die Perle, aus der der Faden kommt. Dies ergibt eine Dreiecksform.

Fädeln Sie ein zweites Mal durch die Perlen dieses Dreiecks und fügen Sie je 1x 11/0 Perle nach jeder feuerpolierten Glasperle hinzu. Wiederholen Sie diesen Schritt in den anderen drei Ecken der Basis (Grafik 2).

3 Wenden Sie die Perlenarbeit und arbeiten Sie auf der Rückseite weiter. Fädeln

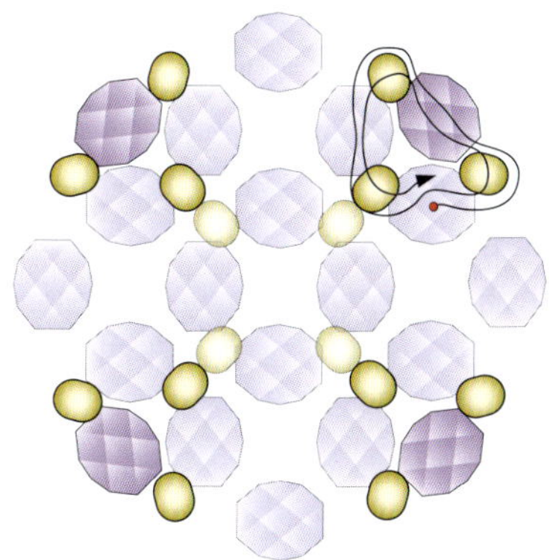

Grafik 2

Sie durch die acht feuerpolierten Glasperlen am Außenrand und fügen Sie nach jeder 1x 11/0 Perle hinzu (Grafik 3, rot umrandet). Fädeln Sie noch zwei weitere Male durch diesen Kreis aus Perlen, um den Faden zu sichern. Die Basis hat nun eine Tassenform und die in Schritt 1 und 2 hinzugefügten 11/0 Perlen sollten auf der Außenseite der Tasse liegen.

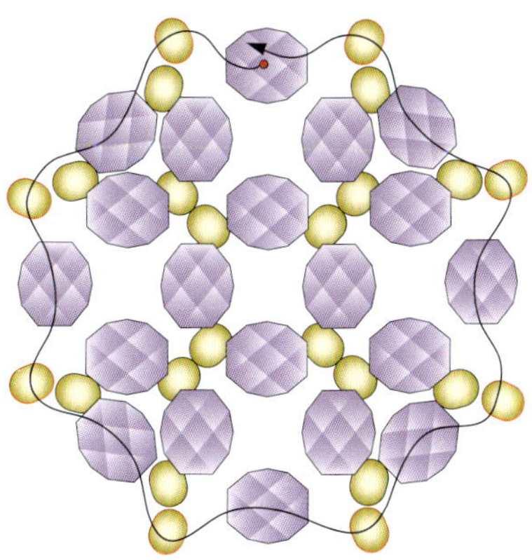

Grafik 3

4 Arbeiten Sie auf der Vorderseite weiter. In diesem Schritt werden Sie Bögen um die vier feuerpolierten Glasperlen des Basisrings arbeiten. Kommen Sie mit der Nadel aus einer 11/0 Perle vor einer dieser feuerpolierten Perlen des Basisrings heraus und nehmen Sie 2x 15/0 Perlen, 1x Doppellochperle und 4x 15/0 Perlen auf. Fädeln Sie durch das zweite Fädelloch der Doppellochperle, nehmen Sie 2x 15/0 Perlen auf und fädeln Sie durch die nächste 11/0 Perle nach der feuerpolierten Glasperle. Wiederholen Sie dies drei weitere Male. Fädeln Sie so vor, dass Sie mit der Nadel aus der zweiten 15/0 Perle der 4er-Gruppe über der zuerst hinzugefügten Doppellochperle herauskommen (Grafik 4, schwarzer Fadenlauf).

Nehmen Sie 1x 11/0 Perle auf und fädeln Sie durch die folgenden beiden 15/0 Perlen. Nehmen Sie 2x 11/0 Perlen auf fädeln Sie durch die beiden 15/0 Perlen über der zweiten Doppellochperle. Wiederholen Sie dies drei weitere Male (Grafik 4, roter Fadenlauf). Kommen Sie am Ende mit der Nadel aus der in diesem Schritt zuerst hinzugefügten 11/0 Perle heraus.

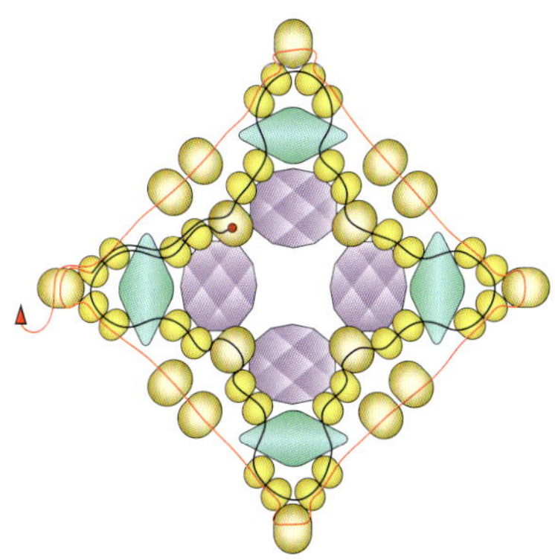

Grafik 4

5 Nehmen Sie 1x 11/0 Perle, 1x Doppelkegel und 1x 11/0 Perle auf und fädeln Sie durch die folgende 11/0 Perle über der nächsten Doppellochperle. Wiederholen Sie dies drei weitere Male.

Lassen Sie den Faden locker und legen Sie den goldfarbenen Chaton in die Einfassung. Ziehen Sie den Faden fest und fädeln Sie ein zweites Mal durch die Perlen (Grafik 5, schwarzer Fadenlauf und Umrandungen). Kommen Sie am Ende mit der Nadel aus der 11/0 Perle heraus, an der dieser Schritt begann.

Nehmen Sie 1x 11/0 Perle, 1x Rundperle, 2x 11/0 Perlen, 1x Rundperle und 1x 11/0 Perle auf, überspringen Sie die nächsten drei Perlen, die um den Chaton herumliegen (11/0 Perle, Doppelkegel, 11/0 Perle) und fädeln Sie durch die folgende 11/0 Perle (Grafik 5, roter Fadenlauf und Umrandungen). Wiederholen Sie dies drei weitere Male und kommen Sie am Ende mit der Nadel zwischen den ersten beiden aufeinanderfolgenden 11/0 Perlen heraus.

Folgen Sie dem grünen Fadenlauf in Grafik 5, nehmen Sie 1x 11/0 Perle auf und fädeln Sie durch die folgenden sieben Perlen (11/0 Perle, Rundperle, 11/0, 11/0, 11/0 Perle, Rundperle, 11/0 Perle). Wiederholen Sie dies drei weitere Male.

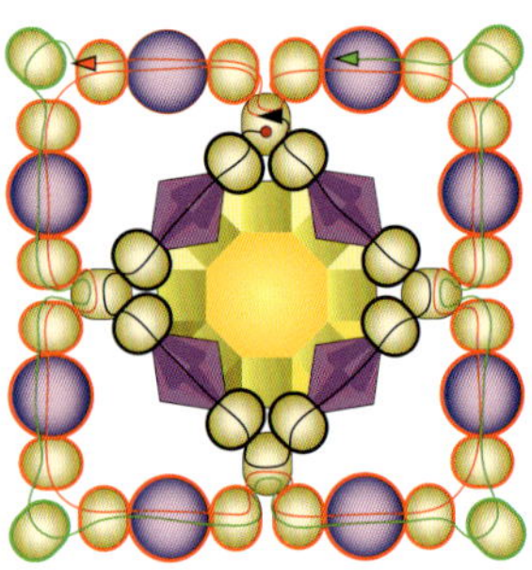

Grafik 5

6 Fädeln Sie so vor, dass Sie mit der Nadel aus einer der drei in Schritt 2 hinzugefügten 11/0 Perlen herauskommen.

Wie in Schritt 4 arbeiten Sie Bögen über den Dreiecken, indem Sie 2x 15/0 Perlen, 1x Doppellochperle und 4x 15/0 Perlen aufnehmen, durch das zweite Fädelloch der Doppellochperle fädeln, 2x 15/0 Perlen aufnehmen und durch die nächste 11/0 Perle fädeln. Arbeiten Sie einen zweiten, identischen Bogen und dann einen dritten.

Fädeln Sie so vor, dass Sie mit der Nadel aus der zweiten 15/0 Perle über der Doppellochperle herauskommen. Nehmen Sie 1x 11/0 Perle auf und fädeln Sie durch die folgenden beiden 15/0 Perlen. Nehmen Sie 3x 11/0 Perlen auf und fädeln Sie durch die ersten beiden 15/0 Perlen über der zweiten Doppellochperle. Wiederholen Sie dies zwei weitere Male (Grafik 6). Kommen Sie am Ende mit der Nadel aus der 11/0 Perle über einer Doppellochperle heraus.

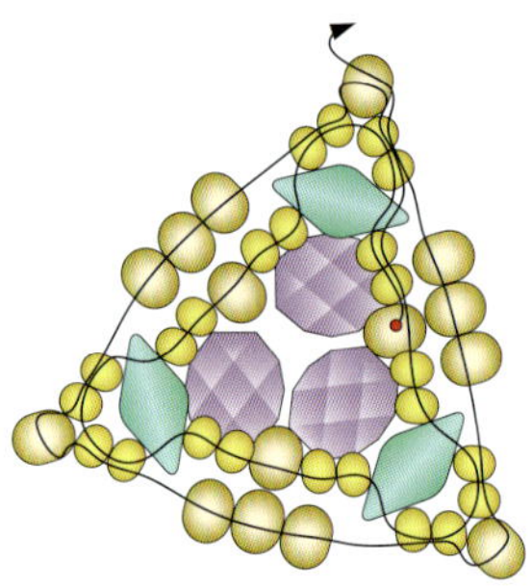

Grafik 6

7 Um die Einfassung für einen der roséfarbenen Chatons fertigzustellen, nehmen Sie 2x 11/0 Perlen, 1x Doppelkegel und 2x 11/0 Perlen auf. Fädeln Sie durch die nächste 11/0 Perle über der nächsten Doppellochperle und wiederholen Sie dies zwei weitere Male. Fädeln Sie dann ein zweites Mal durch die Perlen dieser Runde. Drücken Sie einen roséfarbenen Chaton in die Einfassung und lassen Sie ihn unter die Perlen der Dreieckseinfassung rutschen - beachten Sie, dass der Chaton noch nicht sicher sitzt.

Kommen Sie mit der Nadel vor einem Doppelkegel heraus, nehmen Sie 4x 15/0 Perlen auf und fädeln Sie durch die folgenden fünf 11/0 Perlen. Wiederholen Sie dies zwei weitere Male (über jedem der anderen beiden Doppelkegel) und kommen Sie am Ende mit der Nadel nach der zweiten 15/0 Perle der zuerst hinzugefügten 4er-Gruppe heraus.

Fügen Sie, wie Grafik 7 zeigt, 1x 11/0 Perle in der Mitte der beiden Gruppen aus 15/0 Perlen an der Außenseite hinzu. An den Positionen, an denen die quadratische Einfassung (aus Schritt 5) zu der neuen Einfassung benachbart ist, fädeln Sie durch die 11/0 Perle in der Ecke. Achten Sie in den letzten beiden Runden auf eine hohe Fadenspannung, damit der Chaton sicher sitzt.

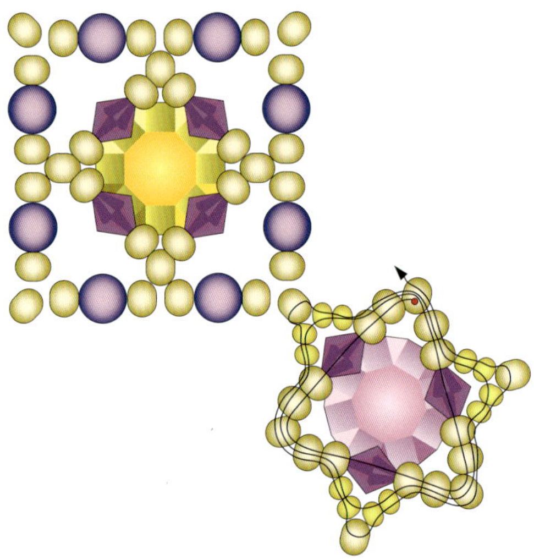

Grafik 7

8 Wiederholen Sie die Schritte 6 und 7 an der nächsten Ecke des Quadrats und arbeiten Sie dann eine Verbindung beider Einfassungen.

Nehmen Sie, mit der Nadel aus der mittleren 11/0 Perle am Rand einer Einfassung kommend (siehe Grafik 8), 1x 15/0, 1x 11/0 Perle, 1x Doppelkegel, 1x 11/0 und 1x 15/0 Perle auf. Fädeln Sie durch die 11/0 Perle, aus der der Faden kommt und dann weiter, bis Sie aus dem Doppelkegel herauskommen. Nehmen Sie 1x Rundperle, 1x Doppelkegel und 1x Rundperle auf und fädeln Sie durch den ersten Doppelkegel. Fädeln Sie vor, bis Sie mit der Nadel aus dem soeben hinzugefügten Doppelkegel herauskommen. Nehmen Sie 1x 11/0 und 1x 15/0 Perle auf und fädeln Sie durch die entsprechende, mittlere 11/0 Perle an der anderen dreieckigen Einfassung. Nehmen Sie 1x 15/0 und 1x 11/0 Perle auf und fädeln Sie durch den zweiten Doppelkegel der Verbindung (Grafik 8, schwarzer Fadenlauf).

Fädeln Sie weiter durch die Außenkante der Verbindung und fügen Sie je 1x 11/0 Perle vor und nach jeder Rundperle hinzu. Überspringen Sie dabei die 11/0 Perlen, an denen die Verbindung befestigt ist - dies ergibt schärfere Ecken (Grafik 8, roter Fadenlauf). Fädeln Sie dann ein letztes Mal durch die Perlen der Außenkante und fügen Sie 4x 15/0 Perlen über jeder Rundperle hinzu (Grafik 8, grüner Fadenlauf).

Fahren Sie damit fort, alle eingefassten roséfarbenen Chatons mit den Ecken des Quadrats zu verbinden und wiederholen Sie diesen Schritt drei weitere Male, um die Verbindung zwischen den dreieckigen Einfassungen anzufertigen.

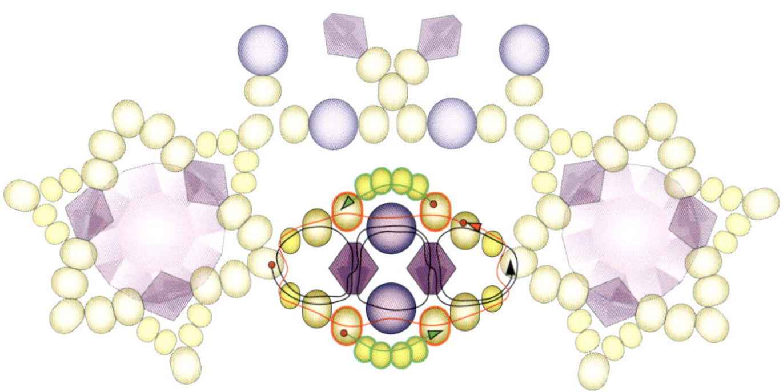

Grafik 8

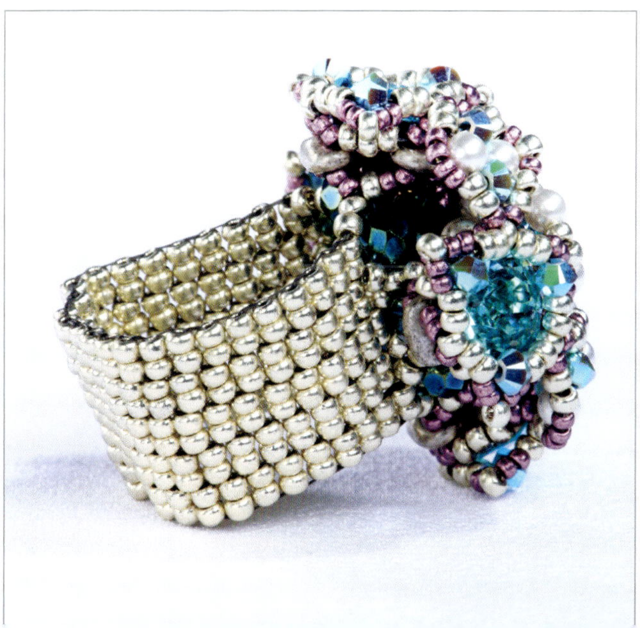

9 Fädeln Sie zur Vorbereitung für die Ringschiene zurück zur Basis und kommen Sie mit der Nadel aus einer der 11/0 Perlen heraus. Da die Mitte der Ringschiene unter einem Chaton beginnen soll, starten Sie aus einer 11/0 Perle, die auf eine feuerpolierte Glasperle folgt. Arbeiten Sie einen Bogen über der folgenden feuerpolierten Glasperle, wie der schwarze Fadenlauf in Grafik 9 zeigt. Nehmen Sie dazu 4x 11/0 Perlen auf, überspringen Sie die feuerpolierte Glasperle und fädeln Sie durch die folgende 11/0 Perle an der Außenkante der Basis. Wiederholen Sie dies zwei weitere Male, überspringen Sie eine feuerpolierte Glasperle, indem Sie einfach hindurchfädeln, und arbeiten Sie dann drei weitere Bögen über den folgenden drei feuerpolierten Glasperlen (Grafik 9).

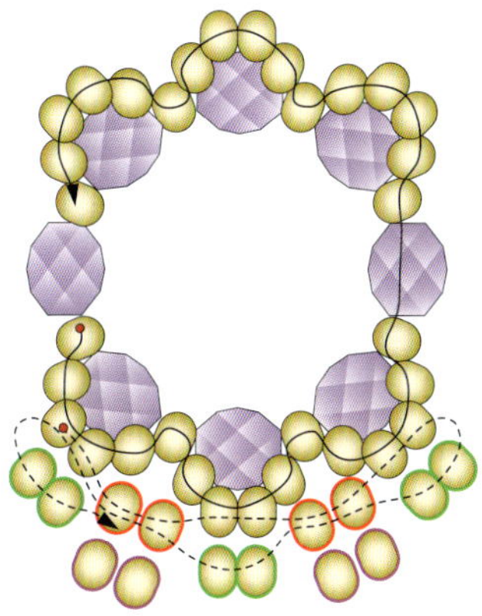

Grafik 9

Fertigstellung

Folgen Sie dem gestrichelten Fadenlauf in Grafik 9, um die Ringschiene im ungeraden Peyote-Stich mit zwei Perlen (siehe Seite 15) wie folgt zu arbeiten: Kommen Sie mit der Nadel aus der dritten 11/0 Perle des ersten Bogens heraus, nehmen Sie 2x 11/0 Perlen (Grafik 9, rot umrandet) auf und fädeln Sie durch die mittleren beiden Perlen des nächsten Bogens. Nehmen Sie 2x 11/0 Perlen auf und fädeln Sie durch die mittleren beiden Perlen des nächsten Bogens. Ändern Sie zum Beginn der nächsten Reihe die Fädelrichtung.

Fügen Sie drei Paare aus 11/0 Perlen (Grafik 9, grün umrandet) hinzu und arbeiten Sie weiter im ungeraden Peyote-Stich mit insgesamt zwei Paaren in der vierten und drei Paaren in der Rückreihe. Die Länge des Bandes hängt von der Ringgröße ab, hier sind es 23 Reihen. Enden Sie mit einer Reihe aus zwei hinzugefügten 11/0 Perlenpaaren und zippen Sie dann die Perlen an die andere Seite der Einfassung. Fädeln Sie beim Vernähen mehrfach durch die Perlen der ersten und letzten Reihe, um die Ringschiene zu stabilisieren.

ARMBAND "HOVERING CRYSTALS"

Verzierungen können stabil genug sein, um einer Grundstruktur eine solche Festigkeit zu geben, dass der Chaton auf der Basis zu schweben scheint.

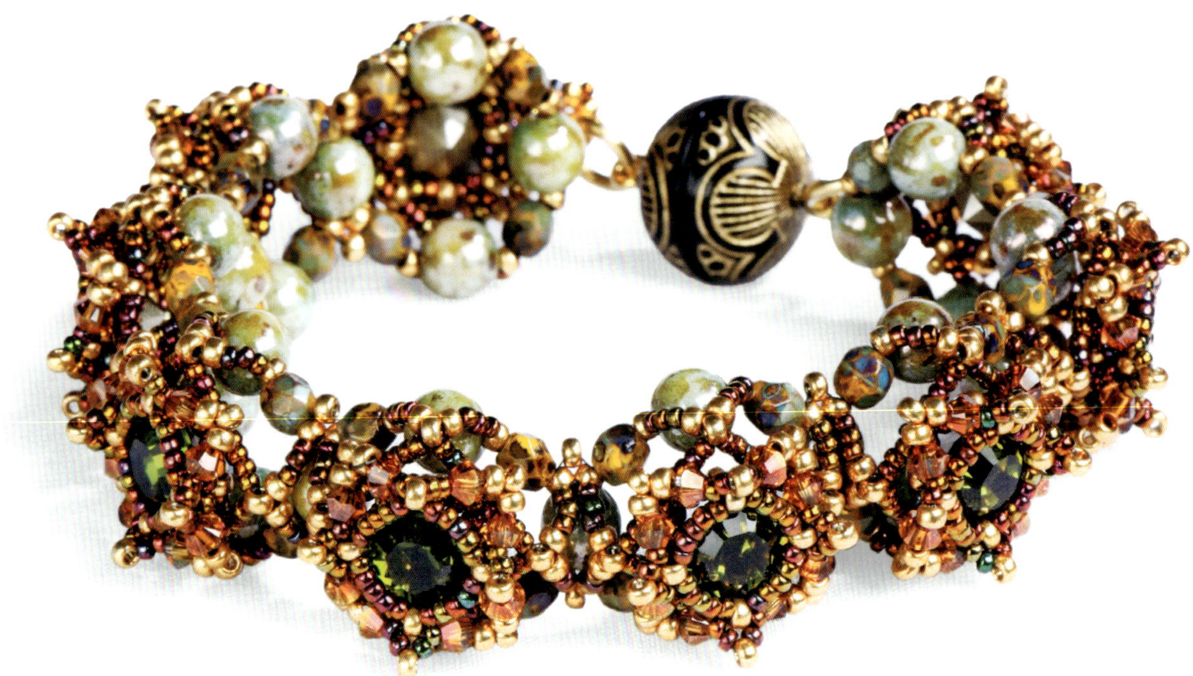

MATERIAL

- 9 Chatons, 8 mm (SS39), Olive
- 28 Rundperlen, 6 mm, Green Brown Luster
- 36 Feuerpolierte Glasperlen, 4 mm, Lemon Picasso
- 72 Doppelkegel, 3 mm, Crystal Copper
- 6 g Saatperlen, 11/0, Gold
- 7 g Saatperlen, 15/0, Metal Golden Iris
- 2 Biegeringe, 5 mm, 16 Gauge
- 1 Magnetverschluss
- FireLine, 6 lb
- Nadel, Stärke 12
- Schere
- Flachzange

GRÖSSE

18 cm, ohne Verschluss

1 Nehmen Sie 1x feuerpolierte Glasperle, 1x 11/0 Perle, 1x Rundperle und 1x 11/0 Perle auf und wiederholen Sie dies drei weitere Male. Formen Sie dann einen Ring, indem Sie durch die zuerst aufgenommene feuerpolierte Glasperle fädeln. Fädeln Sie ein zweites Mal durch die Perlen, um den Faden zu sichern, und kommen Sie am Ende vor einer Rundperle heraus. (Grafik 1).

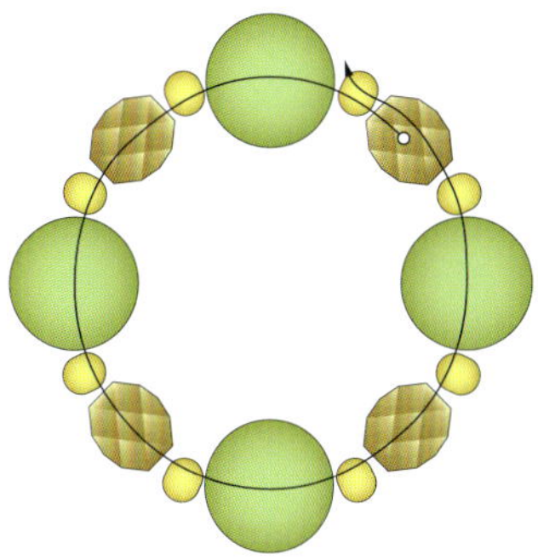

Grafik 1

2 Nehmen Sie 3x 15/0, 2x 11/0 und 3x 15/0 Perlen auf, überspringen Sie die Rundperle, formen Sie einen Bogen und fädeln Sie durch die folgende 11/0 Perle, feuerpolierte Glasperle und 11/0 Perle vor. Wiederholen Sie dies drei weitere Male und fädeln Sie dann so vor, dass Sie mit der Nadel zwischen den beiden 11/0 Perlen des ersten Bogens herauskommen (Grafik 2).

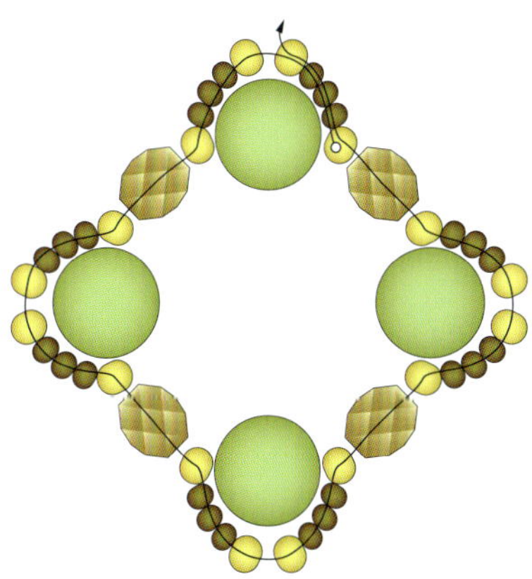

Grafik 2

3 Nehmen Sie 1x 11/0 Perle auf und fädeln Sie durch die folgenden Perlen der Runde und durch die erste 11/0 Perle des nächsten Bogens. Wiederholen Sie dies drei weitere Male und kommen Sie am Ende aus der in diesem Schritt zuerst hinzugefügten 11/0 Perle heraus (Grafik 3).

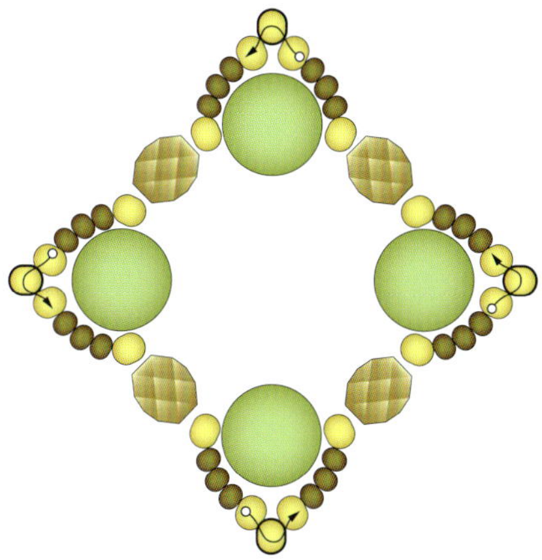

Grafik 3

4 Nehmen Sie 4x 15/0, 1x 11/0 und 4x 15/0 Perlen auf und fädeln Sie durch die mittlere 11/0 Perle des nächsten Bogens.

Wiederholen Sie dies drei weitere Male; das zieht die Bögen von der Außenseite auf die Rundperlen und verleiht der Perlenarbeit einen gewissen Grad an Spannung. Fädeln Sie ein zweites Mal durch die Perlen der letzten Runde, um den Faden zu sichern, und kommen Sie am Ende aus einer in dieser Runde hinzugefügten 11/0 Perle heraus (Grafik 4).

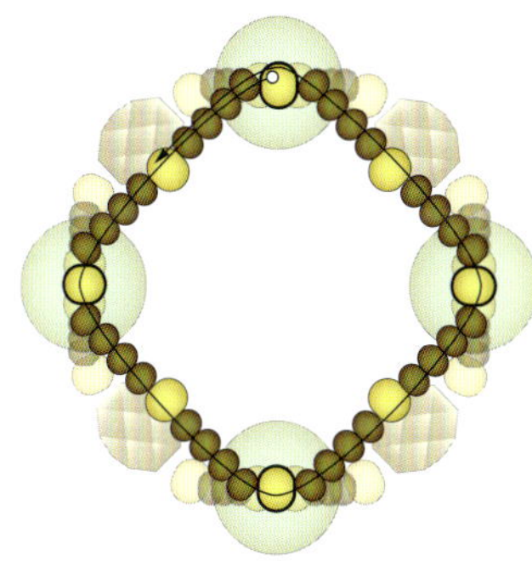

Grafik 4

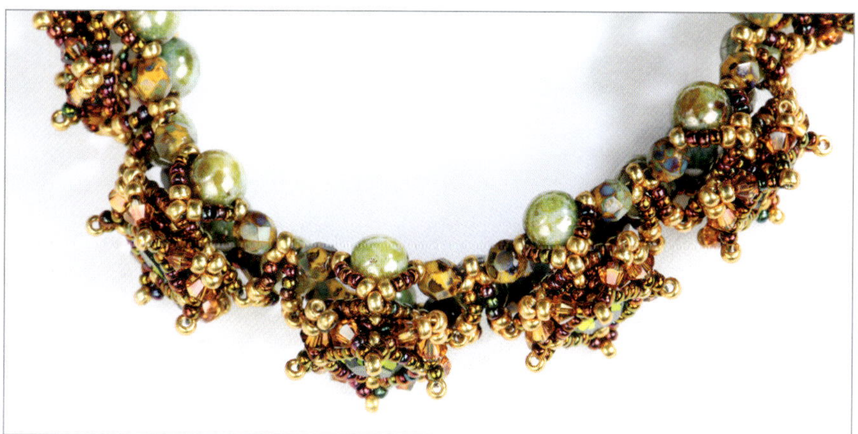

5 Nehmen Sie 2x 15/0, 1x 11/0 und 2x 15/0 Perlen auf und fädeln Sie durch die nächste 11/0 Perle der Vorrunde. Wiederholen Sie dies drei weitere Male und fädeln Sie dann ein zweites Mal durch die Perlen der Runde, um den Faden zu sichern. Kommen Sie am Ende mit der Nadel aus einer in diesem Schritt hinzugefügten 11/0 Perle heraus (Grafik 5).

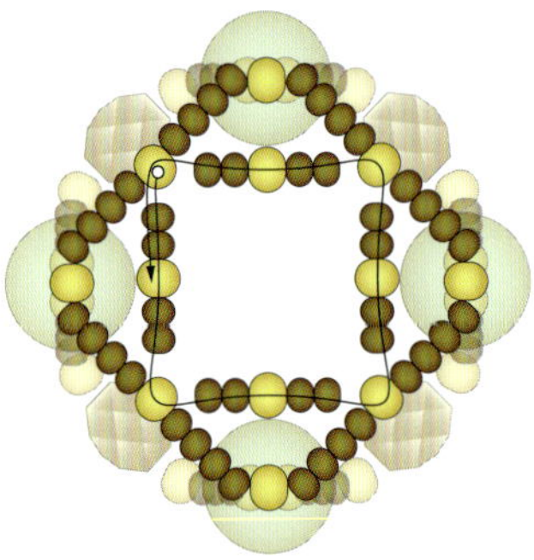

Grafik 5

6 Nehmen Sie 1x 15/0, 1x 11/0 und 1x 15/0 Perle auf und fädeln Sie erneut durch die 11/0 Perle, aus der der Faden kommt. Fädeln Sie so vor, dass Sie mit der Nadel aus der als nächstes im letzten Schritt hinzugefügten 11/0 Perle herauskommen. Wiederholen Sie diesen Schritt drei weitere Male. Die vier in diesem Schritt hinzugefügten Perlen sind in Grafik 6 und den folgenden Grafiken rot umrandet. Kommen Sie am Ende mit der Nadel aus der zuerst in diesem Schritt hinzugefügten 11/0 Perle heraus.

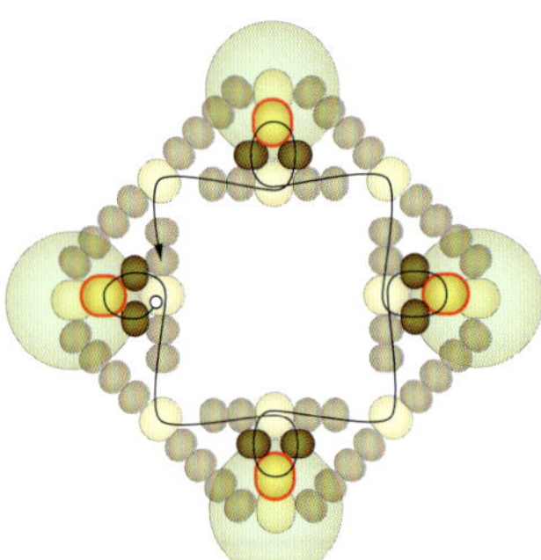

Grafik 6

7 Der Aufschritt in der RAW-Einheit wird die Fädelrichtung ändern.

Nehmen Sie 5x 15/0 Perlen auf und fädeln Sie durch die nächste 11/0 Perle des vorigen Schritts. Wiederholen Sie dies drei weitere Male, lassen Sie den Faden locker und legen Sie den Chaton mit dem Gesicht nach oben in die Einfassung. Ziehen Sie den Faden fest und fädeln Sie ein zweites Mal durch die Perlen der Runde. Wenn der Chaton nicht sicher sitzt, fädeln Sie ein drittes Mal durch die Perlen und überspringen Sie dabei die 11/0 Eckperlen. Kommen Sie am Ende mit der Nadel aus einer der rot umrandeten 11/0 Perlen der Grafik 7 heraus.

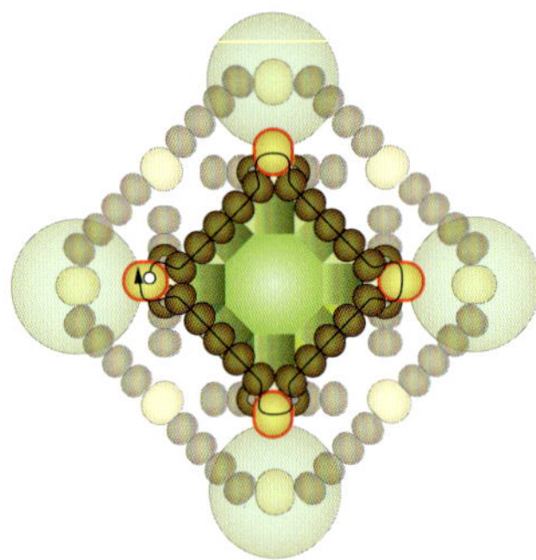

Grafik 7

8 Nehmen Sie 1x 15/0 Perle, 1x Doppelkegel und 1x 15/0 Perle auf und fädeln Sie durch die nächste 11/0 Perle aus Schritt 4, über der feuerpolierten Glasperle. Nehmen Sie 1x 15/0 Perle, 1x Doppelkegel und 1x 15/0 Perle auf und fädeln Sie durch die nächste 11/0 Perle an der Einfassung des Chatons (Grafik 8, rot umrandet). Wiederholen Sie dies drei weitere Male.

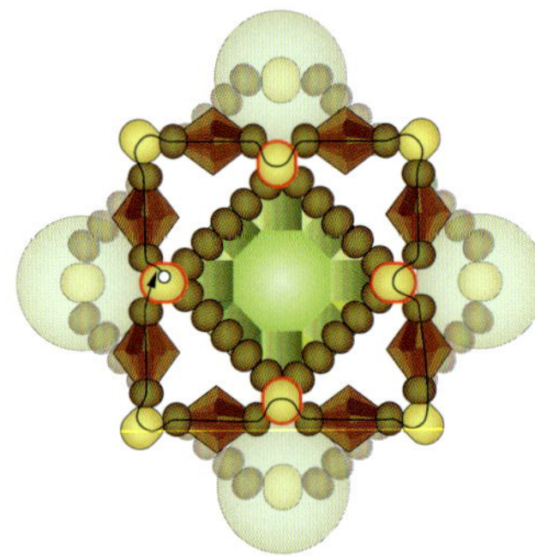

Grafik 8

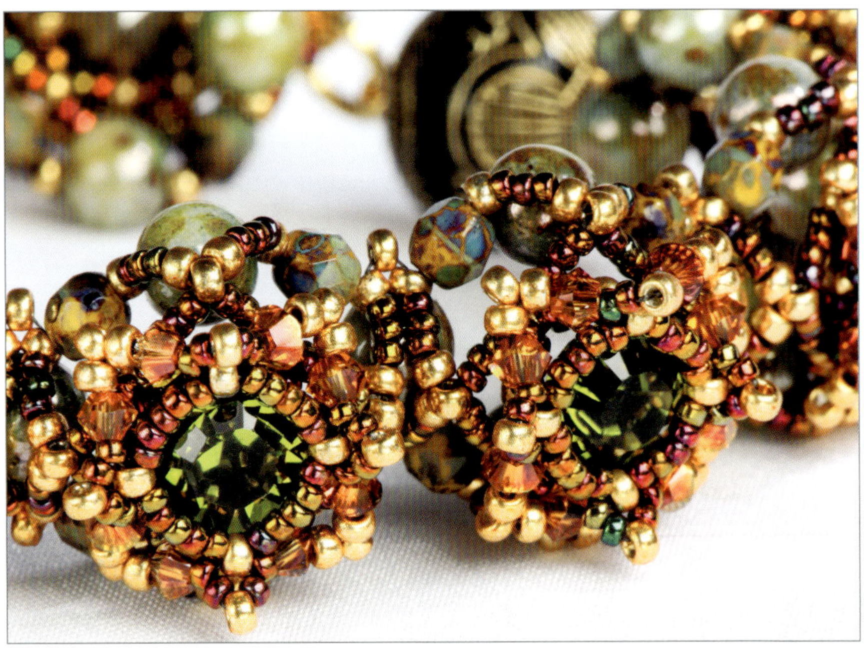

9 Beginnen Sie erneut bei einer in Grafik 9 hellrot umrandeten 11/0 Perle und fädeln Sie durch die folgende 15/0 Perle und den Doppelkegel vor.

Nehmen Sie 3x 11/0 Perlen auf, formen Sie diese zu einem Picot und fädeln Sie durch den folgenden Doppelkegel und die 15/0 Perle. Nehmen Sie 1x 15/0, 1x 11/0 und 1x 15/0 Perle auf, überspringen Sie die 11/0 Perle und fädeln Sie durch die folgende 15/0 Perle und den Doppelkegel. Wiederholen Sie diesen Schritt drei weitere Male, fädeln Sie dann zurück zur ersten Runde und kommen Sie mit der Nadel aus einer Rundperle heraus, um die nächste Einheit beginnen zu können (Grafik 9).

Das erste Element ist nun fertiggestellt.

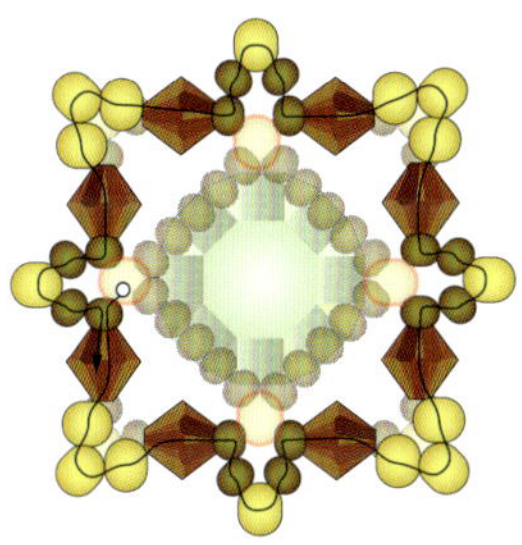

Grafik 9

10 Nehmen Sie, mit der Nadel aus einer Rundperle des ersten Elements kommend, 1x 11/0 Perle, 1x feuerpolierte Glasperle, 1x 11/0 Perle und 1x Rundperle auf. Wiederholen Sie dies zwei weitere Male und nehmen Sie noch 1x 11/0 Perle, 1x feuerpolierte Glasperle und 1x 11/0 Perle auf. Fädeln Sie durch die Rundperle, aus der der Faden kommt, um einen Basisring für das zweite Element zu formen. Fädeln Sie ein zweites Mal durch die Perlen des Basisrings und kommen Sie am Ende mit der Nadel aus der in diesem neuen Basisring als letztes hinzugefügten 11/0 Perle, vor einer Rundperle, heraus.

An jeder Seite der Rundperle befindet sich eine 11/0 Perle des ersten Elements. Fädeln Sie durch die näher liegende 11/0 Perle

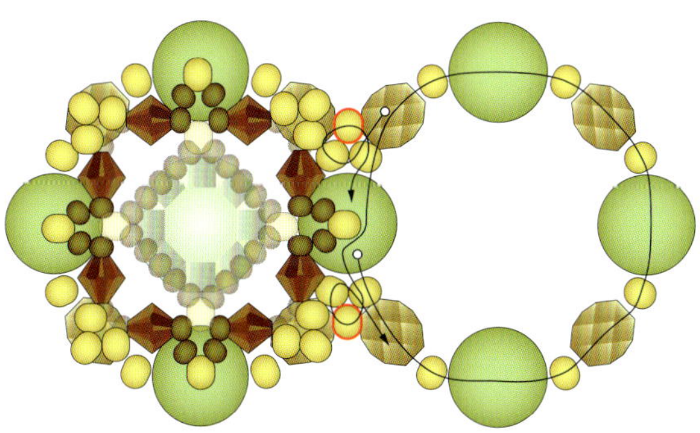

Grafik 10

und nehmen Sie 1x 11/0 Perle auf (Grafik 10, rot umrandet, oben). Fädeln Sie dann durch die 11/0 Perle, aus der der Faden kommt und weiter durch die Rundperle und die für die Basisrunde des zweiten Elements zuerst hinzugefügte 11/0 Perle. Nehmen Sie 1x 11/0 Perle (Grafik 19, rot umrandet, unten) auf und fädeln Sie durch die benachbarte 11/0 Perle. Fädeln Sie weiter durch die Perlen des zweiten Basisrings vor und kommen Sie mit der Nadel aus der zweiten Rundperle, gegenüber dem ersten Element, heraus.

Verzieren Sie dieses Element, indem Sie die Schritte 2 bis 9 wiederholen. Arbeiten Sie neun miteinander verbundene Elemente.

11 Arbeiten Sie am Ende und am Anfang des Armbands je eine Öse. Kommen Sie dazu mit der Nadel aus der 11/0 Perle eines Elements, am besten aus der in Schritt 3 über der Rundperle

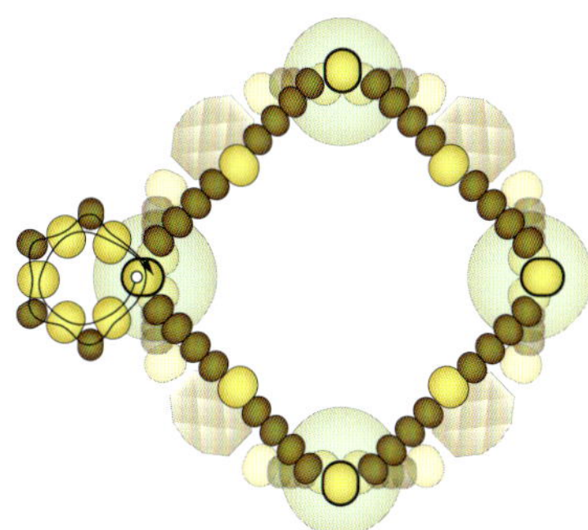

Grafik 11

hinzugefügten 11/0 Perle, heraus, nehmen Sie 5x 11/0 Perlen auf und fädeln Sie nochmals durch die 11/0 Perle, aus der der Faden kommt. Fädeln Sie ein zweites Mal durch die Perlen der Öse und dann ein drittes Mal. Fügen Sie je 1x 15/0 Perle in der zweiten, dritten, vierten und fünften Lücke zwischen den 11/0 Perlen der Öse hinzu.

Fertigstellung

Hängen Sie den Verschluss mithilfe der Biegeringe in die Perlenösen.

ARMBAND "HONEY HONEY"

Dieses Schmuckstück wurde aus sechsseitigen Elementen gearbeitet, von denen manche mit einem Rivoli verziert sind und andere nicht. Eine oder zwei Lagen von Verzierungen machen aus einer instabilen Basis ein stabiles Armband.

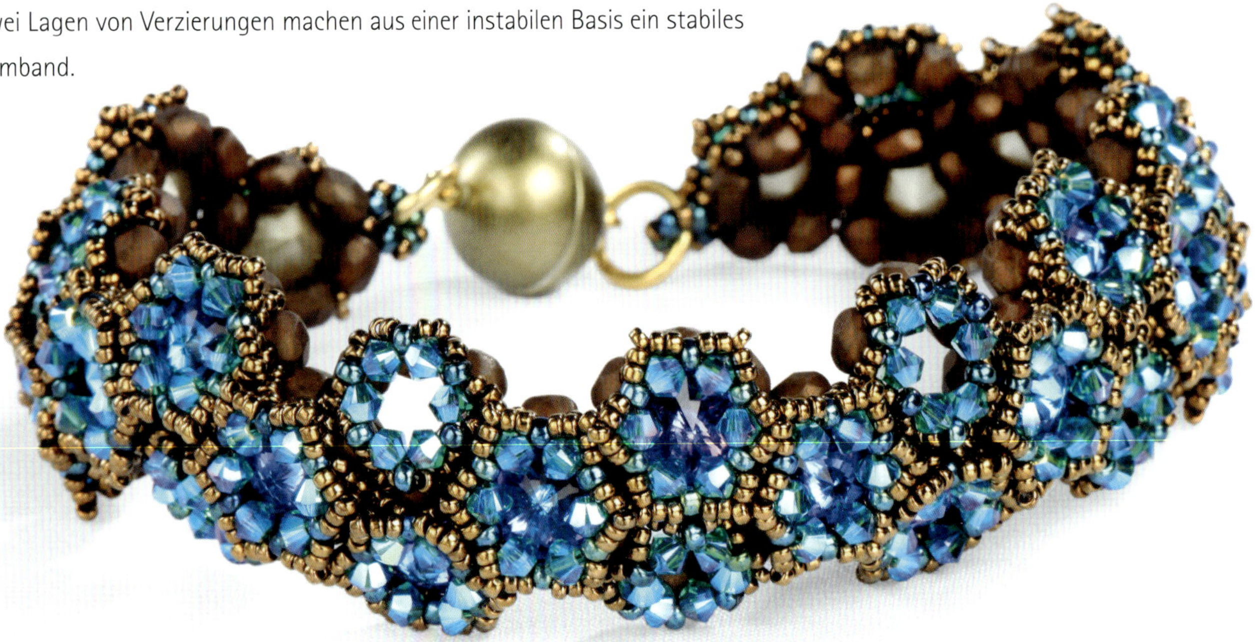

MATERIAL

- 21 Rivoli, 8 mm, Heliotrope
- 186 Doppelkegel, 3 mm, Blue Zircon 2xAB
- 136 Feuerpolierte Glasperlen, 4 mm, Brown Matte
- 2 g Saatperlen, 11/0, Metallic Blue
- 7 g Saatperlen, 15/0, Light Bronze
- 2 Biegeringe, 5 mm, 16 Gauge
- 1 Magnetverschluss
- FireLine, 6 lb
- Nadel, Stärke 12
- Schere
- Flachzange

GRÖSSE

19 x 2 cm, ohne Verschluss

1 Nehmen Sie 1x feuerpolierte Glasperle und 1x 15/0 Perle abwechselnd sechs Mal auf (12 Perlen auf der Nadel). Formen Sie einen Ring, indem Sie durch die zuerst aufgenommene Perle fädeln und fädeln Sie dann ein zweites Mal durch die Perlen des Rings (Grafik 1).

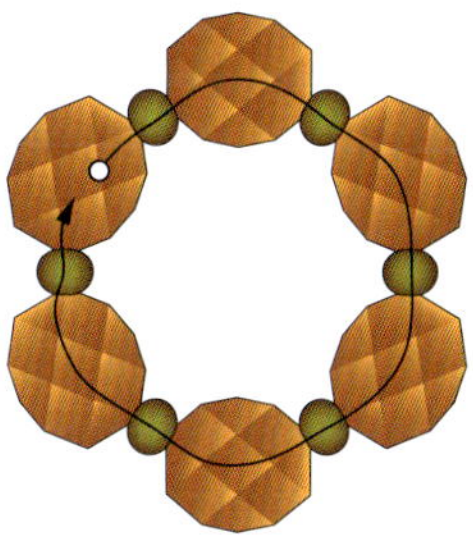

Grafik 1

2 Arbeiten Sie weitere sechsseitige Ringe und folgen Sie dabei Grafik 2; dadurch erhalten Sie die Basis. Beginnen Sie dazu den nächsten Ring, indem Sie mit der Nadel aus einer feuerpolierten Glasperle des ersten Rings herauskommen, 5x je 1x 15/0 und 1x feuerpolierte Glasperle und dann noch 1x 15/0 Perle aufnehmen und durch die feuerpolierte Glasperle fädeln, aus der der Faden kommt.

Folgen Sie Grafik 2 und fügen Sie einen dritten Ring am ersten und zweiten hinzu. Fügen Sie dazu zuerst 1x 15/0 Perle und dann 4x je 1x feuerpolierte Glasperle, jede gefolgt von einer 15/0 Perle hinzu und dann außerdem noch 1x 15/0 Perle zwischen den beiden feuerpolierten Glasperlen, die sich nun alle drei Ringe teilen.

Verbinden Sie diese drei Ringe so miteinander, dass sie einen Einzelring gefolgt von einem Doppelring haben. Fügen Sie an den Doppelring wieder einen Einzelring an (gegenüber dem ersten Einzelring, siehe Grafik 2). Als Nächstes fügen Sie dem neuen Einzelring einen Doppelring an. Fahren Sie in dieser Art fort, bis das Armband die gewünschte Länge erreicht hat; beginnen und enden Sie jedoch mit einem Einzelring. Im gezeigten Armband wurden 11 Einzel- und 10 Doppelringe gearbeitet.

Die Zahlen in Grafik 2 stehen für die Positionen der verschiedenen Verzierungen, welche im nächsten Schritt beschrieben werden. Die 1 zeigt jeweils eine Verzierung mit einem Rivoli und die 2 eine Verzierung ohne Rivoli.

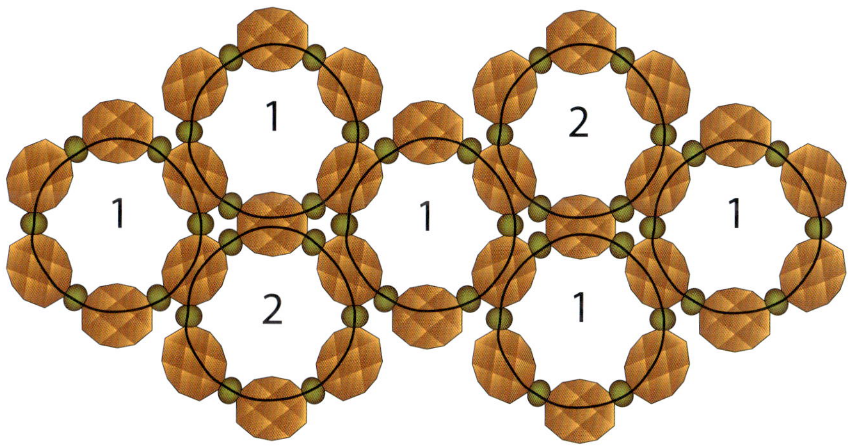

Grafik 2

3 Beide Verzierungen beginnen auf die gleiche Weise. Kommen Sie, für Verzierung 1, mit der Nadel aus einer 15/0 Perle heraus, nehmen Sie 2x 15/0, 1x 11/0 und 2x 15/0 Perlen auf, überspringen Sie die feuerpolierte Glasperle und fädeln Sie durch die folgende 15/0 Perle des Rings. Wiederholen Sie dies fünf weitere Male und kommen Sie am Ende mit der Nadel aus einer 11/0 Perle heraus (Grafik 3).

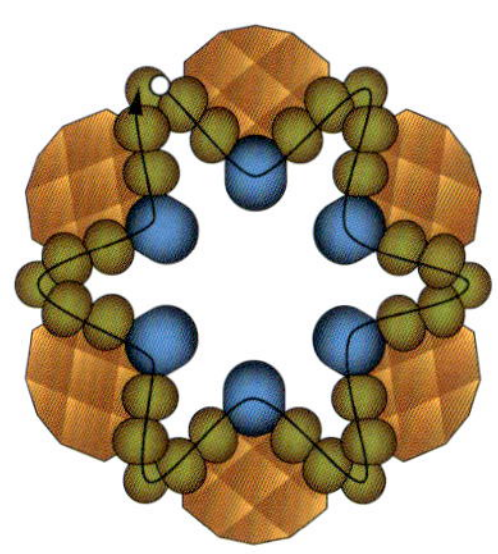

Grafik 3

4 Nehmen Sie 1x Doppelkegel auf und fädeln Sie durch die folgende 11/0 Perle. Wiederholen Sie dies fünf weitere Male, lassen Sie den Faden locker und legen Sie den Rivoli mit dem Gesicht nach oben in die Einfassung. Ziehen Sie den Faden fest und fädeln Sie ein weiteres Mal durch die Perlen, um den Faden zu sichern. Kommen Sie mit der Nadel aus einer 11/0 Perle heraus (Grafik 4).

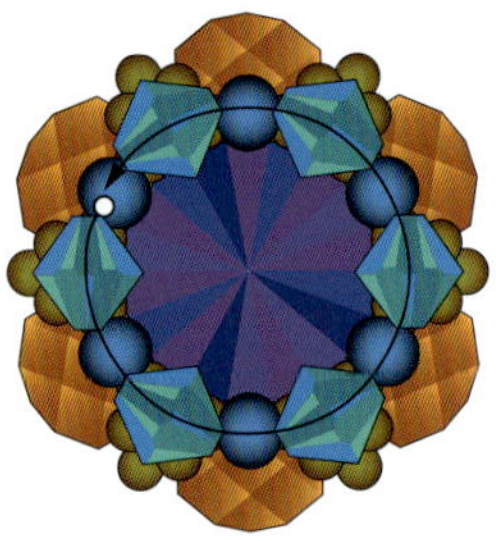

Grafik 4

5 Nehmen Sie 4x 15/0 Perlen auf, überspringen Sie den Doppelkegel und fädeln Sie durch die folgende 11/0 Perle. Wiederholen Sie dies fünf weitere Male und kommen Sie am Ende mit der Nadel aus der zweiten 15/0 Perle der ersten 4er-Gruppe heraus (Grafik 5).

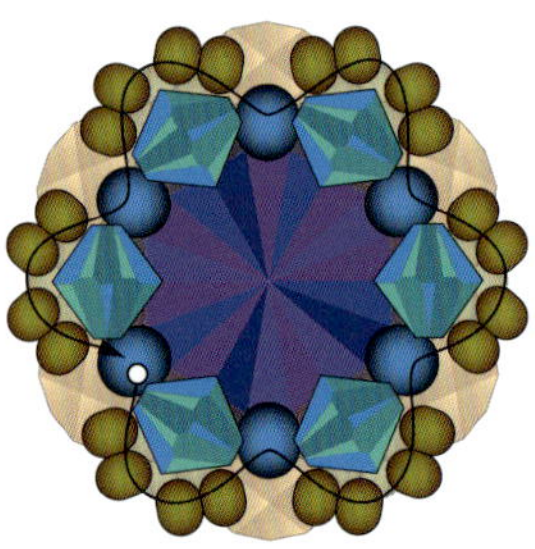

Grafik 5

6 Nehmen Sie 1x 15/0 Perle auf und fädeln Sie durch die folgenden beiden 15/0, die 11/0 und die beiden 15/0 Perlen vor. Wiederholen Sie dies fünf weitere Male (Grafik 6). Die Verzierung 1 ist fertig; fädeln Sie zum nächsten Ring der Basis vor.

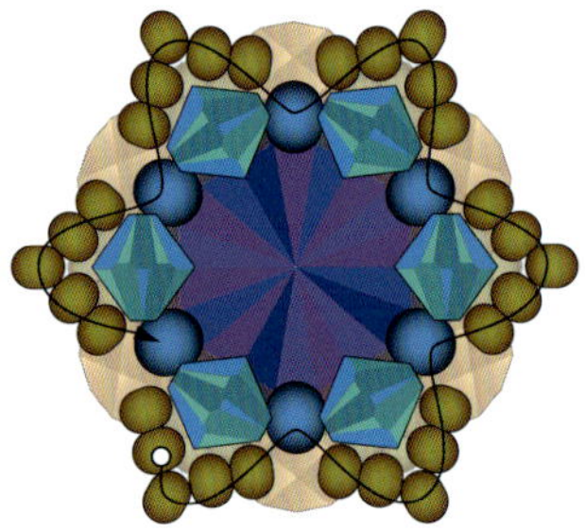

Grafik 6

7 Wiederholen Sie die Schritte 3 und 4, um eine Verzierung 2 zu arbeiten. Fügen Sie jedoch keinen Rivoli hinzu (Grafik 7). Um den Ring aus Doppelkegeln zu stabilisieren, fädeln Sie nochmals durch alle sechs Doppelkegel und lassen dabei die 11/0 Perlen aus. Dies zieht die Doppelkegel enger zusammen.

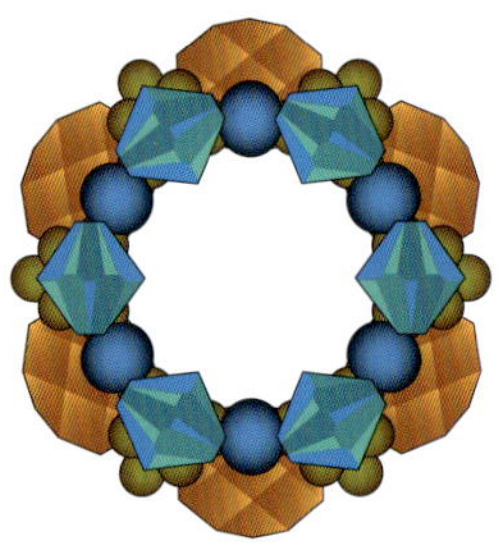

Grafik 7

Fertigstellung

Kommen Sie mit der Nadel aus einer 15/0 Perle zwischen zwei feuerpolierten Glasperlen am Ende des Armbands heraus. Arbeiten Sie eine Öse, indem Sie 5x 11/0 Perlen aufnehmen, ein weiteres Mal durch die Perlen fädeln und dann ein drittes Mal durch die Perlen fädeln und dabei in der zweiten, dritten, vierten und fünften Lücke je 1x 15/0 Perle hinzufügen. Hängen Sie den Verschluss mithilfe der Biegeringe in die Perlenösen ein.

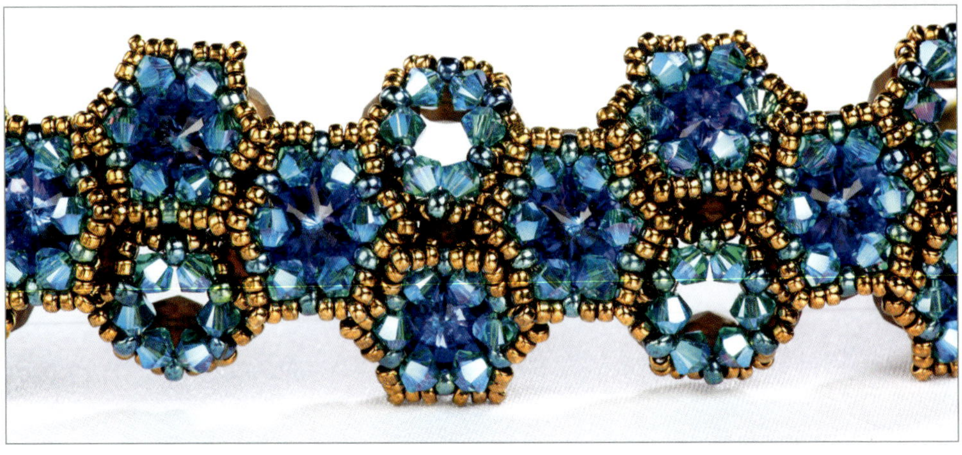

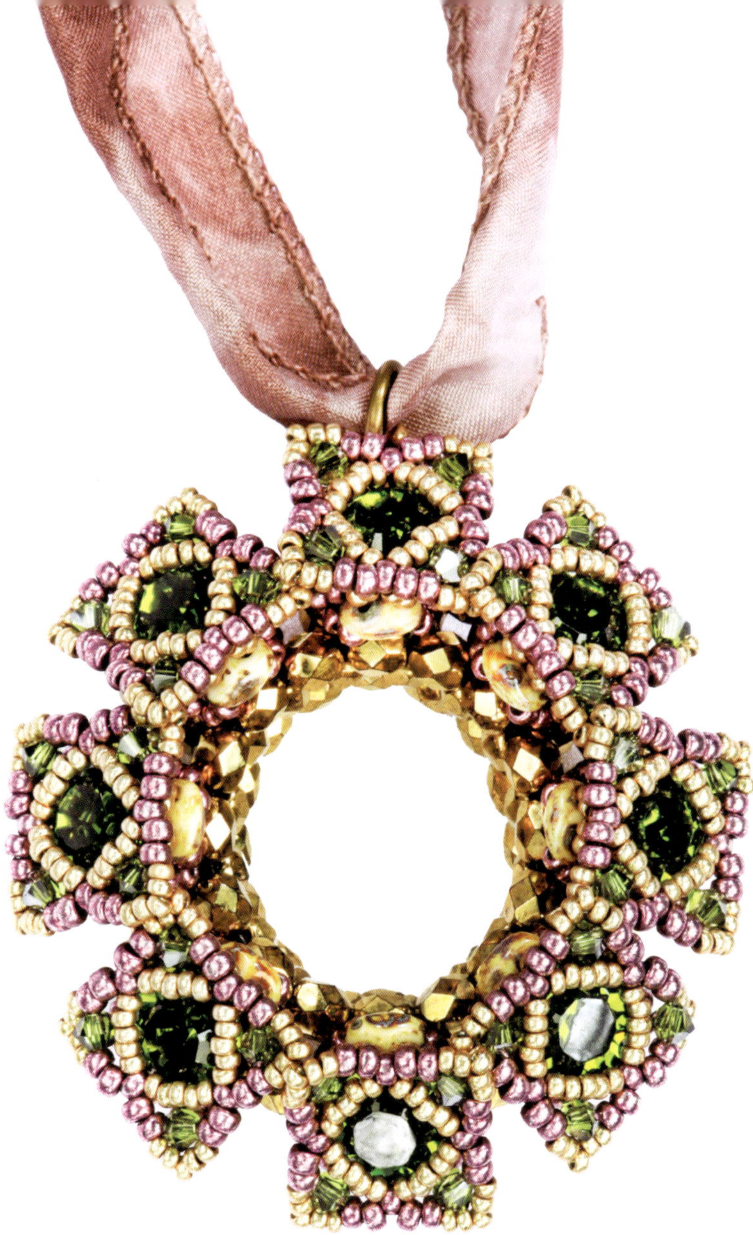

ANHÄNGER "TILES ON A RING"

Ringförmige Anhänger müssen eine feste Konstruktion haben, damit sie mit der Zeit nicht zu ovalen Anhängern werden. Der einfachste Weg besteht darin, dem Basisring Chatons oder Rivoli hinzuzufügen.

MATERIAL

- 8 Chatons, 8 mm, Olivine
- 32 Doppelkegel, 3 mm, Olivine Satin
- 16 Rundperlen, 3 mm, Ancient Rose
- 96 Feuerpolierte Glasperlen, 4 mm, Bronze
- 3 g Doppellochperlen (SuperDuo oder Twin Beads), Chalk White Picasso
- 5 g Saatperlen, 11/0, Metallic Ancient Rose
- 4 g Saatperlen, 15/0, Light Gold
- 1 Biegering, 6 mm
- 1 Seidenband, 45 bis 90 cm
- FireLine, 6 oder 8 lb
- Nadel, Stärke 12
- Schere
- Flachzange

GRÖSSE

5 x 5 x 1 cm

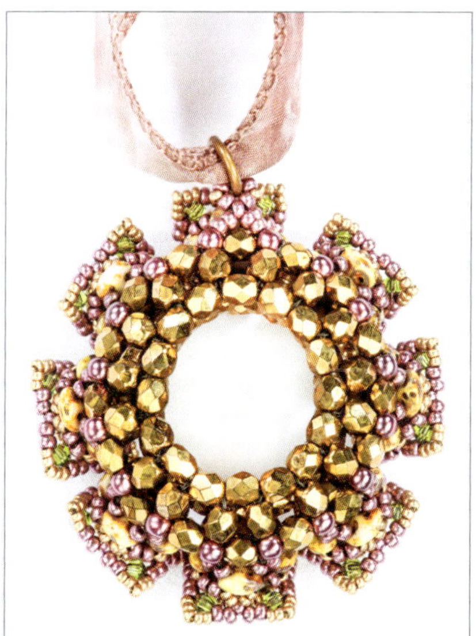

Beginnen Sie mit einer Armspanne Faden; Sie können später mehr Faden anfügen.

1 Arbeiten Sie einen Streifen aus 15 Einheiten im Right-Angle-Weave. Beginnen Sie damit, 4x feuerpolierte Glasperlen aufzunehmen, und schließen Sie diese dann zu einem Kreis, indem Sie nochmals durch die zuerst aufgenommene Perle fädeln. Nehmen Sie 3x feuerpolierte Glasperlen auf und fädeln Sie durch die Perle, aus der der Faden kommt (Grafik 1). Fädeln Sie so vor, dass Sie mit der Nadel aus der als zweites neu hinzugefügten Perle herauskommen. Wiederholen Sie dies, bis Sie die 15 Einheiten fertiggestellt haben.

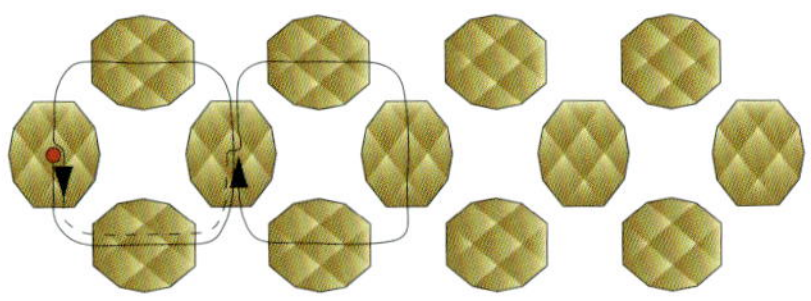

Grafik 1

Fügen Sie eine zweite Reihe aus weiteren 15 Einheiten hinzu (Grafik 2).

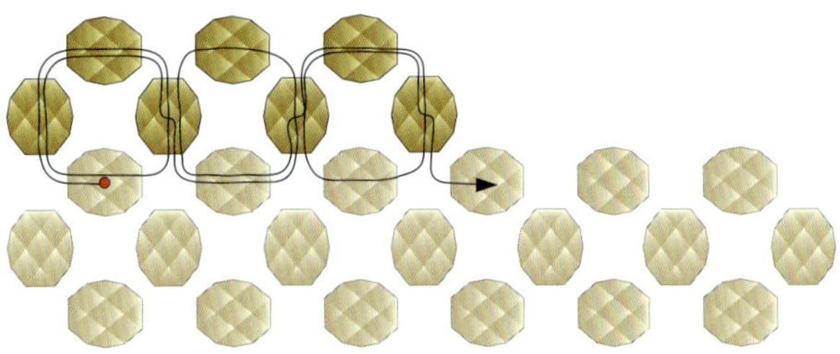

Grafik 2

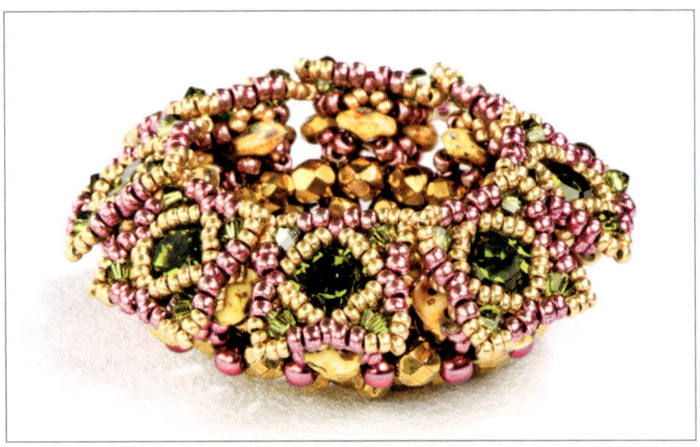

2 Schließen Sie den Streifen zu einem Ring, indem Sie eine 16. Einheit anfügen, um beide Enden zu verbinden (Grafik 3).

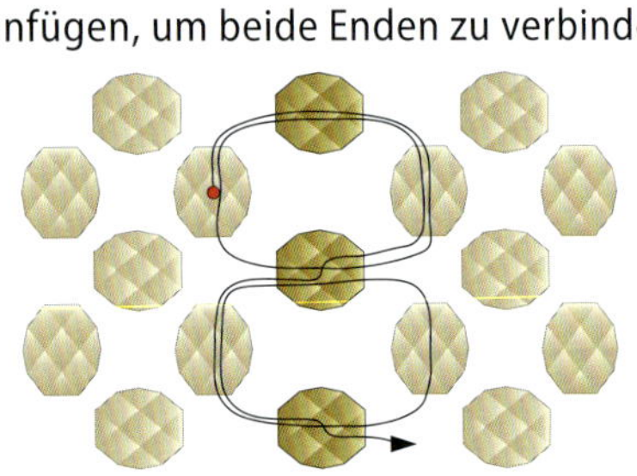

Grafik 3

3 Verbinden Sie den oberen und unteren Rand des Rings, indem Sie, wie Grafik 4 zeigt, weitere feuerpolierte Glasperlen hinzufügen. Sie haben den Ring jetzt zu einer Röhre mit drei Seiten geformt; eine davon zeigt nach innen. Wählen Sie zwei benachbarte Reihen und fädeln Sie im Kreis durch die Perlen. Zuerst durch alle Perlen in der ersten Reihe und dann in der Nachbarreihe (Grafik 5 und Foto unten). Fädeln Sie, falls nötig, nochmals durch die Perlen, um sie fester zusammenzuziehen.

Die folgenden Schritte erklären, wie die Chatons eingefasst werden. *Arbeiten Sie diese an jeder zweiten RAW-Einheit.*

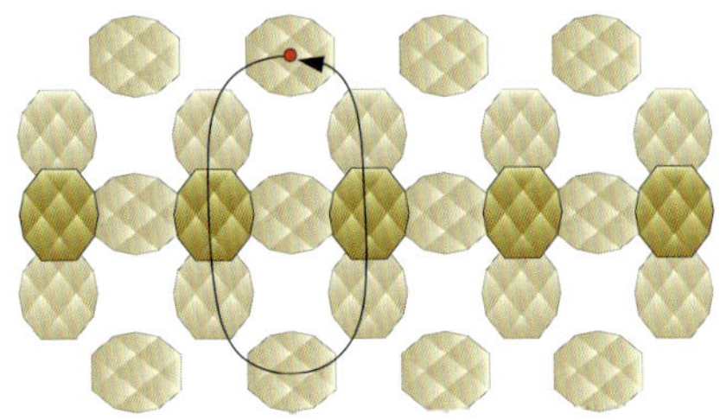

Grafik 4

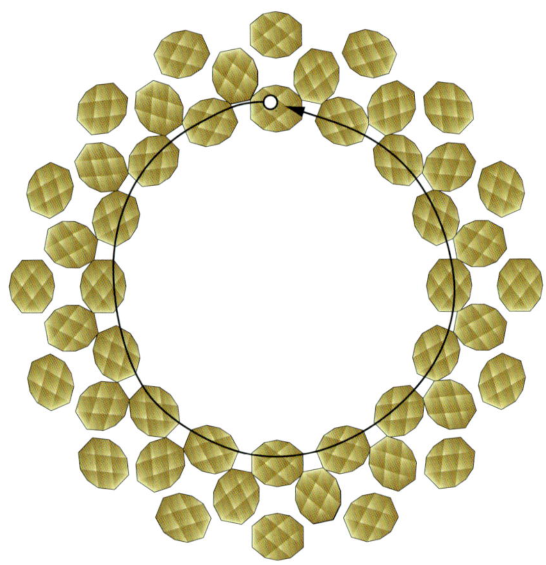

Grafik 5

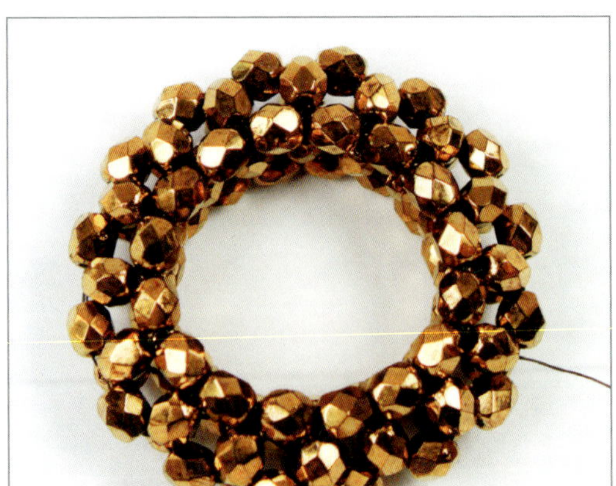

4 Fädeln Sie an einer der beiden äußeren Seiten weiter (dies wird die Vorderseite und die dritte Seite wird die Rückseite); es befinden sich insgesamt 16 RAW-Einheiten an dieser Seite. Fädeln Sie durch die vier Perlen einer Einheit und fügen Sie nach jeder feuerpolierten Glasperle je 1x 11/0 Perle hinzu (Grafik 6). Kommen Sie am Ende mit der Nadel aus einer 11/0 Perle heraus.

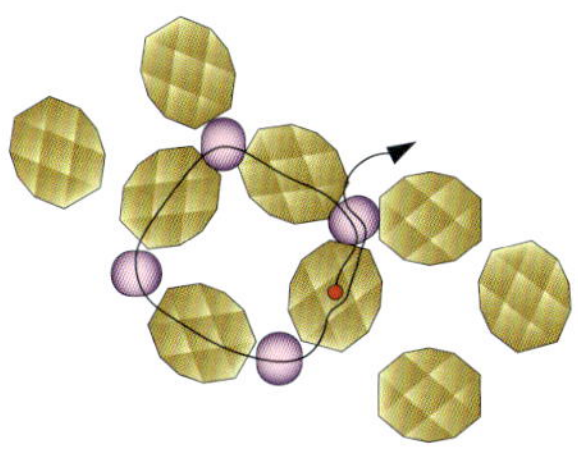

Grafik 6

5 Nehmen Sie 1x 11/0 Perle, 1x Doppellochperle und 4x 15/0 Perlen auf, fädeln Sie durch das zweite Fädelloch der Doppellochperle, nehmen Sie 1x 11/0 Perle auf und fädeln Sie durch die benachbarte 11/0 Perle, welche Sie in Schritt 4 hinzugefügt haben. Wiederholen Sie dies drei weitere Male, wie Grafik 7 zeigt, und kommen Sie am Ende mit der Nadel aus der als zweites hinzugefügten 15/0 Perle der vier am Anfang hinzugefügten heraus.

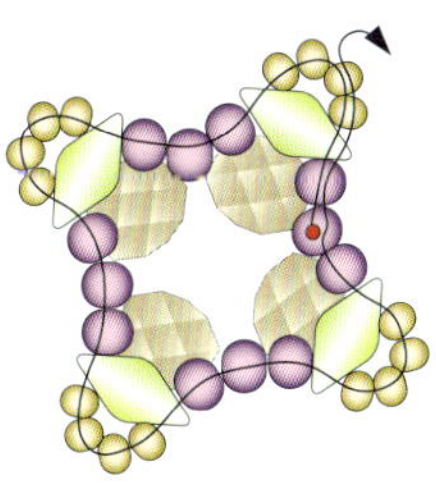

Grafik 7

6 Nehmen Sie 1x 11/0 Perle auf und fädeln Sie durch die nächsten beiden 15/0 Perlen (Grafik 8). Nehmen Sie 2x 11/0 Perlen auf und fädeln Sie durch die ersten beiden 15/0 Perlen der 4er-Gruppe über der nächsten Doppellochperle. Wiederholen Sie dies drei weitere Male und kommen Sie am Ende mit der Nadel aus der in diesem Schritt zuerst hinzugefügten 11/0 Perle heraus.

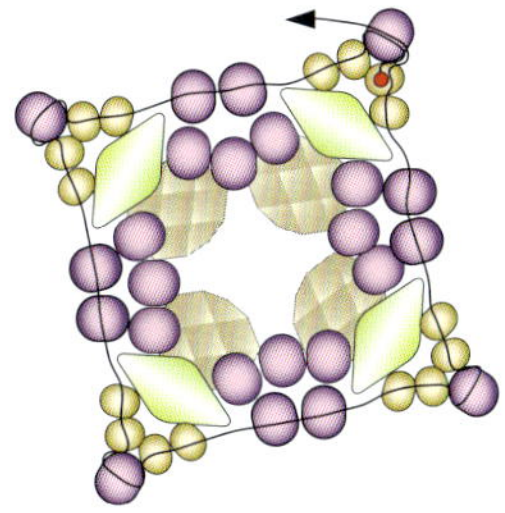

Grafik 8

7 Nehmen Sie 5x 15/0 Perlen auf und fädeln Sie durch die 11/0 Perle über der nächsten Doppellochperle. Wiederholen Sie dies drei weitere Male, lassen Sie den Faden locker und legen Sie den Chaton in die Einfassung. Ziehen Sie den Faden fest und fädeln Sie ein zweites Mal durch die Perlen (Grafik 9). Kommen Sie am Ende aus einer 11/0 Perle heraus.

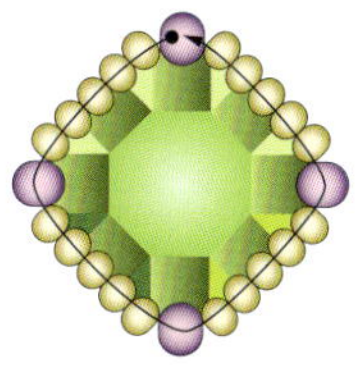

Grafik 9

Nehmen Sie 2x 11/0 Perlen, 1x Doppelkegel und 2x 11/0 Perlen auf und fädeln Sie durch die folgende 11/0 Perle. Wiederholen Sie dies drei weitere Male und kommen Sie am Ende vor einem Doppelkegel heraus (Grafik 10).

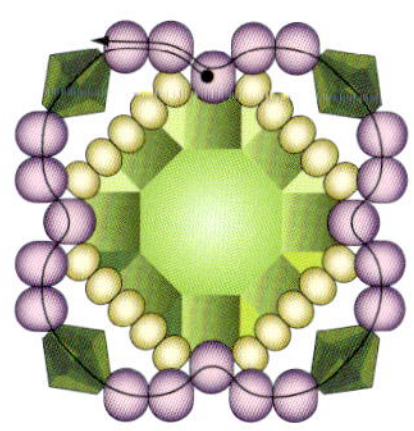

Grafik 10

8 Nehmen Sie 4x 15/0 Perlen auf, überspringen Sie den Doppelkegel und fädeln Sie durch die folgenden fünf 11/0 Perlen. Wiederholen Sie dies drei weitere Male. Fügen Sie dann, wie die schwarzen Umrandungen in Grafik 11 zeigen, je 1x 15/0 Perle in der Mitte jeder soeben hinzugefügten 4er-Gruppe hinzu.

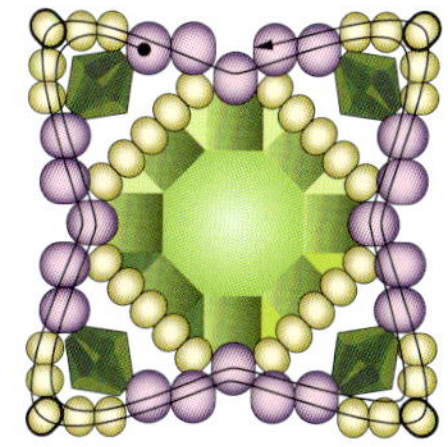

Grafik 11

9 Wiederholen Sie die Schritte 4 bis 8 an jeder zweiten RAW-Einheit an einer Seite des Anhängers. Fädeln Sie, um den Anhänger stabiler zu machen, durch die 16 feuerpolierten Glasperlen an der Außenkante und fügen Sie je 1x Rundperle nach jeder feuerpolierten Glasperle hinzu (Grafik 12).

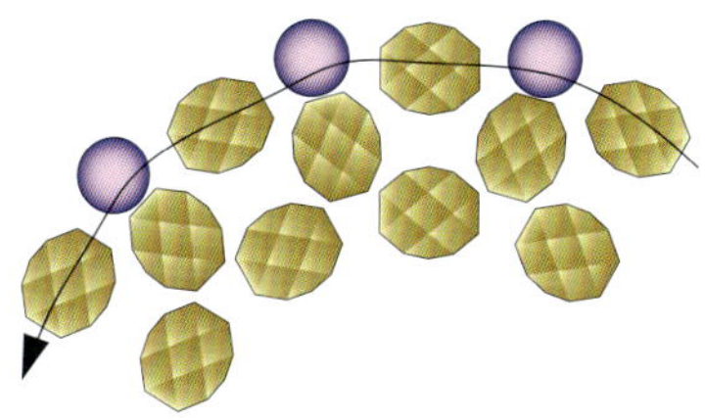

Grafik 12

10 Fügen Sie an einer der feuerpolierten Glasperlen der Außenkante einen Bogen aus 5x 11/0 Perlen hinzu und arbeiten Sie eine Perlenöse aus 5x 11/0 Perlen. Fädeln Sie ein zweites Mal durch die Perlen der Öse und fügen Sie in den vier Lücken je 1x 15/0 Perle hinzu (Grafik 13).

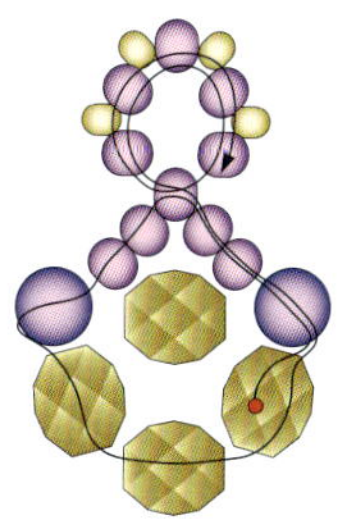

Grafik 13

Fertigstellung

Hängen Sie einen Biegering in die Perlenöse und fädeln Sie den Anhänger auf ein Seidenband oder eine Kette.

MATERIAL

32 Doppelkegel, 3 mm, Padparadscha

32 Doppelkegel, 3 mm, Sun

3 g Saatperlen, 15/0, Gold

1 Paar Ohrhaken

FireLine, 6 lb

Nadel, Stärke 12

Schere

Flachzange

GRÖSSE

7 x 2 cm

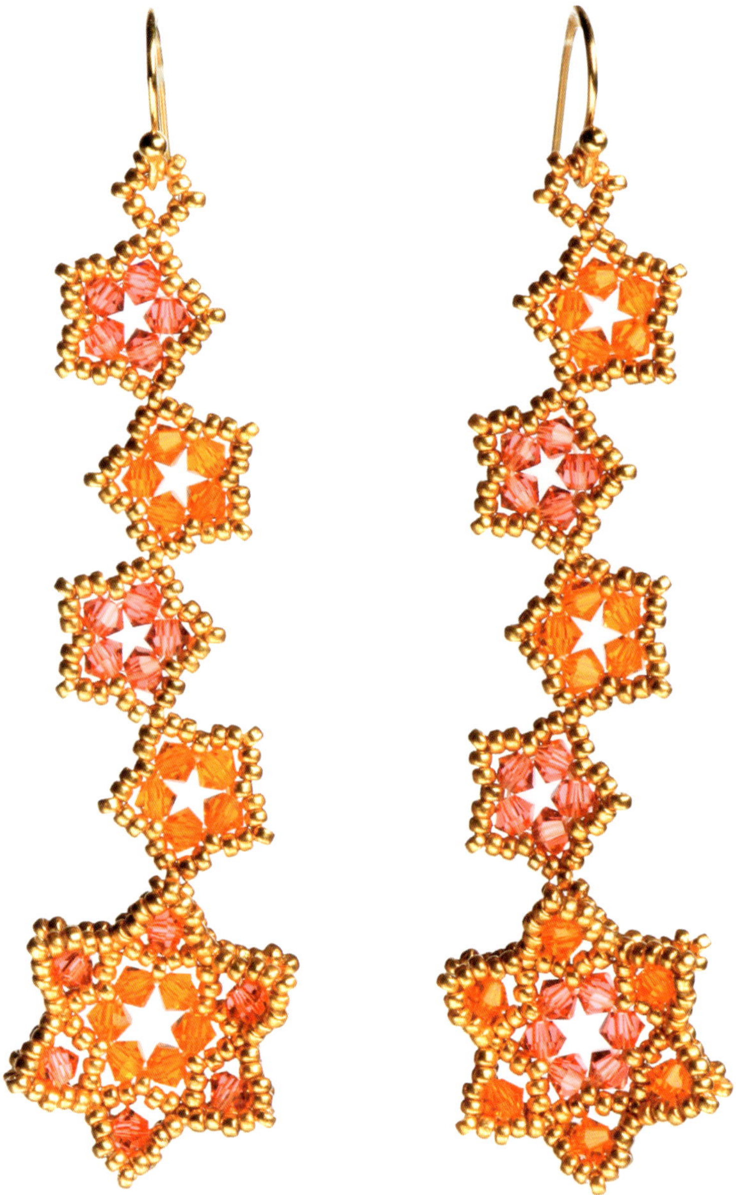

OHRHÄNGER "STARS WE ARE"

Obwohl diese Ohrhänger aussehen, als würden Sie aus einzelnen Elementen bestehen, wurden sie jeweils in einem Stück gearbeitet. An den Stellen, an denen Sie Doppelkegel der Farbe Sun im ersten Ohrhänger verwenden, arbeiten Sie beim zweiten Ohrhänger mit Doppelkegeln der Farbe Padparadscha und umgekehrt.

1 Beginnen Sie mit einem großen Stern aus Perlen. Nehmen Sie dazu 6x Doppelkegel Padparadscha auf und formen Sie diese zu einem Ring, indem Sie nochmals durch den zuerst aufgenommenen Doppelkegel fädeln. Fädeln Sie noch zwei weitere Male durch den Ring.

2 Fügen Sie je 1x 15/0 Perle in jede Lücke zwischen den Doppelkegeln hinzu und kommen Sie am Ende mit der Nadel aus der zuerst hinzugefügten 15/0 Perle heraus (Grafik 1).

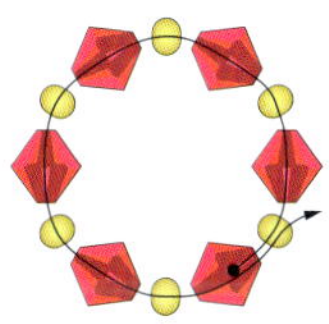

Grafik 1

3 Nehmen Sie 4x 15/0 Perlen auf, überspringen Sie den nächsten Doppelkegel und fädeln Sie durch die folgende 15/0 Perle. Wiederholen Sie dies fünf weitere Male und kommen Sie am Ende mit der Nadel zwischen der zweiten und dritten 15/0 Perle heraus (Grafik 2, schwarzer Fadenlauf).

4 Nehmen Sie 1x 15/0 Perle auf und fädeln Sie durch die folgenden beiden 15/0 Perlen. Überspringen Sie die 15/0 Perle in der Lücke zwischen den Doppelkegeln und fädeln Sie weiter durch die folgenden beiden 15/0 Perlen. Wiederholen Sie dies fünf weitere Male (Grafik 2, gestrichelter Fadenlauf). Kommen Sie am Ende mit der Nadel aus der in diesem Schritt zuerst hinzugefügten 15/0 Perle heraus.

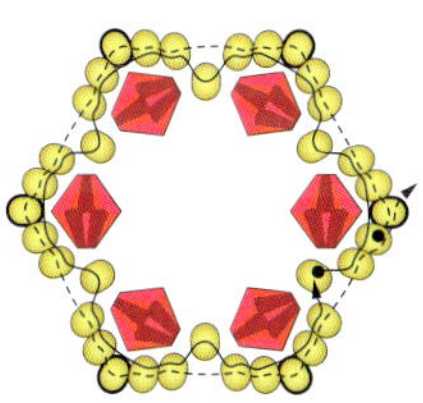

Grafik 2

5 Nehmen Sie 7x 15/0 Perlen auf und fädeln Sie durch die 15/0 Perle in der Mitte des Bogens über dem nächsten Doppelkegel. Wiederholen Sie dies fünf weitere Male und kommen Sie am Ende mit der Nadel aus der dritten Perle der ersten 7er-Gruppe aus 15/0 Perlen heraus (Grafik 3).

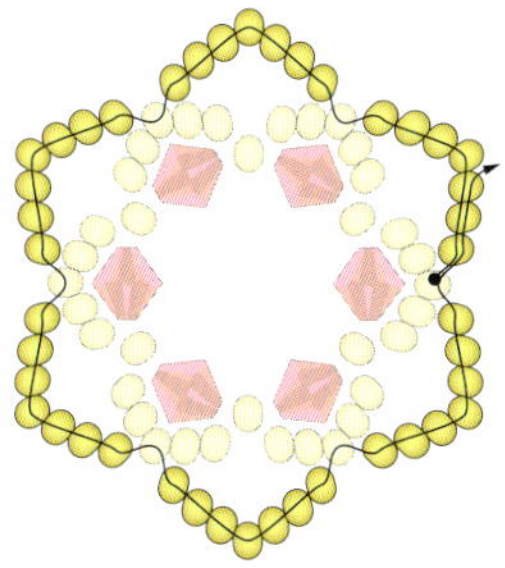

Grafik 3

6 Nehmen Sie 3x 15/0 Perlen auf, überspringen Sie die vierte Perle des Bogens aus Schritt 5 und fädeln Sie durch die folgenden drei 15/0 Perlen. Überspringen Sie die mittlere 15/0 Perle (aus Schritt 4) im Bogen über dem Doppelkegel und fädeln Sie durch die folgenden drei 15/0 Perlen. Wiederholen Sie dies fünf weitere Male. Formen Sie die 3er-Gruppen aus 15/0 Perlen zu Picots - die mittlere Perle sollte herausstehen (Grafik 4).

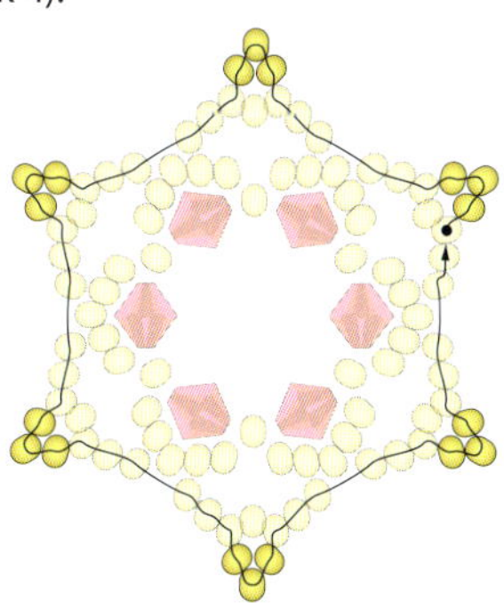

Grafik 4

7 Fädeln Sie zu den Perlen aus Schritt 4 zurück (Grafik 5, rot umrandet) und kommen Sie mit der Nadel aus einer dieser Perlen heraus. Nehmen Sie 2x 15/0 Perlen, 1x Doppelkegel Sun und 2x 15/0 Perlen auf und fädeln Sie durch die folgende 15/0 Perle (in Schritt 4 hinzugefügt). Wiederholen Sie dies fünf weitere Male und kommen Sie am Ende mit der Nadel vor dem zuerst hinzugefügten Doppelkegel heraus.

8 Nehmen Sie 4x 15/0 Perlen auf (Grafik 6, grün umrandet), überspringen Sie den Doppelkegel und fädeln Sie durch die folgenden beiden 15/0 Perlen. Überspringen Sie die nächste 15/0 Perle aus Schritt 4 (Grafik 6, rot umrandet) und fädeln Sie

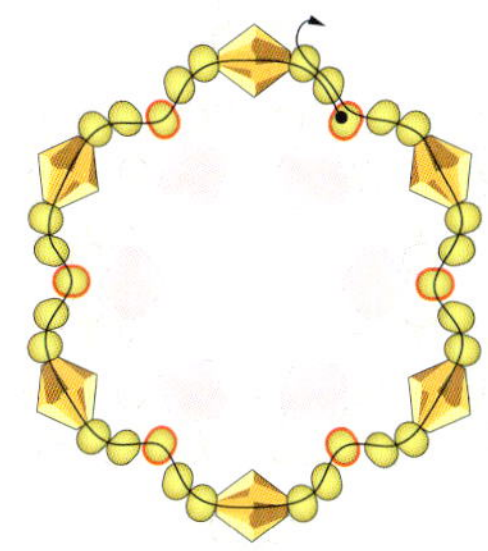

Grafik 5

durch die folgenden beiden 15/0 Perlen. Wiederholen Sie dies fünf weitere Male und kommen Sie am Ende mit der Nadel zwischen der zweiten und dritten 15/0 Perle, die in diesem Schritt hinzugefügt wurden, heraus (Grafik 6, schwarzer Fadenlauf).

9 Nehmen Sie 1x 15/0 Perle auf (Grafik 6, schwarz umrandet; gestrichelter Fadenlauf) und fädeln Sie durch die folgenden vier 15/0 Perlen. Überspringen Sie wieder die in Schritt 4 hinzugefügte 15/0 Perle. Wiederholen Sie dies fünf weitere Male.

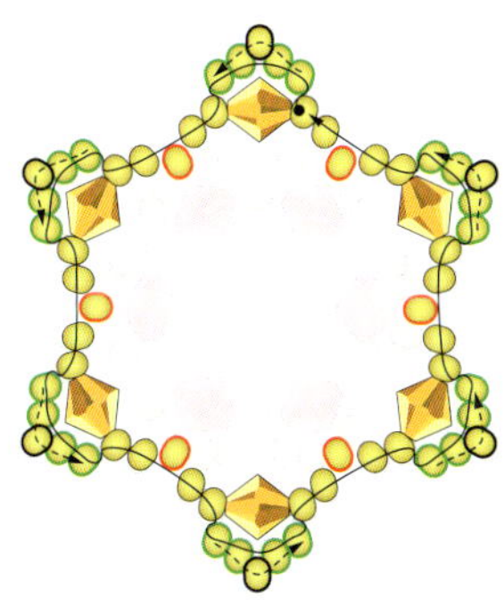

Grafik 6

10 Um einen kleinen Stern zu arbeiten, kommen Sie mit der Nadel aus einer in Schritt 6 hinzugefügten 15/0 Perle in einer Spitze heraus. Nehmen Sie 3x 15/0 Perlen und 5x Doppelkegel Padparadscha auf und formen Sie diese zu einem Ring, indem Sie nochmals durch den ersten Doppelkegel fädeln. Achten Sie darauf, dass sich der Ring eng an den zuerst hinzugefügten 15/0 Perlen befindet und alle Perlen dicht am großen Stern liegen (es sollte hier kein Faden sichtbar sein). Fädeln Sie ein zweites Mal durch die fünf Doppelkegel, um den Faden zu sichern. Kommen Sie am Ende mit der Nadel aus dem zuletzt hinzugefügten Doppelkegel heraus (Grafik 7).

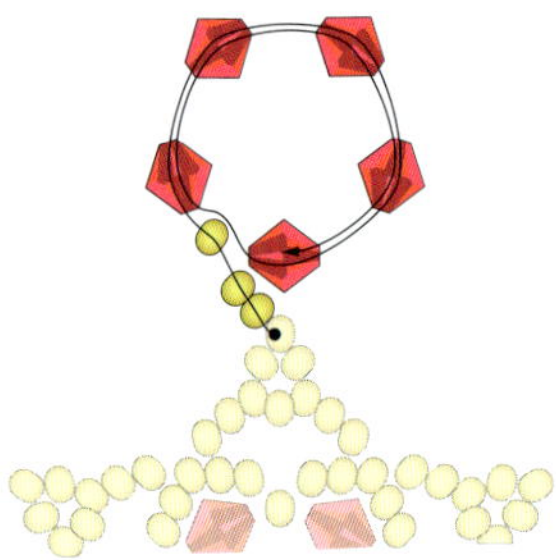

Grafik 7

11 Fädeln Sie durch die als drittes im vorigen Schritt hinzugefügte 15/0 Perle vor und dann weiter durch den Doppelkegel. Nehmen Sie 1x 15/0 Perle auf und fädeln Sie durch den folgenden Doppelkegel. Wiederholen Sie dies drei weitere Male und kommen Sie am Ende aus der 15/0 Perle vor dem zuerst hinzugefügten Doppelkegel heraus (Grafik 8).

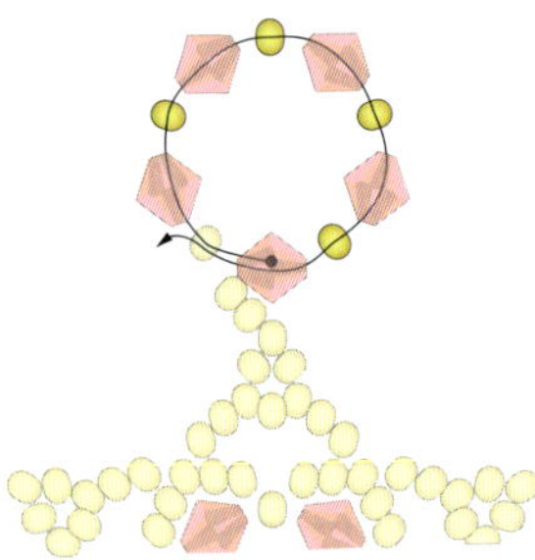

Grafik 8

12 Nehmen Sie 4x 15/0 Perlen auf, überspringen Sie den Doppelkegel und fädeln Sie durch die folgende 15/0 Perle. Wiederholen Sie dies drei weitere Male und nehmen Sie dann 2x 15/0 Perlen auf. Fädeln Sie durch die drei in Schritt 10 hinzugefügten 15/0 Perlen (Grafik 9, schwarzer Fadenlauf), und die beiden zuerst in diesem Schritt hinzugefügten 15/0 Perlen vor. Fügen Sie jetzt in jeder Mitte der 4er-Gruppen aus 15/0 Perlen je 1x 15/0 Perle hinzu (Grafik 9, gestrichelter Fadenlauf) und formen Sie an vier Stellen je eine Spitze.

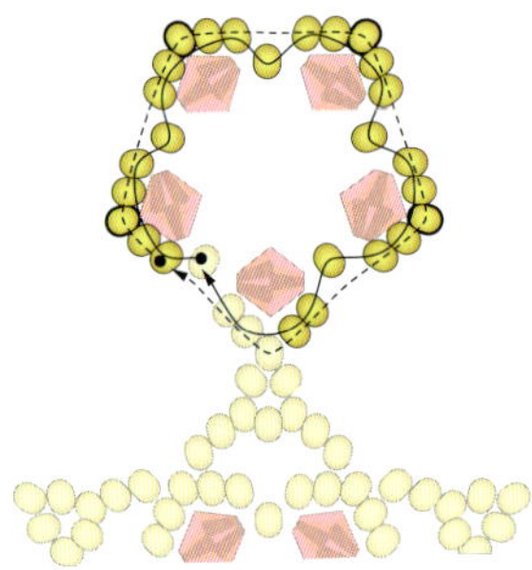

Grafik 9

Fädeln Sie durch die 15/0 Perle aus Schritt 10, die den ersten und zweiten Stern miteinander verbindet und dann weiter vor; überspringen Sie dabei die 15/0 Perlen zwischen den Doppelkegeln.

13 Fügen Sie drei weitere, kleine Sterne hinzu, wie in Schritt 10 bis 12 beschrieben. Beginnen Sie an den Spitzen und wechseln Sie die Farben der Doppelkegel ab, wie Grafik 10 zeigt.

Zählen Sie im Uhrzeigersinn von der ersten Verbindungsstelle und fügen Sie den dritten Stern an der zweiten und den vierten Stern an der dritten Spitze an.

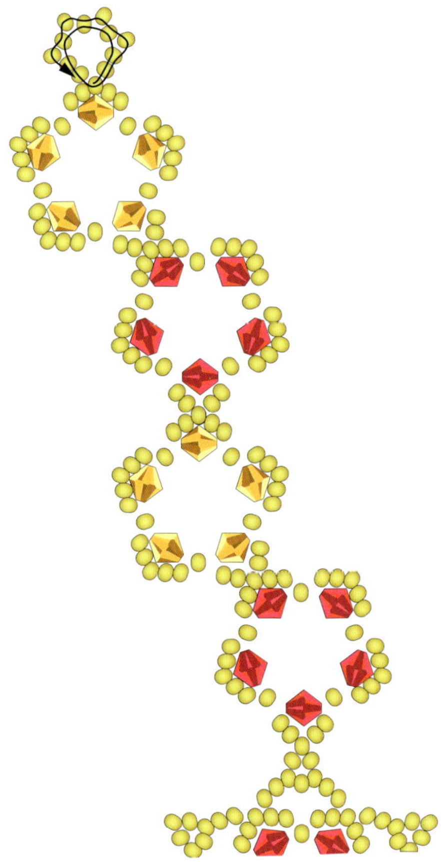

Grafik 10

14 Arbeiten Sie am Ende eine Öse. Kommen Sie dazu mit der Nadel aus einer 15/0 Perle an der Spitze heraus, nehmen Sie 7x 15/0 Perlen auf und fädeln Sie nochmals durch die Perle, aus der der Faden kommt. Fädeln Sie nochmals durch die Perlen der Öse und fügen Sie je 1x 15/0 Perle in der dritten, vierten, fünften und sechsten Lücke hinzu.

Fertigstellung

Arbeiten Sie einen zweiten Ohrhänger auf die gleiche Weise, tauschen Sie jedoch die Farben der Doppelkegel aus und verbinden Sie die kleinen Sterne in der Art, dass sie ein Spiegelbild des ersten Ohrhängers ergeben. Verbinden Sie dazu den dritten Stern an der dritten und den vierten Stern an der zweiten Spitze.

Hängen Sie die Ösen in die Ohrhaken.

V: Die dritte Dimension

Dreidimensionale Perlenarbeiten, wie geperlte Perlen oder gefädelte Kugeln sind meine (nicht so ganz) geheime Leidenschaft. Entweder aus einzelnen Komponenten zusammengesetzt oder auf einem Netz basierend, sind sie kleine Schätze, die buchstäblich in Ihren Händen wachsen.

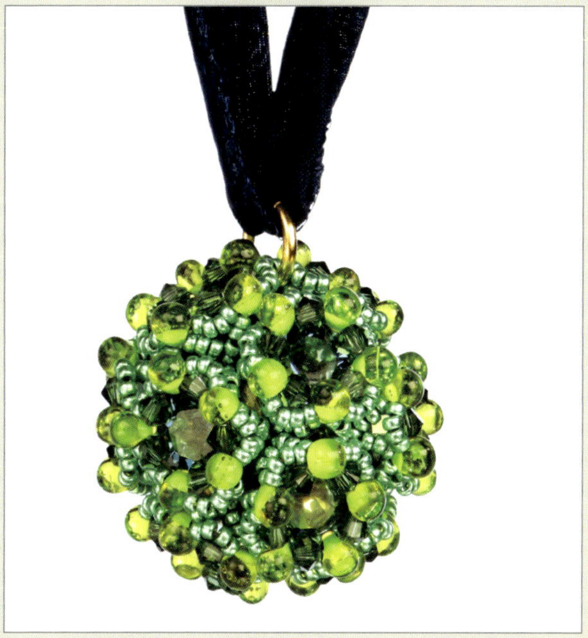

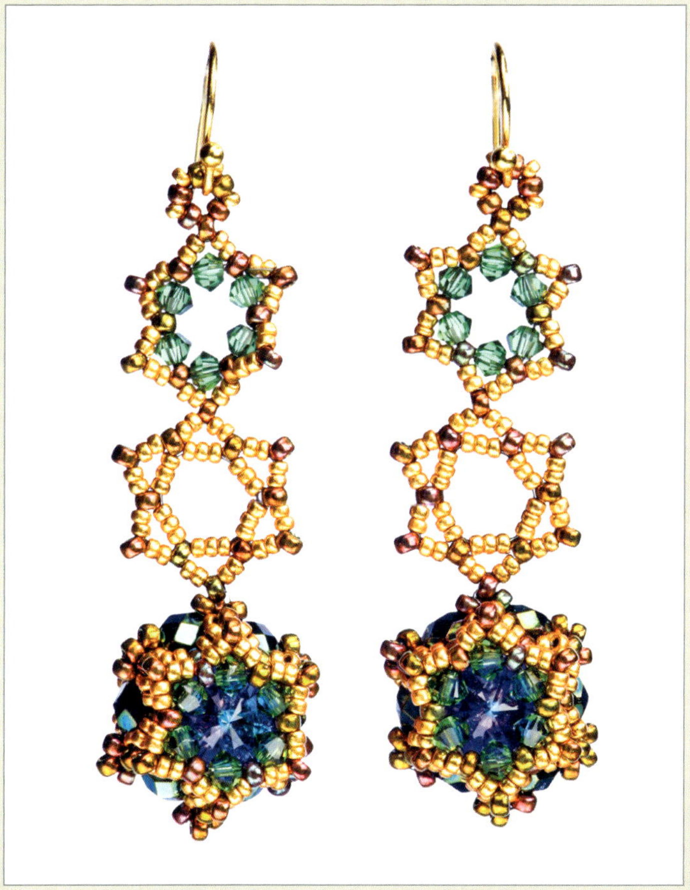

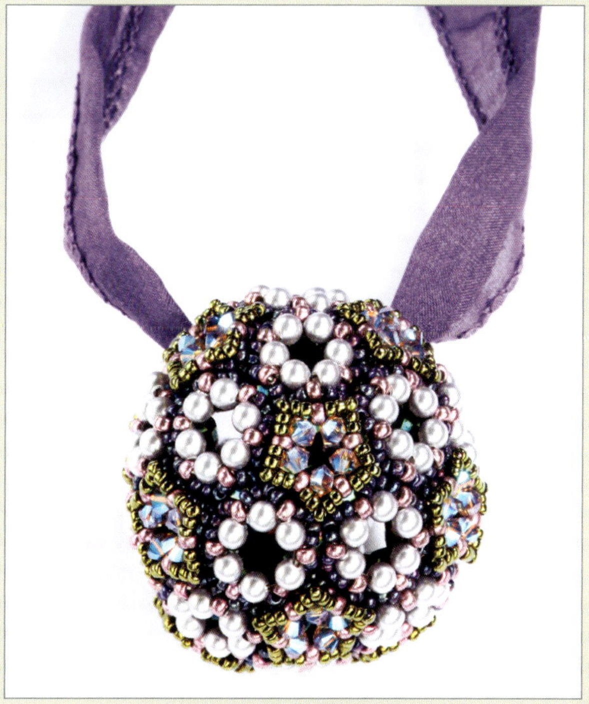

MATERIAL

2 Rivoli, 18 mm*, Vitrail Light

6 Chatons, 8 mm (SS39), Amethyst

36 Doppelkegel, 3 mm, Amethyst

4 g Saatperlen, 11/0, Metallic Red Gold

1 g Saatperlen, 15/0, Metallic Yellow Gold

1 Biegering, 6 mm

FireLine, 6 oder 8 lb

Nadel, Stärke 12

Schere

Flachzange

* Verwenden Sie Rivoli in der Größe 16 mm, wenn Sie zu einer hohen Fadenspannung neigen.

GRÖSSE

3 x 1,5 cm

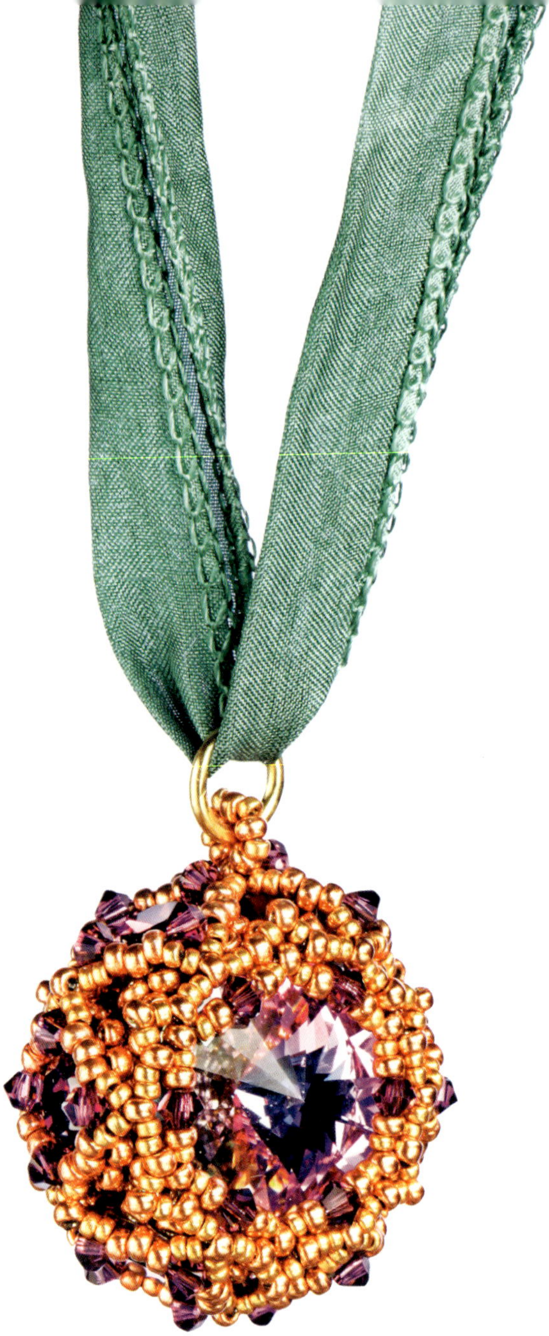

ANHÄNGER "SPARKLELICIOUS"

Mit Chatons und Rivoli an allen Seiten sind solche Strukturen derart steif, dass Sie am Anfang keine besonders hohe Fadenspannung halten müssen.

1 Schneiden Sie sich 1,5 Armspannen Faden ab. Für den Anhänger arbeiten Sie eine Basis aus Right-Angle-Weave Einheiten, die zwischen einer quadratischen und einer rechteckigen Form wechseln. Folgen Sie dazu Grafik 1.

Nehmen Sie 8x 11/0 Perlen auf und fädeln Sie ein zweites Mal durch diese, um den Faden zu sichern. Formen Sie daraus ein schmales Rechteck. Mit der Nadel aus der letzten Perle kommend, nehmen Sie 9x 11/0 Perlen auf und fädeln durch die letzten drei Perlen der ersten Rechteckeinheit. Fädeln Sie durch die nächsten sechs Perlen vor und legen Sie die Perlen zu einer Quadrateinheit.

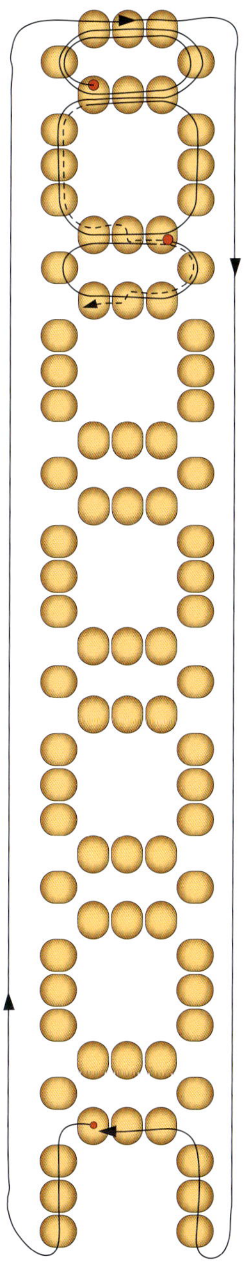

Grafik 1

Nehmen Sie 5x 11/0 Perlen auf und fädeln Sie durch die letzten drei Perlen der vorigen Einheit (Quadrateinheit). Fädeln Sie durch die nächsten vier Perlen vor und formen Sie eine Rechteckeinheit.

Fahren Sie in dieser Art fort und arbeiten Sie abwechselnd Rechteck- und Quadrateinheiten. Verbinden Sie, nachdem Sie das sechste Rechteck fertiggestellt haben, das Ende mit dem Anfang des Streifens, indem Sie 3x 11/0 Perlen aufnehmen und durch die entsprechenden drei Perlen am Anfang des Streifens fädeln. Nehmen Sie 3x 11/0 Perlen auf und fädeln Sie durch die letzten drei Perlen der sechsten Rechteckeinheit, um den Streifen zu einem Ring zu schließen.

2 Fädeln Sie durch die Perlen am Rand des Basisrings, und kommen Sie mit der Nadel nach einer 3er-Gruppe einer Quadrateinheit heraus. Nehmen Sie 1x 11/0 Perle auf und fädeln Sie durch die nächste Perle an der oberen Kante der nächsten Rechteckeinheit der Basis. Nehmen Sie 3x 11/0 Perlen auf und fädeln Sie durch die Perle, aus der der Faden kommt. Dies ergibt eine neue RAW-Einheit über der ursprünglichen Perle.

Nehmen Sie 1x 11/0 Perle auf und fädeln Sie durch die nächste 3er-Gruppe aus 11/0 Perlen. Wiederholen Sie dies, bis Sie sechs RAW-Einheiten um die Kante des Basisrings gearbeitet haben. Wiederholen Sie dies dann an der anderen Kante des Basisrings (Grafik 2).

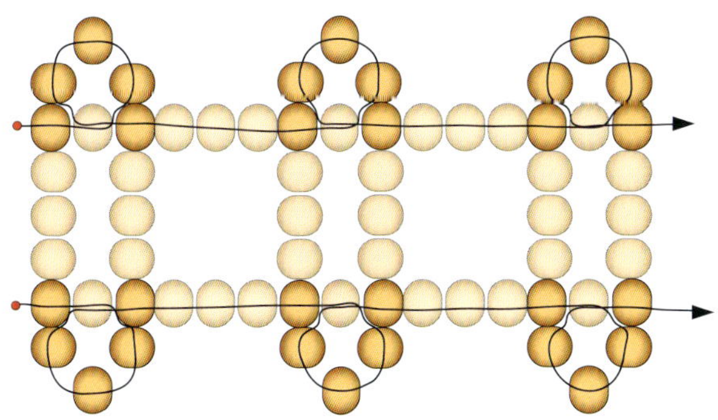

Grafik 2

3 Im letzten Schritt haben Sie nicht nur einige RAW-Einheiten gearbeitet, Sie haben auch die Ecken jeder Basiseinheit mit 11/0 Perlen gefüllt. Nehmen Sie, mit der Nadel aus solch einer 11/0 Eckperle einer Quadrateinheit kommend, 3x 11/0 Perlen auf und fädeln Sie durch die Eckperle, aus der der Faden kommt. Fädeln Sie so vor, dass Sie mit der Nadel aus der nächsten Eckperle dieser Quadrateinheit herauskommen. Wiederholen Sie dies und arbeiten Sie ebensolche RAW-Einheiten an den anderen drei Ecken der Quadrateinheit (Grafik 3).

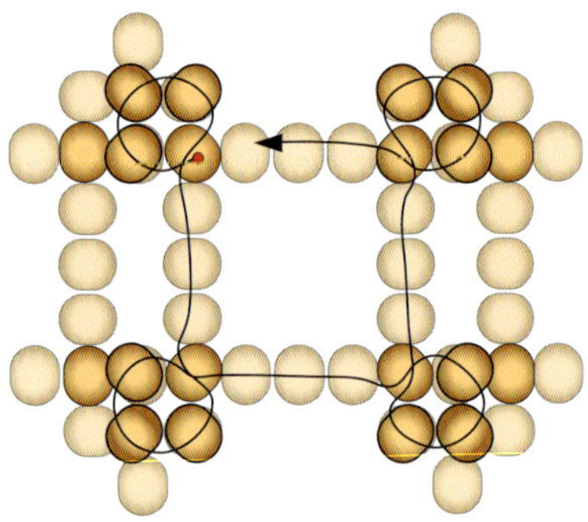

Grafik 3

4 Folgen Sie Grafik 4 und arbeiten Sie über einer Quadrateinheit eine Einfassung für einen Chaton. Zur Orientierung sind die mittleren 11/0 Perlen aus dem vorigen Schritt in Grafik 4 halbtransparent dargestellt.

Nehmen Sie, mit der Nadel aus einer mittleren Perle einer 3er-Gruppe aus Schritt 3 kommend (in der Grafik mit einem roten Punkt markiert) 1x 11/0 Perle, 1x Doppelkegel und 1x 11/0 Perle auf und fädeln Sie durch die zweite 11/0 Perle der nächsten 3er-Gruppe aus Schritt 3. Wiederholen Sie dies drei weitere Male und vervollständigen Sie so die Runde.

Lassen Sie den Faden locker und legen Sie den Chaton in die Einfassung. Ziehen Sie den Faden fest und fädeln Sie ein zweites Mal durch die Perlen der letzten Runde; kommen Sie am Ende mit der Nadel vor einem Doppelkegel heraus.

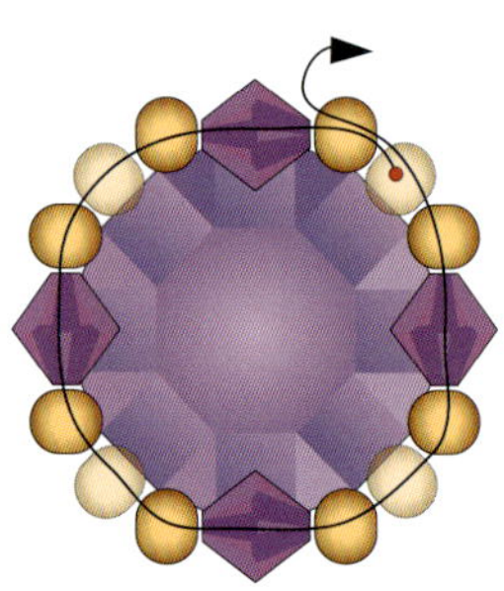

Grafik 4

5 Nehmen Sie 4x 15/0 Perlen auf, überspringen Sie den Doppelkegel, und fädeln Sie durch die nächsten drei 11/0 Perlen. Wiederholen Sie dies drei weitere Male (Grafik 5, schwarzer Fadenlauf). Fädeln Sie dann durch die beiden in diesem Schritt zuerst hinzugefügten 15/0 Perlen vor.

Nehmen Sie 1x 11/0 Perle auf und fädeln Sie durch die folgenden sieben Perlen (zwei 15/0, drei 11/0 und zwei 15/0 Perlen). Wiederholen Sie dies und fügen Sie auch den anderen drei Ecken je 1x 11/0 Perle hinzu (Grafik 5, roter Fadenlauf).

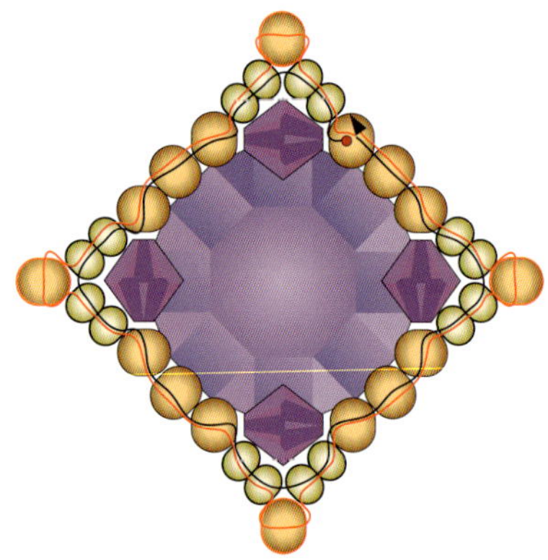

Grafik 5

6 Wiederholen Sie die Schritte 3, 4 und 5 und fügen Sie auch den anderen Quadrateinheiten der Basis Chatons hinzu. Da Sie ringförmig arbeiten, teilen sich die Einheiten manche Perlen - an diesen Verbindungsstellen müssen keine weiteren Perlen eingefügt werden. Fädeln Sie statt dessen durch die 11/0 Perle der vorigen Einfassung (Grafik 6). Beachten Sie, dass die letzte (sechste) Einfassung an beiden Seiten mit den vorigen Einfassungen verbunden wird.

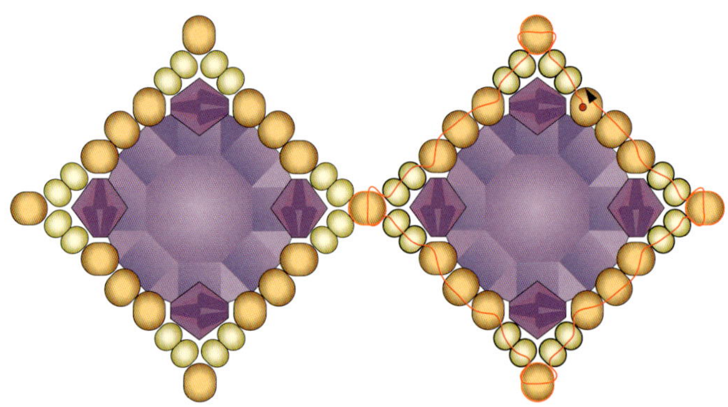

Grafik 6

7 Nehmen Sie, mit der Nadel aus der mittleren der drei in Schritt 2 hinzugefügten 11/0 Perlen kommend (Grafik 7, rot umrandet), 1x 15/0, 1x 11/0 Perle, 1x Doppelkegel, 1x 11/0 und 1x 15/0 Perle auf und fädeln Sie durch die 11/0 Perle in der Mitte der nächsten RAW-Einheit am Rand der Basis. Wiederholen Sie dies fünf weitere Male, lassen Sie den Faden locker und legen Sie einen Rivoli in die Einfassung. Ziehen Sie den Faden fest und fädeln Sie ein zweites Mal durch die neu hinzugefügten Perlen, um den Faden zu sichern und eine hohe Fadenspannung zu gewährleisten. Kommen Sie am Ende mit der Nadel aus der 11/0 Perle heraus, an der dieser Schritt begann.

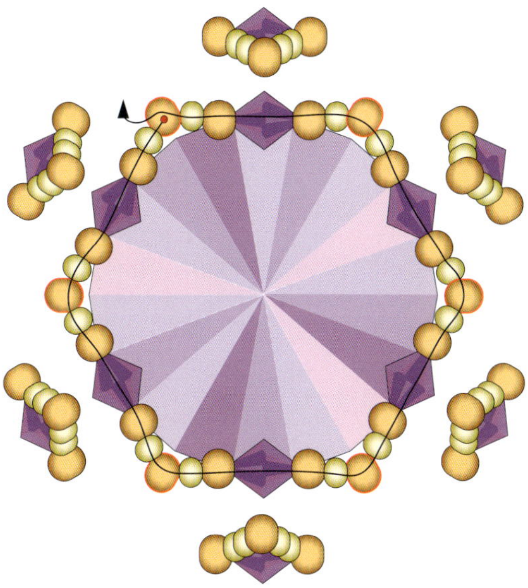

Grafik 7

8 Nehmen Sie 1x 11/0 und 2x 15/0 Perlen auf und fädeln Sie durch die 11/0 Perle an der Spitze des eingefassten Chatons. Nehmen Sie 2x 15/0 und 1x 11/0 Perle auf und fädeln Sie durch die 11/0 Perle der nächsten RAW-Einheit aus Schritt 2.

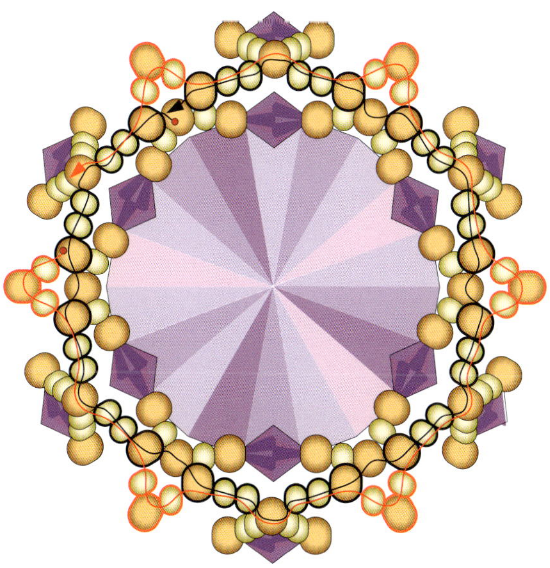

Grafik 8

Wiederholen Sie dies fünf weitere Male, wie der schwarze Fadenlauf und die schwarzen Umrandungen in Grafik 8 zeigen.

Fädeln Sie durch die Perlen und kommen Sie mit der Nadel vor der nächsten RAW-Einheit aus Schritt 2 heraus. Folgen Sie dem roten Fadenlauf in Grafik 8 und nehmen Sie 1x 15/0, 1x 11/0 und 1x 15/0 Perle auf. Überspringen Sie die folgende 11/0 Perle der Einheit und fädeln Sie durch die nachfolgenden sieben Perlen (1x 11/0, 2x 15/0, 1x 11/0, 2x 15/0 und 1x 11/0 Perle). Formen Sie die drei neu hinzugefügten Perlen (Grafik 8, rot umrandet) zu einem Picot, sodass die mittlere Perle aus der Gruppe heraussteht.

Wiederholen Sie dies fünf weitere Male.

9 Fädeln Sie zur anderen Seite der Basis vor und wiederholen Sie die Schritte 7 und 8. Arbeiten Sie dann, beginnend an einer 11/0 Perle zwischen zwei Chatoneinfassungen, eine Perlenöse. Nehmen Sie dazu 5x 11/0 Perlen auf und fädeln Sie nochmals durch die Perle, aus der der Faden kommt. Fädeln Sie ein zweites Mal durch die Perlen und fügen Sie schließlich bei einer dritten Runde je 1x 15/0 Perle in die vier Lücken der Öse.

Fertigstellung

Hängen Sie einen Biegering in die Perlenöse und fädeln Sie den Anhänger auf ein Seidenband oder eine Kette.

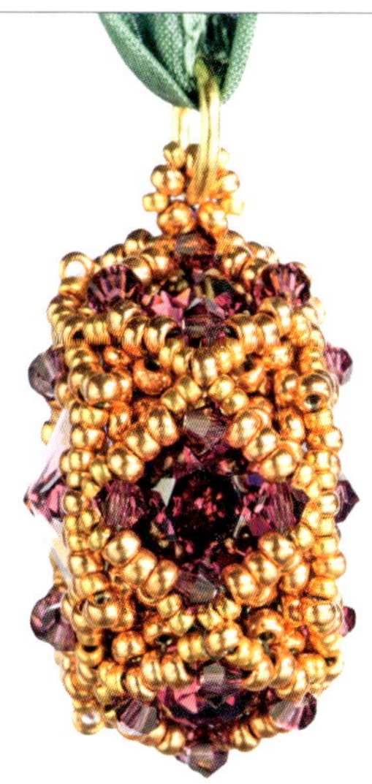

Variation

Wenn gewünscht, können Sie eine zweite Perlenöse auf der gegenüberliegenden Seite des Anhängers arbeiten und den Anhänger dann in eine Kette integrieren. Oder Sie fertigen mehrere Anhänger an und arbeiten daraus eine Kette. Verwenden Sie verschiedene Rivoli-Farben und schauen Sie zu, wie der Anhänger verschiedenfarbig glitzert, wenn er sich dreht.

MATERIAL

4 Rivoli, 8 mm (SS39), Heliotrope

24 Doppelkegel, 3 mm, Green

12 Feuerpolierte Glasperlen, 4 mm, Iris Green

12 Rundperlen, 3 mm, Lavender

2 g Saatperlen, 11/0, Metal Golden Iris

2 g Saatperlen, 15/0, Gold

1 Paar Ohrhaken

FireLine, 6 lb

Nadel, Stärke 12

Schere

Flachzange

GRÖSSE

5 x 2 cm

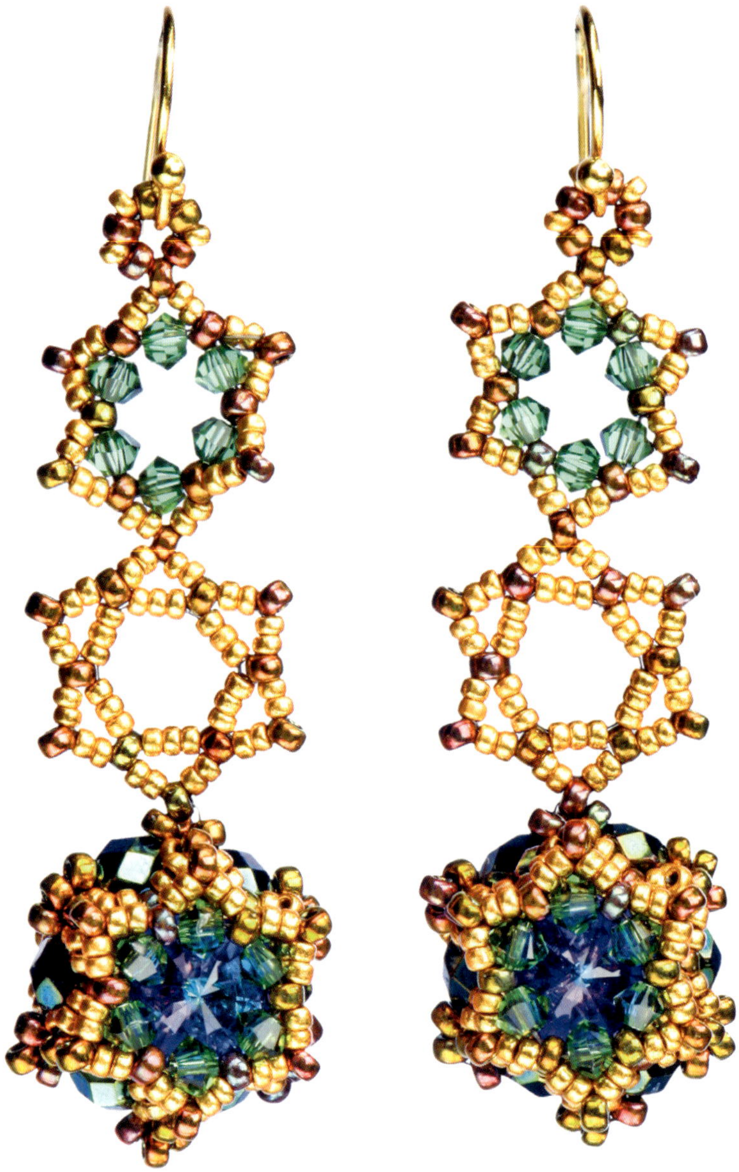

OHRHÄNGER "JERUSALEM"

Dreidimensionale Strukturen müssen nicht groß sein - sie können so klein gearbeitet werden, dass Sie ein Paar filigrane Ohrhänger ergeben.

1 Nehmen Sie 1x feuerpolierte Glasperle und 1x 11/0 Perle auf und wiederholen Sie dies fünf weitere Male. Fädeln Sie nochmals durch den gesamten Ring aus zwölf Perlen, um den Faden zu sichern, und kommen Sie am Ende mit der Nadel aus der zuerst aufgenommenen feuerpolierten Glasperle heraus (Grafik 1).

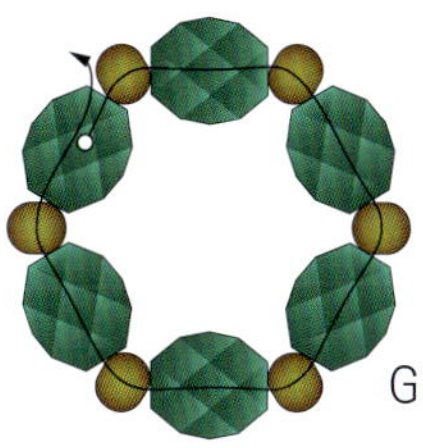

Grafik 1

2 Nehmen Sie, um die Vorderseite der Einfassung zu arbeiten, 1x 15/0, 1x 11/0 und 1x 15/0 Perle auf und fädeln Sie durch die folgende feuerpolierte Glasperle. Wiederholen Sie dies fünf weitere Male und kommen Sie am Ende mit der Nadel aus der in diesem Schritt zuerst hinzugefügten 11/0 Perle heraus (Grafik 2).

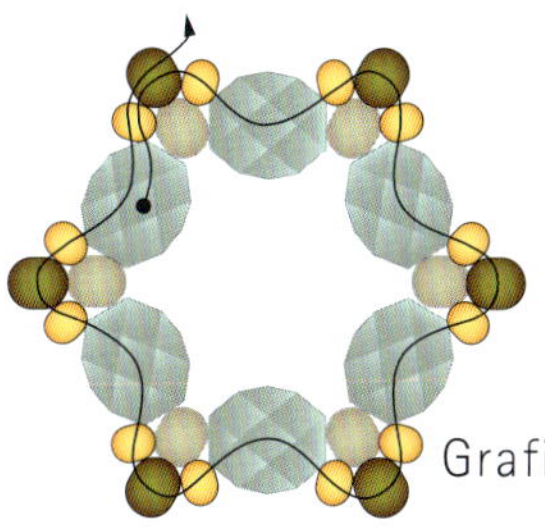

Grafik 2

3 Nehmen Sie 2x 15/0, 1x 11/0 und 2x 15/0 Perlen auf, überspringen Sie die folgenden drei Perlen (eine 15/0 Perle, eine feuerpolierte Glasperle und eine 15/0 Perle) und fädeln Sie durch die folgende 11/0 Perle aus Schritt 2. Wiederholen Sie dies fünf weitere Male und kommen Sie am Ende aus der in diesem Schritt zuerst hinzugefügten 11/0 Perle heraus (Grafik 3).

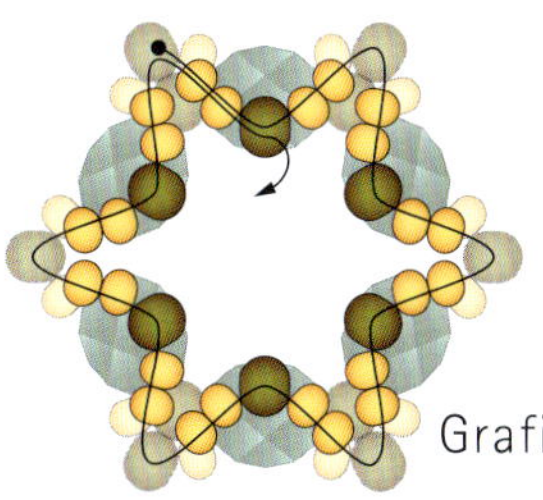

Grafik 3

4 Nehmen Sie 1x 15/0, 1x 11/0 und 1x 15/0 Perle auf und fädeln Sie durch die Perle, aus der der Faden kommt. Dies ergibt eine RAW-Einheit über der 11/0 Perle. Fädeln Sie entlang der folgenden fünf Perlen der Vorrunde vor (zwei 15/0, eine 11/0 und zwei 15/0 Perlen) und weiter durch die folgende 11/0 Perle. Wiederholen Sie dies fünf weitere Male und kommen Sie am Ende aus der in diesem Schritt zuerst hinzugefügten 11/0 Perle heraus. Ihre Fädelrichtung wird sich aufgrund der RAW-Einheiten ändern (Grafik 4).

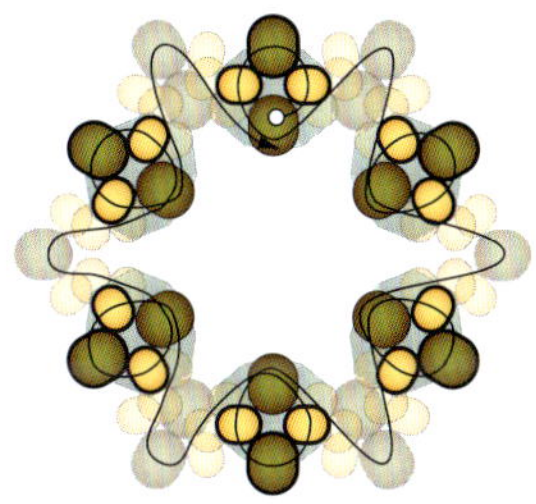

Grafik 4

5 Nehmen Sie 1x Doppelkegel auf und fädeln Sie durch die mittlere 11/0 Perle der nächsten RAW-Einheit (dies ist die im letzten Schritt hinzugefügte 11/0 Perle). Wiederholen Sie dies fünf weitere Male, lassen Sie den Faden locker und legen Sie den Rivoli mit dem Gesicht nach oben ein. Ziehen Sie den Faden fest und fädeln Sie ein zweites Mal durch die Perlen, um den Faden zu sichern. Kommen Sie am Ende mit der Nadel aus einer 11/0 Perle heraus (Grafik 5).

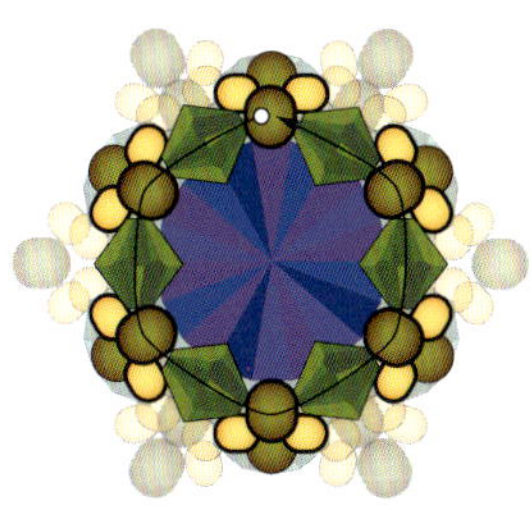

Grafik 5

6 Nehmen Sie 2x 15/0, 1x 11/0 und 2x 15/0 Perlen auf, überspringen Sie den Doppelkegel und fädeln Sie durch die folgende 11/0 Perle. Wiederholen Sie dies fünf weitere Male (Grafik 6). Wenn Sie die Spitzen des Sterns betonen möchten, fädeln Sie nochmals durch die Perlen der Runde, lassen Sie dabei jedoch die 11/0 Perlen in den sechs Spitzen aus.

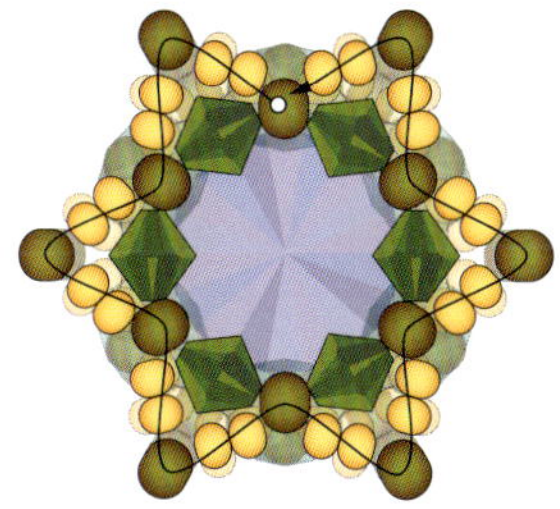

Grafik 6

7 Fädeln Sie, um die rückwärtige Einfassung zu arbeiten, zu dem Ring aus zwölf Perlen des ersten Schritts zurück und wiederholen Sie die Schritte 2 bis 4.

8 Nehmen Sie, mit der Nadel aus der gekennzeichneten 11/0 Perle kommend, 1x Rundperle auf und fädeln Sie durch die mittlere 11/0 Perle der nächsten RAW-Einheit (im letzten Schritt hinzugefügt). Wiederholen Sie dies fünf weitere Male, lassen Sie den Faden locker und legen Sie den Rivoli mit dem Gesicht nach oben in die Einfassung. Ziehen Sie den Faden fest und fädeln Sie ein zweites Mal durch die Perlen, um ihn zu sichern (Grafik 7). Wiederholen Sie den Schritt 6.

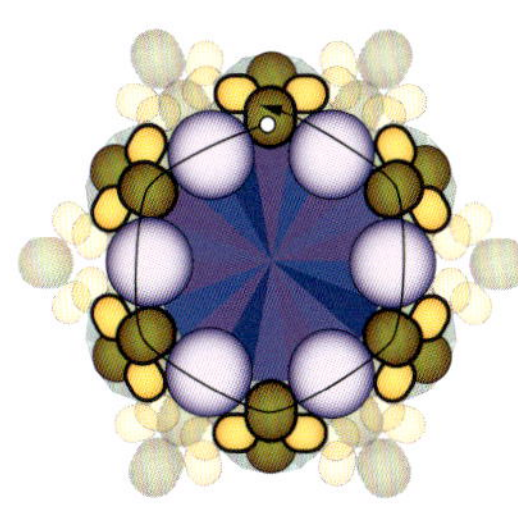

Grafik 7

Fädeln Sie zu den Perlen der ersten Runde zurück und kommen Sie mit der Nadel aus einer feuerpolierten Glasperle heraus.

9 Nehmen Sie 3x 11/0 Perlen auf und fädeln Sie durch die folgende feuerpolierte Glasperle. Formen Sie die Perlen zu einem Picot; dieser liegt zwischen denen, die Sie am Anfang der vorderen und hinteren Einfassung gearbeitet haben. Wiederholen Sie dies fünf weitere Male; (siehe Grafik 8), und kommen Sie am Ende mit der Nadel aus einer mittleren 11/0 Perle einer soeben hinzugefügten 3er-Gruppe heraus.

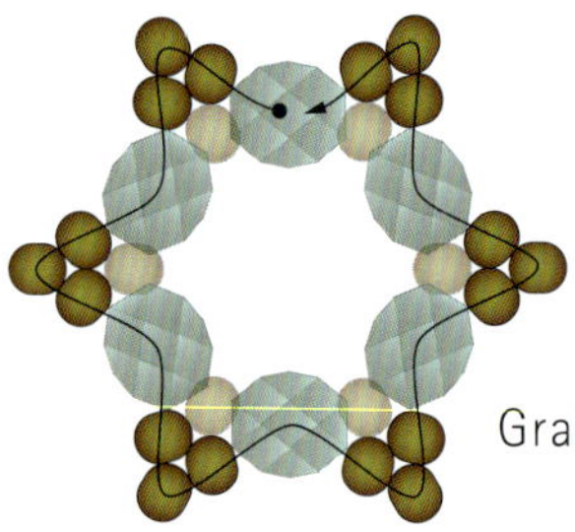

Grafik 8

10 Als Nächstes wird das sternenförmige Element von außen nach innen gearbeitet.

Folgen Sie dem schwarzen Fadenlauf in Grafik 9, nehmen Sie 2x 15/0 und 1x 11/0 Perle auf und wiederholen Sie dies zehn weitere Male. Nehmen Sie dann 2x 15/0 Perlen auf (also insgesamt 35 Perlen). Fädeln Sie nochmals durch die 11/0 Perle aus Schritt 9, aus der der Faden kommt. Fädeln Sie durch die folgenden fünf Perlen vor (zwei 15/0, eine 11/0 und zwei 15/0 Perlen) und überspringen Sie die folgende 11/0 Perle. Wiederholen Sie dies fünf weitere Male und Sie erhalten einen sechszackigen Stern.

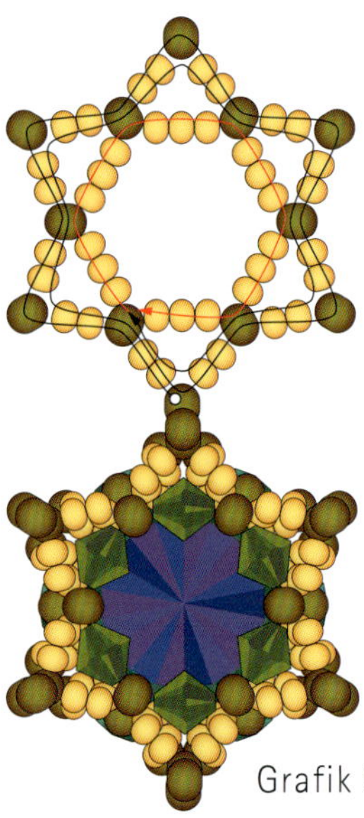

Grafik 9

Kommen Sie mit der Nadel aus der in diesem Schritt zuerst hinzugefügten 11/0 Perle heraus, folgen Sie dem roten Fadenlauf in Grafik 9 und nehmen Sie 3x 15/0 Perlen auf. Überspringen Sie die folgenden fünf Perlen (wiederum zwei 15/0, eine 11/0 und zwei 15/0 Perlen) und fädeln Sie durch die nächste 11/0 Perle. Wiederholen Sie dies fünf weitere Male und komplettieren Sie das innere Sechseck des Sterns. Fädeln Sie nochmals durch diese inneren Perlen und, wenn möglich, auch nochmals durch die äußeren Perlen (lassen Sie hier wieder die 11/0 Spitzenperlen aus).

11 Beginnen Sie an der 11/0 Perle, welche direkt gegenüber der 11/0 Perle der Einfassung des Rivoli liegt und arbeiten Sie einen weiteren Stern. Wiederholen Sie das Muster des ersten Teils aus Schritt 10, um die Außenform zu arbeiten, und nehmen Sie 35 Perlen auf. Fädeln Sie nochmals durch die Perlen, lassen Sie jedoch die 11/0 Spitzenperlen aus. Ersetzen Sie für das innere Element jede 3er-Gruppe aus 15/0 Perlen durch einen Doppelkegel (insgesamt sechs). Fädeln Sie nochmals durch die Außenform des Sterns, um ihn zu sichern (Grafik 10).

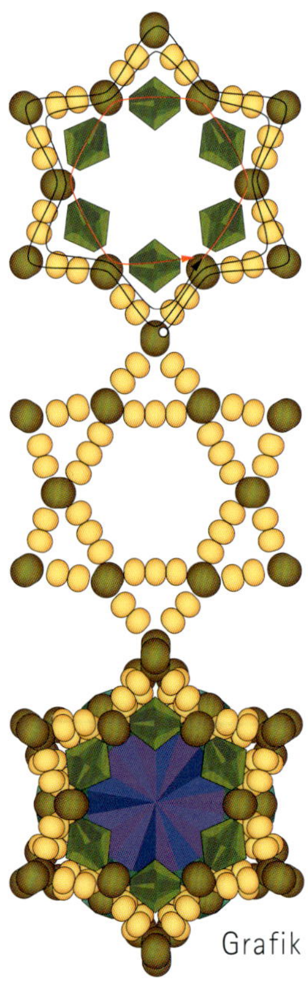

Grafik 10

12 Arbeiten Sie zum Schluss, mit der Nadel aus der 11/0 Perle an der oberen Spitze des oberen Sterns kommend, eine Öse. Nehmen Sie dazu 5x 11/0 Perlen auf und fädeln Sie nochmals durch die Perlen. Fädeln Sie wiederum durch die Perlen und fügen Sie je 1x 15/0 Perle in der zweiten, dritten, vierten und fünften Lücke zwischen den 11/0 Perlen hinzu (Grafik 11).

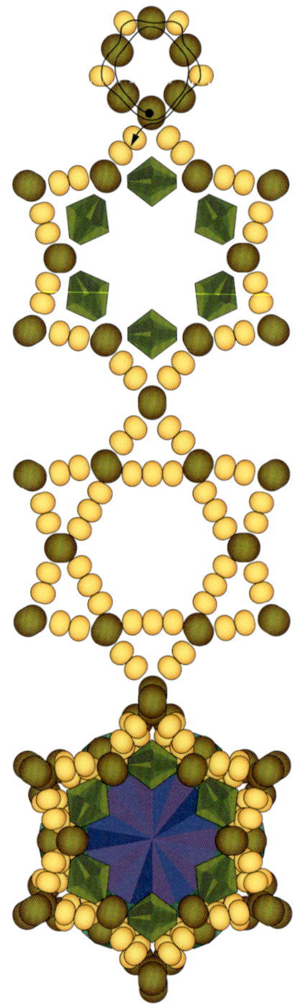

Grafik 11

Fertigstellung

Arbeiten Sie auf die gleiche Weise einen zweiten Ohrhänger und hängen Sie die Perlenösen in die Ohrhaken.

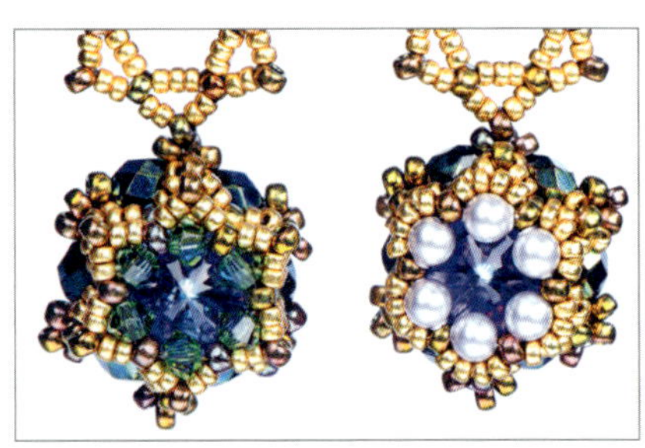

Die Vorder- und Rückseite des Hauptelements

MATERIAL

12 Chatons, 8 mm (SS39), Sahara Blue

60 Doppelkegel, 3 mm, Green

30 Feuerpolierte Glasperlen, 4 mm, Lime Green

4 g Tropfen, 3,4 mm, Green Lime Lined

3 g Saatperlen, 15/0, Mint Green

1 Biegering, 5 mm, 16 Gauge

FireLine, 6 lb

Nadel, Stärke 12

Schere

Flachzange

GRÖSSE

3 cm im Durchmesser

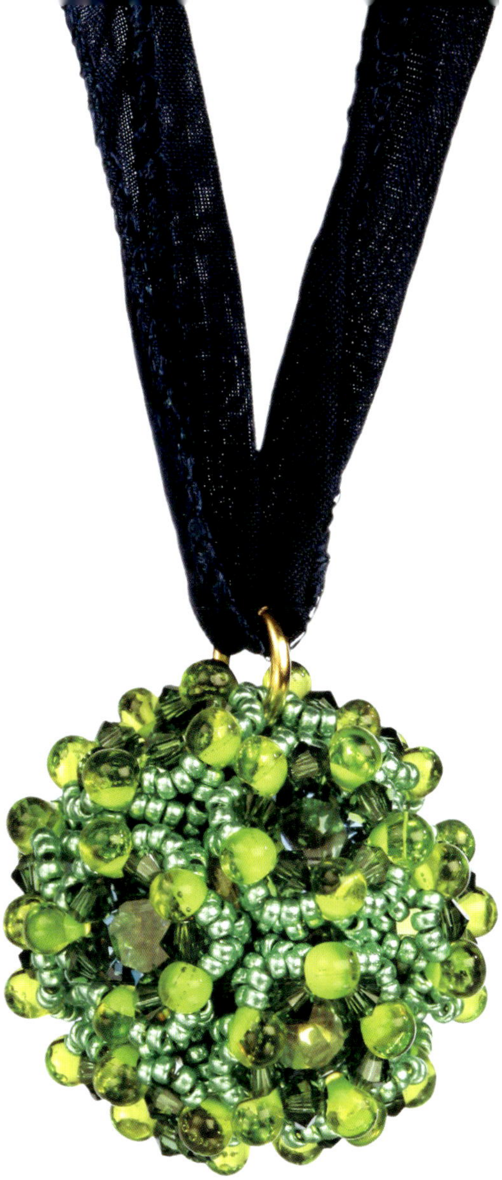

ANHÄNGER "BUBBLE BALL"

Diese Kugel besteht aus zwölf gleichen Elementen, jedes auf einem Ring aus fünf feuerpolierten Glasschliffperlen basierend. In der Geometrie wird dieser zwölf-seitige Körper Dodekaeder genannt. Wenn Sie im Internet nach "geometrische Körper" suchen, werden Sie Myriaden an Formen finden und all diese können Sie mit Perlen nacharbeiten!

1 Nehmen Sie fünfmal hintereinander je 1x feuerpolierte Glasperle und 1x 15/0 Perle auf; Sie haben dann zehn Perlen auf der Nadel. Formen Sie einen Ring, indem Sie nochmals durch die zuerst aufgenommene Perle fädeln. Fädeln Sie ein zweites Mal durch den Ring, um den Faden zu sichern, und kommen Sie am Ende aus einer 15/0 Perle heraus (Grafik 1).

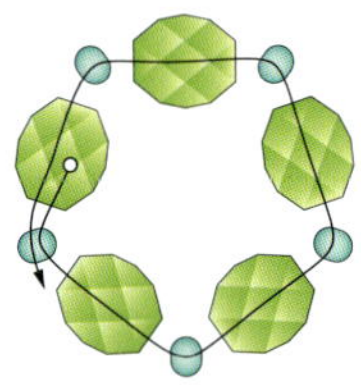

Grafik 1

2 Nehmen Sie 3x 15/0 Perlen, 1x Tropfen und 3x 15/0 Perlen auf, überspringen Sie die feuerpolierte Glasperle und fädeln Sie durch die folgende 15/0 Perle. Wiederholen Sie dies vier weitere Male und kommen Sie am Ende mit der Nadel aus einem Tropfen heraus (Grafik 2).

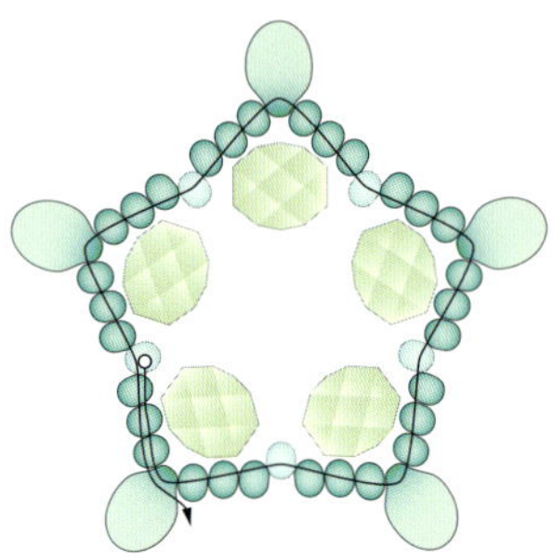

Grafik 2

3 Nehmen Sie 1x Doppelkegel auf und fädeln Sie durch die folgende Tropfenperle. Wiederholen Sie dies vier weitere Male, lassen Sie den Faden locker und legen Sie den Chaton mit dem Gesicht nach oben in die Einfassung (Grafik 3). Ziehen Sie den Faden fest und fädeln Sie nochmals durch die Perlen der Runde, um den Faden zu sichern. Kommen Sie am Ende mit der Nadel aus einem Tropfen heraus.

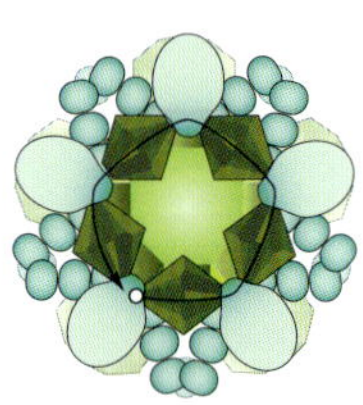

Grafik 3

4 Nehmen Sie 4x 15/0 Perlen auf, überspringen Sie den Doppelkegel und fädeln Sie durch den folgenden Tropfen. Wiederholen Sie dies vier weitere Male und Sie haben das erste Element fertiggestellt (Grafik 4). Fädeln Sie so vor, dass Sie mit der Nadel aus einer feuerpolierten Glasperle des Basisrings aus Grafik 1 herauskommen.

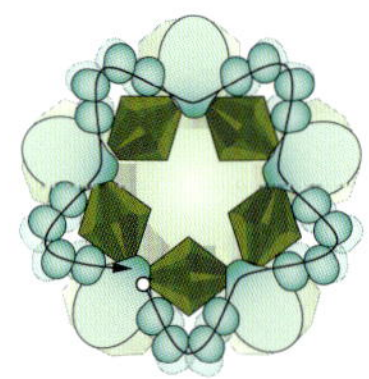

Grafik 4

5 Arbeiten Sie einen weiteren Basisring wie in Schritt 1 und beginnen Sie diesen (und alle folgenden) an einer feuerpolierten Glasperle des vorigen Elements.

Nehmen Sie für den zweiten Basisring fünfmal hintereinander je 1x 15/0 Perle und 1x feuerpolierte Glasperle auf und dann noch 1x 15/0 Perle (Sie haben nun fünf 15/0 Perlen und vier feuerpolierte Glasperlen auf Ihrer Nadel). Formen Sie einen Ring, indem Sie nochmals durch die feuerpolierte Perle fädeln, aus der der Faden kommt und arbeiten Sie dann die Verzierungen.

Fügen Sie, nachdem Sie den neuen Basisring fertiggestellt haben, die Verzierungen wie in den Schritten 2 bis 4 beschrieben hinzu. Die einzelnen Elemente sind leichter zu erkennen, wenn ihre Form durch den eingefassten Chaton gefestigt ist.

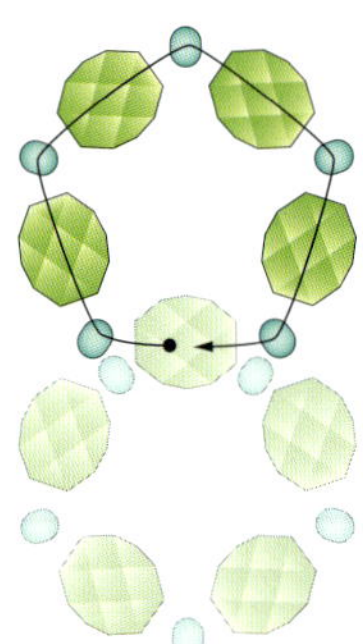

Grafik 5

6 Verwenden Sie, um den dritten Basisring zu arbeiten, eine feuerpolierte Glasperle des ersten Basisrings und eine des zweiten mit. Fügen Sie zwischen diesen 1x 15/0 Perle hinzu, wie Grafik 6 zeigt. Nehmen Sie dann dreimal je 1x 15/0 Perle und 1x feuerpolierte Glasperle auf und verzieren Sie auch diesen Basisring.

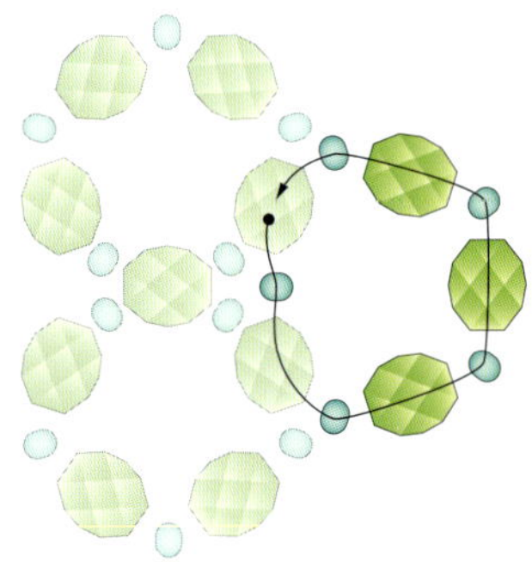

Grafik 6

7 Arbeiten Sie weiter um den ersten Basiskreis herum, bis dieser von fünf weiteren Basiskreisen umringt ist. Der letzte Basiskreis wird mit dem ersten, fünften und zweiten verbunden. Sie werden hier nur noch zwei neue feuerpolierte Glasperlen einfügen. Die Perlenarbeit ist nun wie eine Tasse geformt und stellt die erste Hälfte der Kugel dar (Grafik 7).

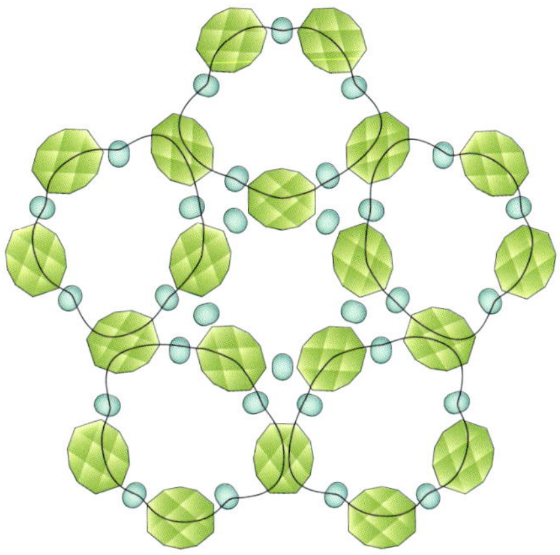

Grafik 7

8 Schauen Sie auf Grafik 8 und arbeiten Sie das erste Element der zweiten Hälfte. Die Grafik zeigt, wie Sie je eine feuerpolierte Glasperle der benachbarten Basiskreise mit einbeziehen. Beachten Sie, dass Sie immer noch je 1x 15/0 Perle zwischen den feuerpolierten Glasperlen hinzufügen müssen und arbeiten Sie nach Fertigstellung des Basiskreises immer gleich die Verzierung.

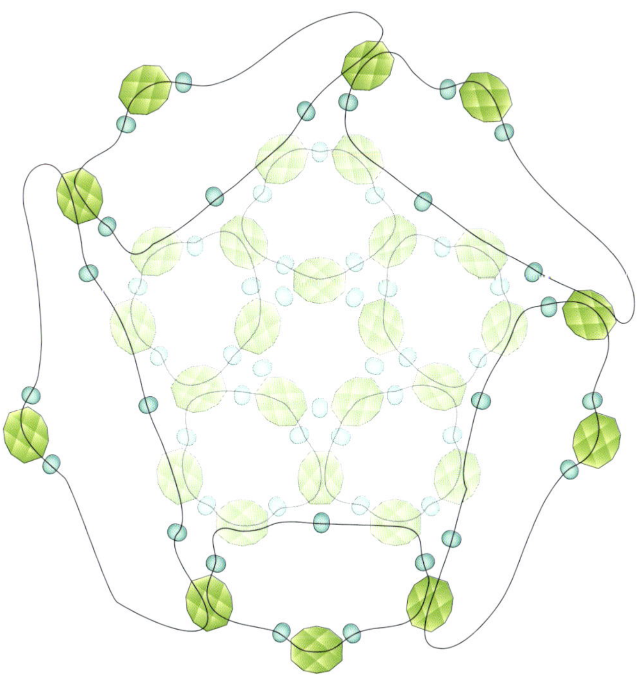

Grafik 8

Wenn Sie fünf Elemente entlang des Randes der ersten Hälfte gearbeitet haben, ist die Kugel fast fertig.

9 Komplettieren Sie den letzten Basiskreis, indem Sie je 1x 15/0 Perle zwischen den feuerpolierten Glasperlen hinzufügen und auch diesen Kreis verzieren (Grafik 9).

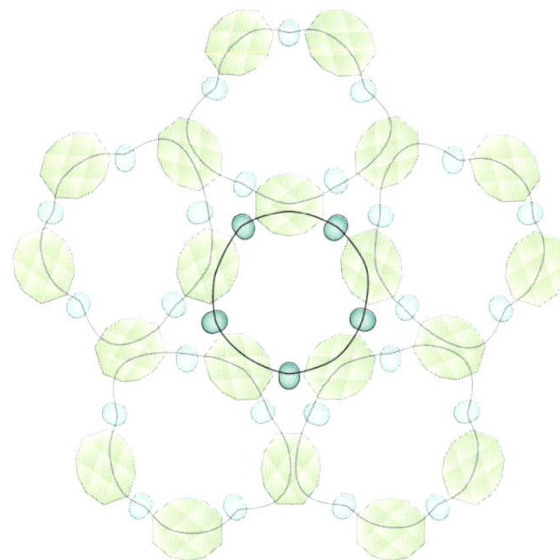

Grafik 9

Fertigstellung

Der einfachste Weg, eine Aufhängung für diesen Anhänger zu arbeiten, ist, eine Verbindung zwischen zwei Tropfen zweier benachbarter Elemente zu arbeiten. Kommen Sie dazu mit der Nadel aus einem Tropfen heraus, nehmen Sie 2x 15/0 Perlen auf und fädeln Sie durch den Tropfen des Nachbarelements. Nehmen Sie 2x 15/0 Perlen auf und fädeln Sie durch den Tropfen, aus dem der Faden kommt. Fädeln Sie so oft wie möglich durch diesen Kreis aus Perlen, vernähen Sie den Faden und schneiden Sie ihn ab. Hängen Sie den Biegering in diese kleine Brücke ein.

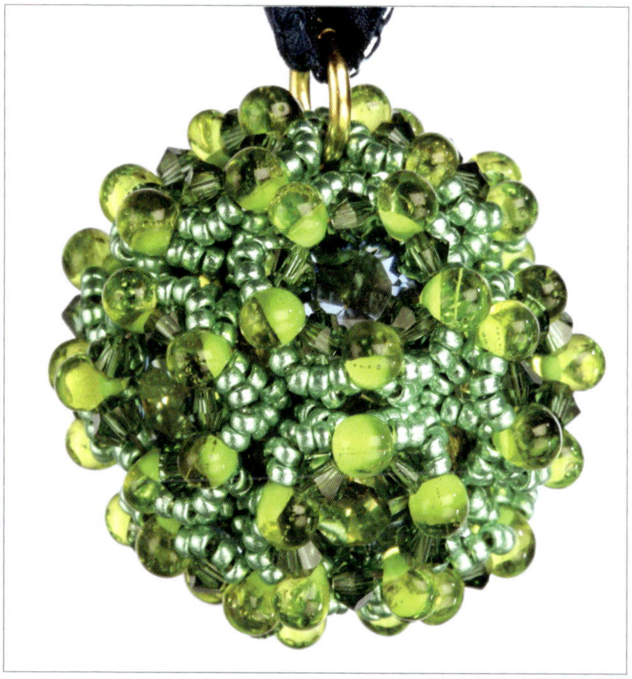

MATERIAL

75 Feuerpolierte Glasperlen, 4 mm, Purple Iris

120 Rundperlen, 3 mm, Lavender

60 Doppelkegel, 3 mm, Light Amethyst 2xAB

4 g Saatperlen, 11/0, Metallic Eggplant

4 g Saatperlen, 15/0, Purple

15 g Saatperlen, 15/0, Metallic Olive

FireLine, 6 lb

Nadel, Stärke 12

Schere

GRÖSSE

4 cm im Durchmesser

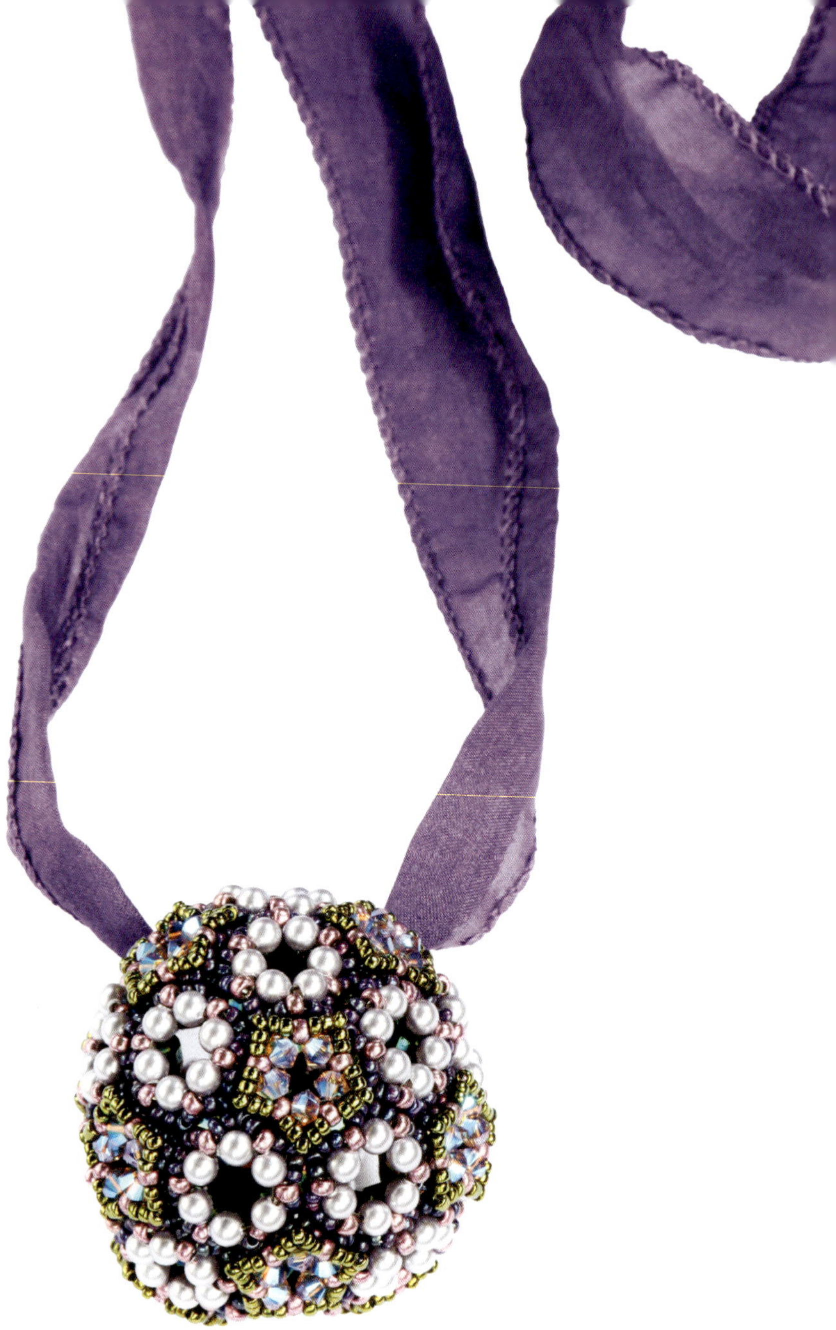

ANHÄNGER "SPARKLING FOOTBALL"

Fußbälle bestehen oft aus schwarzen Fünfecken, umgeben von weißen Sechsecken. Wenn Sie mit gefädelten Kugeln noch keine Erfahrung haben, empfehle ich Ihnen, zuerst den Anhänger "Bubble Ball" (siehe Seite 113-115) nachzufädeln.

Das sechseckige Element in diesem Schmuckstück wird mit Rundperlen und das fünfeckige mit Doppelkegeln verziert. Am Ende dieser Anleitung ist ein Muster abgebildet, wie die Elemente arrangiert werden.

1 Beginnen Sie mit einem Fünfeck. Nehmen Sie 5x je 1x feuerpolierte Glasperle und 1x 15/0 Perle Purple auf und formen Sie diese zu einem Ring, indem Sie nochmals durch die zuerst aufgenommene und dann nochmals durch alle Perlen fädeln. Kommen Sie am Ende mit der Nadel aus einer 15/0 Perle heraus (Grafik 1).

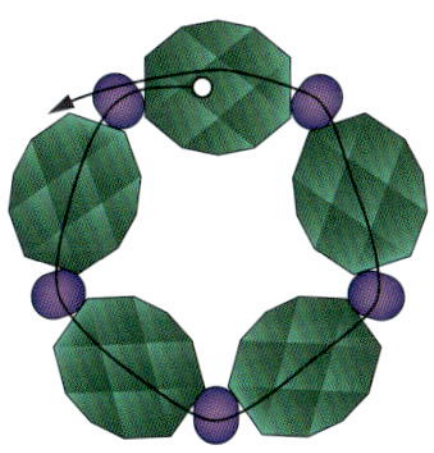

Grafik 1

2 Nehmen Sie 2x 15/0 Purple, 1x 11/0 und 2x 15/0 Perlen Purple auf, überspringen Sie die feuerpolierte Glasperle und fädeln Sie durch die nächste 15/0 Perle. Wiederholen Sie dies vier weitere Male, formen Sie somit kleine Bögen und kommen Sie am Ende mit der Nadel aus einer 11/0 Perle in der Mitte eines Bogens heraus (Grafik 2).

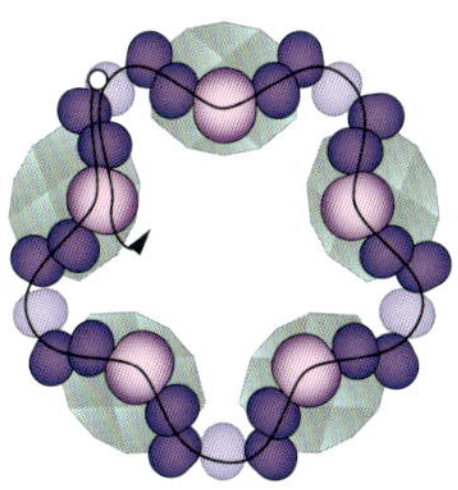

Grafik 2

3 Nehmen Sie 1x Doppelkegel auf und fädeln Sie durch die folgende 11/0 Perle. Wiederholen Sie dies vier weitere Male, fädeln Sie ein zweites Mal durch die Perlen dieser Runde und kommen Sie am Ende mit der Nadel aus einer 11/0 Perle heraus (Grafik 3).

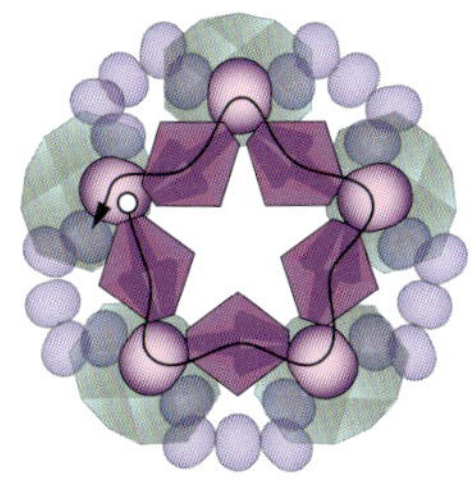

Grafik

4 Nehmen Sie 4x 15/0 Perlen Green auf, überspringen Sie den Doppelkegel und fädeln Sie durch die folgende 11/0 Perle. Wiederholen Sie dies vier weitere Male (Grafik 4, schwarzer Fadenlauf). Kommen Sie am Ende mit der Nadel aus der zweiten 15/0 Perle der ersten 4er-Gruppe heraus und nehmen Sie 1x 15/0 Perle Green auf. Fädeln Sie durch die folgenden zwei 15/0, eine 11/0 und zwei 15/0 Perlen. Wiederholen Sie dies vier weitere Male (Grafik 4, roter Fadenlauf).

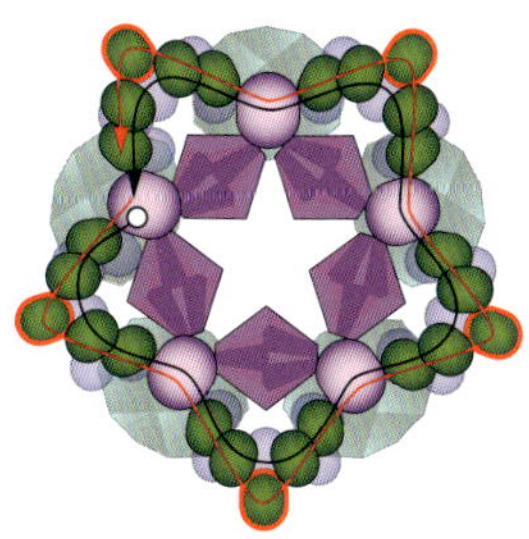

Grafik 4

5 Fädeln Sie zur Basis des Fünfecks zurück und kommen Sie mit der Nadel aus einer feuerpolierten Glasperle heraus. Nehmen Sie 5x je 1x 15/0 Perle Purple und 1x feuerpolierte Glasperle auf - dies ist der Basisring für ein Sechseck. Nehmen Sie 1x 15/0 Perle Purple auf und fädeln Sie durch die feuerpolierte Glasperle des Fünfecks, aus der der Faden kommt (Grafik 5).

Immer, wenn Sie einen weiteren Basisring anfügen, egal, ob Fünf- oder Sechseck, fädeln Sie durch die feuerpolierte Glasperle des benachbarten Basiskreises und fügen immer je 1x 15/0 Perle Purple zwischen den feuerpolierten Glasperlen hinzu - die 15/0 Perlen werden nicht für die anderen Basiskreise mitverwendet!

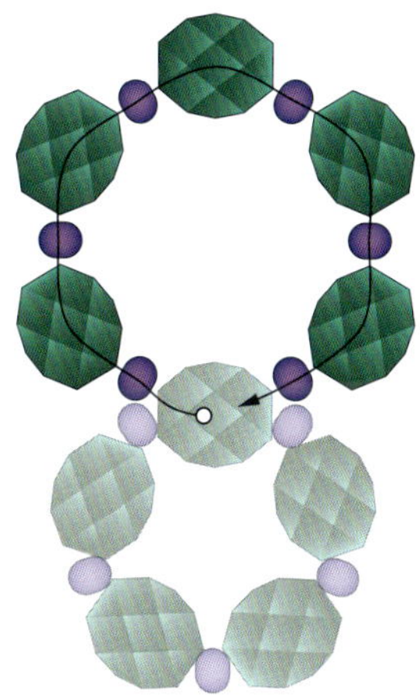

Grafik 5

6 Die Verzierung für das Sechseck beginnt genau wie beim Fünfeck. Nehmen Sie, mit der Nadel aus einer 15/0 Perle Purple des Basisrings kommend, 2x 15/0 Purple, 1x 11/0 und 2x 15/0 Perlen Purple auf. Überspringen Sie die feuerpolierte Glasperle und fädeln Sie durch die folgende 15/0 Perle. Wiederholen Sie dies fünf weitere Male und kommen Sie am Ende mit der Nadel aus einer 11/0 Perle heraus (Grafik 6).

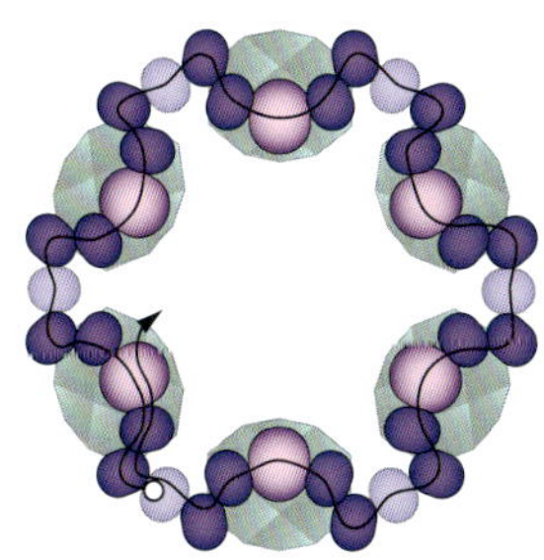

Grafik 6

7 Nehmen Sie 1x Rundperle auf und fädeln Sie durch die folgende 11/0 Perle. Wiederholen Sie dies fünf weitere Male und fädeln Sie dann ein weiteres Mal ausschließlich durch die Rundperlen (überspringen Sie die 11/0 Perlen). Fädeln Sie so oft wie nötig durch die Rundperlen, um die Konstruktion zu festigen (Grafik 7).

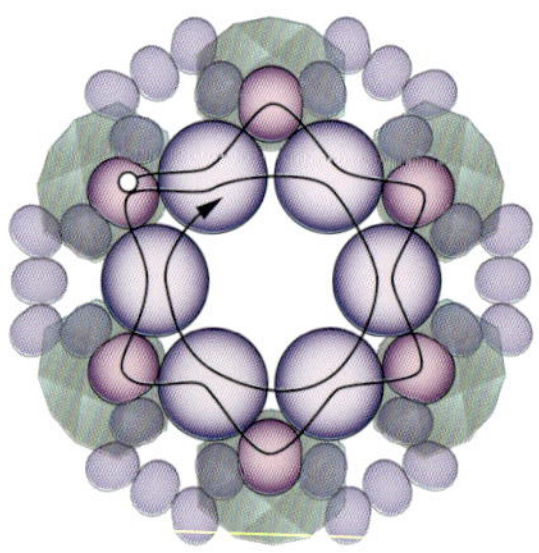

Grafik 7

8 Beginnen Sie damit, die Kugel zu formen, indem Sie das erste Fünfeckelement (Nummer 1 in Grafik 8) mit fünf Sechseckelementen (Nummer 2 bis 6 in Grafik 8) umgeben. Verzieren Sie jedes Element, Fünf- oder Sechseck, sobald Sie den Basiskreis fertiggestellt haben.

Fügen Sie Element 2 an Element 1 an, wie in Schritt 5 beschrieben. Element 3 ist sowohl mit Element 1 als auch mit Element 2 verbunden. Fädeln Sie durch die feuerpolierte Glasperle des Elements 2, welches neben Element 1 liegt und nehmen Sie 4x je 1x 15/0 Perle Purple und 1x feuerpolierte Glasperle auf. Fügen Sie 1x 15/0 Perle Purple hinzu, fädeln Sie durch die benachbarte feuerpolierte Glasperle des Elements 1 und nehmen Sie 1x 15/0 Perle Purple auf, bevor Sie durch die feuerpolierte Glasperle des Elements 2 fädeln. Fügen Sie die Elemente 4 und 5 ebenso hinzu.

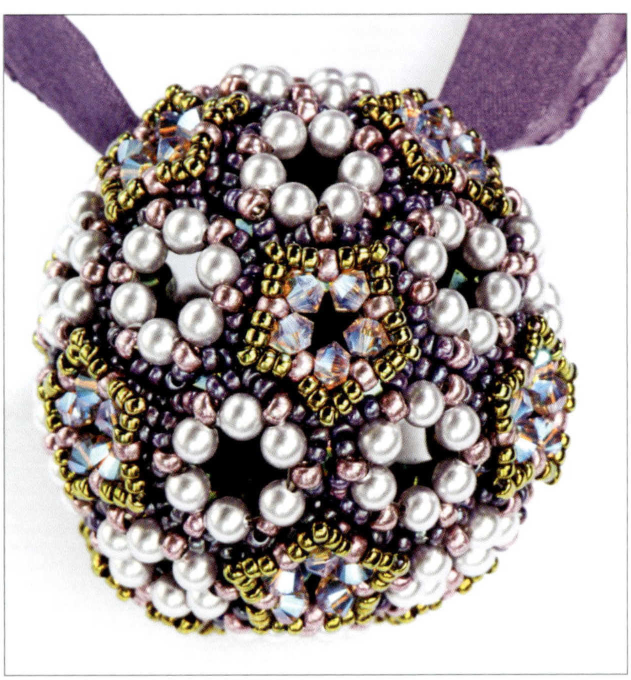

Beachten Sie in Grafik 8, dass Element 6 neben den Elementen 1, 2 und 5 liegt. Fügen Sie hier also nur 3x feuerpolierte Glasperlen, aber 6x 15/0 Perlen Purple hinzu.

Fügen Sie, nachdem Sie Element 1 mit fünf Sechsecken umgeben haben, Fünfecke hinzu wie es das Muster in Grafik 8 zeigt (Elemente 7, 8, 9, 10 und 11). Wenn Sie diese fertiggestellt haben, fügen Sie fünf Sechseckelemente zwischen diesen hinzu (Elemente 12, 13, 14, 15 und 16).

An diesem Punkt bildet die Perlenarbeit eine Tassenform und die Kugel ist halb fertig. Arbeiten Sie die zweite Hälfte, indem Sie zuerst die Sechsecke an den Einheiten 12, 7 und 13 und dann an den Elementen 13, 8 und 14 anfügen und so weiter. Füllen Sie danach die Lücken zwischen den fünf hinzugefügten Sechseckelementen mit Fünfecken.

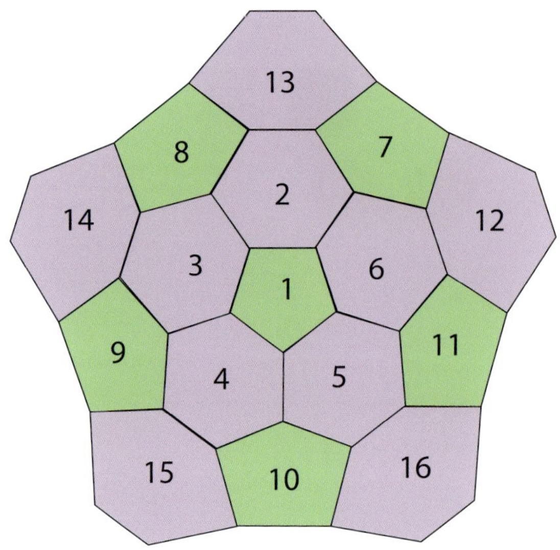

Grafik 8

9 Fügen Sie, um die Kugel zu vollenden, einen letzten Basiskreis einer Sechseckeinheit hinzu (wie die Elemente 2 bis 6) und dann noch ein letztes Fünfeck.

Fertigstellung

Ziehen Sie den Anhänger auf ein Seidenband.

Variation

Eine Variante könnte das Hinzufügen von Rivoli 8 mm in den Sechsecken darstellen. Schauen Sie sich dafür die Einfassungen im Armband "Honey Honey" auf Seite 98 an.

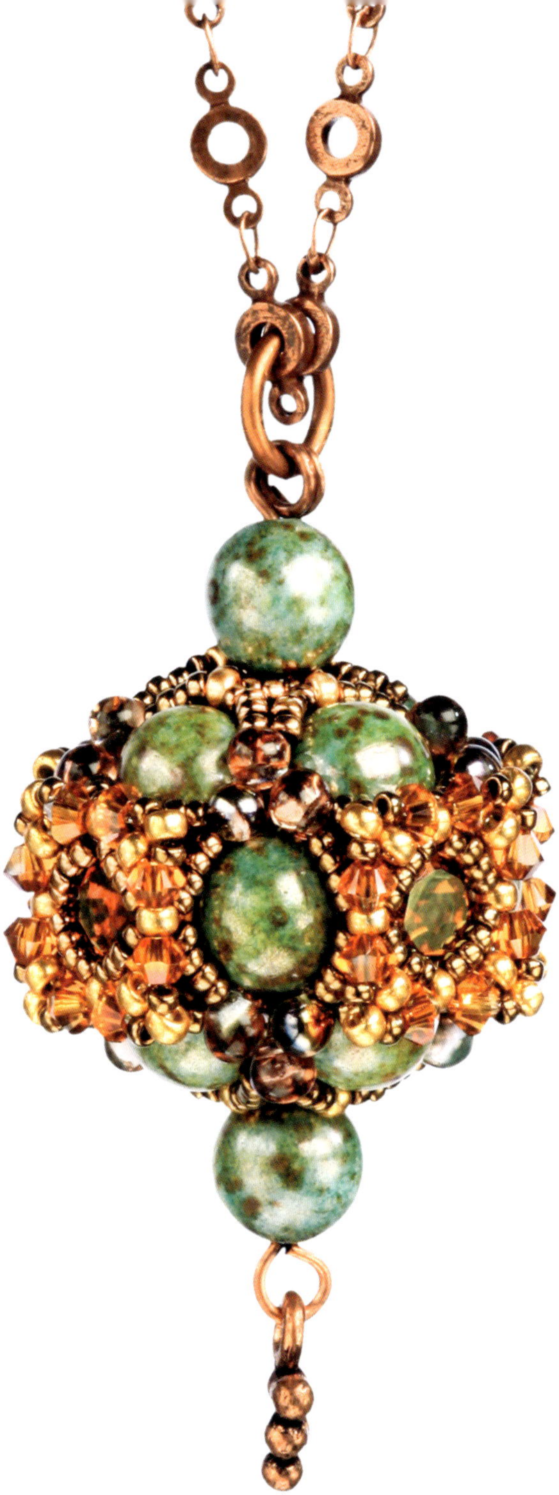

ANHÄNGER "ROUND CUBE"

Dieses Schmuckstück basiert auf einer Einheit im Cubic-Right-Angle-Weave aus 8 mm Rundperlen. Es erscheint nur durch die Verzierungen wie eine Kugel.

MATERIAL

4 Chatons, 8 mm (SS39), Copper

32 Doppelkegel, 3 mm, Crystal Copper

14 Rundperlen, 8 mm, Ancient Green

2 g Tropfen, 3,4 mm, Crystal Copper

1 g Saatperlen, 11/0, Gold

2 g Saatperlen, 15/0, Light Bronze

1 Kettelstift, 6 cm

1 Anhänger

1 Biegering, 5 mm, 16 Gauge

FireLine, 6 lb

Nadel, Stärke 12

Schere

Flachzange

Rundzange

GRÖSSE

4,5 x 2,5 cm

1 Nehmen Sie 4x Rundperlen auf und formen Sie ein Quadrat, indem Sie durch die zuerst aufgenommene Perle fädeln. Fädeln Sie nochmals durch alle vier Perlen; dies ist die Basis des Würfels (Grafik 1).

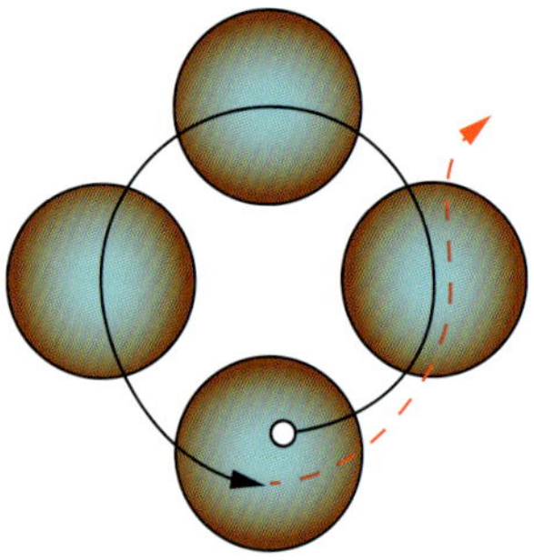

Grafik 1

2 Nehmen Sie 3x Rundperlen auf und fädeln Sie durch die Perle, aus der der Faden kommt. Fädeln Sie durch die nächste Perle der Basis vor (Grafik 2, gestrichelter Fadenlauf). Die erste Seite Ihres Würfels ist fertig.

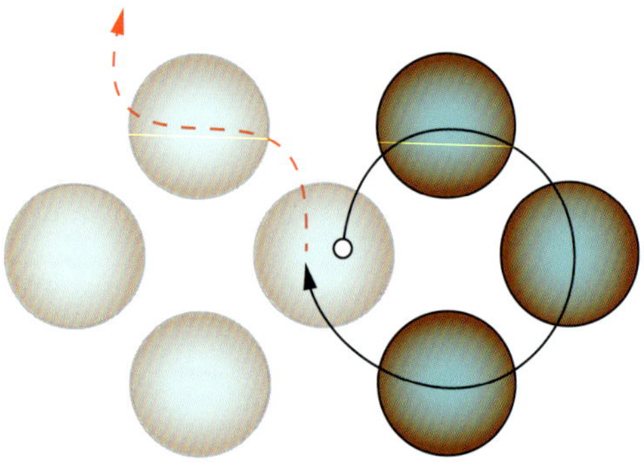

Grafik 2

3 Folgen Sie dem schwarzen Fadenlauf in Grafik 3, nehmen Sie 2x Rundperlen auf und fädeln Sie durch die Rundperle der vorigen Einheit und die Rundperle der Basis, aus der der Faden kommt. Fädeln Sie dann durch die nächste Rundperle der Basis vor (Grafik 3, gestrichelter Fadenlauf). Die zweite Seite ist fertig.

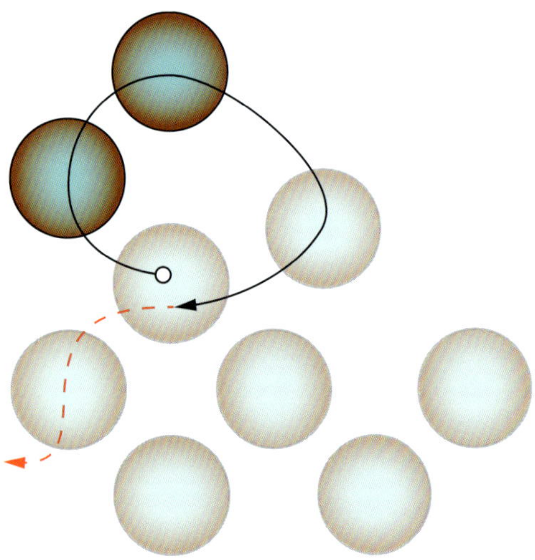

Grafik 3

4 Nehmen Sie 2x Rundperlen auf und fädeln Sie durch die Rundperle der vorigen Einheit und die Rundperle der Basis, aus der der Faden kommt (Grafik 4, schwarzer Fadenlauf). Fädeln Sie durch die nächste Rundperle der Basis und die Rundperle der ersten Seite des Würfels vor (Grafik 4, gestrichelter Fadenlauf). Die dritte Seite ist fertig und die Wände stellen sich auf.

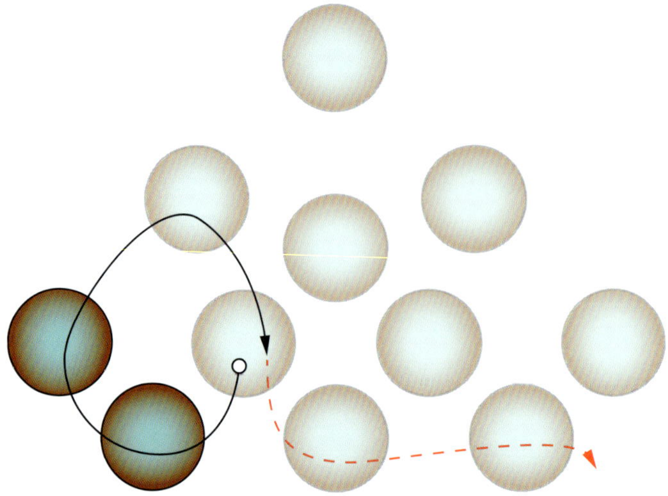

Grafik 4

5 Nehmen Sie 1x Rundperle auf und fädeln Sie durch die nächste Rundperle der vorigen Einheit (Grafik 5, schwarzer Fadenlauf). Die vierte Seite ist fertig.

Sichern Sie den Würfel, indem Sie im Quadrat durch die Perlen der vierten Seite fädeln und kommen Sie am Ende mit der Nadel aus der zuletzt hinzugefügten Perle heraus (Grafik 5, gestrichelter Fadenlauf). An dieser Perle beginnend, fädeln Sie durch die vier Perlen der Oberseite des Würfels (Grafik 5, roter Fadenlauf). Dies ist der Deckel oder die Oberseite des Würfels.

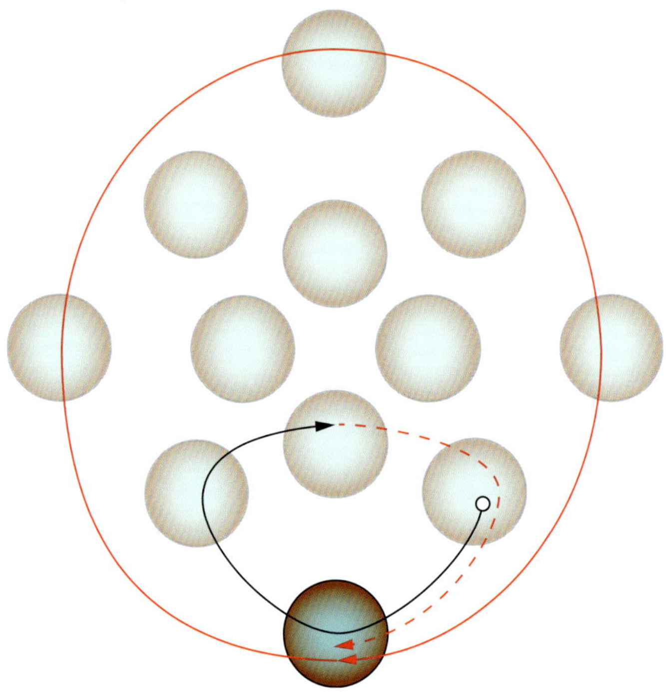

Grafik 5

Die Schritte 6 bis 10 beschreiben die Verzierungen für die vier Würfelseiten. Die Basis und die Oberseite werden anders verziert (siehe Schritte 6, 7 und 12).

6 Fädeln Sie entlang der vier Rundperlen einer Seite und fügen Sie nach jeder Rundperle je 1x Tropfen hinzu (Grafik 6).

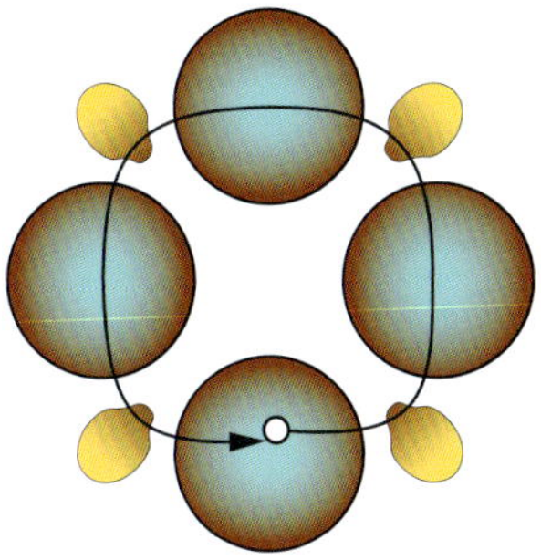

Grafik 6

7 Nehmen Sie, mit der Nadel aus einem Tropfen kommend, 4x 15/0, 1x 11/0 und 4x 15/0 Perlen auf, überspringen Sie die Rundperle und fädeln Sie durch den folgenden Tropfen. Wiederholen Sie dies drei weitere Male und kommen Sie am Ende mit der Nadel aus einer 11/0 Perle heraus (Grafik 7).

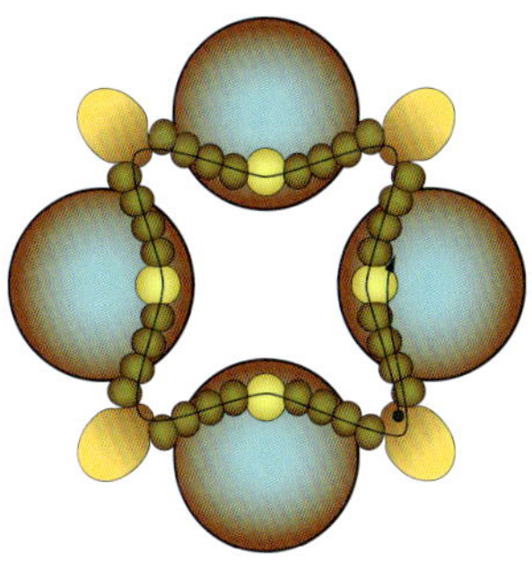

Grafik 7

8 Nehmen Sie 4x 15/0 Perlen auf und fädeln Sie durch die nächste 11/0 Perle in der Mitte des nächsten Bogens aus Schritt 7. Wiederholen Sie dies drei weitere Male, lassen Sie den Faden locker und legen Sie den Chaton mit dem Gesicht nach oben in die Einfassung (Grafik 8).

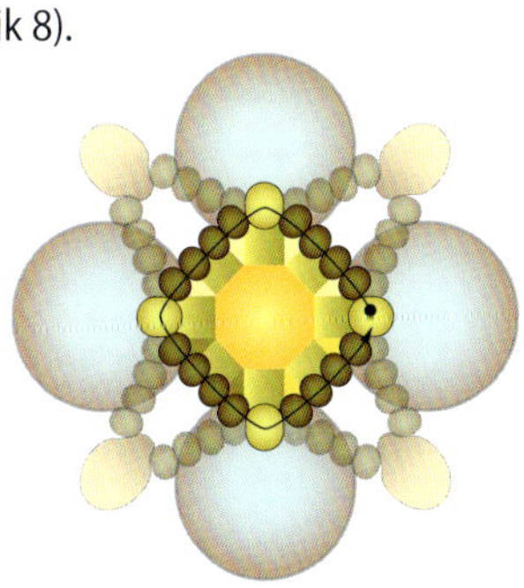

Grafik 8

Fädeln Sie nochmals durch die Perlen der Runde, um den Faden zu sichern, und kommen Sie am Ende mit der Nadel aus einer 11/0 Perle heraus.

9 Nehmen Sie 1x Doppelkegel, 1x 11/0 Perle und 1x Doppelkegel auf und fädeln Sie durch die nächste 11/0 Perle. Wiederholen Sie dies drei weitere Male und kommen Sie am Ende mit der Nadel aus dem in dieser Runde zuerst hinzugefügten Doppelkegel heraus (Grafik 9).

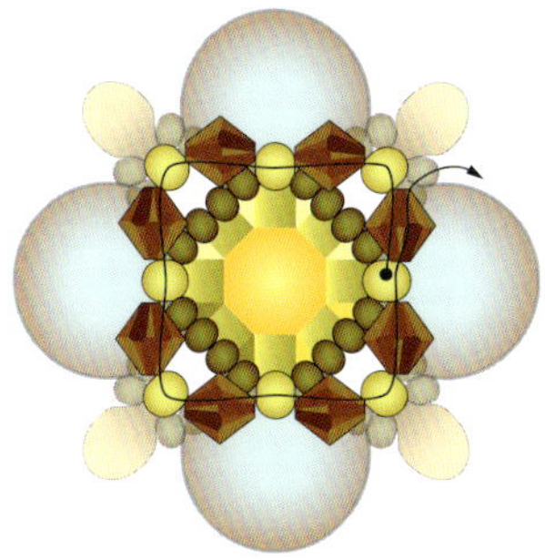

Grafik 9

10 Nehmen Sie 1x 15/0, 1x 11/0 und 1x 15/0 Perle auf, überspringen Sie die 11/0 Perle in der Ecke und fädeln Sie durch die folgenden drei Perlen (Doppelkegel, 11/0 Perle und Doppelkegel). Wiederholen Sie dies drei weitere Male (Grafik 10); die Verzierung ist fertig.

Wiederholen Sie die Schritte 6 bis 10 an den anderen drei Seiten des Würfels.

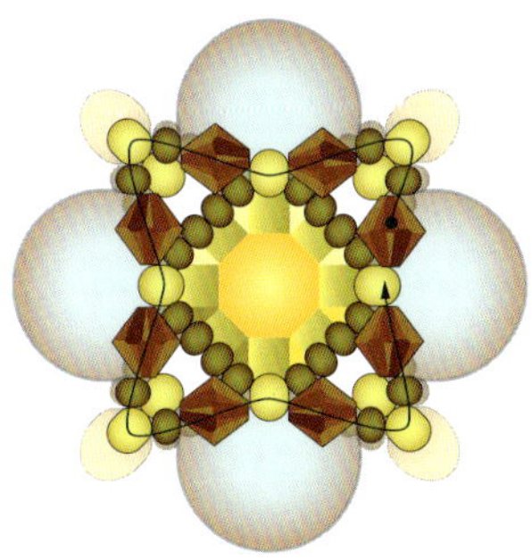

Grafik 10

11 Wiederholen Sie die Schritte 6 und 7, um die Verzierung für die Ober- und Unterseite des Würfels zu beginnen.

12 Nehmen Sie, mit der Nadel aus einer 11/0 Perle eines Bogens kommend, 3x 15/0 Perlen auf und fädeln Sie durch die 11/0 Perle des nächsten Bogens. Wiederholen Sie dies drei weitere Male (Grafik 11). Fädeln Sie dann nochmals durch die 15/0 Perlen der Runde, überspringen Sie jedoch die 11/0 Perlen in den Ecken.

Wiederholen Sie dies auf der anderen Seite des Würfels.

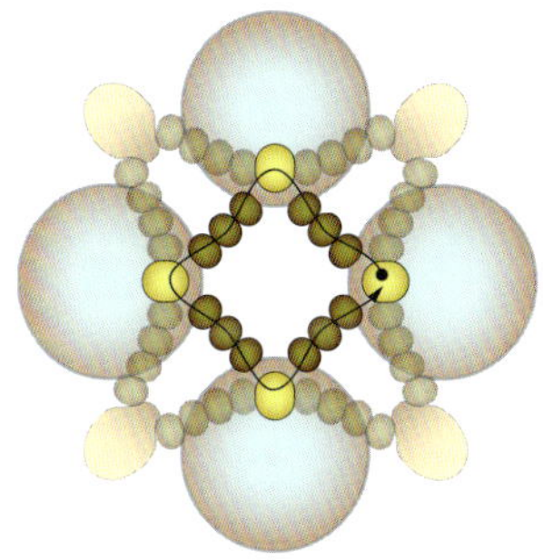

Grafik 11

Fertigstellung

Nehmen Sie 1x Rundperle auf einen Kettelstift auf, schieben Sie diesen durch den ganzen Würfel und nehmen Sie 1x Rundperle auf.

Biegen Sie eine Öse in den Kettelstift und hängen Sie den Biegering ein. Hängen Sie den Anhänger auf der anderen Seite des Kettelstifts in die Öse.

Für einen besseren Halt bevorzuge ich auf der oberen Seite des Kettelstifts eine Doppelöse. Nehmen Sie dafür Ihre Rundzange zur Hand, lassen Sie ein längeres Stück Draht stehen und wickeln Sie dieses zweimal um Ihre Zange.

GALERIE

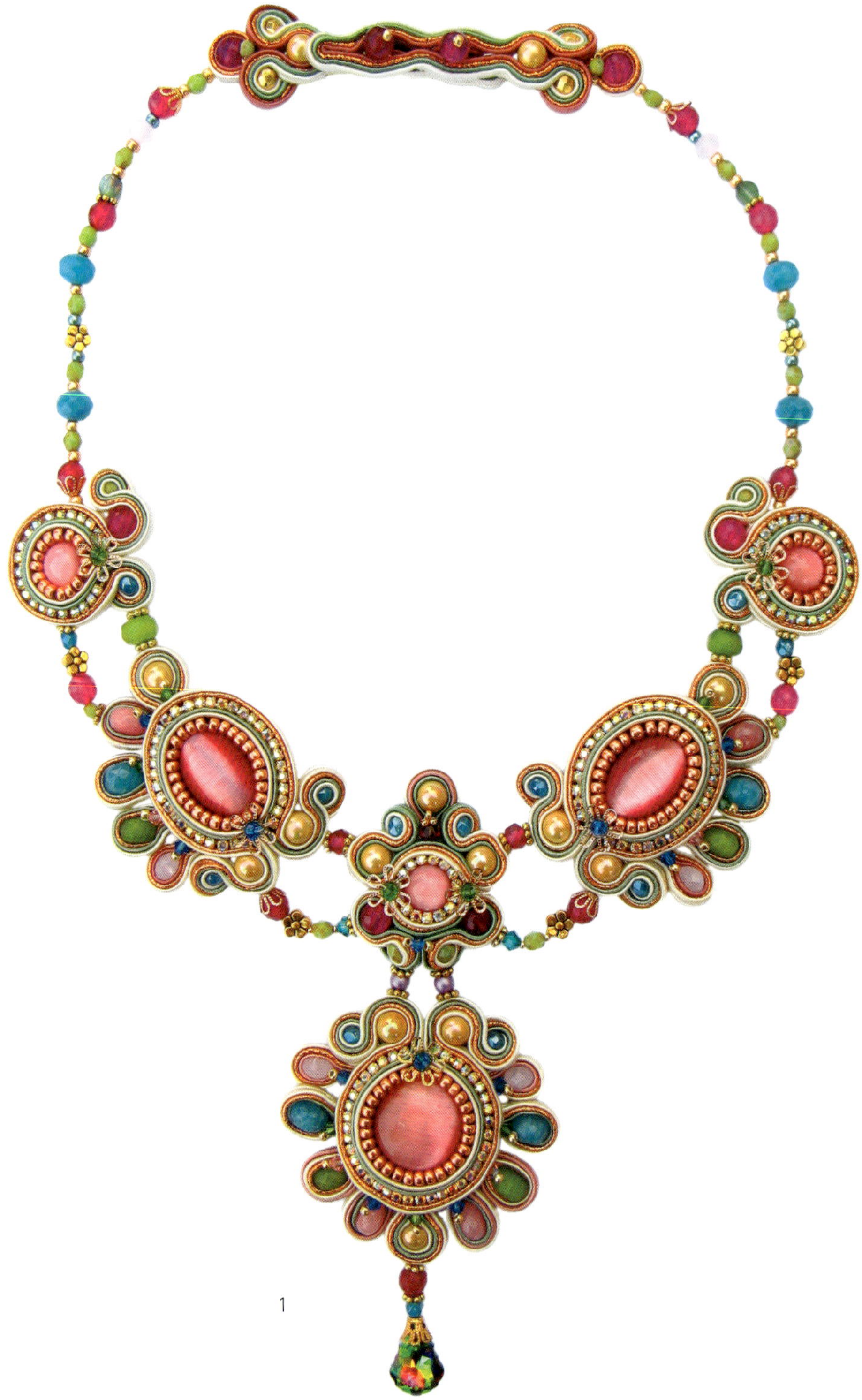

1

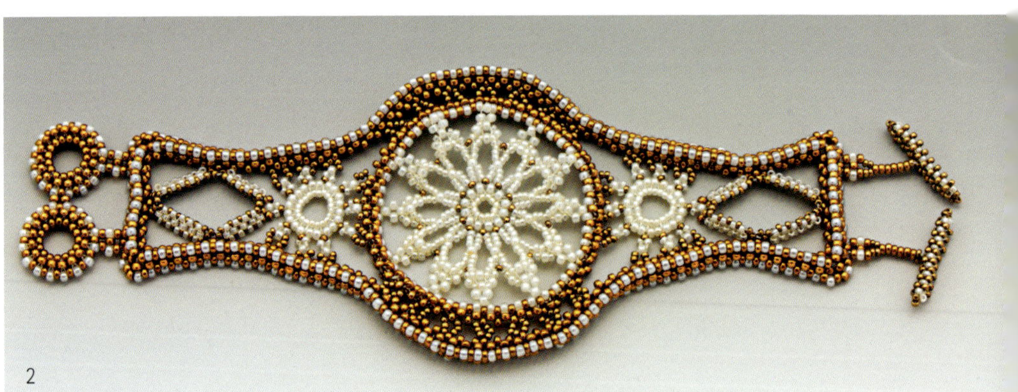

2

1 MIRIAM SHIMON
Chain of Emotion, 2013
40 x 18 x 14 cm
Saatperlen, Kristalle, Perlen; Soutache- und Perlenstickerei
Foto von der Künstlerin

2 CYNTHIA NEWCOMER DANIEL
Whimisical Lace, 2013
Mittelteil: 6 x 5 cm; Gesamtlänge: 18 cm
Saatperlen; Modifiziertes Right-Angle-Weave, Right-Angle-Weave, Netztechnik, Quadratstich
Foto von der Künstlerin

3 PEGGY HEIDRICH
Estelle, 2013
4,5 x 1 cm
Rundperlen, Saatperlen, Doppelkegel, Rivoli; Right-Angle-Weave, Peyote-Stich
Foto von der Künstlerin

4 PEGGY HEIDRICH
Sharona, 2013
4,5 x 1 cm
Saatperlen, feuerpolierte Glasschliffperlen, Rivoli, Doppelkegel, Spikes, Rundperlen
Foto von der Künstlerin

5 CINDY HOLSCLAW
Serotonin and Dopamine Necklace, 2013
40 x 2 x 0,2 cm
Saatperlen; Infinity-Weave, Netztechnik
Foto von der Künstlerin

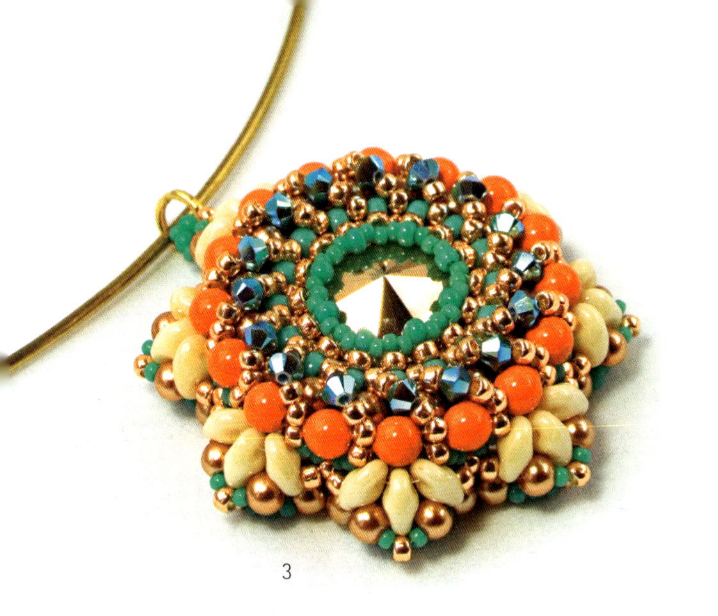

3

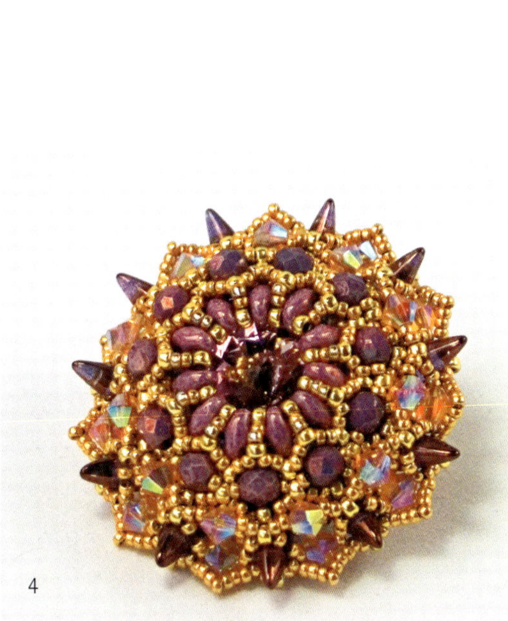

4

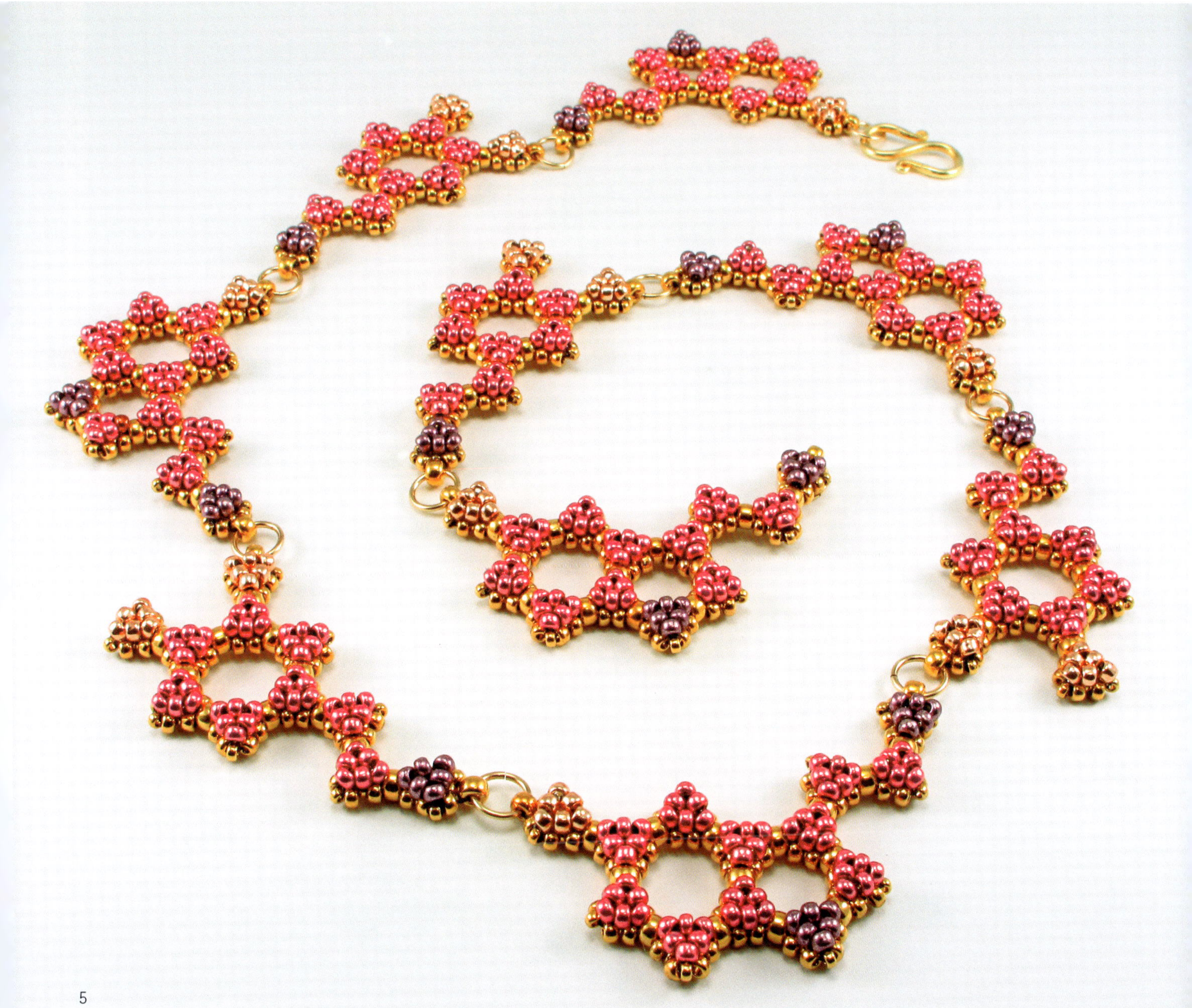

5

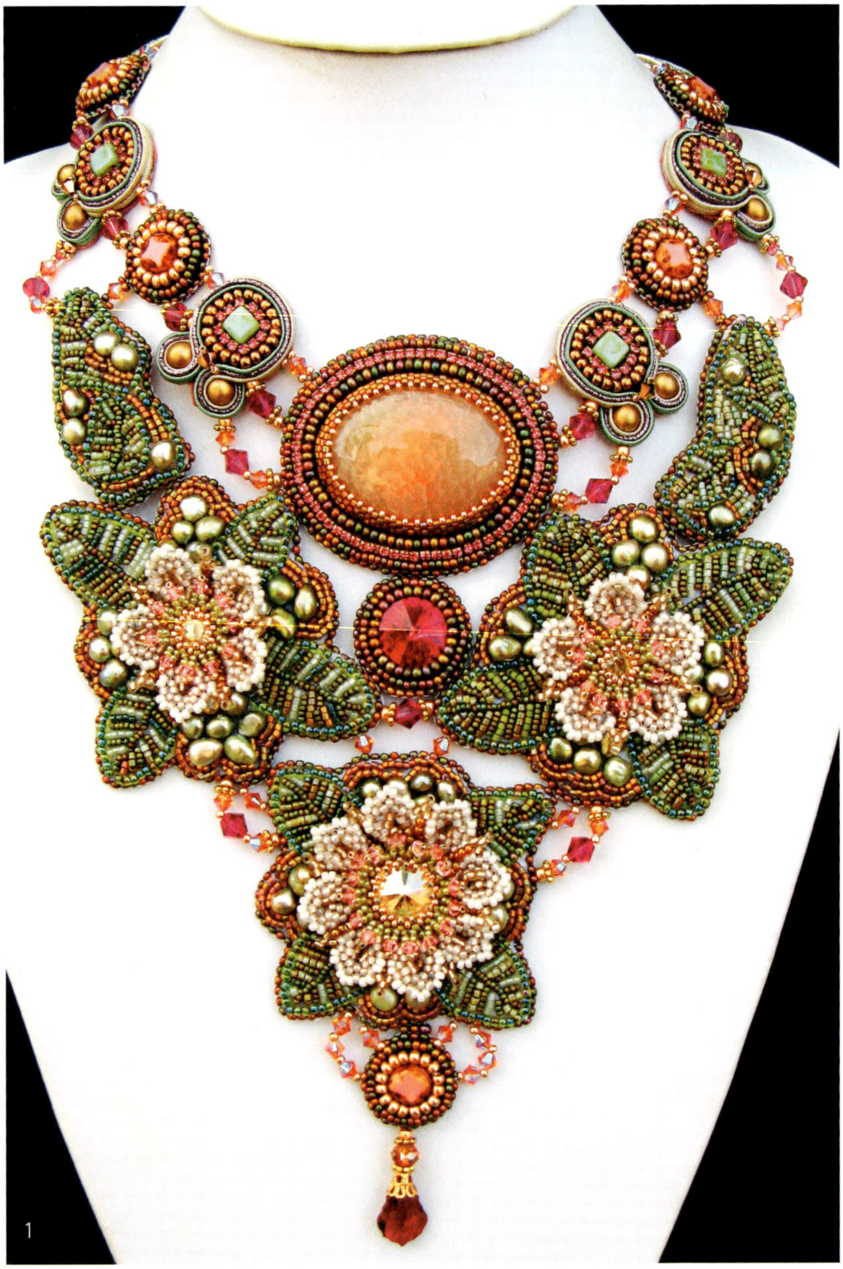

1

1 MIRIAM SHIMON
Eden, 2013
38 x 18 x 15 cm
Saatperlen, Kristalle, Perlen; Soutache- und Perlenstickerei
Foto von der Künstlerin

2 ERIKA PFISTER
Lucky Star, 2013
20 x 2,5 x 1 cm
Saatperlen, Tropfen, Rivoli, Doppelkegel; Peyote-Stich, Herringbone-Stich
Foto von der Künstlerin

3 ÈVA DOBOS
Foina, 2013
10 cm im Durchmesser
Perlen, feuerpolierte Glasschliffperlen, Saatperlen; Verziertes Right-Angle-Weave
Foto von Sándor Bodogán

4 CINDY HOLSCLAW
Tequila Earrings, 2013
Jeder: 5 x 3 x 3 cm
Foto von der Künstlerin

5 CYNTHIA NEWCOMER DANIEL
Desert Rose, 2013
Mittelteil: 5 x 15 cm; Gesamtlänge: 48 cm
Saatperlen, Swarovski Pearls; Modifiziertes Right-Angle-Weave, Right-Angle-Weave, Herringbone-Stich, Peyote-Stich, Fransentechnik, Netztechnik, Quadratstich
Foto von der Künstlerin

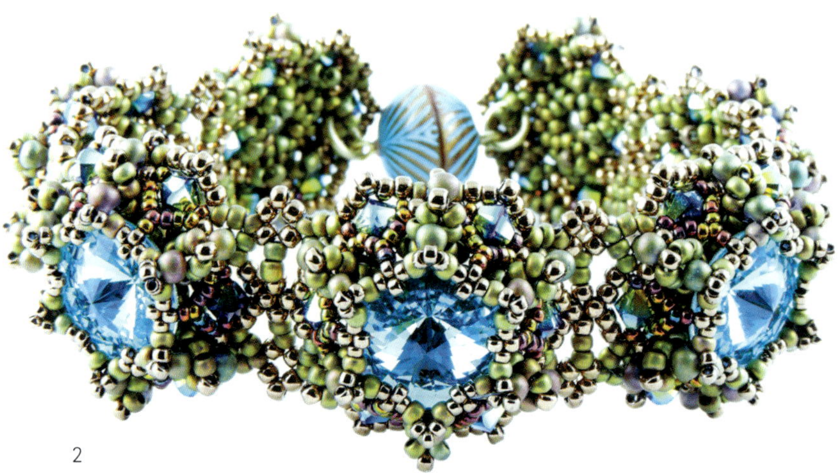

2

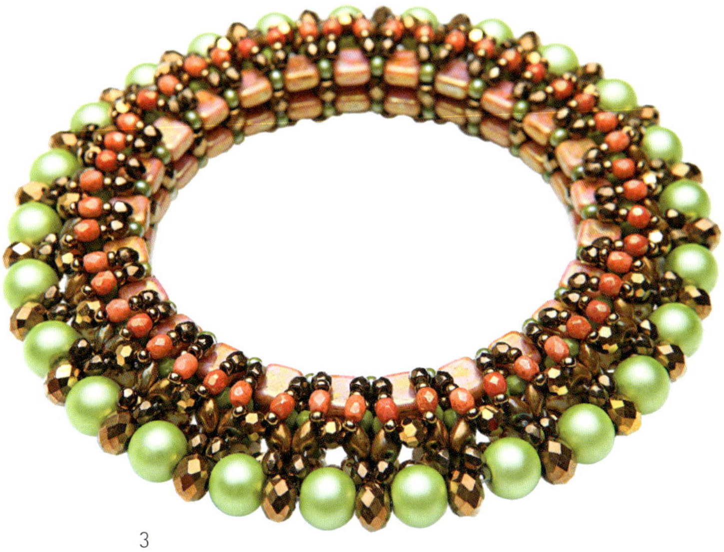

3

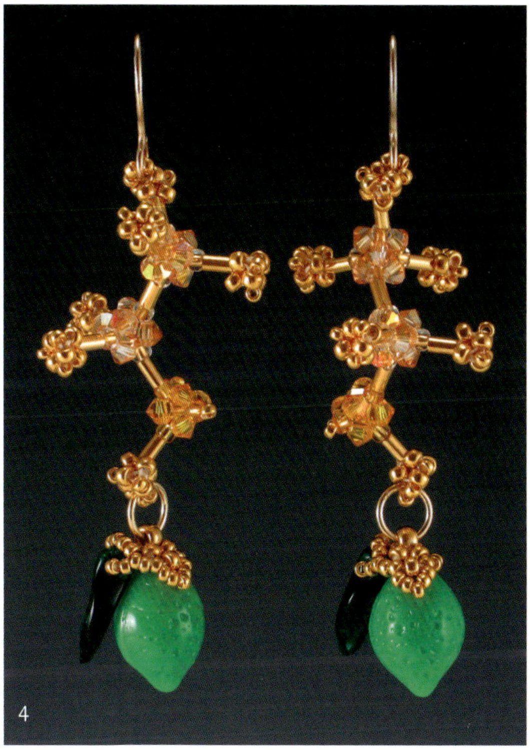

4

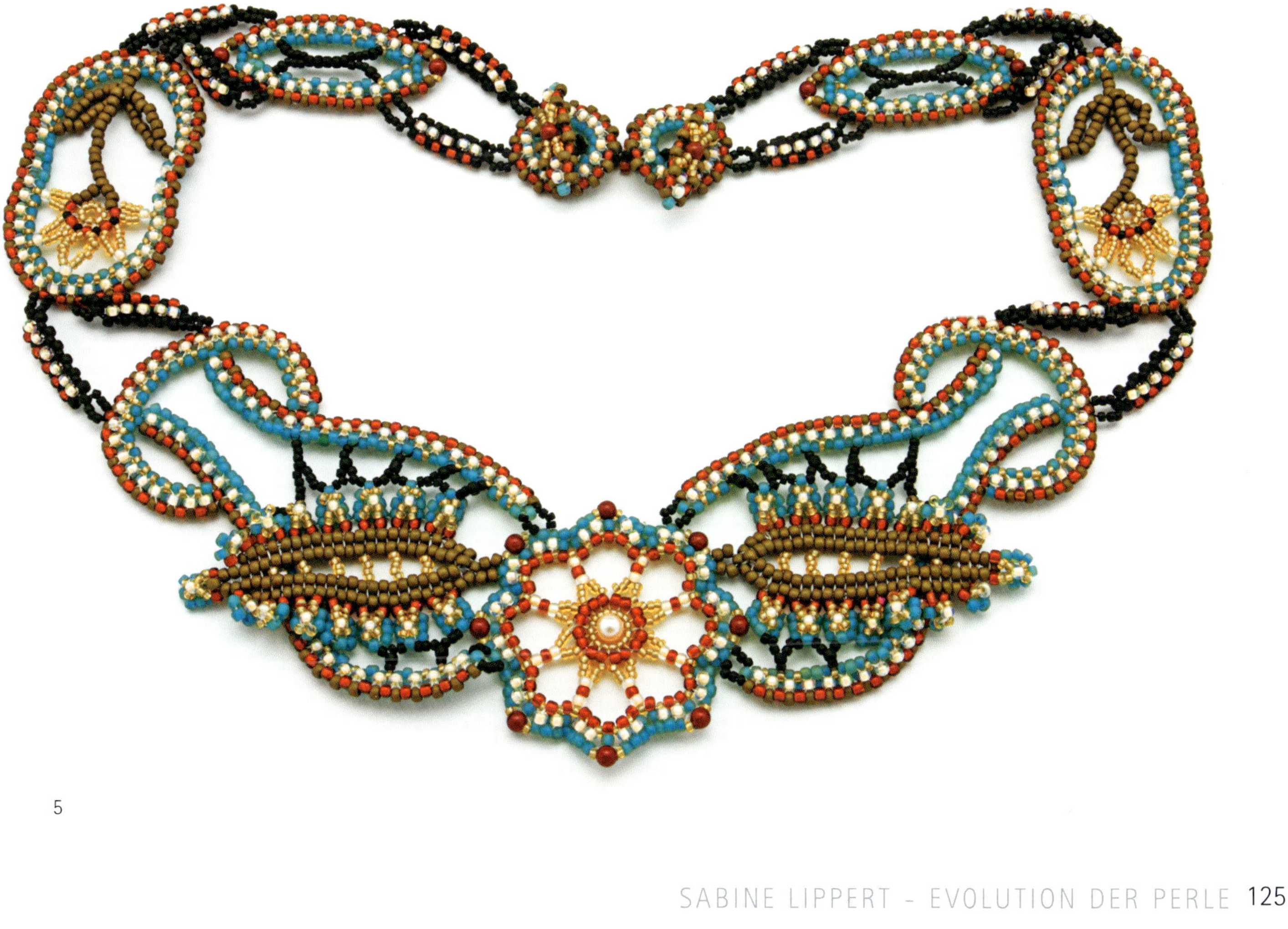

5

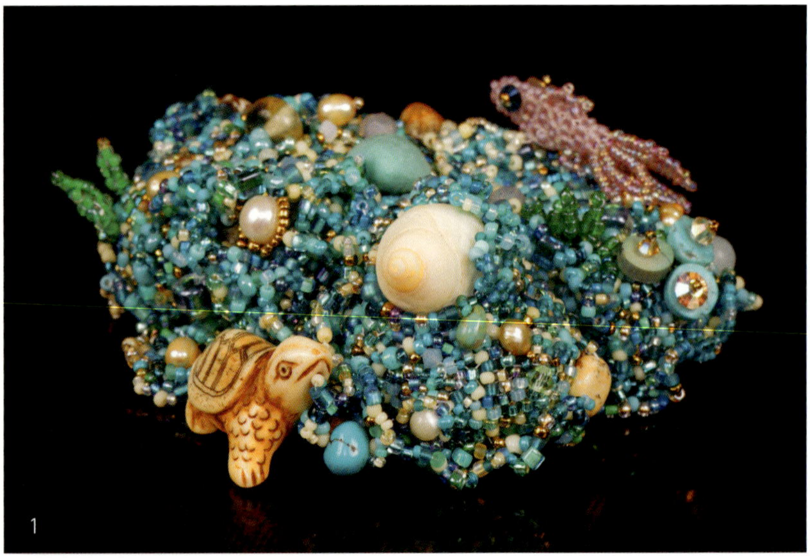

1

1 NANCY DALE
Turtle Cove Beaded Sculpture, 2013
29 cm im Durchmesser
Saatperlen, Swarovski Kristalle, Süßwasserperlen, Glas, Türkise, Steine; Freeform Peyote-Stich, Right-Angle-Weave, Fransentechnik
Der gefädelte Fisch basiert auf dem "Fancy Fish" von Karen Williams
Foto von Sherwood Lake Photography

2 CINDY HOLSCLAW
Red Wine Chemistry Necklace, 2013
43 x 4 x 3 cm
Saatperlen, Kristalle; Molekül-Stich
Foto von der Künstlerin

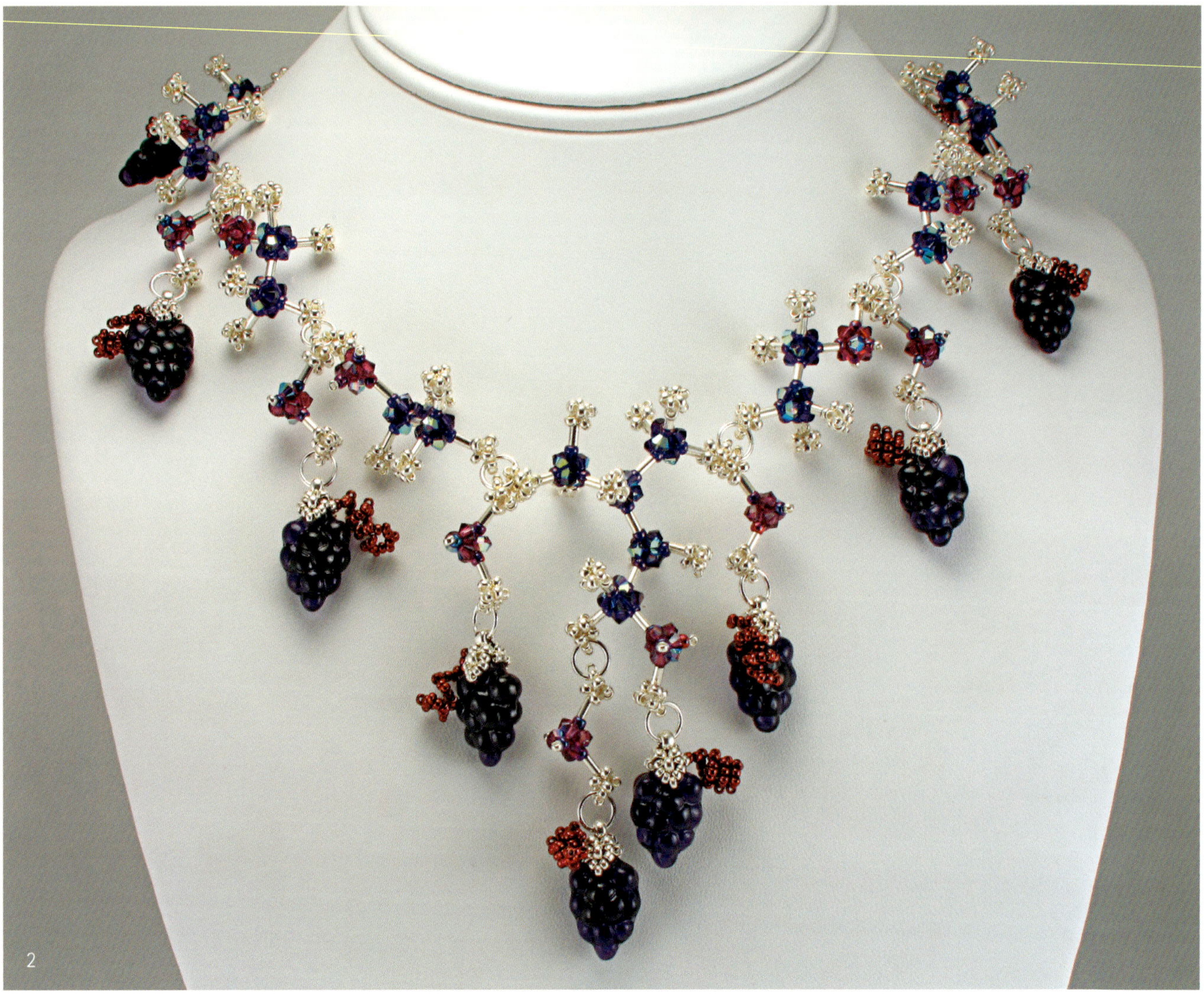

2

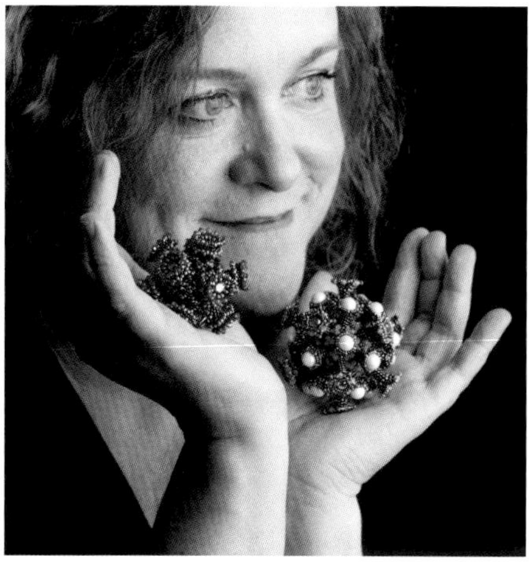

Foto von Beate Knappe

Über die Autorin

Sabine Lippert lebt in Deutschland und liebt Bastel- und Handarbeiten seit ihrer Kindheit. Als Erwachsene hat Sabine ein Studium der Medizin erfolgreich abgeschlossen und in einer Praxis gearbeitet, als sie 2006 auf einen hübschen, kleinen Perlenladen in ihrer Heimatstadt Bonn stieß. Seitdem hat sich ihr Leben komplett geändert!

Nachdem sie ihre erste Anleitung im Onlineshop einer Freundin veröffentlicht und in besagtem Perlenladen einige Kurse gegeben hatte, wurde 2009 ihr erstes Buch im Creanon-Verlag veröffentlicht: *Das Perlenkochbuch*. Ihr zweites Buch, *Sabine Lippert's Beaded Fantasies*, wurde von Lark Books 2012 in englischer und vom Creanon-Verlag im selben Jahr in deutscher Sprache unter dem Titel *Fantasien aus Perlen* herausgegeben.

Sabine hat jetzt ihren eigenen Onlineshop für ihre Anleitungen und Kits (trytobead.com) und unterrichtet weltweit. 2014 hat sie ihren Beruf als Ärztin an den Nagel gehängt und sich voll und ganz den Perlen gewidmet. Sie lebt mit ihrem geliebten kleinen Hund Pia in Bonn.

Danksagung

Dank an meine Freunde und Familie, die mich nehmen wie ich bin, was manchmal lustig und manchmal muffelig ist. Dank an meine Mutter, die mich dabei unterstützt hat, mein Leben meinem Traum zu widmen. Dank an meinen Vater, der viel zu kurz in dieser Welt war.

Dank an meine Schwester, die mein bester Kumpel in der Welt ist.

Dank an die Mitarbeiter von *Lark Jewelry and Beading:* Nathalie Mornu, die dieses Buch ins Leben gerufen hat und Kevin Kopp, der das Buch so schön redigiert hat und eine Menge Geduld mit mir hatte.

Dank an Claudia Schumann, die die technische Lektorin des Buches war und mir außerdem die Möglichkeit zur Veröffentlichung meines allerersten Buches gegeben hat.

Dank an Petra Tismer vom *Perlament* in Bonn, dafür, dass sie mir meine ersten Perlen verkauft hat und mir die Möglichkeit bot, meine ersten Kurse zu unterrichten.

Und natürlich Dank an alle Fädlerinnen in der Welt, die mich unterstützen und mir wichtiges Feeback für meine Arbeit geben.

Außerdem erschienen:

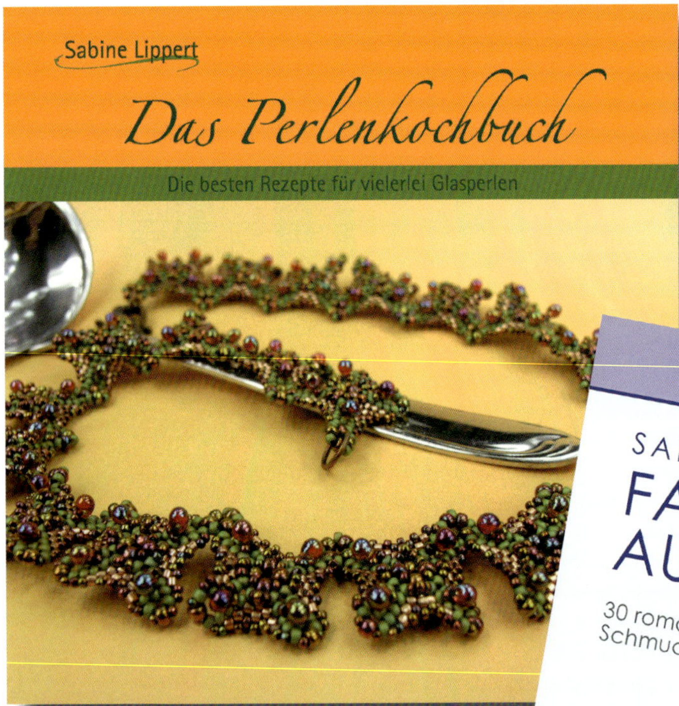

Sabine Lippert "Das Perlenkochbuch"
Seiten: 72, EUR 17,95
ISBN 978-3-940577-03-0

Die Perlenküche enthält unterschiedlichste Perlenmenues. Aus verschiedenen Einzelkomponenten werden 19 delikate Schmuckstücke geformt. Durch einfaches Variieren können unendlich viele Eigenkreationen geschaffen werden. Die Menues bieten von schlichter Hausmannskost über aufwendig verzierte Hauptgänge bis zu zarten Desserts alles, was gefällt, und laden zum Erfinden eigener Kreationen ein.

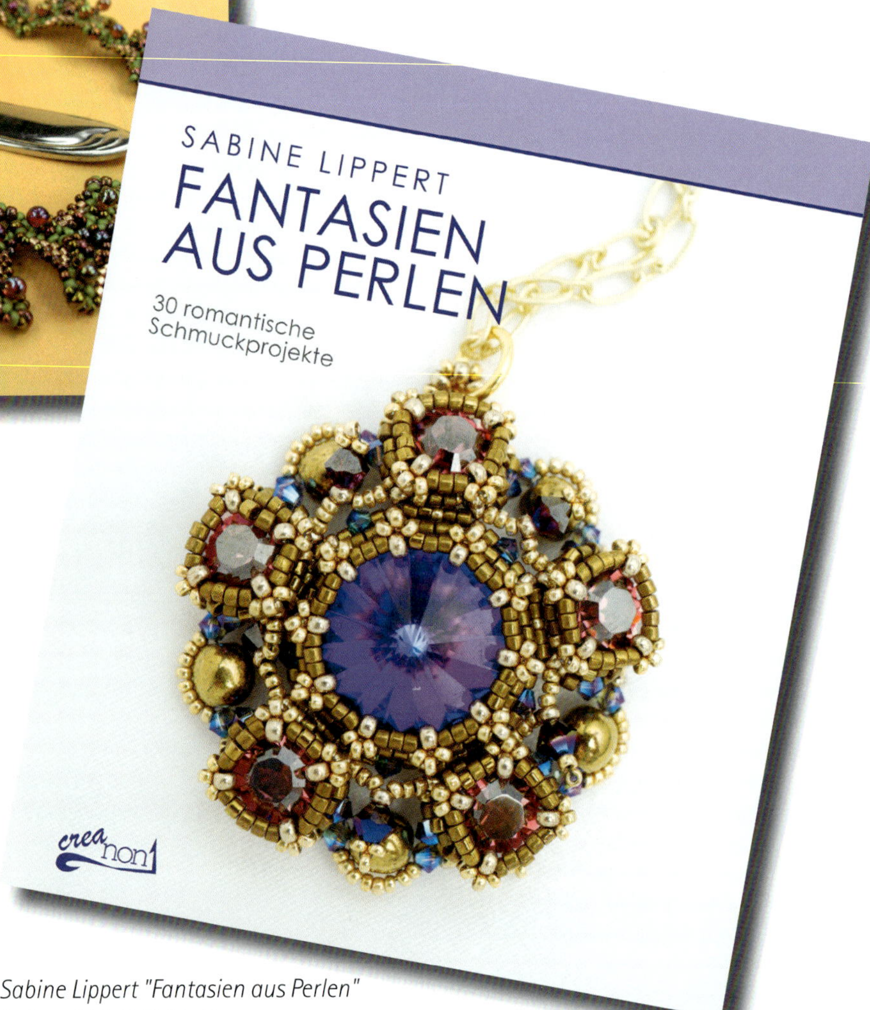

Sabine Lippert "Fantasien aus Perlen"
Seiten: 148, EUR 19,95
ISBN 978-3-940577-12-2

Sabine Lippert lässt ihre Fantasien aus Perlen wahr werden! Dieses spezielle Buch aus der "Meisterklasse-Serie" beinhaltet Sabines umwerfendste und romantischste Designs, angefangen bei einem glitzernden Anhänger aus goldenen Rivoli und dunkelgrünen Rundperlen bis hin zu einer Halskette mit einem Netz aus silbernen Saatperlen, welches zartlila und auberginefarbene Perlen umspannt. Ihre wunderschön originellen Projekte erinnern an das goldene Zeitalter - jedoch in zeitgemäßer Umsetzung für die Fädlerin von heute.

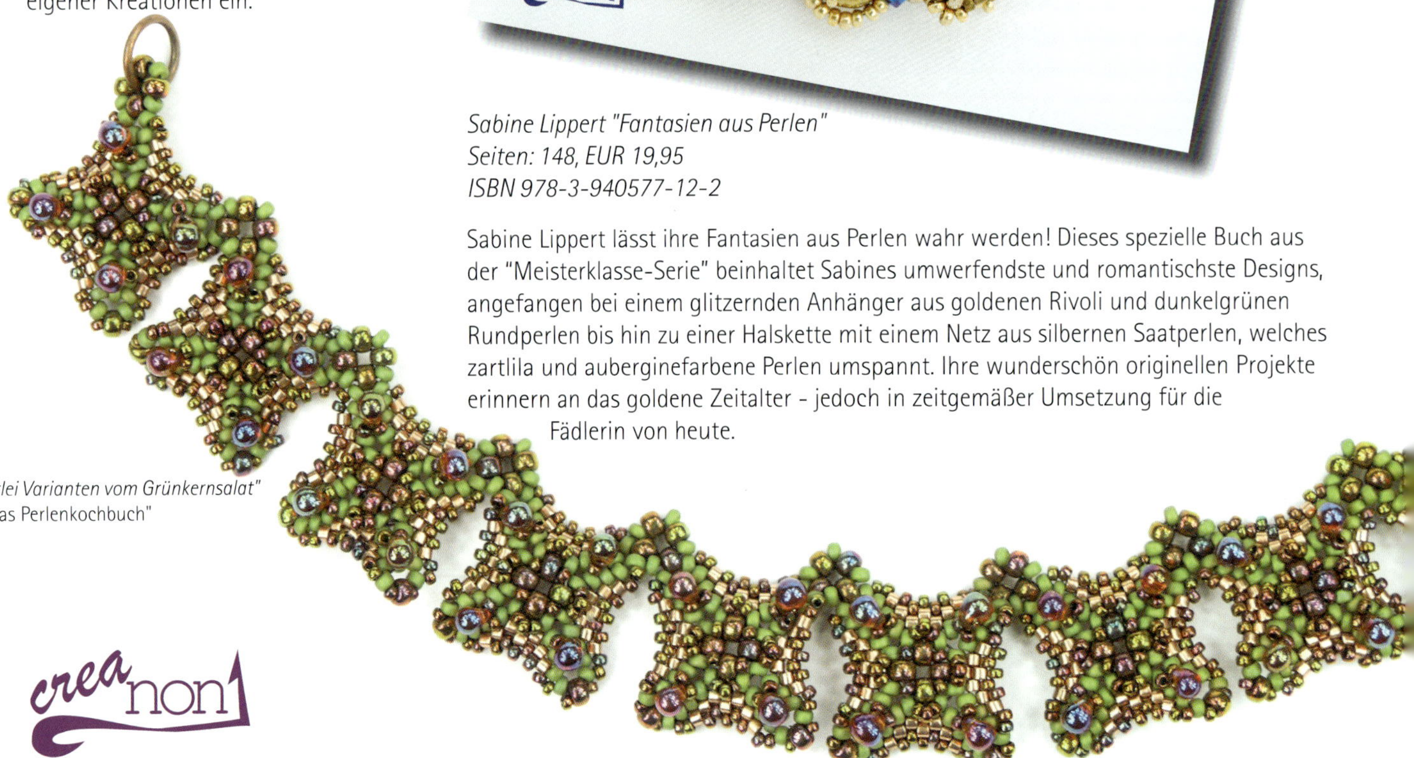

"Viererlei Varianten vom Grünkernsalat"
aus "Das Perlenkochbuch"

crea non
www.Creanon.de